Markenschutz für Hörzeichen

AF887126

Europäische Hochschulschriften
Publications Universitaires Européennes
European University Studies

Reihe II
Rechtswissenschaft

Série II Series II
Droit
Law

Bd./Vol. 4264

PETER LANG
Frankfurt am Main · Berlin · Bern · Bruxelles · New York · Oxford · Wien

Carsten Kortbein

Markenschutz für Hörzeichen

Probleme der praktischen Verwendung sowie des Eintragungs-, Widerspruchs- und Verletzungsverfahrens

PETER LANG
Europäischer Verlag der Wissenschaften

Bibliografische Information Der Deutschen Bibliothek
Die Deutsche Bibliothek verzeichnet diese Publikation in der Deutschen Nationalbibliografie; detaillierte bibliografische Daten sind im Internet über <http://dnb.ddb.de> abrufbar.

Zugl.: München, Univ. der Bundeswehr, Diss., 2005

D 706
ISSN 0531-7312
ISBN 3-631-54182-1

© Peter Lang GmbH
Europäischer Verlag der Wissenschaften
Frankfurt am Main 2005
Alle Rechte vorbehalten.

Das Werk einschließlich aller seiner Teile ist urheberrechtlich geschützt. Jede Verwertung außerhalb der engen Grenzen des Urheberrechtsgesetzes ist ohne Zustimmung des Verlages unzulässig und strafbar. Das gilt insbesondere für Vervielfältigungen, Übersetzungen, Mikroverfilmungen und die Einspeicherung und Verarbeitung in elektronischen Systemen.

www.peterlang.de

Vorwort

Im Jahre 1995 wurde mit Inkrafttreten des Markengesetzes die Möglichkeit geschaffen, Hörzeichen als Marke schützen zu lassen. Während es sehr umfangreiche Rechtsprechung und Literatur zu den klassischen Markenformen „Wörter“ und „Bilder“ gibt, lassen sich zu Hörmarken bisher nur sehr wenige Entscheidungen und wissenschaftliche Abhandlungen finden. Sie beschränken sich zudem meist auf besonders ausgewählte Fragestellungen. Mit dieser Arbeit soll ein Gesamtüberblick über die in Zusammenhang mit Hörmarken auftretenden tatsächlichen und rechtlichen Problemkreise gegeben werden, um einen Beitrag zu der noch am Anfang stehenden wissenschaftlichen Diskussion zu leisten.

Die Arbeit wurde im Dezember 2004 von der Fakultät für Wirtschafts- und Organisationswissenschaften der Universität der Bundeswehr München als Dissertation angenommen.

Besonders danke ich Herrn Prof. Dr. Hanns Ullrich für sein Interesse an dem Thema, seine umsichtige Betreuung und seine Geduld, mit der er die Arbeit begleitet hat.

Mein Dank gilt auch Herrn Prof. Dr. Arnold Hermanns für die Erstellung des Zweitgutachtens und Herrn Prof. Dr. Günther Braun für die Übernahme des Vorsitzes im Promotionsausschuss.

Für die Beiträge verschiedener nationaler Ämter für den gewerblichen Rechtsschutz, des Harmonisierungsamts für den Binnenmarkt sowie der Weltorganisation für geistiges Eigentum spreche ich ebenfalls meinen Dank aus, da ohne sie die Untersuchung zu den Rechtstatsachen nicht möglich gewesen wäre.

Rechtsprechung und Literatur konnten bis Juni 2005 berücksichtigt werden.

Neubiberg, im Juli 2005 — Carsten Kortbein

Inhaltsübersicht

Inhaltsverzeichnis

Sechstes Kapitel. Das Widerspruchsverfahren

Siebtes Kapitel. Das Verletzungsverfahren

Achtes Kapitel. Abschluss

Anhang

Abkürzungsverzeichnis

a.A.	anderer Ansicht
a.a.O.	am angegebenen Ort
ABl.	Amtsblatt
Abs.	Absatz
a.F.	alte Fassung
AG	Aktiengesellschaft
Alt.	Alternative
Art.	Artikel
Az.	Aktenzeichen
BGH	Bundesgerichtshof
BlfPMZ	Blatt für Patent-, Muster- und Zeichenwesen
BPatG	Bundespatentgericht
BPatGE	Entscheidungssammlung des Bundespatentgerichts
bzw.	beziehungsweise
ca.	circa
d.h.	das heißt
DPA	Deutsches Patentamt (bis 31.10.1998)
DPMA	Deutsches Patent- und Markenamt (ab 1.11.1998)
EG	Europäische Gemeinschaft
EG-Kommission	Kommission der Europäischen Gemeinschaften
etc.	et cetera
EU	Europäische Union
EuG	Gericht erster Instanz der Europäischen Gemeinschaften
EuGH	Gerichtshof der Europäischen Gemeinschaften
evtl.	eventuell
EWG	Europäische Wirtschaftsgemeinschaft
f., ff.	folgende Seite(n)
ggf.	gegebenenfalls
GmbH	Gesellschaft mit beschränkter Haftung
GMV	Verordnung (EG) Nr. 40/94 des Rates vom 20.12.1993 über die Gemeinschaftsmarke
GRUR	Gewerblicher Rechtsschutz und Urheberrecht (Zeitschrift)
GRUR Int.	Gewerblicher Rechtsschutz und Urheberrecht, Internationaler Teil (Zeitschrift)
HABM	Harmonisierungsamt für den Binnenmarkt (Marken, Muster und Modelle)
Hrsg.	Herausgeber
lfd.	laufend(e)
MA	Markenartikel (Zeitschrift)

MarkenG	Markengesetz
MarkenR	Zeitschrift für deutsches, europäisches und internationales Markenrecht
MarkenRichtl	Erste Richtlinie 89/104/EWG des Rates vom 21.12.1988 zur Angleichung der Rechtsvorschriften der Mitgliedstaaten über die Marken
MarkenV	Markenverordnung
Mitt.	Mitteilungen der Deutschen Patentanwälte
MMA	Madrider Abkommen über die internationale Registrierung von Marken
m.w.N.	mit weiteren Nachweisen
n.F.	neue Fassung
NJW	Neue Juristische Wochenschrift
Nr.	Nummer
OLG	Oberlandesgericht
PMMA	Protokoll zum Madrider Abkommen über die internationale Registrierung von Marken
PVÜ	Pariser Verbandsübereinkunft zum Schutz des gewerblichen Eigentums
Rdnr(n).	Randnummer(n)
RGZ	Entscheidungssammlung des Reichsgerichts in Zivilsachen
Rspr.	Rechtsprechung
s.	siehe
S.	Seite
sog.	sogenannt(e)
u.a.	unter anderem
UrhG	Urheberrechtsgesetz
usw.	und so weiter
UWG	Gesetz gegen den unterlauteren Wettbewerb
vgl.	vergleiche
WIPO	World Intellectual Property Organization
WRP	Wettbewerb in Recht und Praxis (Zeitschrift)
WZG	Warenzeichengesetz
z.B.	zum Beispiel

Literaturverzeichnis

ALTHAMMER, Werner:
Warenzeichengesetz; 4. Auflage; Köln, Berlin, Bonn, München 1989

ALTMANN, Jörn:
Volkswirtschaftslehre; Stuttgart 1988

ANDERS, Wilfried/*HACKER*, Franz:
Aus der Rechtsprechung des Bundespatentgerichts im Jahre 1996; GRUR 1997, 487

BECKER, Roman:
Kennzeichenschutz der Hörmarke; WRP 1/2000, 56

BECKER, Mario/*HABERFELLNER*, Reinhard/*LIEBETRAU*, Georg:
EDV-Wissen für Anwender; 8. Auflage; Zürich 1988

BECKMANN, Roland Michael:
Die Reichweite des Erschöpfungsgrundsatzes nach neuem Markenrecht; GRUR Int. 1998, 836

BERLIT, Wolfgang:
Buchbesprechung „Frommeyer, Ingo: Rechtserhaltende Benutzung bei abweichender Markenform"; GRUR 2003, 691

BERLIT, Wolfgang:
Das neue Markenrecht; 4. Auflage; München 2000

BERLIT, Wolfgang:
Markenrechtliche und europarechtliche Grenzen des Markenschutzes; GRUR 1998, 423

BLUME, Friedrich (Hrsg):
Die Musik in Geschichte und Gegenwart - Allgemeine Enzyklopädie der Musik in 17 Bänden; Kassel, Basel, London, München 1989

BÖCKER, Franz/*THOMAS*, Lutz:
Marketing; Stuttgart, New York 1981

BÖHMANN, Dirk:
Ein Kessel Buntes - Anmerkungen zur Schutzfähigkeit der Farbmarke; GRUR 2002, 658

BUSSE, Rudolf/*STARCK*, Joachim:
Warenzeichengesetz; 6. Auflage; Berlin, New York 1990

CHIP SPECIAL:
Neue Medien; 1. Auflage; Würzburg 1985

DAHLHAUS, Carl/*EGGEBRECHT*, Hans Heinrich (Hrsg):
Brockhaus Riemann - Musiklexikon in vier Bänden (A-D, E-K, L-Q, R-Z) und einem Ergänzungsband; 3. Auflage; Mainz 1990

DAHLHAUS, Carl/*EGGEBRECHT*, Hans Heinrich (Hrsg.):
Musiklexikon in zwei Bänden (A-K, L-Z); Wiesbaden, Mainz 1978

DACHS, Michael/*SÖHNER*, Paul:
Harmonielehre 1. Teil; 10. Auflage; München 1982

DACHS, Michael/*SÖHNER*, Paul:
Harmonielehre 2. Teil; 5. Auflage; München 1979

DEMBOWSKI, Klaus:
Sound am PC; München 1994

DICHTL, Erwin/*EGGERS*, Walter (Hrsg.):
Marke und Markenartikel als Instrumente des Wettbewerbs; Mannheim, München 1992

DIE MUSIK:
Unipart Verlag; München 1983

DIE PHYSIK DER MUSIKINSTRUMENTE:
Spektrum der Wissenschaft; Heidelberg 1988

DOWLING, W. Jay/*HARWOOD*, Dane L.:
Music Cognition; Orlando 1986

DUDEN:
Deutsches Universalwörterbuch A - Z; 3. Auflage; Mannheim, Leipzig, Wien, Zürich 1996

DUDEN:
Fremdwörterbuch; 4. Auflage; Mannheim, Wien, Zürich 1982

EGGEBRECHT, Hans Heinrich (Hrsg.):
Meyers Taschenlexikon in 3 Bänden; Mannheim, Wien, Zürich 1984

ERDMANN, Willi:
Schwerpunkte der markenrechtlichen Rechtsprechung des Bundesgerichtshofs; GRUR 2001, 609

ESCH, Franz-Rudolf (Hrsg.):
Moderne Markenführung; 2. Auflage; Wiesbaden 2000

FEZER, Karl-Heinz:
Entwicklungslinien und Prinzipien des Markenrechts in Europa; GRUR 2003, 457

FEZER, Karl-Heinz:
Markenrecht (Kommentar); 3. Auflage; München 2001

FEZER, Karl-Heinz:
Zum Anwendungsbereich des Werktitelrechts; GRUR 2001, 369

FRITZ, Claus-Peter:
Gegenwart und Zukunft von Markenformen unter besonderer Berücksichtigung akustischer Zeichen; Dissertation; Tübingen 1992

FROMMEYER, Ingo:
Rechtserhaltende Benutzung bei abweichender Markenform; Köln, Berlin, Bonn, München 2002

GIEFERS, Hans-Werner:
Die rechtserhaltende Benutzung der Marke in abgewandelter Form; Festschrift für Ralf Vieregge, Seiten 267 ff.; herausgegeben von Jürgen Baur, Rainer Jacobs, Manfred Lieb und Peter-Christian Müller-Graff; Berlin, New York 1995

GRABRUCKER, Marianne:
Aus der Rechtsprechung des Bundespatentgerichts im Jahr 1997, Teil II: Markenrecht; GRUR 1998, 625

GRABRUCKER, Marianne:
Aus der Rechtsprechung des Bundespatentgerichts, Teil II: Markenrecht; GRUR 2000, 366

GRABRUCKER, Marianne:
Aus der Rechtsprechung des Bundespatentgerichts im Jahre 2000 - Markenrecht, neue Markenformen, absolute Schutzfähigkeit; GRUR 2001, 373

GRABRUCKER, Marianne:
Aus der Rechtsprechung des Bundespatentgerichts im Jahre 2001, Teil II: Markenrecht, neue Markenformen, absolute Schutzunfähigkeit; GRUR 2002, 375

GRABRUCKER, Marianne:
Neue Markenformen; MarkenR 3/2001, 95

GUTH, Walter:
Das Urteil des EuGH zur Riechmarke - Anmerkungen und Folgerungen; Mitt. 2003, 97

HELMS, Siegmund:
Musik in der Werbung; Wiesbaden 1981

HERING, Ekbert/*MARTIN*, Rolf/*STOHRER*, Martin:
Physik für Ingenieure; 8. Auflage; Berlin, Heidelberg, New York 2002

HERMANNS, Arnold/*SAUTER*, Michael (Hrsg.):
Management-Handbuch Electronic Commerce - Grundlagen, Strategien, Praxisbeispiele; 2. Auflage; München 2001

HERMANNS, Arnold:
Trends in der Online-Werbung; im Internet unter
„http://www.unibw-muenchen.de/campus/WOW/v1041/Online-Werbung.pdf"

HILDEBRANDT, Ulrich:
Zum Begriff der grafischen Darstellbarkeit des Art. 2 Markenrechtsrichtlinie - Anmerkung zu den Schlussanträgen zur Riechmarken-Vorlage des BPatG; MarkenR 1/2002, 1

HUBMANN, Heinrich:
Gewerblicher Rechtsschutz; 5. Auflage; München 1988

HÜTTERMANN, Aloys/*STORZ*, Ulrich:
Zur grafischen Darstellbarkeit von Hörmarken nach der neueren Rechtsprechung des Europäischen Gerichtshofs; Mitt. 2005, 156

INGERL, Reinhard/*ROHNKE*, Christian:
Markengesetz (Kommentar); 2. Auflage; München 2003

KÖBLER, Gerhard:
Juristisches Wörterbuch; 3. Auflage; München 1983

KORTBEIN, Anne:
Julius Urban - Werkverzeichnis; Magisterarbeit; Januar 1992

KRÖBER-RIEL, Werner:
Bildkommunikation: Imagerystrategien für die Werbung; München 1993

KUR, Annette:
Die Harmonisierung der europäischen Markengesetze; GRUR 1997, 241

LEGUIZAMÓN, Osvaldo:
Die Hörmarke in den Ländern des Mercosur; GRUR Int. 2003, 397

LEUPOLD, Andreas/*BRÄUTIGAM*, Peter/*PFEIFFER*, Markus:
Von der Werbung zur kommerziellen Kommunikation: Die Vermarktung von Waren und Dienstleistungen im Internet; WRP 6/2000, 575

LINXWEILER, Richard:
Die multisensualen Marken-Zeichen; im Internet unter „http://www.dachmarke.com/diemultisensualenmarken.htm"

LINXWEILER, Richard:
Marken-Design; Wiesbaden 1999

MARZ, Martin:
Der Schutz von eintragungsfähigen Marken nach dem neuen Markengesetz; Dissertation; Augsburg 1997

MEISTER, Herbert E.:
Das neue Markenrecht in der Praxis; Markenartikel 9/95, 436

MEISTER, Herbert E.:
Konkrete Unterscheidungskraft in Art. 7(1)(b) Gemeinschaftsmarkenverordnung; WRP 10/2000, 1098

MEISTER, Herbert E.:
Marke und Recht, Texte und Materialien; 2. Auflage; Wiesbaden 1994

MÜLLER-MERBACH, Heiner:
Einführung in die Betriebswirtschaftslehre; 2. Auflage; München 1976

MÜLLENSIEFEN, Daniel:
Messung melodischer Ähnlichkeit; Vortrag im Rahmen des Deutschen Expertenworkshops „MPEG-7 - Verfahren und Anwendungen“ zum Metadatenstandard MPEG-7; im Internet unter
„http://www.imk.fraunhofer.de/sixcms/detail.php?template=programm_veranstaltung“

OSENBERG, Ralph:
Markenschutz für urheberrechtlich gemeinfreie Werkteile; GRUR 1996, 101

PIERCE, John R.:
Klang - Musik mit den Ohren der Physik; 2. Auflage; Heidelberg 1999

van RADEN, Lutz:
Unser Kontinent, das Alte - Globale Betrachtungen zu Detailfragen des gewerblichen Rechtsschutzes; GRUR 1999, 904

REHBINDER, Manfred:
Urheberrecht; 13. Auflage; München 2004

RINGE, Cornelius:
Audio Branding - Akustische Markenführung mit Musik und Klang; Diplomarbeit; im Internet unter
„http://www.diplomarbeit.de/website/shop/detailansicht.php?diplID=4457“

RÜCKER, Martin:
Der gute Ton macht die Musik;
Süddeutsche Zeitung Nr. 266 vom 19. November 2003, Seite V2/7

SCHMIDT, Beate:
Rechtsfragen im Zusammenhang mit formellen Anforderungen an Markenanmeldungen; GRUR 2001, 653

SCHMIEDER, Hans-Heinrich:
Die Entwicklung des Markenrechts seit Ende 1997; NJW 1999, 3088

SCHNEIDER, Albrecht:
Traditional, Entlehnung, Werkbegriff: Anmerkungen zu den Entscheidungen „Brown Girl I“/“Brown Girl II“ des BGH; GRUR 1992, 82

SCHNEIDER, Hans-Jochen:
Lexikon der Informatik und Datenverarbeitung; 2. Auflage; München, Wien, Oldenbourg 1986

SCHULZE, Gernot:
Urheberrecht und neue Musiktechnologien; ZUM 1/1994, 15

SIECKMANN, Ralf:
Zum Begriff der grafischen Darstellbarkeit von Marken - Eine Ergänzung zu Hildebrandt (MarkenR 2002,1); MarkenR 5/2002, 149

SOSNITZA, Olaf:
Aktuelle Probleme im europäischen und deutschen Markenrecht; WRP 10/2003, 1186

STRÖBELE, Paul:
Absolute Eintragungshindernisse im Markenrecht - Gegenwärtige Probleme und künftige Entwicklungen; GRUR 2001, 658

STRÖBELE, Paul:
Die neuen Markenformen im Widerspruchsverfahren; Festschrift für Willi Erdmann, Seiten 491 ff.; herausgegeben von Hans-Jürgen Ahrens, Joachim Bornkamm, Wolfgang Gloy, Joachim Starck, Joachim von Ungern-Sternberg; Köln, Berlin, Bonn, München 2002

STRÖBELE, Paul:
Die Eintragungsfähigkeit neuer Markenformen; GRUR 1999, 1041

STRÖBELE, Paul/*HACKER*, Franz:
Markengesetz (Kommentar); 7. Auflage; Köln, Berlin, Bonn, München 2003

TRAUFETTER, Gerald:
Luft als Lautsprecher; Der Spiegel 35/2003, Seiten 80 f.

UNIVERSITÄT BONN, Institut für Informatik:
Vergleich von Melodien mit Hilfe von LCS-Algorithmen; im Internet unter „http://www-mmdb.iai.uni-bonn.de/forschungprojekte/midilib/notes21cs.html“

VESTER, Frederic:
Denken, Lernen, Vergessen; 20. Auflage; München 1993

VOSS, Andreas:
Das große PC-Lexikon 2001/2002; 1. Auflage; Düsseldorf 2001

WAGENKNECHT, Achim/*TOCHTENHAGEN*, Jörg:
Die besten Video-CD- & DVD-Player Geheimnisse; 1. Auflage; Düsseldorf 2002

WANDTKE, Artur/*BULLINGER*, Winfried:
Die Marke als urheberrechtlich schutzfähiges Werk; GRUR 1997, 573

WINKLER, Matthias:
Das neue Markenrecht als Herausforderung für das Deutsche Patentamt; Mitt. 1/95, 45

WINKLER, Matthias:
Erfahrungen des DPA mit dem erweiterten Markenbegriff; Markenartikel 11/96, 516

ZIEGENRÜCKER, Wieland:
Allgemeine Musiklehre; 8. Auflage; Mainz 1985

Erstes Kapitel. Einleitung

§ 1 Einführung in die Thematik

I. Vorbemerkung und Problemstellung

Seit Anfang der 60er Jahre gibt es Bemühungen, das europäische Markenrecht zu vereinheitlichen. Zu diesem Zweck arbeitete die Europäische Gemeinschaft nicht nur an der Entwicklung eines Gemeinschaftsmarkenrechts, sondern auch an der Harmonisierung der einzelnen nationalen Markengesetze. Infolgedessen ist am 21. Dezember 1988 die Erste Richtlinie 89/104/EWG des Rates zur Angleichung der Rechtsvorschriften der Mitgliedstaaten über die Marken verabschiedet worden.[1] Sie wurde mit Erlass des Markenrechtsreformgesetzes vom 25. Oktober 1994 in bundesdeutsches Recht umgesetzt. Unter Artikel 1 befindet sich das Gesetz über den Schutz von Marken und sonstigen Kennzeichen (Markengesetz - MarkenG), das weitgehend am 1. Januar 1995 in Kraft getreten ist. Hierzu wurde ergänzend vom Präsidenten des Deutschen Patent- und Markenamts die Verordnung zur Ausführung des Markengesetzes (Markenverordnung - MarkenV) erlassen (vgl. § 65 MarkenG).

Das Markengesetz hat erstmals die Möglichkeit geschaffen, Hörzeichen durch Eintragung als Marke in der Bundesrepublik Deutschland schützen zu lassen (§ 3 Abs. 1 MarkenG). Unter dem davor geltenden Warenzeichengesetz waren nur Wort-, Bild- und kombinierte Zeichen eintragungsfähig.[2] Vereinzelt wurden zwar Versuche unternommen, auch dreidimensionale Formen oder Hörmarken in die Warenzeichenrolle eintragen zu lassen. Doch hat die Rechtsprechung diesen Zeichen konsequent den Schutz versagt.[3] Zwischenzeitlich sind auch vom Europäischen Gerichtshof Hörzeichen ausdrücklich als Markenform im Sinne des Art. 2 MarkenRichtl anerkannt worden.[4]

Mit der gesetzlichen Anerkennung der Markenfähigkeit auditiver Zeichen kommt das Markengesetz einem wichtigen Bedürfnis des Verkehrs nach Erweiterung des Angebots an Kennzeichnungsmitteln nach. Diese Entwicklung ist konsequent, da akustische Signale schon seit längerer Zeit in der Werbung in erheblichem Umfang eingesetzt werden.[5] Die Einführung von Hörmarken in das deutsche Kennzeichenrecht ist allerdings mit vielfältigen Fragestellungen

---

1 Vgl. ABl. EG 1989 Nr. L 40 S. 1; zu ihrer Umsetzung in den einzelnen Staaten s. Kur in GRUR 1997, 242.

2 Vgl. Hubmann, Seite 218 unten.

3 Vgl. hierzu die amtliche Begründung zu § 3 MarkenG in Sonderheft BlfPMZ 1994, 59, und beispielhaft BGH in GRUR 1988, 306 f. („ARD-Signet").

4 S. Urteil des Europäischen Gerichtshofs vom 27. November 2003 - Az. C-283/01 (Shield Mark BV/Joost Kist h.o.d.m. Memex), abgedruckt in GRUR 2004, 54 ff..

5 Vgl. Helms, Seite 30.

verbunden, deren Diskussion in Literatur und Rechtsprechung erst am Anfang steht. Hierbei können im Wesentlichen zwei Problemfelder unterschieden werden:

1. Praktischer Einsatz und Nutzen von Hörzeichen

Aus Sicht der Unternehmen stellt sich die grundlegende Frage, welche Möglichkeiten der Verwendung akustischer Signale im Geschäftsleben im Allgemeinen und als Kennzeichen im Besonderen bestehen. In diesem Zusammenhang ist vor allem zu klären, ob sie die Funktionen einer Marke ausfüllen können. Hierfür kommt es maßgeblich darauf an, inwieweit sie vom Verkehr als Unternehmenshinweis oder eher als Verzierung aufgefasst werden. Gerade im Vergleich zu den klassischen Wort- und Bildmarken ist zudem fraglich, ob sie ausreichend Vorteile in tatsächlicher Hinsicht aufweisen, um den mit der Kennzeichnung verbundenen Aufwand wirtschaftlich zu rechtfertigen.

2. Rechtliche Behandlung von Hörzeichen

Die im Markengesetz und in der Markenverordnung enthaltenen Bestimmungen bauen weitgehend auf kennzeichenrechtlichen Grundsätzen auf, die zu Wort- und Bildmarken entwickelt worden sind. Eigene gesetzliche Regelungen zu Hörmarken sind nur in sehr geringem Umfang vorhanden.[6] Während Erfahrungen zum Widerspruchs- und Verletzungsverfahren erst zu sammeln sind, müssen diejenigen zum absoluten Verfahren noch weiter ausgebaut werden.

Die Probleme der rechtlichen Behandlung von Hörmarken sind sehr vielschichtig. Beispielhaft seien die Beurteilung der Markenfähigkeit und der grafischen Darstellbarkeit von akustischen Signalen genannt. Hierbei spielt auch die Frage des Schutzgegenstands und -umfangs eine Rolle. Trotz bereits einschlägiger amtlicher Entscheidungen bedürfen zudem die absoluten Schutzhindernisse noch einer weiteren Diskussion. Anzusprechen sind hier vor allem das Fehlen der Unterscheidungskraft und das Vorliegen eines beschreibenden Sinngehalts. Ungeklärt ist derzeit zum Beispiel auch, wie berühmte Tonfolgen oder Geräusche zu bewerten sind und welche Anforderungen bei der Verkehrsdurchsetzung von Hörmarken gelten. Besonders schwierig stellt sich im Rahmen des Widerspruchsverfahrens des Weiteren die Bewertung der Ähnlichkeit und der rechtserhaltenden Benutzung von akustischen Kennzeichen dar. Bezüglich des Verletzungsverfahrens taucht schließlich u.a. die Frage nach dem markenmäßigen Gebrauch eines Hörzeichens auf.

---

6 Besondere Vorschriften zu Hörmarken finden sich lediglich in § 3 MarkenG, in § 11 MarkenV sowie in den Mitteilungen des Präsidenten des Deutschen Patent- und Markenamts Nr. 16/94 (Sonderheft BlfPMZ 1994, 180), Nr. 15/96 (BlfPMZ 1996, 392), Nr. 8/03 (BlfPMZ 2003, 320) und Nr. 11/05 (BlfPMZ 2005, 41).

II. Ziele und Gegenstand dieser Untersuchung

Die vorliegende Arbeit hat zum einen das Ziel, die Bedingungen des praktischen Einsatzes von Hörmarken aufzuzeigen, um Anhaltspunkte für eine effektive Nutzung dieser Markenform zu geben. Zum anderen sollen Möglichkeiten der sachgerechten Anwendung der allgemeinen markenrechtlichen Grundsätze auf akustische Kennzeichen dargestellt werden. Hierbei muss dem Bedürfnis der Wirtschaft nach einem in formaler und materieller Hinsicht zweckmäßigen Markenschutz Rechnung getragen werden. Darüber hinaus sind die Besonderheiten mit zu berücksichtigen, die sich beispielsweise aus der unterschiedlichen Wahrnehmung und Benutzung von Wort-/ Bildmarken auf der einen und Hörmarken auf der anderen Seite ergeben. Insgesamt betrachtet will die Arbeit die hörmarkenrechtlichen Besonderheiten mit Blick auf die Belange der Unternehmen und angesprochenen Verkehrskreise aufzeigen.

Aufgrund der Fülle an Themenkreisen bezieht sich die Untersuchung auf Hörmarken, die durch Eintragung geschützt werden sollen oder sind. Auf die übrigen Arten des Schutzes von Hörmarken (vgl. § 4 Nrn. 2 und 3 MarkenG) kann nur am Rande eingegangen werden.[7]

III. Der Gang der Untersuchung

Einleitend wird im zweiten Kapitel die Verwendung von akustischen Kennzeichen im Geschäftsleben untersucht. Hier geht es vor allem um die praktische Bedeutung von Hörzeichen und ihrer besonderen Eigenschaften sowie die Schwierigkeiten bei der Kennzeichnung von Waren und Dienstleistungen.

Daran schließt sich im dritten Kapitel die Diskussion des Schutzes von Hörzeichen nach dem Markengesetz an. Nach der Definition der für die Arbeit bedeutsamen Begrifflichkeiten werden vor allem die Markenfunktionen in rechtlicher Hinsicht und die Markenfähigkeit erörtert. Des Weiteren wird aufgezeigt, welche Bedeutung Hörmarken im Rahmen der inländischen Anmelde-, Widerspruchs- und Löschungsverfahren haben.

Im vierten Kapitel folgen rechtsvergleichende Betrachtungen zum Schutz von Hörmarken in einzelnen ausgewählten Ländern sowie auf europäischer und internationaler Ebene. Dargestellt werden die Rechtslage und die Rechtswirklichkeit im Hinblick auf etwaige Konsequenzen für die inländische Rechtsanwendung.

---

7 Vgl. beispielsweise unten § 9.

Im Anschluss daran werden im fünften Kapitel wichtige Probleme des absoluten Verfahrens behandelt. Neben der grafischen Darstellbarkeit und dem Schutzgegenstand wird insbesondere auf die Unterscheidungskraft und den beschreibenden Sinngehalt von Hörzeichen sowie weitere ausgewählte Eintragungshindernisse näher eingegangen. Die Erörterung der Verkehrsdurchsetzung, der Beurteilung von Abwandlungen schutzunfähiger akustischer Signale, der Schutzfähigkeit von Hörmarken mit Wortbestandteilen und des Markenschutzes für berühmte Tonfolgen bzw. Geräusche schließt dieses Kapitel ab.

Das Widerspruchsverfahren ist Gegenstand des sechsten Kapitels, in dem zu den Grundsätzen der Verwechselbarkeit, zur Ähnlichkeit und zur rechtserhaltenden Benutzung von Hörmarken Stellung genommen wird.

Im siebten Kapitel betreffend das Verletzungsverfahren werden mit Problemen verbundene Kriterien der Verletzung einer Hörmarke und die Bedeutung der einzelnen Verletzungshandlungen angesprochen.

Den Abschluss bildet das achte Kapitel, das eine Zusammenfassung und einen Ausblick auf weitere mögliche Entwicklungen enthält.

Zweites Kapitel. Die Verwendung von Hörzeichen im Verkehr

1. Teil. Zur tatsächlichen Bedeutung von Hörzeichen

§ 2 Art und Häufigkeit der Verwendung von akustischen Signalen

I. Zur Art der Verwendung

Die mit dem Einsatz von Liedern, Melodien oder Geräuschen verfolgten Ziele insbesondere in der Werbung sind sehr unterschiedlich. Die kennzeichenmäßige Verwendung ist hierbei nur eine von mehreren, nachfolgend dargestellten Möglichkeiten:

1. Markenmäßiger Gebrauch

Akustische Signale werden in der Werbung zum einen markenmäßig eingesetzt. Hierunter ist die Kennzeichnung von Waren oder Dienstleistungen zu verstehen, aus der für den Verkehr der Eindruck entsteht, die Ware oder Dienstleistung stamme aus dem Betrieb des Markeninhabers oder es bestünden geschäftliche oder organisatorische Beziehungen des Benutzers zu ihm.[8]

Bei der markenmäßigen Verwendung von akustischen Signalen ist wiederum zwischen direktem und indirektem Gebrauch zu unterscheiden:[9]

a) Direkter Gebrauch

Melodien, Rhythmen oder Klänge werden in der Praxis häufig in unmittelbarem Zusammenhang mit anderen bereits eingeführten Marken verwendet. In den meisten Fällen handelt es sich hierbei um Wortmarken, die in Funk- oder Fernsehspots gesungen werden. Beispiele hierfür sind „Sanostol“, „Haribo macht Kinder froh“, „Thomy – hier kommt der Genuss“ oder „Schönes Haar ist Dir gegeben, lass es leben mit Gard“.

Durch die direkte markenmäßige Benutzung wird sowohl die Wort- als auch die Hörmarke gleichzeitig benutzt. Es besteht allerdings die Gefahr, dass der akustische Bestandteil gegenüber den Worten zurücktritt und vom Verkehr nicht als eigenständiges Kennzeichen erkannt wird.

---

8 Vgl. Hubmann, § 40 I 3 (Diese unter Geltung des Warenzeichengesetzes entwickelte Definition hat auch nach Inkrafttreten des Markengesetzes weiterhin Gültigkeit.).

9 Vgl. hierzu insgesamt Linxweiler, Seiten 203/204.

b) Indirekter Gebrauch

Akustische Signale werden darüber hinaus zur Unterstützung einer bestimmten Botschaft eingesetzt, ohne eine bereits eingeführte Marke zu nennen. Durch ihr deutliches Hervortreten und ihre besondere Charakteristik werden sie vom Verkehr als eigenständige Kennzeichen angesehen. Beispiele für diesen indirekten markenmäßigen Gebrauch sind die Jingles „Time to say good-bye“ (Averna-Kräuterlikör) oder „Sail away“ (Beck's Bier).

Die Abgrenzung der indirekten markenmäßigen Verwendung zur reinen Untermalung kann mitunter schwierig sein:

2. Untermalung

Akustische Signale werden zum anderen häufig lediglich als musikalische Hintergrundausstattungen verwendet, die für eine positive emotionale Atmosphäre, für Dynamik und Tempo der verbalen oder bildlichen Darstellungen sorgen und beim Empfänger bestimmte Gefühle auslösen sollen. Dadurch können Werbebotschaften unter Umständen stärker in Erinnerung bleiben. Auch ist nachgewiesen worden, dass durch den Einsatz von Musik die Umsätze in Geschäften deutlich gesteigert werden konnten.[10]

Besonders bei der Betrachtung von Fernsehspots für Markenwerbung fällt auf, dass viele akustische Signale nichtssagend und austauschbar sind und leider kaum der Wiedererkennung der Marke dienen.[11] Zum Teil ist die Musik zunächst durch Stimmen überlagert, die jedoch an bestimmten Stellen zurücktreten und einer Melodie Platz machen. Zum Teil werden nicht klar identifizierbare Lautfolgen eingesetzt, die sich nicht oder nur sehr schwer in das Gedächtnis einprägen. Diese akustischen Signale werden vom Verkehr nicht als Kennzeichen der gezeigten oder genannten Waren bzw. Dienstleistungen aufgefasst.[12] Die Chance, die beworbenen Waren und Dienstleistungen zusätzlich mit einem akustischen Signal zu kennzeichnen, bleibt damit - wie so häufig - ungenutzt.

---

[10] Vgl. „Musik – Einführung in die Psychologie der Werbung“ im Internet unter „http://www.werbepsychologie-online.de/html/musik.html".

[11] S. hierzu auch die Untersuchung unter II..

[12] Dies bedeutet jedoch nicht, dass Hörmarken von Konkurrenten als Untermalung für eigene Produkte oder Tätigkeiten uneingeschränkt verwendet werden können. Wie Berlit, Rdnr. 241, zutreffend ausführt, löst nicht nur kennzeichenmäßiges Handeln Ansprüche des Markeninhabers aus. Vielmehr schließen sowohl Artikel 5 der Markenrechtsrichtlinie als auch § 14 des Markengesetzes jede die Herkunftsfunktion beeinträchtigende Benutzung der Marke aus.

Die Grenze zwischen markenmäßigem Gebrauch und Untermalung ist fließend. Die Frage, ob es sich um ein Kennzeichen oder eine Verzierung handelt, trifft letztendlich der Verbraucher. Dieser wird eine Lautfolge umso eher als „akustischen Namen" einer Ware oder Tätigkeit auffassen, je kürzer, einprägsamer und auffälliger sie ist. Ausschnitte aus berühmten Werken der Tonkunst werden zunächst nicht als Hinweis auf ein bestimmtes Produkt oder eine besondere Dienstleistung aufgefasst. Erst durch wiederholte Verwendung entsteht eine zeichenmäßige Verknüpfung zwischen dem akustischen Signal und dem beworbenen Produkt.[13]

II. Zur Häufigkeit der kennzeichnenden Verwendung

Die Frage der Häufigkeit der Verwendung von akustischen Kennzeichen im Geschäftsleben ist soweit ersichtlich bisher noch nicht eingehender erörtert worden, da das Thema „Audio Branding" erst langsam von der Literatur aufgegriffen wird.[14] Insofern muss auf Erfahrungswerte und eigene Untersuchungen zurückgegriffen werden.

Am Point of Sale werden (bisher) nur in sehr geringem Umfang akustische Kennzeichen eingesetzt. Dies hängt vermutlich mit dem erhöhten technischen Aufwand für die Wiedergabe und den eingeschränkten Möglichkeiten der Verbindung eines Hörzeichens mit der Ware oder der Dienstleistung zusammen.[15] Auch im Internet sind akustische Kennzeichen bisher nur sehr selten anzutreffen, was an der Dauer ihrer Übertragung und der noch ausbaufähigen Klangqualität liegen kann. Allerdings dürfte aufgrund der weiteren Verbreitung neuer Techniken wie DSL oder ISDN mit einer Zunahme der Wiedergabe von akustischen Signalen und damit auch von Hörzeichen im Internet zu rechnen sein.[16] Zudem wird voraussichtlich die Ausstattung immer mehr Privathaushalte mit Personalcomputern und die damit verbundene verstärkte Nutzung des Internets die Verbreitung akustischer Kennzeichen weiter fördern.[17]

---

13 S. auch § 28 II..

14 Vgl. Ringe, Cornelius in „Audio Branding – Akustische Markenführung mit Musik und Klang" im Internet unter „http://www.diplomarbeit.de/website/shop/detailansicht.php?diplID=4457".

15 Vgl. hierzu die Ausführungen zu den Möglichkeiten der Kennzeichnung unter § 6.

16 Zur Werbung im Internet s. auch Leupold/Bräutigam/Pfeiffer in WRP 6/2000, 576.

17 Die Zunahme der Nutzung des Internets (1999: 259 Mio., 2004: 945 Mio. Internet-Nutzer weltweit) als auch die Möglichkeiten der Online-Werbung (u.a. Bannerwerbung, E-Mail Marketing) werden anschaulich dargestellt von Hermanns in „Trends in der Online-Werbung" im Internet unter „http://www.unibw-muenchen.de/campus/WOW/v1041/Online-Werbung.pdf".

Nach Einführung des Mobilfunkstandards UMTS (Universal Mobile Telecommunications Standard) ist darüber hinaus damit zu rechnen, dass in Deutschland zukünftig auch über Handy zusammen mit Bildern akustische Signale zur Kennzeichnung von Waren oder Dienstleistungen übermittelt werden. Hierdurch steigen die Möglichkeiten der Werbung und damit der Verbreitung von Markenartikeln und -dienstleistungen.[18]

Massenmedien, die neben optischen auch akustische Signale flächendeckend übermitteln, eignen sich in besonderer Weise für den Einsatz von Hörzeichen. Insbesondere die für die Verbreitung von Hörzeichen relevanten Medien „Hörfunk“ und „Fernsehen“ stehen einem Großteil der Bevölkerung zur Verfügung. So gab es Anfang 2003 nach Angaben der Gesellschaft für Unterhaltungs- und Kommunikationselektronik (gfu) in gut 98% aller Haushalte in der Bundesrepublik ein Fernsehgerät. Der Gesamtbestand inklusive Zweit- und Drittbesitz dürfte sich auf rund 55 Millionen TV-Geräte belaufen. Jahr für Jahr werden etwa 5,5 Millionen neue Fernsehgeräte in Deutschland verkauft, wofür die Bundesbürger jährlich rund drei Milliarden Euro ausgeben.[19]

Um einen Eindruck von der Häufigkeit der Verwendung von akustischen Kennzeichen im Fernsehen zu gewinnen, wurde durch den Verfasser stichprobenartig das Programm des Senders „SAT 1“ am 28. Juli 2004 von 0.00 Uhr bis 24.00 Uhr ausgewertet:

1. Rahmenbedingungen

Es wurde geprüft, für welche (Wort-)Marken und für welche Waren oder Dienstleistungen mit welcher Häufigkeit geworben wurde, ob und welche akustischen Signale hierbei eingesetzt wurden und, ob diese kennzeichnenden Charakter aufwiesen. Die Liste mit den entsprechenden Angaben ist als Anlage 1) dieser Arbeit beigefügt.

Als Wiederholung wurde gewertet, wenn ein Spot mit identischer Marke und Handlung sowie gleichen Produkten erneut vorkam. Dazu zählten auch Kurzversionen von zuvor gelaufenen Werbespots. Zum Teil wurden unterschiedliche Spots für die gleiche Marke und die gleichen Produkte gesendet (z.B. „Mc Donald's“). In diesem Fall wurden die entsprechende Marke nochmals aufgeführt, da die Art der Gestaltung des Spots und der darin vorkommenden akustischen Signale entscheidend war. Kamen in einem Werbespot ausnahmsweise auch Marken anderer Unternehmen vor, so wurden diese nicht gesondert ge-

---

18 Vgl. auch Berekoven „Von der Markierung zur Marke“ in Dichtl/Eggers, Seite 32.

19 Vgl. hierzu die Fundstelle im Internet unter "http://www.glossar.de/glossar/z_fernsehen.htm".

zählt.[20] Das gleiche galt für Erst- und Zweitmarken des werbenden Herstellers oder Händlers (z.B. „Skoda Octavia").

Kriterien für den kennzeichnenden Charakter eines akustischen Signals waren sein deutliches Hervortreten gegenüber den gesprochenen Worten und seine Eigenart. Hierbei spielten insbesondere die Einprägsamkeit und Prägnanz einer Melodie bzw. Tonfolge und die Art eines Geräuschs eine maßgebliche Rolle. Als nicht eigenartig wurden dementsprechend Geräusche angesehen, die mit der Handlung oder der Benutzung des Produkts in Zusammenhang standen.

Die Bewertung beruht auf dem subjektiven Empfinden des Verfassers, da sie ohne Beteiligung weiterer Personen vorgenommen wurde. Zuverlässigere Aussagen insbesondere zur Frage des kennzeichnenden Charakters eines akustischen Signals können nur durch Befragung einer ausreichend großen Zahl von Verkehrsteilnehmern gewonnen werden. Dies würde jedoch den Rahmen dieser Arbeit übersteigen und muss somit weiteren Untersuchungen vorbehalten bleiben. Nichtsdestotrotz dürfte vorliegende Momentaufnahme zumindest auch für andere Privatfernsehsender repräsentativ sein.

2. Ergebnisse der Untersuchung

Insgesamt wurden 644 Werbespots überprüft, von denen 229 verschieden gestaltet waren und größtenteils unterschiedliche Wortmarken betrafen.[21] 54 Werbespots sind nur einmal, die übrigen 175 jedoch zwei- bis dreizehnmal gesendet worden, woraus 415 Wiederholungen resultieren. Bis auf zwei waren alle Spots mit Musik, Gesang oder Geräuschen hinterlegt, wobei lediglich in 13 ausschließlich die letztgenannten vorkamen. Diese akustischen Signale wiesen in 55 Fällen eindeutig kennzeichnenden Charakter auf.[22] In weiteren 21 Werbespots konnte der kennzeichnende Charakter der akustischen Signale nicht eindeutig festgestellt werden, da sie nicht deutlich genug hervortraten oder wenig aussagekräftig waren. Grafisch stellt sich dieses Ergebnis wie folgt dar:

---

20 Als Beispiel sei die Calgon-Werbung genannt, in welcher im Rahmen einer Empfehlung zusätzlich die Namen „führender Spülmaschinenhersteller" genannt wurden.

21 Vgl. die Zusammenstellung in Anlage 1).

22 Teilweise handelte es sich um eingetragene Hörmarken (z.B. „Telekom-Jingle" oder „Haribo-Melodie").

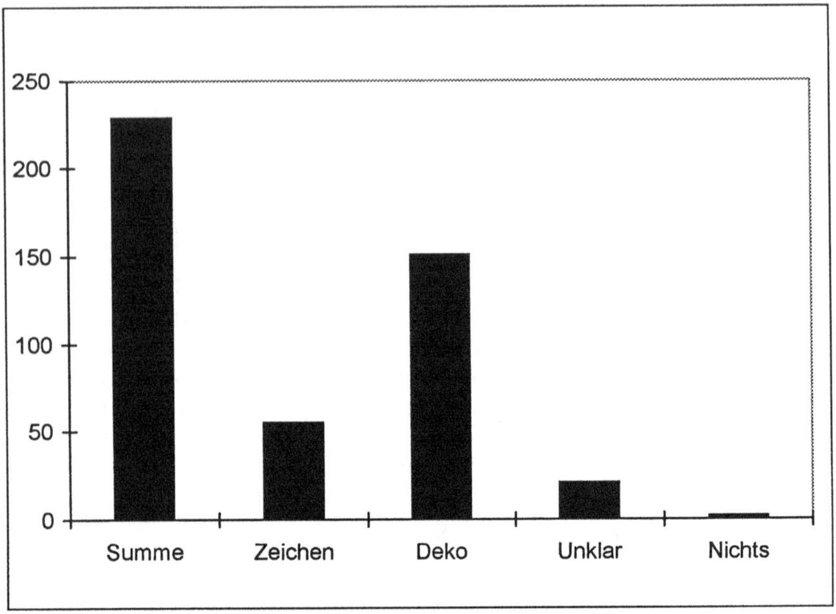

Abbildung 1: *Häufigkeit der Verwendung von Hörzeichen im Fernsehen am Beispiel des Senders „SAT 1" (28. Juli 2004, 0.00 Uhr – 24.00 Uhr):*

- *„Summe": Anzahl der unterschiedlichen Werbespots,*
- *„Zeichen": Anzahl der Werbespots mit akustischen Signalen, die kennzeichnenden Charakter aufwiesen,*
- *„Deko": Anzahl der Werbespots mit akustischen Signalen, die untermalenden Charakter aufwiesen,*
- *„Unklar": Anzahl der Werbespots mit akustischen Signalen, deren kennzeichnender Charakter nicht eindeutig ermittelbar war,*
- *„Nichts": Anzahl der Werbespots ohne akustische Signale.*

Dies bedeutet, dass in weit über der Hälfte der untersuchten Fälle die Möglichkeit zur Verwendung eines Hörzeichens nicht genutzt wurde. Stattdessen kamen meist nichtssagende, austauschbare oder kaum hörbare Hintergrundklänge oder –töne zum Einsatz, die keinen Wiedererkennungswert besaßen. Dies ist umso überraschender, als Musik und Gesang in ca. 93% der Spots enthalten waren und somit in der Praxis einen sehr hohen Stellenwert besitzen. Bei Werbespots mit Geräuschen war teilweise die Abgrenzung zwischen den normalen, im Rahmen der Handlung entstehenden und den zusätzlich hinzugefügten Geräuschen schwierig. Oft wurden die Handlungsgeräusche künstlich verstärkt, so dass sie eine hervorgehobene Bedeutung erhielten. Nichtsdestotrotz ist davon auszugehen, dass sie regelmäßig nicht als Herkunftshinweis vom Zuschauer interpretiert werden, da die in der Handlung liegende Ursache für das (beschreibende) Geräusch deutlich erkennbar ist.

Des Weiteren fiel auf, dass Gesang häufig die Wortmarke enthielt[23] und/oder eine eingängige Melodie aufwies[24], so dass er regelmäßig als akustisches Kennzeichen in Erscheinung trat. Die Möglichkeit zum Einsatz von Hörzeichen scheinen besonders Bierhersteller zu nutzen. In der entsprechenden Werbung kam häufig eine kennzeichnungskräftige Melodie vor, die Bestandteil der über den gesamten Spot laufenden Musik war.[25] Gelegentlich erklang erst am Ende eines Spots eine kurze charakteristische Ton- oder Geräuschfolge.[26] Dies kann von Vorteil sein, da hierdurch ein gewisser Überraschungseffekt entsteht, der zur Merkfähigkeit und Wiedererkennung beiträgt. Des Öfteren wurde Klaviermusik eingesetzt, die allerdings eher der Untermalung (besinnliche, emotionale Note) als der Kennzeichnung diente.

In einigen (wenigen) Spots wurde der Titel des dazu abgespielten Popsongs eingeblendet.[27] Dadurch entstand der Eindruck, als ob er extra für das jeweilige Produkt komponiert worden ist, jedoch auch außerhalb der Werbung eingesetzt werden soll. Aufgrund der Länge und des Charakters eines Hits besteht hierbei jedoch die Gefahr, dass er nicht mehr als Marke aufgefasst wird und der unmittelbare Bezug zu den Waren oder Dienstleistungen verloren geht. Die feste Zuordnung zu dem jeweiligen Produkt wird somit wohl erst nach längerem Gebrauch entstehen.

Schließlich konnte festgestellt werden, dass sich durch häufiges Anhören der Grad der Wiedererkennung erhöhte. Dadurch gewannen Musikstücke oder Geräusche, die anfänglich eher als Hintergrundgestaltung angesehen wurden, nach einer gewissen Zeit an Kennzeichnungskraft. Es handelt sich hierbei um einen auch bei anderen Markenformen zu beobachtenden Effekt, der im Rahmen der Verkehrsdurchsetzung gemäß § 8 Abs. 3 MarkenG zu berücksichtigen ist.

---

23 Z.B. „Waschmaschinen leben länger mit Calgon“ oder “Thomy – Verwöhnen mit Genuss“.

24 Z.B. „Ich liebe es“ (Mc Donald's).

25 Z.B. Bitburger- oder Beck's-Bier.

26 Z.B. Telekom-Jingle.

27 So beispielsweise in der Werbung von „Skoda Octavia“ oder „Mitsubishi Motors“.

§ 3 Die Entwicklung eines akustischen Signals zum Unternehmenshinweis in der Praxis

I. Grundlagen

Herstellern, Dienstleistern und Händlern ist sehr daran gelegen, mit Hilfe leicht einprägsamer und wieder erkennbarer Zeichen ihren Produkten (Waren und Dienstleistungen) eine gewisse Individualität zukommen zu lassen. So wie der Name einen Menschen regelmäßig eindeutig kennzeichnet, so soll eine Marke einem Produkt sein unverwechselbares Gepräge geben, das es von Konkurrenzwaren und -dienstleistungen abhebt. Theoretisch werden die Grenzen der Produktkennzeichnung durch die Fähigkeiten der menschlichen Sinnesorgane gesetzt. Letztlich kommen alle Reize, die vom Menschen wahrgenommen werden können, auch als Waren- bzw. Dienstleistungsmarke in Betracht. So gibt es neben den klassischen visuellen (z.B. Wörter, Buchstaben, Bilder, dreidimensionale Gestaltungen) auch auditive (z.B. Musik), haptische (z.B. Massieren), olfaktorische (z.B. Duftfolgen) oder gustatorische (z.B. Speisezubereitungen) Zeichen. Maßgeblich hängt die Art der Kennzeichnung von den Möglichkeiten ihrer Wiedergabe, ihrer Wahrnehmung und Einprägung ab. Zunächst entstanden die mit relativ geringem Kennzeichnungsaufwand verbundenen Wort- und Bildmarken.[28] Dagegen bedarf es zur Darstellung von Hör-, Tast-, Geruchs- oder Geschmackszeichen besonderer Hilfsmittel wie Tonträger oder chemische Formeln. Aus diesem Grund entwickelte sich das Bedürfnis des Verkehrs nach neuen Markenformen mit der Verbreitung neuer Techniken. Internet, Intranet, CD-ROM, CD-I, T-Online, Cyber Space, digitales Fernsehen, Videokonferenzen etc. nehmen in der Media-Strategie der Markenkommunikation demzufolge einen zunehmend wichtigeren Platz ein.[29]

Auch Hörmarken können ihre Funktion als Kennzeichen für bestimmte Produkte nur dann erfüllen, wenn sie der Verkehrsteilnehmer wieder erkennt. Dies setzt zunächst voraus, dass die akustischen Signale wahrgenommen und gemerkt werden. Damit sie die Funktionen einer Marke jedoch übernehmen können, müssen sie zusätzlich dauerhaft mit den damit gekennzeichneten Waren oder Dienstleistungen in Verbindung gebracht werden. Nur in diesem Fall kann die Tonfolge oder das Geräusch die Aufgabe eines „akustischen Namens“ übernehmen. Schließlich bedarf es eines weiteren Schritts, damit das akustische Signal von einem Großteil des Verkehrs als Hinweis auf das herstellende oder vertreibende Unternehmen angesehen wird. Die Entwicklung zum Herkunftshinweis stellt sich somit wie folgt dar:

---

[28] Zu den Ursprüngen des Zeichenwesens vgl. Berekoven „Von der Markierung zur Marke“ in Dichtl/Eggers, Seiten 26 ff..

[29] Vgl. hierzu auch Linxweiler, Seite 127.

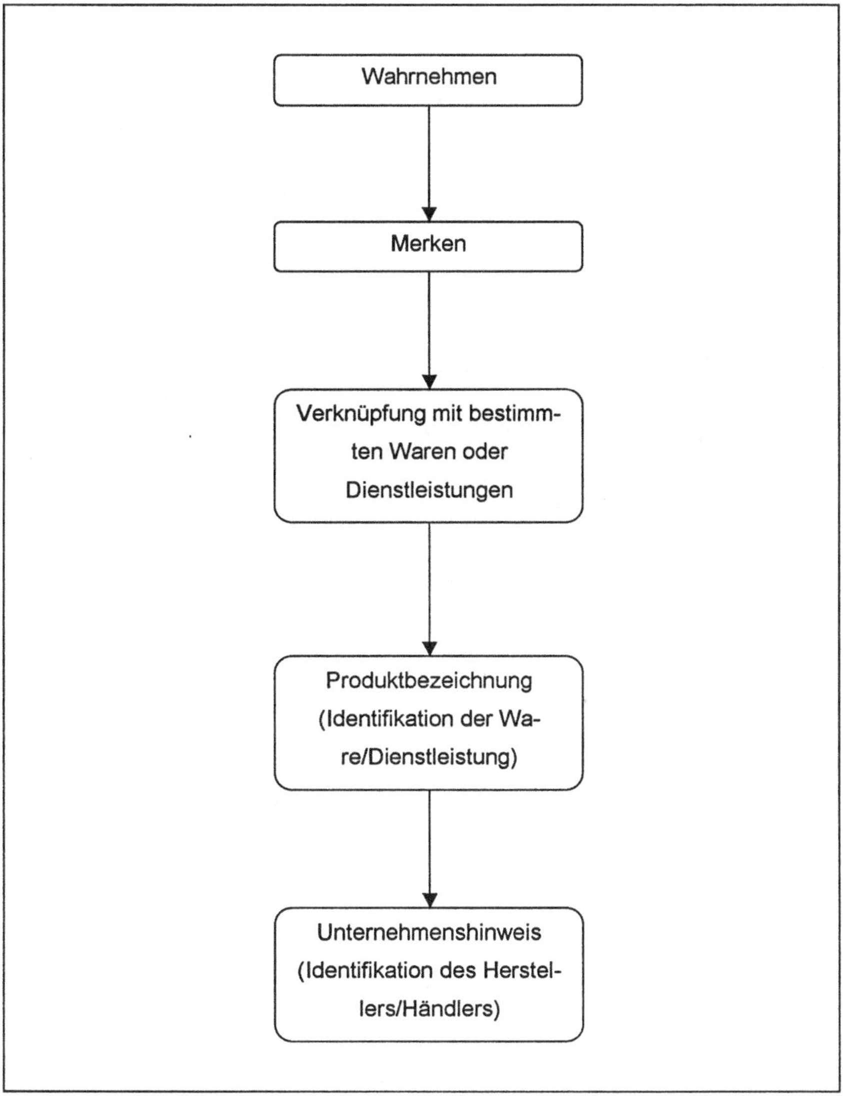

Abbildung 2: *Entwicklung eines akustischen Signals zum Unternehmenshinweis.*[30]

---

30 Das Schema gilt auch für andere Zeichenformen, hat jedoch aufgrund der Problematik der Verknüpfung mit bestimmten Waren oder Dienstleistungen besondere Bedeutung für akustische Kennzeichen.

II. Wahrnehmen

Damit ein akustisches Signal die Funktionen einer Marke erfüllen kann, muss es zunächst wahrgenommen werden. Hierbei sind verschiedene Kriterien zu berücksichtigen, die in der Praxis sehr wichtig sind:

1. Lautstärke und Frequenzbereich

Ein akustisches Signal kann nur dann wahrgenommen werden, wenn es mit einer gewissen Lautstärke und innerhalb eines bestimmten Frequenzbereichs wiedergegeben wird. Schall wird von schwingenden Körpern hervorgerufen.[31] In der umgebenden Luft oder auch in anderen Materialien breiten sich Dichteschwankungen aus, die zu einer abwechselnden Verdichtung und Verdünnung der Luft führen (Luftdruckänderungen). Der Abstand zwischen maximaler und minimaler Dichte ist ein Maß für die Frequenz. Durch die Anzahl der Druckschwankungen, die das Ohr in jeder Sekunde treffen, bestimmt sich die in Hertz gemessene Frequenz (Häufigkeit der Luftdruckänderungen). Je höher die Frequenz, desto höher klingt der Ton. Grafisch lässt sich die Häufigkeit der Luftdruckänderungen wie folgt darstellen:

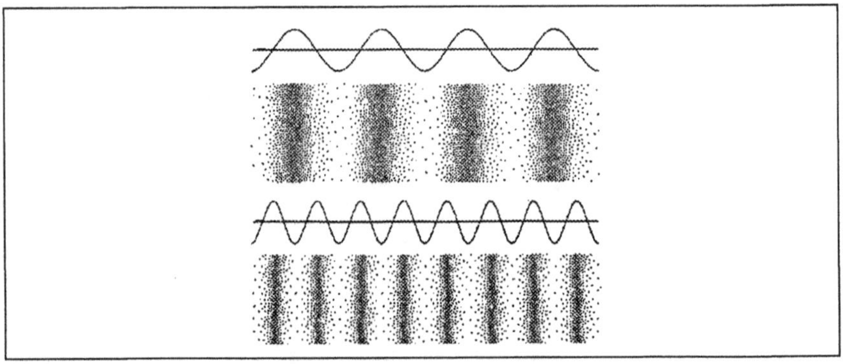

Abbildung 3: *Unterschiedliche Frequenzen zweier Schallwellen (Entscheidend ist die Anzahl der Schwingungen pro Sekunde. Die Frequenz repräsentiert die Zahl der Verdichtungsmaxima oder -minima, die an einem bestimmten Punkt der Luft während einer Sekunde stattfinden. Die Frequenz der unteren Welle ist doppelt so groß wie die der oberen Welle.).*[32]

---

[31] Vgl. zu den nachfolgenden Ausführungen David jr., „Die Aufzeichnung und Wiedergabe von Klängen" in „Die Physik der Musikinstrumente", Seite 151.

[32] Aus David jr., a.a.O., Seite 152, Bild 3.

Die Lautstärke wiederum hängt von dem Schalldruckpegel ab. Dieser bestimmt sich nach dem Ausmaß der Druckschwankungen in der Luft (Intensität der Luftdruckänderungen). Die relativen Intensitäten bzw. die Schalldruckpegel werden in Dezibel gemessen. So beträgt beispielsweise der Schalldruckpegel einer bestimmten Welle zehn Dezibel, wenn sie die zehnfache Intensität einer Standardwelle von null Dezibel aufweist. Ist die Intensität hundertmal so groß wie die der Standardwelle, so entspricht das 20 Dezibel. Grafisch lässt sich die Intensität der Luftdruckänderungen wie folgt darstellen:

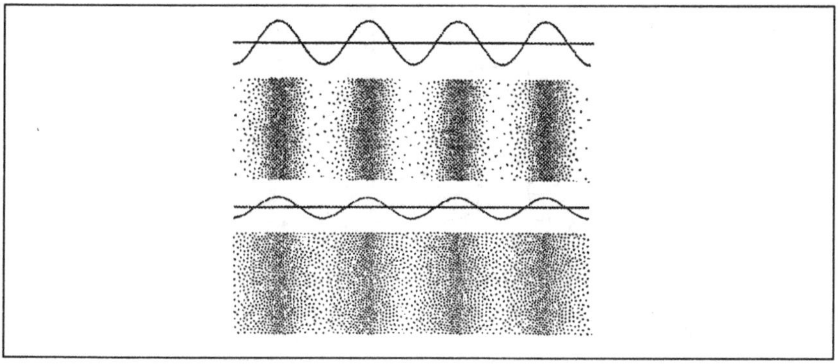

Abbildung 4: *Unterschiedliche Intensitäten zweier Schallwellen (Entscheidend ist die Amplitude der Schwingungen. Die Intensität von Schallwellen hängt vom Ausmaß der Luftverdichtung im Schwingungsmaximum ab. Die Luftdichte ist als Punktdichte dargestellt. Die Schwankungen sind bei der oberen Welle etwa doppelt so groß wie bei der unteren.).*[33]

Gleiche Schalldruckpegel unterschiedlicher Frequenz führen zu einer unterschiedlichen Schallempfindung. Umgekehrt kann eine Schallwelle über den gesamten für einen Menschen hörbaren Frequenzbereich (ca. 20 bis 20.000 Hertz) die gleiche Schallempfindung auslösen, wenn der Schalldruck und die Frequenz sich entsprechend ändern. So erstreckt sich beispielsweise die Hörschwelle über einen Bereich, der bei einem Schalldruckpegel von ca. 70 Dezibel mit einer Frequenz von ca. 20 Hertz beginnt und bei einem Schalldruckpegel von ca. 20 Dezibel mit einer Frequenz von ca. 20.000 Hertz endet.

33 Aus David jr., a.a.O., Seite 152, Bild 2.

Die Hörschwelle, die Schmerzgrenze und weitere Kurven gleicher Lautstärke (sog. Isophone) in Abhängigkeit von Schalldruckpegel und Frequenz sind in nachfolgender Abbildung dargestellt:

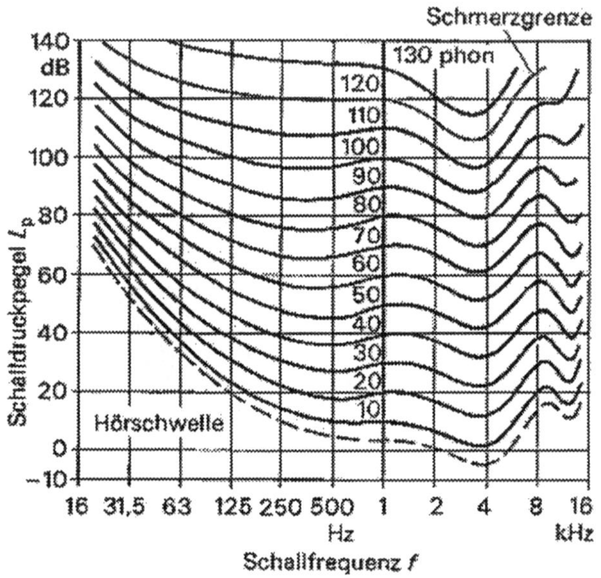

Abbildung 5: *Kurven gleicher Lautstärke (Isophone).*[34]

Besondere Bedeutung für die Wahrnehmung von Hörmarken hat die Tatsache, dass jeder Mensch anders hört. Manche registrieren noch das leiseste Geräusch, andere sind völlig taub. Die amerikanische Gesundheitsbehörde ließ in einer umfangreichen Erhebung die Hörschwelle in der Bevölkerung untersuchen. Dabei wurden jeweils die Schallpegel verschiedener Sinusfrequenzen registriert, die der einzelne gerade noch hören konnte. Die Ergebnisse sind in folgender Abbildung dargestellt:

[34] Aus Hering/Martin/Stohrer, Seite 505, Bild 7-12.

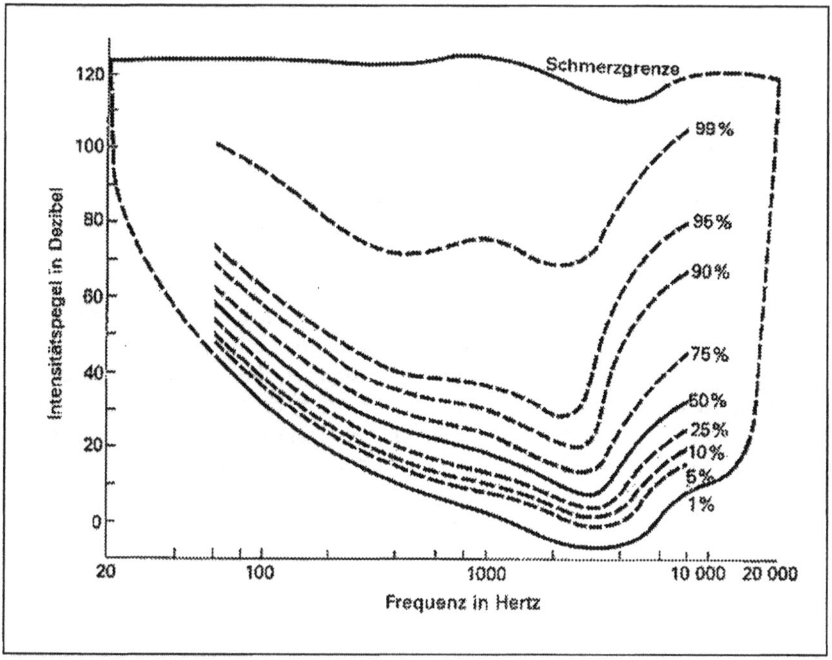

Abbildung 6: *Unterschiedliches* Hörempfinden.[35]

Dies bedeutet, dass es Bereiche gibt, in denen Schall und somit auch Hörmarken besonders gut wahrgenommen werden. So wird ein akustisches Signal mit einem Schalldruckpegel von ca. 70 bis 110 Dezibel über einen Frequenzbereich von ca. 60 bis 8000 Hertz von nahezu der gesamten Bevölkerung (99%) wahrgenommen. In diesen Bereichen sollten sich somit auch Hörmarken vornehmlich „bewegen".

In den modernen Medien wie Fernsehen oder Radio können Hörmarken in dieser Qualität wiedergegeben werden. Lediglich der beschränkte Frequenzbereich des Telefons zwischen ca. 200 und 3.600 Hertz reicht nur für die persönliche Sprachverständigung, nicht jedoch für Musikübertragungen aus.[36] Allerdings ist hierbei zu berücksichtigen, dass die Wiedergabe von Hörmarken über Telefon ohnehin nur in Ausnahmefällen in Betracht kommen wird.

[35] Aus Pierce, Seite 100.

[36] Vgl. David jr., a.a.O., Seite 154.

2. Verständlichkeit

Die Wahrnehmung hängt maßgeblich auch von der Verständlichkeit einer Hörmarke ab. Dieser Aspekt bezieht sich zum einen auf die Art und Weise (Form), wie eine Hörmarke wiedergegeben wird. So müssen darin enthaltene Worte hinreichend deutlich gesprochen oder gesungen werden, um sie verstehen zu können. Ansonsten behält der Zuhörer lediglich die begleitende Melodie im Gedächtnis. Umgekehrt wird eine Melodie nicht mehr wieder erkannt, wenn beispielsweise das Tempo oder die Dynamik stark verändert werden.

Zum anderen bestimmt sich die Verständlichkeit nach dem Inhalt der Worte einer Hörmarke. Es handelt sich hierbei um die gleiche Problemstellung wie bei Wortmarken. Schwierigkeiten können insbesondere dann entstehen, wenn der Text akustisch zwar deutlich wiedergegeben wird, die Begriffe dem Publikum jedoch nicht geläufig sind. Es hat beispielsweise relativ wenig Sinn, chinesische Wörter als Hörmarken in Europa zu verwenden. Fremdsprachige Begriffe bleiben nur dann im Gedächtnis, wenn sie den im jeweiligen Kulturkreis vornehmlich verwendeten Lautfolgen entsprechen.

III. Merken

Akustische Kennzeichen haben erfahrungsgemäß den Vorteil, dass sie länger als beispielsweise gelesene Wortmarken in der Erinnerung des Verbrauchers bleiben. Diese Tatsache ist heutzutage deshalb wichtig, weil durch die Informationsflut ein immer größerer Teil des Markenangebots und der Werbebotschaften beim Adressaten nicht mehr ankommt. Der Anteil an nicht aufgenommenen Informationen betrug in Deutschland bereits zu Beginn der neunziger Jahre im Durchschnitt mehr als 97 Prozent. Das heißt, dass gerade drei Prozent der in den Medien angebotenen Informationen beachtet werden und der Rest ungenutzt auf dem „Informations-Müll“ landet.[37]

Die Aufwendungen zur Einführung einer Marke lohnen sich jedoch nur dann, wenn diese ein Großteil der Verkehrsteilnehmer zumindest über einen gewissen Zeitraum im Gedächtnis behält und später wieder erkennt. Idealerweise sollte nach einer Phase der wiederholten Wiedergabe der Marke in den Medien und am Point of Sale der Verbraucher in der Lage sein, diese selbständig wiedergeben und mit den damit gekennzeichneten Waren oder Dienstleistungen in Verbindung zu bringen.

Folgende Kriterien begünstigen die schnelle, für Unternehmen sehr wichtige Merkfähigkeit von Hörmarken:

---

[37] Vgl. hierzu Linxweiler, Einleitung, Seite 11 unten.

1. Assoziationen

Das Vergessen von Markenbotschaften beruht auf der Filterfunktion des Gedächtnisses. Ein Verbraucher nimmt in sein Ultrakurzzeitgedächtnis eine unübersehbare Fülle von Informationen zu einer ganzen Reihe von Produkten auf, wenn er beispielsweise durch den Supermarkt geht oder im Fernsehen Werbespots betrachtet. In diesem Zusammenhang spielen Angaben zur Qualität, zur Verpackung, zum Preis, zu den Inhaltsstoffen und natürlich auch zum Markennamen eine wesentliche Rolle.[38] Die Wahrnehmungen des Verbrauchers werden zwar vom Ultrakurzzeitgedächtnis aufgenommen, klingen jedoch bereits nach wenigen Sekunden ab, wenn sie nicht mit bereits vorhandenen, im Gehirn kreisenden Gedanken verknüpft (assoziiert) werden und somit in das Kurzzeitgedächtnis übergehen. Dieser Übergang vom Ultrakurzzeit- zum Kurzzeitgedächtnis entspricht einem Filter und hat eine äußerst wichtige Funktion. Er schützt den Menschen weitgehend vor einer zu starken Belastung mit Informationen und erleichtert ihm dadurch die Orientierung.

Momentane Eindrücke sind jedoch durch Assoziationen speicherbar. Das geschieht willentlich oder oft auch unwillentlich durch bereits vorhandene Interessen, Motivationen oder Assoziationen. So werden manche völlig unwichtige Details über einen längeren Zeitraum behalten, weil zufällig genau passende Assoziationsmuster vorlagen. Jedoch erst nach Übergang der Informationen in das Langzeitgedächtnis ist sichergestellt, dass sie dauerhaft im Gehirn gespeichert werden.[39]

Der Markeninhaber hat ein Interesse daran, sein Zeichen schnell und ohne größeren Aufwand dem Verkehr bekannt zu machen. Dies ist schwierig, da sich die Verkehrsteilnehmer kaum willentlich Marken merken. Insofern muss der Schutzrechtsinhaber versuchen, dass sich sein Zeichen quasi automatisch dem Verbraucher einprägt. Dies gelingt jedoch nur, wenn die Marke entweder - so wie in der Werbung - häufig wiedergegeben wird („learning by repetition“) oder aufgrund von Assoziationen im Gedächtnis der Verkehrsteilnehmer bleibt („learning by association“).

Ein geeignetes Mittel zur Bildung von Assoziationen stellen Hörmarken dar. Insgesamt kommen bei ihnen folgende Möglichkeiten in Betracht:

---

38 Vgl. zu den Merkmalen der Markendifferenzierung auch Becker „Markenartikel und Verbraucher“ in Dichtl/Eggers, Seite 122.

39 Die bei der Informationsverarbeitung ablaufenden Vorgänge im Gehirn werden sehr anschaulich und fundiert dargestellt bei Vester, insbesondere Seiten 49 ff..

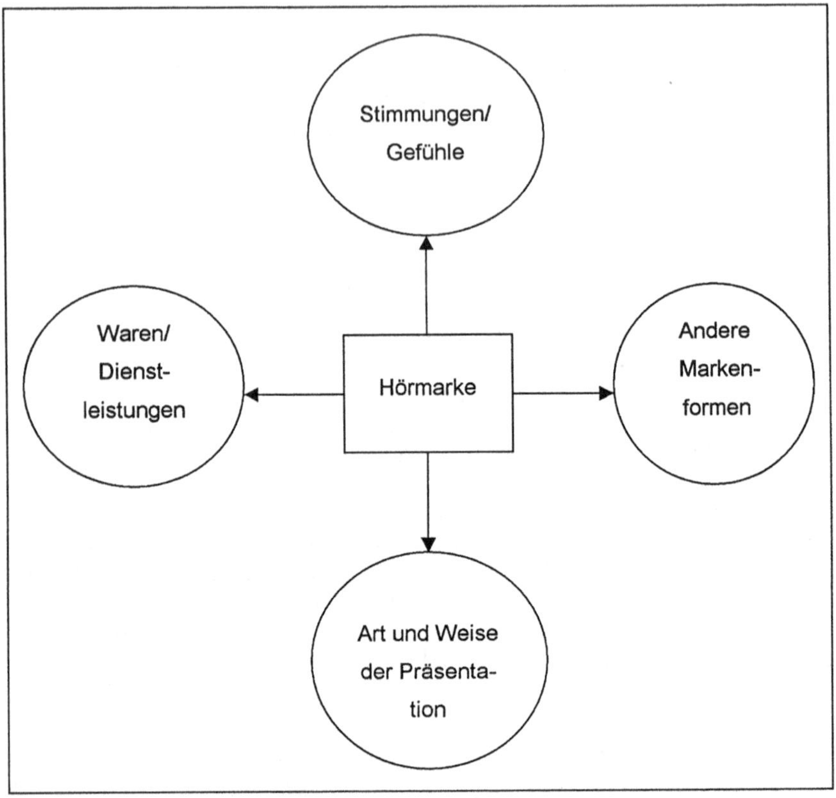

Abbildung 7: *Bildung von Assoziationen („Kreuz der Assoziationen“).*

Die Besonderheit bei Hörmarken liegt nicht darin, dass mit ihnen ein Bezug zu den damit beworbenen Waren oder Dienstleistungen und ihren Eigenschaften hergestellt werden kann.[40] Zu nennen ist in diesem Zusammenhang beispielsweise die entspannende, ruhige Melodie, die bei der Dallmayr-Kaffee-Werbung gespielt wird und die Vorstellung von gutem, nach alter Tradition hergestelltem Kaffee unterstützt.[41] Auch die klassischen Markenformen weisen häufig einen

[40] Zur kennzeichenrechtlichen Verknüpfung zwischen Waren/Dienstleistungen und Hörzeichen s. unten IV..

[41] Dieser Umstand erinnert an die Bedeutung von Filmmusik: „Ein Trauerzug wird mit einem Trauermarsch plastischer, eine Jagd durch Hörnerklänge realistischer, Schottland erscheint durch Dudelsäcke nähergerückt, ebenso ein Minarett durch maurische Gesänge; auch zeitliche Distanzen werden überwunden, Perücken und kostbare Gewänder gewinnen wieder Leben durch höfische Musik des 17. Jahrhunderts.“ (vgl. Helms, Seite 36).

mehr oder weniger beschreibenden Sinngehalt auf, indem sie insbesondere auf die Funktion oder die Beschaffenheit der geschützten Waren oder Dienstleistungen hinweisen. Dies wird beispielsweise deutlich bei den Wortmarken „Kräuterbons“ (u.a. geschützt für Hals- und Hustenbonbons und Diabetiker-Bonbons)[42] oder „German Letter“ (u.a. geschützt für Postdienstleistungen).[43] Auf diese Weise können sie besser im Gedächtnis des Verbrauchers bleiben. Er muss sich somit keine völlig unbekannten Worte merken, sondern kann auf Begriffe zurückgreifen, die in Zusammenhang mit den Produkten mehr oder weniger geläufig sind. Es handelt sich hierbei um sachbezogene Assoziationen, sog. Denotationen[44], die von der Werbung bezweckt und gefördert werden.

Auch das Hervorrufen von Assoziationen zu anderen Markenformen ist kein typisches Merkmal von Hörmarken. So wie das Kürzel „LBS“ die Erinnerung an die Melodie „Wir geben Ihrer Zukunft ein Zuhause“ wachruft, so wird das Wort „Bärenmarke“ mit dem Bild eines Teddybärs, der eine Milchkanne trägt, gedanklich in Verbindung gebracht.

Hörmarken zeichnen sich gegenüber den klassischen Wort- und Bildmarken jedoch darin aus, dass sie in besonderem Maße Gefühle auslösen und damit zu emotionalen Assoziationen, sog. Konnotationen[45], führen können. So vermittelt die Eurovisions-Melodie (Marc-Antoine Charpentier, Prélude aus „Te Deum laudamus“) eine festliche Stimmung, während das bekannte Largo aus der Oper „Xerxes“ von Georg Friedrich Händel eher zum Träumen anregt. Als Beispiel aus der Werbung sei der Jingle der Bausparkasse Schwäbisch Hall genannt („Auf diese Steine können Sie bauen – Schwäbisch Hall“). Die Melodie unterstützt hierbei die positive, optimistisch in die Zukunft blickende Botschaft der Worte. Durch diese Verknüpfung von Wort und Melodie zu einem Lied entsteht eine Einheit mit erhöhter gefühlsmäßiger Aussagekraft, die sich der Verkehrsteilnehmer leichter merken kann. Dies kann soweit gehen, dass nach Wiedergabe der ersten Worte des Werbespruchs oder der ersten Noten der Melodie der Zuhörer den Rest (Worte und Melodie) selbständig vortragen kann. Erfahrungsgemäß ist die gefühlsmäßige Assoziation umso stärker, je unbekannter die Melodie oder das Geräusch zuvor war.[46] In diesem Fall wird die Verknüpfung nicht bereits durch andere vorausgegangene Erlebnisse „abgeschwächt“.[47]

---

[42] Vgl. Heft 16 des Markenblatts vom 19.04.2002, Seite 5086 (Register-Nr. 302 04 452.3).

[43] Vgl. Heft 16 des Markenblatts vom 19.04.2002, Seite 5130 (Register-Nr. 301 39 099.1).

[44] Vgl. Meffert „Strategien zur Profilierung von Marken“ in Dichtl/Eggers, Seite 147.

[45] Vgl. Meffert, a.a.O., Seite 147.

[46] Zur Konditionierung vgl. auch „Musik – Einführung in die Psychologie der Werbung“ im Internet unter „http://www.werbepsychologie-online.de/html/musik.html“.

[47] Eingehender zur Vermittlung von Stimmungen und Gefühlen s. unten § 4 II..

Auch die Art und Weise der Präsentation spielen bei Hörmarken eine im Vergleich zu Wort- und Bildmarken wichtigere Rolle. Welche Schriftart, Größe oder sonstige grafische Ausgestaltung eine Wortmarke aufweist, dürfte regelmäßig von untergeordneter Bedeutung sein. So wird sich vermutlich kaum jemand genau daran erinnern, ob das Wort „NIVEA“ in Groß- oder Kleinschreibweise auf der Verpackung aufgedruckt ist. Die Präsentation von Hörmarken beeinflusst dagegen ihren Gesamteindruck sehr stark. Man denke nur daran, wie wenig kraftvoll sich die „Stars and Stripes“-Melodie („Der General“) anhören würde, wenn sie nicht von einem Orchester mit Pauken, sondern lediglich von einer Blockflöte gespielt werden würde. Auch erweckt beispielsweise die Alete-Melodie („Alete-Kost für's Kind“) einen kindlichen Eindruck, da sie mit einer weichen Frauenstimme und mit einem Glockenspiel wiedergegeben wird. Die Präsentation einer Hörmarke führt somit auch zu bestimmten Assoziationen, die wiederum die Merkfähigkeit erhöhen.

Die in der Abbildung 7) dargestellten Merkmale „Stimmungen/Gefühle“ und „Art und Weise der Präsentation“ weisen natürlich Überschneidungen auf. Doch lassen die bisherigen Erfahrungen den Schluss zu, dass die durch eine Hörmarke ausgelösten Gefühle vornehmlich durch die Melodie als solche hervorgerufen werden (emotionale Ebene), während der durch die Präsentation vermittelte Gesamteindruck auch den Verstand anspricht (rationale Ebene).

2. Einprägsame Lautfolge

Eine akustische Marke hat des Weiteren gute Chancen, sich gleichsam unterschwellig ins Gedächtnis einzugraben und dort nachhaltig musikalische Markenspuren zu hinterlassen, wenn es sich um einfache, eingängige oder um bereits bekannte Melodien oder Rhythmen handelt. Diese Gedächtnisspuren können besonders stabil sein und sich als gesungene Marke über viele Jahre im Gedächtnis präsent halten. So werden die Hörmarken „Nichts geht über Bärenmarke“, „Ei, Ei, Ei - Verpoorten“, „Schneekoppe“ oder „Zip, Zip, Zyllis“ seit Jahren in dieser Form nicht mehr beworben. Trotzdem sind sie noch als Melodie oder Rhythmus bestens in Erinnerung.[48] Dies kann soweit gehen, dass sie bereits anhand weniger charakteristischer Elemente wieder erkannt werden. Hierfür reichen teilweise die Anfangstöne der betreffenden Melodie aus.

---

[48] Vgl. Linxweiler, Seiten 203 – 204.

3. Häufigkeit der Wahrnehmung

Die Merkfähigkeit eines akustischen Kennzeichens hängt zudem davon ab, wie oft es gehört wird. Wenn eine Information wiederholt über das Ultrakurzzeitgedächtnis aufgenommen wird, kann sie mit mehreren vorhandenen Gedächtnisinhalten assoziiert werden. Vorstellungen und Bilder werden geweckt, die die vielen Wahrnehmungskanäle eines echten Erlebnisses teilweise ersetzen und eine Einkanal-Information wenigstens innerlich zur Mehrkanal-Information machen, quasi zu einem innerlichen Erlebnis.[49]

Die Erhöhung der Merkfähigkeit durch häufige Wahrnehmung stellt jedoch keine Besonderheit von Hörmarken dar, da beispielsweise auch Wort- und Bildmarken umso besser im Gedächtnis bleiben, je häufiger der Verbraucher sie wahrnimmt. Wie bei diesen hat die Werbung die Aufgabe, den Lernprozess zu unterstützen. Durch wiederholte Wiedergabe der Marke (meist in denselben Spots oder Anzeigen) soll sie sich dem Verbraucher dauerhaft in das Gedächtnis einprägen. Wortmarken genießen hierbei gegenüber Hörmarken allerdings den Vorteil, dass sie mit weniger Aufwand und damit häufiger (z.B. in Zeitungen) wiedergegeben werden können.

4. Bekanntheitsgrad

Die Fähigkeit, sich Hörmarken zu merken, hängt auch davon ab, inwieweit der Verkehrsteilnehmer mit dem akustischen Signal bereits vertraut ist. Dieses kann er völlig losgelöst von bestimmten Waren oder Dienstleistungen kennen gelernt haben. So dürften die meisten Verbraucher mit geläufigen Melodien oder Musikstücken wie Vivaldi's „Vier Jahreszeiten“ zuerst außerhalb des Geschäftsverkehrs in Konzerten oder beim Abhören von Tonträgern in Berührung gekommen sein (vorbekannte akustische Signale).

Auch Geräusche können dem Verbraucher bereits außerhalb des Geschäftslebens begegnet sein und bei ihm bestimmte Vorstellungen hervorrufen. Dies gilt insbesondere dann, wenn sie charakteristische Merkmale aufweisen und einem bestimmten Vorgang zugeordnet werden können. So wird ein rhythmisches Zischen mit dem Fahren einer Dampflokomotive in Verbindung gebracht, das heftige Aufschlagen von Wassertropfen auf den Boden erinnert an einen Regenschauer.

Durch diese Vorkenntnisse hat es der Anbieter oder Vertreiber von Waren und Dienstleistungen leichter. Er muss die Lautfolge nicht mehr völlig neu einführen und dem Verkehrsteilnehmer ins Gedächtnis rufen. Allerdings besteht bei diesen

---

[49] Vgl. Vester, Seite 143.

vorbekannten akustischen Signalen die Gefahr, dass der Verbraucher sich nicht von dem (nicht markenmäßigen) Ersteindruck löst und der Markeninhaber keinen Bezug zu seinen Waren oder Dienstleistungen herstellen kann.

Für ein Unternehmen ist es teilweise schwierig, eine neue Lautfolge als Kennzeichnungsmittel einzusetzen (unbekannte akustische Signale). Hierbei kommt es wesentlich darauf an, dass das Hörzeichen eingängig und leicht wiederzugeben ist. Nur in diesem Fall wird sich der Verkehrsteilnehmer durch häufige Wiederholungen im Rahmen der Werbung die Lautfolge auf Dauer merken können. Da das akustische Kennzeichen jedoch nicht mit anderweitigen Erlebnissen verknüpft ist, wird es im Gegensatz zu vorbekannten akustischen Signalen eher als Marke angesehen werden.

5. Interesse

Die Merkfähigkeit steigt, je größer die Aufmerksamkeit des Verkehrsteilnehmers ist.[50] Dies ist gerade dann der Fall, wenn ein besonderes Interesse an der dargebotenen Information besteht. Die ständige „Berieselung“ mit Werbung im Fernsehen und Rundfunk, in den Druckmedien oder im Internet führt jedoch zu einem Abstumpfen des Verbrauchers. Laufend werden ihm neue oder bekannte Produkte mit unbekannten Namen oder veränderten Eigenschaften vorgestellt. Man denke hierbei nur an Werbesprüche wie „VIAG Interkom ist O_2 Germany“ oder „Das beste Persil aller Zeiten“. Durch diese Reizüberflutung leidet in besonderem Maße das Interesse an allen Markenformen.

Hörmarken scheinen jedoch einen ganz entscheidenden Vorteil gegenüber den klassischen Markenformen „Wort“ und „Bild“ aufzuweisen. Erfahrungsgemäß ist bei ihnen die Aufnahmebereitschaft größer, da Hörmarken unmittelbar Emotionen auslösen und damit auch unbewusst das Interesse an ihrer Wahrnehmung wecken können. Eine interessante Melodie, ein gefälliges Musikstück oder eine neuartige Lautfolge rufen häufig Neugier hervor. Die dahinter stehende Markenbotschaft ist hierbei zunächst von untergeordneter Bedeutung. Dieser Vorgang ist zu vergleichen mit dem Kennenlernen eines neuen Musikstücks, das bereits beim ersten Anhören gut gefällt. Die Herkunft, der Text oder der Interpret interessieren am Anfang weniger. Diese Merkmale rücken erst dann in den Mittelpunkt des Interesses, wenn sich der Zuhörer näher mit dem Stück auseinander setzt.

---

50 Vgl. Vester, a.a.O., Seite 108.

Die Gründe für das spontane Interesse an einer Hörmarke können sehr unterschiedlich sein und sind nur schwer zu beschreiben. Es drängen sich Parallelen zu der Frage auf, warum dem Einen Klassik, dem Anderen Pop und dem Dritten Volksmusik gefällt. Das Interesse hängt u.a. von der Erziehung, dem gesellschaftlichen Umfeld, dem Alter oder den momentanen Bedürfnissen nach Ruhe oder Unterhaltung ab. Letztlich bestimmt der Geschmack und die jeweilige Gemütsverfassung des Zuhörers, ob eine Hörmarke sein Interesse findet oder nicht.

Zudem ist zu berücksichtigen, dass für die Erfassung von Klängen und insbesondere von Musik generell eine geringere Aufmerksamkeitszuwendung erforderlich ist, als etwa um einen ganzen gesprochenen Satz aufzunehmen. Es bedarf auch einer zeitlich kürzeren Hinwendung.[51]

Hörmarken können auch deshalb leichter das Interesse des Konsumenten finden, weil er sich nur schwer ihrer Wahrnehmung entziehen kann. Wort-, Bild-, dreidimensionale Marken oder sonstige Aufmachungen werden optisch aufgenommen, so dass durch bloßes Wegsehen oder Augenschließen die Wahrnehmung verhindert oder unterbrochen werden kann. Demgegenüber hilft es dem Verkehrsteilnehmer nur wenig, wenn er beispielsweise versucht, sich die Ohren zuzuhalten. Akustische Signale hört der Mensch ab einer gewissen Lautstärke dennoch. Die Wahrnehmung einer Hörmarke kann nur durch Entfernen von der Schallquelle oder durch Abschalten des Mediums, welches das akustische Signal ausstrahlt (z.B. Fernseh- oder Radiogerät), beendet werden. Letzteres kommt jedoch allenfalls im privaten Bereich in Betracht. Hier hat es der Konsument regelmäßig selber in der Hand zu entscheiden, ob er Werbung anschauen bzw. hören will.[52] Im Supermarkt oder Kaufhaus werden dem Verbraucher jedoch akustische Signale regelrecht aufgedrängt. Dabei handelt es sich vornehmlich um mündlich wiedergegebene Wortmarken, die Bestandteil von Kaufbotschaften sind (z.B. „Birkel-Nudeln - Heute besonders günstig") oder um Hörmarken des Handelsbetriebs (z.B. Karstadt-Jingle). Hier hängt die Wahrnehmung nur in sehr eingeschränktem Umfang von dem Interesse des Verbrauchers ab. Dies gilt auch für das Merken einer Hörmarke. Allein durch die häufigen Wiederholungen prägt sich - ob der Verbraucher es nun will oder nicht - das akustische Kennzeichen in das Gedächtnis ein.

---

51 Vgl. Helms, Seite 36.

52 Unberücksichtigt bleibt hierbei die Tatsache, dass häufig aus Bequemlichkeit nach Unterbrechung einer Fernseh- oder Radiosendung die Werbung nicht ausgeschaltet wird, obwohl der Zuschauer oder -hörer überhaupt kein Interesse an den Werbebotschaften hat.

IV. Verknüpfung mit bestimmten Waren oder Dienstleistungen

Das Merken und damit verbundene Wiedererkennen alleine lassen ein akustisches Signal noch nicht zur Marke werden. So wird beispielsweise ein Großteil der inländischen Verbraucher die bekannte Melodie „Freude schöner Götterfunken“ aus Beethovens 9. Symphonie zwar kennen, sie mangels Werbung jedoch nicht in Verbindung mit bestimmten Waren oder Dienstleistungen bringen. Damit stellt sie (derzeit) kein akustisches Kennzeichen dar.

Der Einsatz von akustischen Signalen ist aus markenrechtlicher Sicht nur dann sinnvoll, wenn eine unmittelbare Verbindung zu den Waren oder Dienstleistungen und mittelbar zum herstellenden oder vertreibenden Unternehmen entsteht. Dies bedeutet bei vorbekannten Lautfolgen, dass sie einen „neuen Sinn“ erhalten müssen. Hatte das Musikstück zuvor beim Zuhörer Gefühle ausgelöst, die keinerlei Bezug zum Geschäftsverkehr aufwiesen, so muss durch die Werbung eine Verknüpfung zu bestimmten Waren oder Dienstleistungen hergestellt werden. Auf diese Weise können die beim Hören eines Musikstücks entstehenden positiven Gefühle auf die Produkte übertragen werden. Umgekehrt muss bei unbekannten Melodien kein bereits vorhandenes Reaktionsmuster verändert werden. Vielmehr kann quasi ein leeres Papier ganz neu im markenrechtlichen Sinne beschrieben werden.

Das Ziel ist somit, auch ohne akustische Unterstützung ausschließlich durch die Wahrnehmung der Waren und Dienstleistungen die positive Stimmung entstehen zu lassen und allein beim Hören des akustischen Zeichens die Erinnerung an die Waren und Dienstleistungen wachzurufen. Auch hierbei handelt es sich um eine Konditionierung, durch die ein neutraler Reiz (Wahrnehmung der Waren oder Dienstleistungen) mit einem positiv emotionalen Reiz (Wahrnehmung des akustischen Signals) so verbunden wird, dass der ursprünglich emotional neutrale Reiz nach einer gewissen Zeit emotional positiv erlebt wird.[53]

Inwieweit ein akustisches Signal als Hinweis auf bestimmte Produkte angesehen wird, hängt besonders auch von seinem Charakter ab. Handelt es sich beispielsweise um Untermalung, so wird der Verkehr eine Verbindung zu den Waren oder Dienstleistungen und zu dem Unternehmen eher nicht herstellen. Dagegen wird eine Lautfolge umso eher die Erinnerung an die damit beworbenen Produkte hervorrufen, je deutlicher und eigenständiger sie hervortritt. Insbesondere fördern prägnante und leicht eingängige Melodien die Verknüpfung.

---

[53] Vgl. hierzu auch Linxweiler, Seiten 153/154.

Neben der Art des akustischen Kennzeichens ist für die Verknüpfung auch wichtig, wie oft dieses dem Verkehr zusammen mit den Waren und Dienstleistungen vorgestellt wurde.[54] Hierbei spielt die Werbung in den elektronischen Medien wie Fernsehen, Rundfunk oder Internet eine herausragende Rolle. Durch sie wird erst ein Bezug zwischen Jingle und Waren oder Dienstleistungen hergestellt. Kaum jemand würde ansonsten beispielsweise die Stars-and-Stripes-Melodie mit einem Reinigungsmittel in Verbindung bringen, wenn nicht die akustischen Werbebotschaften diesen Eindruck vermittelt hätten.[55]

V. Produktbezeichnung

In einem weiteren Schritt kommt es darauf an, dass das akustische Signal vom Verkehr als Bezeichnung für eine bestimmte Ware oder Dienstleistung verwendet wird. Der Verbraucher sollte das betreffende Produkt nicht mit den allgemein gebräuchlichen Begriffen (z.B. Papiertaschentuch), sondern mit der Marke benennen (z.B. „Tempo“). Dies ist letztendlich der Zweck von Marken. Sie werden allgemein dazu gebildet und verwendet, um sehr unterschiedliche Meinungsgegenstände zu kennzeichnen. Neben Marken von einzelnen Produkten finden sich solche von Produktgruppen oder Produktgattungen, aber auch solche, die Unternehmen charakterisieren. Verwender (Führer) der Marke sind in der Regel einzelne Unternehmen (Produzenten, Händler). Aber auch Gruppen von Unternehmen können als Markenführer auftreten. Allen dient das Instrument der Markierung zur Stärkung ihrer Absatzpolitik.[56]

Die Schwierigkeit bei Hörmarken besteht jedoch darin, dass in den seltensten Fällen der Verkehr für Waren oder Dienstleistungen „akustische Namen“ verwendet. Welcher Verbraucher summt beispielsweise die Haribo-Melodie („Haribo macht Kinder froh und Erwachsene ebenso“), um eine aus diesem Unternehmen stammende Packung Gummibären zu bezeichnen. Vielmehr wird im Regelfall die reine Wortmarke „Haribo“ benutzt, um die entsprechenden Süßigkeiten zu benennen. Allenfalls denken einzelne Verbraucher die Melodie mit, wenn sie mit der reinen Wortmarke „Haribo“ in Berührung kommen. Dies bedeutet, dass Hörmarken kaum als „aktive“ Produktbezeichnungen in Betracht kommen und die Verbraucher für die Identifizierung normalerweise die schnell auszusprechende Wortmarke verwenden. Die in Verbindung mit der jeweiligen Ware oder Dienstleistung abgespielte Hörmarke wird demgegenüber eher passiv

54 Während es unter III. 3. um das Merken des Hörzeichens als solchem geht, kommt es hier auf die Häufigkeit der Wahrnehmung gerade in Zusammenhang mit den Waren und Dienstleistungen an.

55 Wie wichtig Wiederholungen in der Praxis sind, wird auch aus den unter § 2 II. 2. dargestellten Untersuchungsergebnissen deutlich.

56 Vgl. Hammann „Der Wert einer Marke aus betriebswirtschaftlicher und rechtlicher Sicht“ in Dichtl/Eggers, Seite 206.

dem Verbraucher ins Gedächtnis gerufen, wenn er der Wort-/Bildmarke oder den damit gekennzeichneten Waren bzw. Dienstleistungen begegnet. Selber wird er die Hörmarke hingegen kaum wiedergeben. Dies hängt zum einen damit zusammen, dass die Wiedergabe eines akustischen Zeichens regelmäßig länger als das Aussprechen einer Wortmarke dauert. Zum anderen dürfte bei den meisten Menschen eine gewisse Scheu bestehen, Hörmarken beispielsweise in Anwesenheit Anderer zu singen.

Für die Praxis sollte dies jedoch bedeuten, dass eine Hörmarke bereits dann als Produktbezeichnung anzusehen ist, wenn sie der Verbraucher bei Wahrnehmung einer anderen Markenform oder der gekennzeichneten Waren oder Dienstleistungen gedanklich „mithört". Auch ist es - anders als bei Wortmarken - nicht erforderlich, dass der Kunde die Hörmarke mehr oder weniger originalgetreu wiedergibt, wenn er die damit beworbenen Produkten haben möchte. Keinem Verbraucher kann beispielsweise zugemutet werden, im Geschäft die Alete-Melodie zu summen, wenn er den Verkäufer nach der entsprechenden Baby-Nahrung fragt.[57]

VI. Unternehmenshinweis

Schließlich kann auch eine Hörmarke vom Verkehr als Unternehmenshinweis aufgefasst werden. Dieser ist nicht mit dem Unternehmenskennzeichen im Sinne des § 5 Abs. 2 MarkenG zu verwechseln, der im geschäftlichen Verkehr als Name, als Firma oder als besondere Bezeichnung eines Geschäftsbetriebs oder eines Unternehmens benutzt wird. Mit Unternehmenshinweis ist vielmehr gemeint, dass ein akustisches Kennzeichen bei einem Großteil der Verkehrsteilnehmer Assoziationen mit der Herkunfts- oder Vertriebsstätte der Waren oder Dienstleistungen hervorruft. Es geht hierbei trotz vergleichbarer Ansätze nicht um die Unterscheidungskraft, bei der die abstrakte (§ 3 Abs. 1 MarkenG) und die konkrete (§ 8 Abs. 2 Nr. 1 MarkenG) Eignung zur Ausübung der Herkunftsfunktion ausreicht.[58] Der Unternehmenshinweis im hier gemeinten Sinne bezieht sich auf die Rechtswirklichkeit, auf die Frage, ob der Verkehr tatsächlich hinter dem „akustischen Namen" ein bestimmtes Unternehmen sieht. Diesbezüglich können die Vorstellungen erfahrungsgemäß mehr oder weniger deutlich sein. So kann die Bandbreite von „Das hinter der Hörmarke stehende Unternehmen kenne ich gar nicht" über „Das ist doch ein großer Betrieb im süddeutschen Raum" bis „Die mit der Wir-geben-Ihrer-Zukunft-ein-Zuhause-Melodie beworbenen Bausparverträge stammen von der LBS" reichen.

---

[57] Zu den weiteren Konsequenzen insbesondere im Rahmen der Verkehrdurchsetzung s. § 25 II..

[58] Vgl. Hacker in Ströbele/Hacker, § 3 Rdnr. 9, und Ströbele in Ströbele/Hacker, § 8 Rdnr. 42, sowie Hubmann, Seiten 219/220.

Hierbei ist zu berücksichtigen, dass die wenigsten Verbraucher im Normalfall wissen, von welchem Unternehmen genau ein Markenprodukt stammt. Einfach ist es noch bei den nicht allzu häufig vorkommenden Marken, die den Namen des Unternehmens enthalten.[59] Ansonsten kann regelmäßig nicht davon ausgegangen werden, dass die Verkehrsteilnehmer zusätzliches Hintergrundwissen besitzen, aufgrund dessen sie die korrekte Unternehmensbezeichnung mit der Marke in Verbindung bringen.[60] Diese Überlegung führt letztendlich dazu, die Bedeutung der Herkunftsfunktion einer Marke deutlich zu verringern.[61] Dies entspricht auch der amtlichen Begründung zum Markengesetz, nach der die Herkunftsfunktion zwar anerkannt wird, aber z.B. im Begriff der Verwechslungsgefahr keinen Ausdruck gefunden hat.[62]

Demzufolge sollte auch für Hörmarken nicht gefordert werden, dass sie vom Verkehr einem bestimmten Unternehmen zugeordnet werden. Vielmehr reicht es aus, wenn der Verbraucher beim Erklingen des Jingles an das damit beworbene Produkt erinnert wird.[63] Inwieweit er zusätzlich auch das herstellende oder vertreibende Unternehmen kennt, spielt hierbei eine untergeordnete Rolle.

[59] Z.B. „Volkswagen“.

[60] So dürfte nur einem Teil der Konsumenten bekannt sein, dass hinter der sehr bekannten Marke „NIVEA“ die Beiersdorf AG steht.

[61] Anderer Ansicht Ströbele in Ströbele/Hacker, § 9 Rdnr. 60 (in Zusammenhang mit der Verwechslungsgefahr), und Berlit, Rdnr. 131.

[62] Vgl. amtliche Begründung zu § 9 MarkenG in Sonderheft BlfPMZ 1994, 65.

[63] Z.B. Kaffee beim Erklingen der Dallmayr-Melodie.

§ 4 Die Funktionen eines Hörzeichens in tatsächlicher Hinsicht

Allgemein wird ein Zeichen als etwas Wahrnehmbares, insbesondere Sicht- oder Hörbares, angesehen, das als Hinweis dient, etwas deutlich macht, mit dem jemand auf etwas aufmerksam gemacht oder zu etwas veranlasst wird.[64] Fraglich ist, ob Hörmarken diese Funktionen tatsächlich aufweisen. In der Praxis werden sich akustische Zeichen gegenüber herkömmlichen Markenformen wie Wort- und Bildzeichen nur dann behaupten können, wenn sie sich von diesen abheben und neue, für die Bezeichnung von Produkten bedeutsame Eigenschaften aufweisen. Ansonsten werden die Hersteller und Vertreiber von Waren und Dienstleistungen nicht bereit sein, den mit der Entwicklung (z.B. Komponieren) und der Wiedergabe (z.B. Installation von Wiedergabemedien) von Hörmarken verbundenen Aufwand zu tragen. Nachfolgend geht es somit um die Frage, welche speziellen Funktionen Hörmarken insbesondere gegenüber anderen Markenformen in der Praxis auszeichnen.

I. Auffälligkeit

Die erste Besonderheit bei Hörmarken besteht darin, dass sie erfahrungsgemäß gegenüber Wort- und Bildmarken stärker hervortreten, da akustische Reize eher als optische die Aufmerksamkeit des Menschen erregen. Dies führt beispielsweise dazu, dass das Lesen von Wörtern oder das Betrachten von Bildern unterbrochen wird, sobald Musik oder Sprache an das menschliche Ohr dringt. So dürften in einem Geschäft die meisten Kaufinteressenten eher den über Lautsprechern durchgegebenen Werbebotschaften zuhören, auch wenn sie gerade das Warenangebot oder sonstige Werbetexte studieren. Die Priorität akustischer Reize lässt sich beispielsweise auch gut beobachten, wenn jemand ein Buch liest. Sobald er angesprochen wird, wendet er sich schlagartig vom Lesen ab und achtet auf die gehörten Worte. Der Leser kann sich in diesem Fall nur schwer auf den Text konzentrieren und tritt fast zwangsläufig in den (akustischen) Dialog ein.

Neben dem Vorrang von akustischen Signalen gegenüber optischen Reizen wird die Auffälligkeit von Hörmarken auch anhand der Tatsache deutlich, dass der Mensch sie quasi wahrnehmen muss.[65] Letztendlich bedeutet dies, dass der Mensch einer Hörmarke in gewissem Sinne „hilflos" ausgesetzt ist.

Die Auffälligkeit einer Hörmarke äußert sich somit in zweierlei Hinsicht:

---

[64] Vgl. Duden, Seite 1769.

[65] Insoweit wird auf die Ausführungen unter § 3 III. 5. verwiesen.

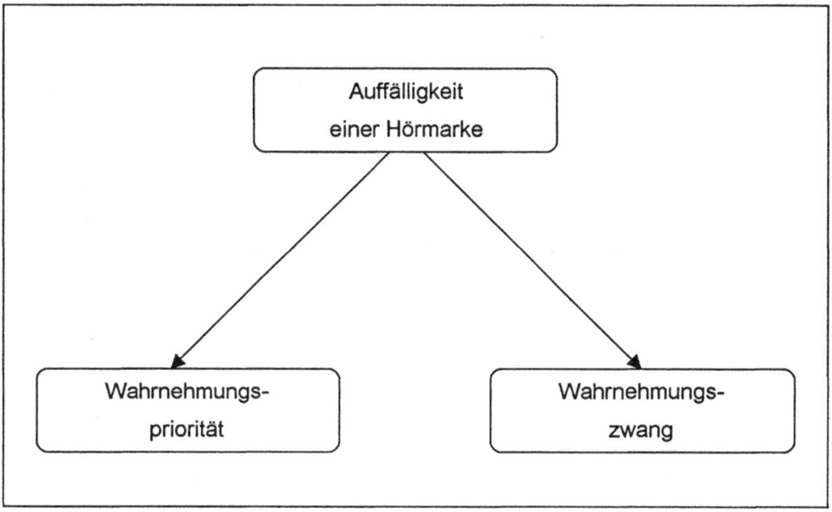

Abbildung 8: *Auffälligkeit von Hörmarken.*

So sehr diese beiden Eigenschaften bei einem Verbraucher Unbehagen hervorrufen können, so sehr stellen sie sich für den Inhaber einer Hörmarke als Vorteil dar. Firmen und Einzelhandelskaufleute buhlen in immer größerem Umfang mit einer Vielzahl von schriftlichen Werbebotschaften und Marken um die Gunst der (potentiellen) Kunden. Dies wird insbesondere auch anhand der Tatsache deutlich, dass in der Bundesrepublik Deutschland die Zahl der in Kraft befindlichen nationalen Marken von 538.898 im Jahr 1997 auf 695.060 im Jahr 2003 gestiegen ist.[66] Jeder Markeninhaber versucht verständlicherweise, sein Zeichen im Verkehr bekannt zu machen und die Aufmerksamkeit des Verkehrs zu gewinnen. Zweck der Markenkommunikation ist gerade das Hervorrufen von sog. Aktivierungsreizen. Sie sollen Antriebsprozesse beim Empfänger auslösen, d.h. innere Spannungen, die mit zwei Vorgängen verbunden sind: Aufmerksamkeit (Bereitschaft, Reize aufzunehmen) und Orientierungsreaktionen (unmittelbare Zuwendung zur reizauslösenden Information). Die Aktivierung fördert die Verarbeitung und die Speicherung von aufgenommenen Reizen (Verstärkerwirkungen). Bei Vorliegen mehrerer Reize führt die Aufmerksamkeit zu einer Reizauswahl, wobei tendenziell die stärkeren Reize bevorzugt aufgenommen werden.[67] Hörmarken sind hinsichtlich Reizvermittlung Wort- und Bildmarken überlegen und vermitteln gerade heutzutage einen nicht zu unterschätzenden Wettbewerbsvorteil.

---

66 Vgl. BlfPMZ 2004, 110.

67 Vgl. hierzu Linxweiler, Seite 149.

Die Ausgaben beispielsweise zur Einführung von Wortmarken sind weitgehend nutzlos, wenn sich die Verbraucher die neuen Bezeichnungen aufgrund der Fülle des Angebots und der Informationen nicht merken können. Letztendlich steigt der Zeit- und Kostenaufwand immer mehr, um neue Marken im Markt zu positionieren. Insbesondere im Rahmen einer Kosten-Nutzen-Bewertung kommt damit der Frage, wie sich eine Marke von anderen hervorhebt und demzufolge weniger stark beworben werden muss, maßgebliche Bedeutung zu. Hier können Hörmarken Einsparungspotentiale bieten. Durch ihre Auffälligkeit werden sie erfahrungsgemäß schneller wahrgenommen und bleiben länger im Gedächtnis. Damit ist zu erwarten, dass weniger Werbung betrieben werden muss als bei Wort- oder Bildmarken.[68]

II. Vermittlung von Stimmungen und Gefühlen

Hörmarken sind, wie bereits angesprochen[69], ein wichtiges Element der Erlebnisvermittlung,[70] die in der heutigen Werbung eine immer größere Rolle spielt. Sie sind in besonderer Weise geeignet, Gefühle auszulösen und damit eine Vielzahl von Informationen zu vermitteln. In Abwandlung eines sehr bekannten Sprichwortes lässt sich diese Tatsache mit „Eine Hörmarke sagt mehr als tausend Worte“ umschreiben. Da es sich hierbei um einen sehr wichtigen Aspekt handelt, soll auf ihn an dieser Stelle näher eingegangen werden. Er betrifft in erster Linie Hörmarken, die aus Tönen, Klängen oder Melodien bestehen. Demgegenüber sind Geräusche regelmäßig nicht so stark mit Gefühlen verbunden.

Ebenso wie bei einem Bild wird eine Hörmarke in erster Linie „erlebt“ und emotional erfasst. Dies ist insbesondere angesichts weitgehend austauschbarer und ausgereifter Produktqualitäten, Marktsättigung in den westlichen Industrieländern und wenig involvierter Konsumenten ein wichtiges Kriterium bei der Einführung und Positionierung einer Marke. Es geht hierbei um sinnliche Konsumerlebnisse, die in der Gefühlswelt der Konsumenten verankert sind und ihre Werte, Lebensstile und Einstellungen beeinflussen. „Erlebnismarketing“ und „Emotionale Markendifferenzierung“ spielen hierbei eine wesentliche Rolle.[71]

---

68 Genauere Aussagen müssen einer empirischen Untersuchung vorbehalten bleiben.

69 Vgl. oben § 4 II..

70 Zu den Möglichkeiten der Erlebnisvermittlung durch die neuen Medien vgl. auch Weinberg/Diehl „Erlebniswelten für Marken“ in Esch, Seiten 205 ff..

71 Vgl. Linxweiler, Seite 153.

Allein die Qualität und der Preis reichen nicht aus, um den Konsumenten in möglichst kurzer Zeit einen bestimmten Eindruck von den angebotenen Waren und Dienstleistungen zu vermitteln. Diese Aufgabe bleibt der Marke vorbehalten. Hierbei kommt es entscheidend auf die Stärke, Qualität und Richtung der Gefühle an, die durch sie ausgelöst werden.[72] Diese Kriterien stellen sich bei Hörmarken wie folgt dar:

1. Stärke der Emotionen

Insbesondere durch die Melodie, die Instrumentierung oder den Einsatz von Gesang kann die Stärke der durch eine Hörmarke hervorgerufenen Gefühle beeinflusst werden. So würde das berühmte Beck's-Lied „Sail away" ohne Gesang längst nicht so eindringlich sein und überzeugend wirken.

Je stärker die Emotionen sind, desto besser wird die Hörmarke aufgenommen und im Gedächtnis behalten. Damit hat sie einen entscheidenden Vorsprung gegenüber Marken, die wenig emotionale Konsumerlebnisse vermitteln. Dies ist gerade bei Wortmarken häufig der Fall, die häufig lediglich mehr oder weniger neuartige Namen für bestimmte Waren oder Dienstleistungen darstellen. Die besondere emotionale Stärke von Hörmarken beruht auf der Eigenschaft von Menschen, akustische Signale in erster Linie gefühlsmäßig zu verarbeiten. Hörzeichen führen unbewusst und unmittelbar zu Emotionen, denen sich der Zuhörer im Regelfall nicht entziehen kann.[73] Im direkten Kontakt zwischen Menschen kommt es nicht nur auf den Inhalt der Worte, sondern im Wesentlichen auf die Art ihrer Wiedergabe an. Ein vom Inhalt her freundlich gemeintes Wort kann in keinem Fall seine Wirkung entfalten, wenn es nicht auch freundlich, d.h. mit der entsprechenden Betonung und Lautstärke ausgesprochen wird.

Die Situation bei Hörmarken ist vergleichbar mit derjenigen bei Bildmarken. Auch diese werden vornehmlich gefühlsmäßig verarbeitet. Emotionale Reize (wie Kinder, Landschaften, Speisen etc.) können direkter über Bilder als über die Sprache wiedergegeben und vermittelt werden. Bilder lösen (aufgrund ihrer rechtshemisphärischen Verarbeitung) automatisch und ohne weitere gedankliche Kontrollen emotionale Erlebnisse aus, während sprachliche Reize bewusster und im Allgemeinen mit stärkerer kognitiver Kontrolle aufgenommen und verarbeitet werden.[74] Zwar kann auch eine Wortmarke Emotionen hervorrufen, so wenn sie aus sittenwidrigen, auf Ablehnung stoßenden Begriffen besteht. Allerdings handelt es sich hierbei eher um Ausnahmefälle. Zudem ist zu bedenken, dass

---

72 Vgl. Linxweiler, Seite 153.

73 Deutlich wird diese Tatsache auch an dem Sprichwort „Der Ton macht die Musik".

74 Vgl. Linxweiler, Seite 154.

diese emotionale Reaktion - anders als bei Hör- und Bildmarken - erst nach einer intellektuellen Verarbeitung entsteht.

Bei der Stärke der Emotionen spielt darüber hinaus auch die Dauer der sie auslösenden Reize eine wichtige Rolle. Optisch wahrgenommene Marken wie Wort- oder Bildzeichen wirken relativ kurz auf den Verbraucher ein. Im Alltag wird häufig nur ein Blick auf sie geworfen, ohne sie näher zu betrachten oder über sie nachzudenken. Demgegenüber hört ein Verbraucher ein akustisches Zeichen (zwangsläufig) meist mehrere Sekunden. Es kann somit zusätzlich zu seinem ohnehin stärkeren emotionalen Inhalt seine Botschaft über einen längeren Zeitraum dem Zuhörer vermitteln. Auf diese Weise wird die gefühlsmäßige Wirkung der Hörmarke erhöht.

Die Stärke der Emotionen wird darüber hinaus durch die äußeren Umstände, das aktuelle Befinden und die subjektive Einstellung des Empfängers bestimmt. So wird der Verbraucher am Point of Sale eine Hörmarke regelmäßig nicht so intensiv erleben wie zuhause vor dem Fernseher. Auch die Anwesenheit anderer Menschen kann den Konsumenten ablenken und damit die Wirkung des akustischen Zeichens beeinträchtigen.

Zusammenfassend lässt sich die Stärke der Emotionen bezogen auf die einzelnen Markenformen wie folgt darstellen, wobei es natürlich Abweichungen nach oben oder unten geben kann:

Markenform	Stärke der Emotionen
Wörter, Buchstaben, Zahlen (z.B. Siemens, HP, 4711)	gering
Bilder (z.B. Meister-Proper-Figur)	mittel bis stark
Dreidimensionale Gestaltungen, sonstige Aufmachungen, Farben und Farbzusammenstellungen (z.B. Lenor-Flasche)	gering bis mittel
Akustische Signale: - Töne, Klänge, Melodien (z.B. Milka-Jingle) - Geräusche (z.B. Zisch-Geräusch)	 mittel bis sehr stark niedrig bis mittel
Gerüche (z.B. Rosenduft)	mittel bis sehr stark
Geschmacksstoffe (z.B. Salzstangen)	mittel
Tastreize (z.B. Liegen auf einer Matratze)	gering

Übersicht 1: *Stärke der Emotionen.*

2. Qualität der Emotionen

Bei Marken kommt es nicht nur auf ihre Eignung zum Hervorrufen von Gefühlen, sondern auch auf die Art der ausgelösten Emotionen an. Hörzeichen zeichnen sich in diesem Zusammenhang dadurch aus, dass sie ganz bestimmte Gefühlsbotschaften dem Verbraucher übermitteln können. Mit gewissen Melodien oder Lauten sind Empfindungen verbunden, die bei einem Großteil des Verkehrs weitgehend identisch sind. So führt das Weinen eines Kindes regelmäßig zu Mitleid und dem Wunsch zu helfen. Vogelgezwitscher verbunden mit dem Plätschern eines Baches beruhigt und der fröhliche Gesang anderer Menschen löst Heiterkeit aus. Diese Reaktionsmuster sollte die Markenindustrie in viel stärkerem Umfang als bisher nutzen. Der Aufbau einer emotional aufgeladenen Marke kostet viel Zeit und Geld. So entstand das Image der Marke „Marlboro" (Freiheit und Abenteuer) erst, nachdem im Fernsehen und im Kino unzählige Male ein Zigarette rauchender Cowboy inmitten einer wildromantischen Landschaft zu sehen war.[75] Viele Hörmarken lösen jedoch bereits von selbst bestimmte Vorstellungen aus und müssen nicht „künstlich" mit Gefühlen hinterlegt werden. Insofern kann dem Verkehr mit Hilfe eines akustischen Zeichens in kürzerer Zeit und mit geringerem Aufwand ein bestimmtes Produktimage nahe gebracht werden.

3. Richtung der Emotionen

Die Festlegung der Qualität der Emotionen reicht allerdings nicht aus. In einem weiteren Schritt muss die Richtung der durch die Hörmarke ausgelösten Gefühle in Bezug auf die gekennzeichneten Waren und Dienstleistungen definiert werden. Mit der Verwendung einer Marke und den damit verbundenen emotionalen Markeninformationen verfolgt der Markeninhaber bestimmte Ziele. Die Marke soll in erster Linie beim Konsumenten den Wunsch zu erwecken, die Markenware zu besitzen oder die gekennzeichnete Dienstleistung in Anspruch zu nehmen. Zumindest wird jedoch angestrebt, dass sich der Konsument über die gekennzeichneten Produkte Gedanken macht und sie näher kennen lernt. Auf diese Weise erinnert er sich wieder an die mit der Marke versehenen Waren und Dienstleistungen, wenn er zu einem späteren Zeitpunkt seine Bedürfnisse befriedigen will. So wird ein Jugendlicher nur selten den Wunsch haben, einen Bausparvertrag abzuschließen. Gründet er jedoch eine Familie und steigt damit sein Bedürfnis nach angemessenem Wohnraum, so werden für ihn zuvor gehörte Jingles wie „LBS - Wir geben Ihrer Zukunft ein Zuhause" oder „Schwäbisch Hall - Auf diese Steine können Sie bauen" interessant.

Akustische Signale eignen sich besonders gut, den Konsumenten anzuregen, sich mit den damit gekennzeichneten Waren oder Dienstleistungen auseinander zu setzen. So erinnert das Zischgeräusch, das beim Öffnen einer mit kohlensäurehaltiger Flüssigkeit gefüllten Flasche entsteht, direkt an das damit gekennzeichnete Bier. Auch wenn dieses Zeichen zumindest mittelbar beschreibend ist, so fördert es doch insbesondere bei einem durstigen Zuhörer den Wunsch zu trinken. Der gesungene Werbespot „Mars macht mobil bei Arbeit, Sport und Spiel" zeigt direkt auf, in welchen Bereichen der Schokoriegel gewinnbringend eingesetzt werden kann. Diese Botschaft könnte zwar auch ohne Melodie vermittelt werden, doch steigert diese die Stimmung und motiviert zusätzlich, die Süßigkeit zu kaufen.

---

[75] S. auch Linxweiler, Seite 153.

III. Informationsgehalt

Bei der Bewertung der Funktionen von Hörzeichen in tatsächlicher Hinsicht ist darüber hinaus ihr Informationsgehalt zu berücksichtigen. Dieser Aspekt hängt zwar eng mit der unter II. erörterten Vermittlung von Stimmungen und Gefühlen zusammen, da auch diese bestimmte Botschaften enthalten. Hier geht es jedoch um die Frage, welche sachbezogenen Informationen Hörmarken zusätzlich aufweisen. Hierbei können zwei Fälle unterschieden werden:

1. Hörmarken ohne Wortbestandteile

Es gibt akustische Signale, die allein durch ihre Art eine Sachbotschaft vermitteln können. So wird mit dem Geräusch des Zuschlagens der Türen eines Autos häufig dessen Qualität verbunden, das Geräusch der Motoren gibt Auskunft über die PS-Stärke des motorisierten Gefährts. Wenn Konservengläser geöffnet werden, deutet der Zischlaut darauf hin, dass diese noch unter Vakuum stehen und somit fehlerfrei sind.[76] Diese Signale geben somit zumindest mittelbar beschreibende Hinweise auf die gekennzeichneten Produkte, wobei hierbei die Gefühlsbotschaften etwas in den Hintergrund treten. Die Grenze ist allerdings dann erreicht, wenn das Hörzeichen einen solchen Informationsgehalt aufweist, dass es als glatt beschreibende Angabe anzusehen ist.

2. Hörmarken mit Wortbestandteilen

Häufig finden sich Hörmarken, die zwar nicht durch ihre Art, sondern durch die darin enthaltenen Worte Sachaussagen vermitteln. Hierbei kann es sich um gesprochenen oder gesungenen Text handeln, der von Musik unterlegt ist. In diesem Fall werden die emotionalen Botschaften um rationale ergänzt. Während die Worte eher den Verstand ansprechen (z.B. „Schönes Haar ist Dir gegeben, lass es leben mit Gard"), ruft die Musik Gefühle hervor (z.B. Zufriedenheit und Zuversicht durch die Gard-Melodie). Durch die Unterlegung mit Text werden Wort- und Hörmarke miteinander kombiniert und die Vorteile beider Markenformen gleichzeitig genutzt: Die eher sachbezogene Aussagekraft einer Wortmarke und die eher gefühlsbezogene einer Hörmarke.

Der Informationsgehalt von akustischen Signalen ist somit zweidimensional (gefühls- und sachbezogen), sofern sie durch ihre Art einen Hinweis auf die gekennzeichneten Produkte geben (z.B. modifiziertes Betriebsgeräusch) oder beschreibende Worte und Melodie gleichzeitig enthalten (z.B. Gard-Jingle). Im Vergleich zu den klassischen Markenformen ist hierbei festzustellen, dass auch

[76] Vgl. Linxweiler, Seite 187.

die Aussagekraft von Bildmarken regelmäßig zweidimensional ist. Sie rufen zum einen in besonderer Weise Gefühle hervor. Dies wird beispielsweise deutlich an der Bildmarke der Firma Nestlé, in der ein Vogelnest mit einem großen und zwei kleinen Vögeln abgebildet ist. Diese Darstellung spricht den Schutz- und Obhutsinstinkt an. Zum anderen können Bildmarken auf kleinstem Raum verschiedene Sachhinweise auf die gekennzeichneten Produkte enthalten. So drückt die Nestlé-Marke auch aus, dass die Ware für die Ernährung insbesondere von Kindern geeignet ist.

Hörmarken können allerdings auch dann gewinnbringend in der Wirtschaft eingesetzt werden, wenn sie keine sachbezogenen Botschaften enthalten (eindimensionale Aussagekraft). Reine Melodien oder Lautfolgen reichen normalerweise aus, um Produkte mit einem besonderen (akustischen) Merkmal zu versehen. Der Jingle von Intel, mit dem der Centrino-Mikroprozessor beworben wird, kann hier als Beispiel genannt werden. Wichtig ist jedoch, dass eine Hörmarke, wenn sie keine Sachinformationen aufweist, zumindest deutliche Gefühlsbotschaften vermittelt.

Insgesamt lassen sich folgende Tendenzen bei der Aussagekraft von Marken feststellen, wobei Abweichungen von dieser grundsätzlichen Struktur nicht ausgeschlossen sind:

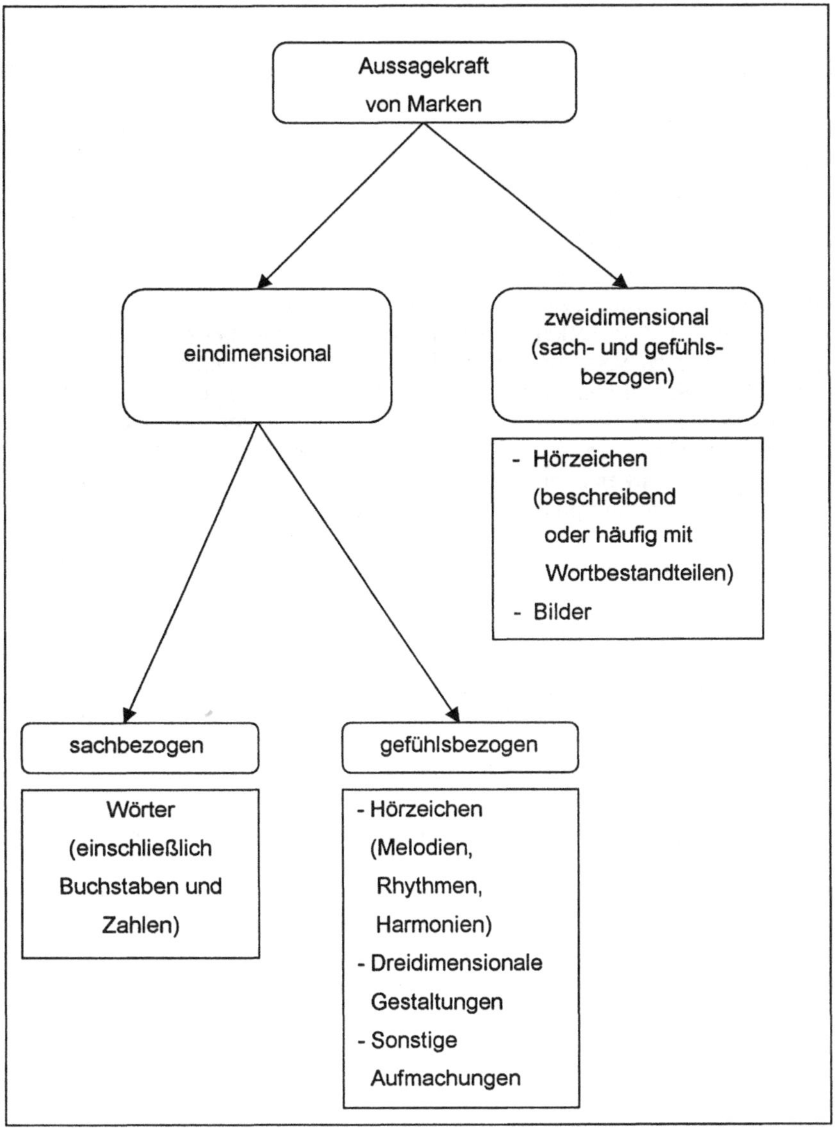

Übersicht 2: *Tendenzen bei der Aussagekraft von Marken*

IV. Überwindung von Sprachbarrieren

Ein weiterer sehr bedeutsamer Vorteil von Hörmarken ist darin zu sehen, dass sie international einsetzbar sind. Natürlich gibt es Unterschiede in der Bewertung von Harmonien und Melodien. So dürfte sich das Interesse an arabischer oder chinesischer Musik im europäischen Kulturraum in Grenzen halten. Demgegenüber findet beispielsweise englischsprachige Popmusik immer mehr Anhänger auch in nicht westlich ausgerichteten Ländern. Somit ist zu erwarten, dass die für das Musik- und Melodieverständnis maßgeblichen kulturellen Grenzen in Zukunft immer offener werden und sich in immer größerem Umfang eine gewisse „Grundakzeptanz“ herausbilden wird. Demgegenüber ist die Reichweite von Wortmarken sehr viel geringer. So sind beispielsweise deutschsprachige Marken vornehmlich nur in der Schweiz, Österreich, Liechtenstein und in Deutschland einsetzbar. Umgekehrt scheidet beispielsweise für Marken mit russischen Wortbestandteilen Westeuropa als Verbreitungsgebiet weitgehend aus, da slawische Sprachen dort kaum bekannt sind. Lediglich englischsprachige Wortmarken können in größerem Umfang weltweit eingesetzt werden, da in vielen Ländern Englisch zumindest verstanden wird.

Hörmarken sind demgegenüber in der Lage, Sprachbarrieren zu überwinden und können auch noch dann den Adressaten ansprechen, wenn eine verbale Kommunikation nicht (mehr) möglich ist. Deutlich wird dies beispielsweise an dem jährlich stattfindenden Grand Prix d’Eurovision. Die dort aufgeführten Lieder werden meist zwar in der jeweiligen Landessprache gesungen und damit von einem Großteil der Zuhörer inhaltlich nicht verstanden. Dennoch stoßen sie auf großes Interesse, da die Musik als solche (ohne Text) von entscheidender Bedeutung ist und im Gegensatz zu den Worten nicht den Verstand, sondern das Gefühl anspricht. Auf dieser Ebene reagieren jedoch die meisten Menschen eines Kulturraums gleich. Für Hörmarken bedeutet dies, dass sie in größerem Umfang als Wortzeichen einschließlich Buchstaben und Zahlen international verwendet werden können, sofern sie keine gesprochenen oder gesungenen Wortbestandteile enthalten oder die Melodie im Vordergrund steht.

Bildzeichen und dreidimensionale Gestaltungen haben allerdings gegenüber Hörmarken den Vorteil, dass sie noch unabhängiger von Sprach- und Kulturgrenzen sind. So wird die Abbildung sich umarmender Menschen vermutlich weltweit mit Freundschaft in Verbindung gebracht. Wenn jedoch – wie oben dargestellt – der Kontakt zwischen den Ländern durch Zuwanderung, Reisen, Informations-, Waren- und Dienstleistungsaustausch weiter zunehmen wird, ist davon auszugehen, dass sich in immer stärkerem Umfang ein internationales musikalisches Grundverständnis entwickeln wird. Insofern kann durch die Globalisierung der Märkte die Bedeutung von Hörmarken weiter steigen.

V. Erweiterte Möglichkeiten der Kenntnisnahme

Hörmarken zeichnen sich durch eine weitere besondere Eigenschaft aus. Durch ihre regelmäßig nicht auf bestimmte Personen ausgerichtete Wiedergabe kann ein größerer Kreis von Verkehrsteilnehmern angesprochen werden. So verbreitet sich ein Jingle im Kaufhaus undifferenziert nach alle Richtungen. Jeder Kaufinteressent kommt – ob er will oder nicht – in den „Genuss" der Hörmarke, sofern abhängig vom Abstand zum Ort der Wiedergabe die Hörschwelle noch nicht unterschritten ist. Optisch wiedergegebene Wortmarken sowie Bildmarken hingegen richten sich meist nur an einige wenige Verkehrsteilnehmer, da der menschliche Blickbereich eine umfassende Wahrnehmung durch viele Personen regelmäßig nicht zulässt. So kann die in einer Zeitschrift, auf einem Produkt oder auf einem Werbeträger (z.B. Plakatwand, Kraftfahrzeug oder Gebäude) angebrachte Wort- oder Bildmarke lediglich wahrgenommen werden, wenn sich der Betrachter innerhalb eines bestimmten Seiten- und Höhenwinkel-Bereichs befindet.

VI. Unterstützung der Wirkung einer anderen Marke

In Verbindung mit anderen Marken können Hörzeichen verschiedene Synergieeffekte hervorrufen. Hierbei ist allerdings zu berücksichtigen, dass die Unterstützung von Bildzeichen, dreidimensionalen Marken und sonstigen Aufmachungen durch Hörzeichen nur in eingeschränktem Maße in Betracht kommt. Sie sind nicht besonders für eine Verknüpfung mit Hörzeichen geeignet, da sie anders als Wortmarken nicht akustisch wiedergegeben werden können. Zwar kann beispielsweise ein Jingle in einem Fernsehspot laufen, während eine Bildmarke gezeigt wird. Doch besteht hierbei in besonderer Weise die Gefahr, dass die akustischen Signale eher als Untermalung, denn als eigenständige Hörmarke aufgefasst werden. Ansonsten ist die gleichzeitige Wiedergabe von Hör- und Bildmarken kaum möglich. So kann in einem Geschäft zwar die Melodie über Lautsprecher abgespielt werden, die „dazugehörige" Grafik kann der Verbraucher jedoch nur direkt an der Ware oder im Prospekt wahrnehmen. Insofern spielen die folgenden Punkte fast ausschließlich bei Wortmarken eine Rolle:

1. Markendifferenzierung

Der Markt ist heutzutage relativ unübersichtlich geworden und zudem in vielen Bereichen gesättigt. Aufgrund des Verdrängungswettbewerbs können nur die Unternehmen überleben, die auf ihre Produkte so aufmerksam machen, dass sie gegenüber denen der Mitkonkurrenten hervortreten und die Neugier der Verbraucher wecken. Hierfür eignen sich besonders Hörzeichen, die neuartige

Reize vermitteln können.[77] Es wäre naiv anzunehmen, eine entsprechende Markierung in Gestalt eines attraktiven Namens oder Logos sei bereits der Mechanismus zum Markenerfolg. Letzterer ist vielmehr die Summe bzw. das Ergebnis von entsprechend effizienten Marketinganstrengungen der verschiedensten Art.[78] Ein Hörzeichen ist in diesem Zusammenhang als ein weiterer wichtiger Baustein eines erfolgreichen Marketingkonzepts anzusehen.

Durch die Überflutung des Marktes mit alten und neuen Marken verliert das einzelne Kennzeichen an Bedeutung. Nicht nur, dass es schwerer vom Verbraucher wahrgenommen und in Erinnerung behalten wird. Dazu kommt auch, dass die Unterschiede zwischen einzelnen Marken nicht deutlich genug registriert werden (sog. Parity-Phänomen). Die Markentreue der Verbraucher ist jedoch nicht zuletzt auch das Ergebnis erlebter bzw. wahrgenommener Marken(qualitäts)unterschiede, und zwar solcher sowohl objektiver (produktspezifischer) als auch subjektiver (sozial-psychologischer) Art. Der Grad der Markenbindung korreliert stark mit dem Ausmaß der wahrgenommenen Markenunterschiede, was besonders deutlich bei Zigaretten, Kaffee und Zahncreme zu erkennen ist.[79] Hörmarken können in diesem Zusammenhang gut zur Differenzierung von Wortzeichen beitragen. Durch die akustische Wiedergabe des Wortes in der Hörmarke wird dieses in einen neuen Zusammenhang gestellt und erhält zusätzliche Merkmale. So führt die „Vertonung" einer Wortmarke dazu, dass diese auch dann beim Verbraucher in Erinnerung gerufen wird, wenn lediglich die Tonfolge erklingt. Als Beispiel sei hier die Meister-Proper-Melodie genannt („Meister Proper wäscht so sauber, dass man sich drin spiegeln kann."), die unmittelbar mit der Bezeichnung „Meister Proper" in Verbindung gebracht wird. Hör- und Wortmarke unterstützen sich somit und rufen sich gegenseitig ins Gedächtnis. Diese Tatsache wird auch mit dem in der Werbung gültigen Grundsatz: „Wenn Du nichts zu sagen hast, dann singe es!" umschrieben. Ein Markenname, der beispielsweise in der Radio- oder Fernsehwerbung gesungen oder mit einer prägnanten, eventuell bereits bekannten Melodie unterlegt wird, hat die besten Chancen, sich unterschwellig ins Gedächtnis einzugraben und dort nachhaltig musikalische Markenspuren zu hinterlassen, wenn es sich um einfache, eingängige oder um bekannte Melodien oder Rhythmen handelt.[80]

---

77 S. hierzu ausführlicher § 4 II. und III..

78 Vgl. Berekoven, a.a.O., Seite 38.

79 Vgl. hierzu Becker „Markenartikel und Verbraucher" in Dichtl/Eggers, Seiten 112 ff..

80 S. Linxweiler, Seite 187.

2. Emotionale Verknüpfung

Die bereits dargestellte Eigenschaft von Hörmarken zur Erzeugung von Emotionen[81] sollte auch in Verbindung mit anderen Markenformen genutzt werden. Der Einsatz von Musik zur emotionalen Erlebnisvermittlung könnte über die bisherige Praxis der Einkaufsatmosphäre schaffenden Hintergrundmusik in den Läden eigentlich auch spezifisch für die Bewerbung bestimmter durch Musik kenntlich gemachter Produkte (Meister Proper, der General etc.) verwendet werden. Für die Vermittlung emotionaler Konsumerlebnisse ist der adäquate Einsatz verschiedener Reizmodalitäten (Bild, Material, Duft, Musik etc.) wichtig. Hier greift der Ansatz des integrierten Marken-Design-Begriffes in besonderem Maße: Es geht nicht nur um die Vermittlung von emotionalen multisensualen Konsumerlebnissen durch einen Kommunikationskanal (z.B. durch die Werbung). Effizientes Marken-Design hat gerade hier die Aufgabe, das Zusammenwirken von direktem und indirektem Marken-Design optimal zu gestalten.[82] Es geht folglich darum, dem Verbraucher mit Hilfe verschiedener Markenformen ein möglichst großes Reizangebot zur Verfügung zu stellen. Damit werden umfassende Botschaften übermittelt, die alle seine Sinne ansprechen und sein Interesse an den Produkten wecken bzw. steigern.

3. Markentransfer

Unter Markentransfer wird streng genommen eine Unternehmensaktivität verstanden, bei der unter Zuhilfenahme eines gemeinsamen Markennamens positive Imagekomponenten von einer Hauptmarke eines bestehenden Produktbereichs auf einen Transferkandidaten einer neuen Produktkategorie übertragen werden.[83] Markentransfer kann jedoch auch bedeuten, dass eine bereits gut eingeführte Marke in Verbindung mit einer anderen Marke verwendet wird und sich somit die Wertschätzung der älteren auf die jüngere Marke überträgt. Der Transfer erfolgt somit nicht von der Marke auf die Produkte, sondern von einer Marke auf eine andere und dann auf die damit gekennzeichneten Produkte.

Ein mögliches Beispiel hierfür stellt die Wortmarke „Beck's“ dar. Es handelt sich hierbei um ein bereits seit dem 21.12.1967 in das deutsche Markenregister eingetragenes und für Bier geschütztes Zeichen (Register-Nr. 00840489). Später wurde das „Sail-Away“-Lied in Zusammenhang mit der Wortmarke und der Ware „Bier“ präsentiert. Aus diesem Grund hat sich das Image des Wortzeichens „Beck's“ auf das Lied übertragen. Wenn dieses gespielt wird, werden beim Verbraucher regelmäßig die gleichen Gütevorstellungen wie bei der

---

81 S. oben II..

82 Vgl. Linxweiler, Seite 154.

83 S. hierzu Meffert „Strategien zur Profilierung von Marken“ in Dichtl/Eggers, Seite 147.

Wortmarke wachgerufen. Allerdings darf hierbei nicht außer Acht gelassen werden, dass durch die gleichzeitige Wiedergabe von Wort- und Hörmarke in Verbindung mit einem Segelschiff und ausgelassenen Menschen beide Marken das Image „Freiheit", „Freude" und „Genuss" erhalten haben. Insofern hat ein Vorstellungswandel stattgefunden, der beide Marken gleichermaßen betrifft.

Durch den Markentransfer können erhebliche Kosten bei der Einführung einer Hörmarke eingespart werden. Zudem stärkt er das Ansehen der gekennzeichneten Produkte, da mehrere Marken-Imageträger zur Verfügung stehen. Auf diese Weise werden dem Verbraucher häufiger und intensiver die mit den Marken verbundenen positiven Botschaften übermittelt.

2. Teil. Praktische Schwierigkeiten der akustischen Kennzeichnung

Wie die bisherigen Erfahrungen zeigen, bereiten die Wiedergabe von Hörzeichen im Allgemeinen und die Produktkennzeichnung mit Hörzeichen im Besonderen Probleme. Sie können ein Grund dafür sein, warum Hörmarken bisher bei weitem nicht den Verbreitungsgrad von Wort- oder Bildmarken haben. Für ein Unternehmen ist es wichtig, eine Marke schnell in Verbindung mit möglichst vielen Erzeugnissen und ohne größeren technischen Aufwand in der Öffentlichkeit zu präsentieren. Bei Hörmarken stellt sich die Frage, ob sie diesen Anforderungen genügen können.

§ 5 Formen der Wiedergabe und Speicherung von akustischen Signalen

Akustische Signale können grundsätzlich über zwei Sinnesorgane vom Menschen wahrgenommen werden: Über die Ohren und – zunächst überraschend – über die Augen. Die dritte Möglichkeit des Fühlens soll an dieser Stelle außer Betracht bleiben, da sie eher theoretischer Natur ist. So können beispielsweise die Vibrationen der Bassstimme eines Musikstücks gespürt werden, auch wenn die Musik selber nicht gehört wird. Doch sind diese „Erschütterungen" nicht aussagekräftig genug und stellen kein hinreichend genau bestimmtes Kennzeichen dar. Eventuell werden sie zu einem späteren Zeitpunkt als Tast- oder Gefühlsmarken anerkannt werden. Somit sind zwei Arten der Wiedergabe von Hörmarken zu unterscheiden:

I. Akustisch wahrnehmbare Formen

Hörmarken sollen über die Ohren einen akustischen Namen für ein Produkt vermitteln. Dies kann auf verschiedene Weise geschehen:

1. Live-Darbietung

Die Live-Wiedergabe von Hörmarken vor Ort mit Hilfe von Instrumenten, Sängern oder sonstigen klangerzeugenden Hilfsmitteln dürfte die Ausnahme darstellen. Kaum ein Hersteller oder Handelsbetrieb wird in einem Ladenlokal oder in der Öffentlichkeit Hörmarken selbst wiedergeben. Hierfür ist der Aufwand zu groß. Insbesondere der Auf- und Abbau, die benötigte Stellfläche, die Vergütung der Mitwirkenden und die technische Ausstattung stehen in keinem Verhältnis zu dem erzielbaren Nutzen. Hörmarken dürfen nicht lang sein und ständig wiederholt werden, da dadurch Ermüdungs- und Ablehnungseffekte entstehen. Insofern bietet sich eine Live-Darbietung allenfalls im Rahmen einer Veranstaltung an, die ohnehin die Anwesenheit von Musikern erfordert. So wäre es beispielsweise denkbar, dass eine Band, die im Rahmen eines Events in einem Einkaufscenter auftritt, zwischendurch Hörmarken spielt und so Werbung für bestimmte Waren oder Dienstleistungen macht. In diesem Fall muss kein zusätzlicher Aufwand für die Live-Darbietung der Hörmarken getrieben werden. Auch wenn der Auftritt von Musikern aus Kostengründen eher die Ausnahme darstellen dürfte, so sollten doch insbesondere größere Handelsunternehmen bei der Organisation von Promotion-Veranstaltungen die Live-Darbietung von Hörmarken nicht unberücksichtigt lassen.

2. Reproduktion gespeicherter akustischer Signale

Die Wiedergabe von zuvor gespeicherten Hörmarken stellt den Regelfall dar. Die Vorteile liegen in der ständigen Verfügbarkeit, der identischen Wiedergabe und im geringeren technischen Aufwand. Auch ist hierdurch ihre flächendeckende Verbreitung und schnelle Anpassung an Änderungen gewährleistet. Damit sind gerade für Unternehmen interessante Kosteneinsparungen verbunden. Folgende Formen der Speicherung von Hörmarken kommen vornehmlich in Betracht, wobei aufgrund ihrer Vielfalt nachfolgend nur auf die wichtigsten technischen Möglichkeiten eingegangen werden kann:[84]

a) Analoge Formen der Speicherung

(1) Kompaktkassette

Die 1964 eingeführte Kompaktkassette[85] stellte lange Zeit das gebräuchlichste Medium dar, mit dem Musik, Klänge und Sprache aufgezeichnet wurden. Ihr Vorteil liegt darin, dass sie mit Hilfe eines Recorders leicht wieder gelöscht und mit neuen Daten bespielt werden kann. Zudem kann ihr Inhalt einfach wiedergegeben werden, so dass sie sich auch aufgrund ihrer weiten Verbreitung als Datenträger für Hörzeichen anbietet. Allerdings sind die Aufnahmen nicht unbegrenzt haltbar. Zudem ist die Kompaktkassette empfindlich gegenüber Magnetfeldern und Hitzeeinwirkung. Für eine dauerhafte und sichere Speicherung ist sie damit nicht geeignet. Auch kann auf bestimmte Inhalte nur sequentiell, d.h. nach Absuchen der vorangegangenen Teile zugegriffen werden. Es ist davon auszugehen, dass die Kompaktkassette zukünftig von digitalen Speichermedien weiter verdrängt wird.[86]

---

84 Die Übersicht soll vor allem Praktikern und Unternehmen Hilfestellung bei der Wahl des für sie geeigneten Mediums geben.

85 Vgl. hierzu auch den Artikel „Daten auf Band" in Chip Special, Seiten 70 f..

86 Durch die Neufassung der Markenverordnung ist die Kompaktkassette bereits nicht mehr als Datenträger für die klangliche Wiedergabe zugelassen (vgl. Mitteilung Nr. 16/94 in Sonderheft BlfPMZ 1994, 180, und § 11 Abs. 5 MarkenV n.F.).

(2) Schallplatte

Die seit 1877 eingesetzte Schallplatte ist mit das älteste Speichermedium für akustische Signale. Sie hat den Vorteil, dass sie leicht zu benutzen ist und an beliebiger Stelle abgespielt werden kann. Nachteilig ist die qualitätsmindernde Abnutzung beim Gebrauch.[87]

Die Schallplatte bietet sich jedoch für die Speicherung von Hörmarken nicht an, da sie nur mit Hilfe spezieller Aufnahmegeräte bespielt werden kann. Zudem beeinträchtigen mechanische Einwirkungen (z.B. Kratzer) und elektrostatische Aufladungen die abgelegten Stücke. Auch dieses Speichermedium findet durch die immer weiter voranschreitende Digitalisierung kaum noch Verwendung.

b) Digitale Formen der Speicherung

Der digitalen Speicherung von Hörmarken wird in Zukunft immer größere Bedeutung zukommen, da sie auf diese Weise ohne Verluste auf Dauer aufbewahrt und schnell auch über lange Strecken elektronisch übermittelt werden können. Zudem können mit Hilfe spezieller Musikbearbeitungsprogramme Hörmarken in digitaler Form einfach erstellt und neu gestaltet werden. Dies ist insbesondere unter den Gesichtspunkten „Kosten" und „Hörmarkenmodernisierung" von nicht zu unterschätzender Bedeutung.

Die Digitalisierung von Hörmarken gestaltet sich heutzutage relativ problemlos. So kann beispielsweise mit einer Soundkarte das über ein Mikrofon aufgenommene analoge Signal in den Computer geführt und binär codiert werden. Auch ist es möglich, dass die Audiodaten digital erzeugt werden (z.B. durch ein Keyboard mit MIDI-Ausgang) und ohne Analog/Digital-Wandlung direkt in den Rechner geleitet werden. Die digitalen Audiodaten werden häufig im MP3-, WAV- oder Windows-Media-Format abgelegt. Auf diese Weise können Hörmarken relativ problemlos auf den meisten Computern und auf Digital-Wiedergabegeräten (z.B. mobilen MP3-Playern) abgespielt werden. Allerdings ist von einer Wiedergabe über die eingebauten PC-Lautsprecher abzuraten, da sie zu leise sind und keine ausreichende Klangqualität aufweisen. Insofern kommt bei der digitalen Speicherung auf einem Computer vornehmlich die Wiedergabe über eine Verstärkeranlage oder über Aktiv-Lautsprecher in Betracht. Zudem besteht die Möglichkeit, digitalisierte Hörmarken auf CD abzulegen und somit über die weit verbreiteten CD-Player abzuspielen.

Bei der digitalen Ablage einer Hörmarke ist darüber hinaus ihr Speicherplatzbedarf zu beachten, der zunächst von ihrer Auflösung abhängt. Diese bestimmt

---

87 Vgl. auch „Das moderne Lexikon", Band 16, Seite 283.

sich zum einen nach der Samplefrequenz (Häufigkeit, mit welcher eine Tonfolge pro Sekunde abgetastet wird). So bedeutet beispielsweise eine Samplefrequenz von 44 kHz, dass die Hörmarke 44.000 Mal in der Sekunde gemessen wird. Zum anderen beurteilt sich die Auflösung nach der Genauigkeit der einzelnen Messung (Abtastung). So kann beispielsweise bei einer 8-Bit-Auflösung eine Messung einen Wert zwischen 1 und 256 (2^8), bei einer 4-Bit-Auflösung einen Wert zwischen 1 und 16 (2^4) aufweisen. Dies bedeutet, dass eine Hörmarke bei einer Samplefrequenz von 44 kHz und 16-Bit-Auflösung (CD-Qualität) pro Minute ca. 5 Megabyte (MB) Speicherplatz benötigt.

Der Speicherplatzbedarf richtet sich darüber hinaus nach der Datenkompression. So führt das Audioformat „MP3" zu einer Reduzierung des Datenumfangs um das 10- bis 12-fache.[88]

Die digitale Speicherung von Hörmarken kann wie folgt erfolgen:

(1) Magnetische Speicherung

Für die Ablage digitalisierter Hörmarken bieten sich zunächst magnetische Speichermedien an. Hierzu gehören zum einen Magnetplatten wie Harddisks oder (die immer weniger gebräuchlichen) 3,5″- bzw. 5,25″-Disketten und zum anderen die seit Einführung der EDV in verschiedenen Formaten verwendeten Magnetbänder. In diesem Zusammenhang sind beispielsweise das 1985 eingeführte Digital Audio Tape (DAT) oder die seit 1993 angebotene Digital Compact Cassette zu nennen.

Die Speicherung von Hörmarken auf Bändern ist mit gewissen Restriktionen verbunden. So kann das gesuchte Stück - sofern sich auf dem Band mehrere Dateien befinden - nicht sofort angespielt werden, da die Daten sequentiell gelesen werden. Auch sind Bandlaufwerke gerade im Desktop- und Laptop-Bereich nicht weit verbreitet. In der Praxis dürfte somit dieses Speichermedium eher eine untergeordnete Rolle spielen.

(2) Optische Speicherung

Immer stärkere Verbreitung finden optische Speichermedien, deren wichtigsten Vertreter die Compact Discs (CDs) sind. Die Besonderheit der rein optischen Speichermedien liegt in ihrer berührungslosen Abtastung durch einen Laserstrahl und in der Unempfindlichkeit gegenüber Magnetfeldern (anders als bei

---

[88] Vgl. Voss, Seite 133.

Festplatten oder Disketten). Grundsätzlich gibt es drei Arten von CDs[89], auf welche aufgrund ihrer steigenden praktischen Bedeutung kurz eingegangen werden soll:

(a) Lesespeicher

Für die Speicherung fertig gestellter Hörmarken bieten sich in erster Linie CDs an, die nur ein einziges Mal beschrieben und danach ausschließlich gelesen werden können. Auf ihnen ist ein Jingle dauerhaft gesichert, da er nicht mehr gelöscht werden kann. Abhängig von der Datenstruktur werden grob folgende Lese-CDs unterschieden:

- Audio-CD (CD-DA)
  Der bekannteste und wohl auch am weitesten verbreitete Datenträger dürfte die CD-DA für Audio-Daten sein, die vornehmlich für die Wiedergabe von Musik eingesetzt wird. Diese wird mit 44 kHz und 16-Bit-Auflösung in einer Session, aber mit mehreren Tracks gespeichert.[90] Die Audio-CD hat eine Speicherkapazität von maximal 78 Minuten und kann nicht nur auf Computer-CD-Laufwerken, sondern auch auf CD-Playern abgespielt werden.

- CD-ROM
  Auf CD-ROMs (Read Only Memory) können unterschiedliche Datentypen abgelegt werden. So eignen sie sich für die Speicherung von Computer-Daten als auch von Audio- und Videosignalen.[91] Für letztere werden beispielsweise VCDs (Video-CDs) oder SVCDs (Super-Video-CDs) verwendet. Für Hörmarken kommen CD-ROMs ebenfalls in besonderem Maße in Betracht, da sie auf allen gängigen Computern wiedergegeben werden können. Mit normalen Musik-CD-Playern arbeiten sie allerdings regelmäßig nicht zusammen.

(b) Speicher zum einmaligen Beschreiben

CD-Rs (CD-Recordable) sind Datenträger, die vom Verwender selbst einmal beschrieben werden können. Sie sind in allen herkömmlichen CD-ROM-Geräten lesbar. Da die Preise für die CD-Rohlinge und CD-Writer mittlerweile sehr niedrig sind, gehört die Möglichkeit, eigene CDs zu erstellen, heutzutage zur Standardausrüstung eines PCs. So wurden laut Pressemeldungen der Industrie

---

89 Vgl. auch den Beitrag „Optische Speichermedien" im Internet unter „http://userpage.chemie.fu-berlin.de/~sunny/mm/410.html".

90 Vgl. Voss, Seite 200.

91 Vgl. Voss, Seite 205.

allein 1998 in Deutschland rund 80 Millionen Rohlinge verkauft.[92] Für den Inhaber einer Hörmarke hat eine CD-R den Vorteil, dass er einen neuen Jingle ohne großen Aufwand selbst auf die CD speichern kann. Änderungen und Modifizierungen bestehender Hörmarken können zudem direkt auf CD „gebrannt" werden.[93]

(c) Speicher zum mehrmaligen Beschreiben

CD-RWs (CD-ReWritable) können im Gegensatz zu CD-Rs mehrfach (bis zu ca. 1.000-mal) wieder beschrieben werden. Sie sind in der Anschaffung zwar etwas teurer als CD-Rs, dafür muss nicht für jede Speicherung ein neuer Datenträger verwendet werden. Allerdings gibt es vereinzelt (noch) Probleme mit der Datensicherheit von CD-RWs. Zum einen droht bei Brennproblemen leicht der Verlust aller Daten auf der kompletten CD-RW. Zum anderen scheint das Zusammenspiel von CD-Writern und Medien noch nicht ganz ausgereift. So können CD-RWs durch unpräzise justierte Laser in den Brennern zerstört werden.[94] Auch aufgrund der immer weiter fallenden Preise für CD-Rs bieten sich CD-RWs für die Speicherung von Hörmarken nicht an.

(3) Magnetooptische Speicherung

Magnetooptische Platten werden ähnlich wie rein optische Speichermedien beim Lesen mit einem relativ schwachen Laserstrahl abgetastet. Zum Schreiben werden sie von einem stärkeren Laserstrahl auf eine bestimmte Temperatur angeheizt. Bei Überschreitung dieser sog. Curie-Temperatur kann die Oberfläche der Platte durch ein Magnetfeld in zwei Richtungen magnetisiert werden. Diese zwei möglichen Zustände bleiben auch nach Abkühlung auf der Platte erhalten. Sie reflektieren das Licht des Lasers beim Lesevorgang unterschiedlich und können auf diese Weise als binäre Daten (0 und 1) interpretiert werden.

Die MiniDisc, die 1992 von der Firma Sony eingeführt wurde, wird beispielsweise mit Hilfe der magnetoptischen Technik beschrieben. Aufgrund ihrer hohen Stabilität, geringen Größe und des CD-gleichen Klangs hat die MiniDisc bei vielen Anwendern mittlerweile den herkömmlichen HiFi-Kassettenrecorder abgelöst. Durch die geringe Größe ist sie vor allem auch für den mobilen Einsatz geeignet.

---

92 Vgl. Voss, Seite 204.

93 Die mit einer CD-R verbundenen Vorteile haben dazu geführt, dass sie allein als Datenträger zur Einreichung einer Hörmarke zugelassen ist (vgl. § 11 Abs. 5 MarkenV).

94 Vgl. Voss, Seite 208.

Für die Ablage von Hörmarken kommen magnetooptische Speicher mit Ausnahme der MiniDisc im Augenblick noch nicht in Betracht, da die Preise für die Laufwerke wegen ihrer geringen Verbreitung derzeit (noch) relativ hoch sind. Magnetooptische Platten gehören aufgrund des wahlfreien Zugriffs, ihrer Unempfindlichkeit gegenüber Temperaturschwankungen und Magnetfeldern, der Möglichkeit zum Wiederbeschreiben sowie der großen Datenkapazität jedoch zu den zur Zeit interessantesten Speichermedien für den Multimedia-Einsatz. Somit dürften sie zukünftig eine große Rolle bei der Speicherung von Audio- und Video-Daten spielen.[95]

(4) Speicherchips

(a) Tonchips

Mit Hilfe von batteriebetriebenen Tonchips[96] mit integrierten Verstärkern und Minilautsprechern ist es möglich, akustische Signale dauerhaft zu speichern und beliebig oft erklingen zu lassen. Häufig werden diese bereits auf Glückwunschkarten angebracht. Da die Tonchips sehr klein sind, können sie direkt mit dem Produkt verknüpft werden. Aufgrund der weiter sinkenden Preise werden sich zukünftig weitere Einsatzmöglichkeiten ergeben. Insbesondere ist davon auszugehen, dass Waren in größerem Umfang als bisher mit ihnen ausgestattet werden.

(b) Karten mit Speicherchips

Besonders in Digital-Kameras werden heutzutage Speicherkarten mit Flash-Memory ICs verwendet (z.B. Compact Flash Card, Smart Media Card oder Memory Stick). Das sind Chips, die ihre Daten auch ohne Stromversorgung behalten. In der Regel sind mehrere hunderttausend Schreib- und Lesevorgänge möglich. Die Speicherkapazität reicht heute bis zu 1 Gigabyte (GB). Speicherkarten zeichnen sich durch ihre kleinen Abmessungen und leichte Handhabung aus.[97] Sie kommen zwar auch für die Speicherung von Hörmarken in Betracht, da sie über Card-Reader mit einem Computer verbunden werden können. Damit sind sie als Datenträger wie eine CD oder eine Diskette nutzbar. Allerdings sind Speicherkarten deutlich teurer als diese. Da zudem ihre geringe Größe in Zusammenhang mit der Speicherung von Hörmarken nicht von Bedeutung ist,

---

95 Vgl. hierzu auch Voss, Seiten 632/633, und den Beitrag „Magnetooptische Speichermedien" im Internet unter „http://userpage.chemie.fu-berlin.de/~sunny/mm/420.html".

96 Zum Aufbau vgl. Voss, Seite 220.

97 S. auch den umfassenden Beitrag zu Speichermedien im Internet unter „http://www.asbyon.de/screen /produkte/ratgeber/010/010_rat04.asp" und Voss, Seite 413.

dürften Speicherkarten bei der Ablage von akustischen Zeichen nur eine untergeordnete Rolle spielen.

II. Optisch wahrnehmbare Formen

Hörmarken können auch visuell wahrgenommen werden. Diese Möglichkeit kommt dann in Betracht, wenn technische Hilfsmittel zur Wiedergabe wie Fernseher, Radio, Musikanlagen oder Computer nicht zur Verfügung stehen. Allerdings ist zu bedenken, dass die intellektuelle Umsetzung in die akustische Grundform mit Schwierigkeiten verbunden sein kann. Zudem macht es gerade den Charakter einer Hörmarke aus, dass sie über die Ohren und nicht über die Augen wahrgenommen wird.

Nachfolgend werden die wichtigsten Formen der grafischen Wiedergabe von akustischen Signalen unter Berücksichtigung ihrer markenmäßigen Verwendbarkeit im Verkehr dargestellt:

1. Noten

Die klassische Form der zweidimensionalen Wiedergabe von Tönen und Klängen stellen Noten dar. Aus diesem Grund bestimmt § 11 Abs. 2 MarkenV, dass Hörmarken in einer üblichen Notenschrift darzustellen sind. Hierunter ist die Einordnung der Noten in ein Zeilensystem mit regelmäßig fünf Linien zu verstehen, wobei sowohl die Linien als auch die Zwischenräume genutzt werden. Die Platzierung der Note lässt hierbei die Tonhöhe erkennen, ihre äußere Gestalt entspricht der Tondauer.[98] Somit hat jede Note zwei Charakteristika: Einen Buchstaben als Notennamen (z.B. „c“) und ein mathematisches Verhältnis als Notenwert (z.B. Viertelnote). Ähnlich wie bei einem Koordinatensystem werden in der Senkrechten die Tonhöhe und in der Waagrechten der zeitliche Ablauf, der Rhythmus, dargestellt.[99]

Die Darstellung einer Hörmarke in einer üblichen Notenschrift ist für den Zeicheninhaber mit keinem größeren Aufwand verbunden. Die Noten können entweder händisch oder mit Hilfe spezieller Sequenzer- und Notationsprogramme[100] zu Papier gebracht werden. Diese ermöglichen zum einen die manuelle Eingabe der Noten in einen Computer. Zum anderen können damit die Töne u.a. über eine sog. MIDI-Schnittstelle (Musical Instruments Digital Interface) in den Rechner eingespielt werden. Hierbei handelt es sich um ein einheitliches Daten-

---

[98] S. hierzu unten § 8 I. 4..

[99] Vgl. Ziegenrücker, Seiten 16/17.

[100] Vgl. hierzu auch Voss, Seite 829.

übertragungssystem, mit dem die Kommunikation zwischen elektronischen Musikinstrumenten mit Tongenerator (meist Synthesizer) untereinander und auch mit dem Computer über digitale Steuerdaten definiert wird.[101] Meistens werden mit Hilfe eines Keyboards Tonfolgen erzeugt und digitalisiert an den Computer übertragen. Dort können sie, wie aus dem folgenden Beispiel ersichtlich, als Notenschrift wiedergegeben, weiterbearbeitet und schließlich ausgedruckt werden:

Abbildung 9: *Incipits, die mit Hilfe eines Sequenzer- und Notationsprogramms von der Handschrift in den Computer übertragen wurden.*[102]

Darüber hinaus ist es möglich, die im Computer dargestellten Noten an einen Klangerzeuger mit MIDI-Schnittstelle (z.B. Keyboard) zu übertragen und mit Hilfe einer daran angeschlossenen Audio-Anlage akustisch wiederzugeben.

---

[101] Vgl. Voss, Seiten 617 ff..

[102] Aus Kortbein, Seite 26.

Notations- und Sequenzerprogramme bieten sich für die Erstellung von Hörmarken in besonderer Weise an, da sie viele Möglichkeiten zum Experimentieren bieten. Zudem können ohne größeren Aufwand verschiedene Variationen erstellt und sofort überprüft werden. Auch sind die Programme heutzutage nicht mehr sehr teuer.

Die notenmäßige Darstellung der Hörmarke auf der Verpackung, der Ware selbst oder in Verbindung mit der Dienstleistung ist jedoch als Kennzeichnungsmittel ungeeignet. Mit Noten dürfte zwar ein Teil der Konsumenten vertraut sein.[103] Doch werden der normalerweise bestehende Zeitdruck und die fehlende Bereitschaft, sich näher mit der Abbildung auseinander zu setzen, im Regelfall dazu führen, dass die Notendarstellung eher als Verzierung, technische Angabe oder als Bildmarke angesehen wird.

2. Sonagramme

Eine weitere Form der optischen Wiedergabe von Hörmarken stellen Sonagramme dar, die ursprünglich für wissenschaftliche und kriminalistische Zwecke entwickelt wurden.[104] Ein Sonagramm oder „Schall-Spektrogramm" ist eine zeitabhängiges Frequenz-Amplitudenspektrum. Hierbei werden in einem Koordinatensystem auf der Abszisse die Zeit und auf der Ordinate die Frequenzen aufgetragen. Die Amplitude (Lautstärke oder Intensität in Dezibel) wird durch verschiedene Graustufen bzw. unterschiedliche Farben dargestellt.[105] Im Ultraschallbereich wird die Bezeichnung „Sonogramm" verwendet.

---

103 Kritisch auch im Hinblick auf Noten BA RPA in GRUR 1932, 598, und BPatG in BPatGE 29, 150; ähnlich Fritz, Seite 208, und Hildebrandt in MarkenR 1/2002, 2; zu diesem ergänzend Sieckmann in MarkenR 5/2002, 149.

104 Vgl. Rundschreiben der Patentanwaltskammer 1/95, Seite 5.

105 Vgl. Pierce, Seite 44, und Mitteilungen Nr. 16/94 (Sonderheft BlfPMZ 94, 180) und Nr. 15/96 (BlfPMZ 96, 392).

Ein Beispiel für ein Sonagramm ist nachfolgend wiedergegeben:

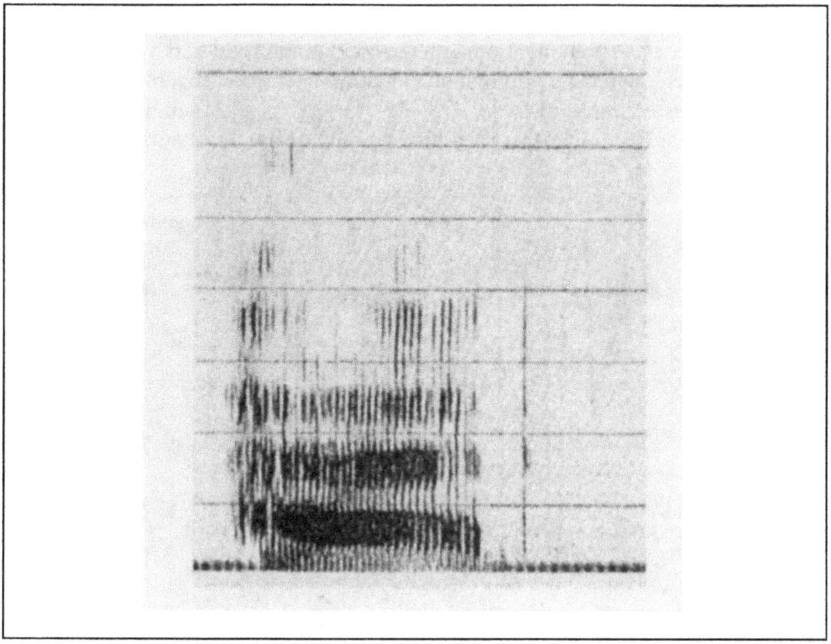

Abbildung 10: *Sonagramm des Vokals „ä“ in dem englischen Wort „had“.*[106]

Sind schon Noten für die meisten Verbraucher akustisch nicht umsetzbar, so gilt dies erst recht für Sonagramme. Der weit überwiegende Teil des Verkehrs dürfte weder das Sonagramm als solches erkennen, geschweige denn als Hörmarke interpretieren.[107] Ohne technische Hilfsmittel kann ihm der akustische Inhalt regelmäßig nicht entnommen werden, so dass ein Sonagramm zum Zwecke der Produktkennzeichnung nicht in Betracht kommt.

3. Schalldruckverlauf

In einem Schalldruckverlauf werden Schwingungen zeitabhängig wiedergegeben, die von einer Schallquelle durch das Abstrahlen eines Druckes (Schalldruck) erzeugt werden. Das Schalldruckmuster setzt sich aus verschiedenen

---

[106] Aus Pierce, Seite 45.

[107] Ebenso Fritz, Seite 208.

Spektrallinien zusammen, die den Schalldruck im Zeitverlauf für den Grundton und die Obertöne jeweils einzeln abbilden würden. Dadurch, dass der Grundton und die Obertöne von der Schallquelle zur gleichen Zeit abgestrahlt werden, überlagern sich die Spektrallinien Grafisch drückt sich das so aus, dass die Spektrallinien der verschiedenen Töne (Schwingungen) addiert werden und nur das daraus entstehende „umhüllende" Schalldruckmuster abgebildet wird. Das Schalldruckmuster zeigt also an, welcher Gesamtschalldruck pro Zeiteinheit anliegt.[108] Ein Schalldruckverlauf ist nachfolgend beispielhaft aufgeführt:

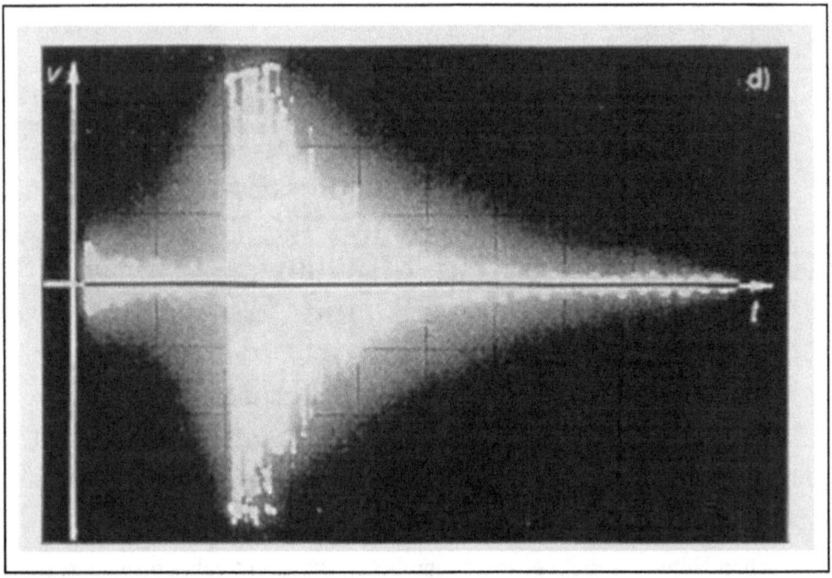

Abbildung 11: *Schalldruckverlauf eines Knalls (Handklatschen):*
- Abszisse: t = Zeit,
- Ordinate: v = Schallschnelle.[109]

Aus einem Schalldruckverlauf lassen sich zwar grob gewisse Rückschlüsse ziehen (z.B. plötzlich laut, gleich bleibend leise), doch reichen diese bei weitem nicht aus, um eine klare Vorstellung über das akustische Ereignis zu erhalten. So kann das obige Beispiel auch Donner zugeordnet werden. Zudem wird ein Schalldruckverlauf eher als technischer Hinweis auf die Beschaffenheit der Ware oder Dienstleistung, denn als Synonym für ein akustisches Zeichen angesehen werden. Aus diesem Grund ist es im Verkehr als Surrogat für ein Hörzeichen ungeeignet.

---

[108] Vgl. Fritz, Seiten 212/213.

[109] Aus Hering/Martin/Stohrer, Seite 508.

4. Worte

Ein akustisches Signal kann auch lediglich mit Worten beschrieben werden. Hierbei kommt es wesentlich auf den Höreindruck und die Möglichkeit, diesen in Worte zu fassen, an (z.B. „Nette, beschwingte, von einem Streichensemble gespielte Melodie“ für Mozarts „Eine kleine Nachtmusik“). Hieran wird jedoch deutlich, dass Worte nur sehr unzureichend das tatsächliche Klangerlebnis wiedergeben können. Zuhörer setzen unterschiedliche Schwerpunkte, bewerten ausgehend von ihrem Geschmack sowie ihrem Hintergrundwissen sehr individuell und verwenden verschiedene Worte.
Auch durch ein Onomatopoetikum[110] kann ein Hörerlebnis lediglich geringfügig genauer dargestellt werden. Als Beispiel können in diesem Zusammenhang „Miau“ für das Rufen einer Katze oder „Kukelekuuuuu“ für das Krähen eines Hahnes genannt werden.[111] Zwar wird durch ein Onomatopoetikum versucht, das akustische Signal nicht nur zu umschreiben, sondern zu imitieren. Doch kann dies einigermaßen zufriedenstellend nur bei einfachen Hörereignissen, die sich durch Buchstaben ausdrücken lassen, gelingen. So ist es kaum möglich, die komplexe Klangstruktur eines Orchester nachzuahmen.

Beschreibungen und Onomatopoetika können zwar im Gegensatz zu anderen grafischen Darstellungen wie Sonagrammen und Schalldruckverläufen sofort intellektuell verstanden werden. Doch ist ihr Informationsgehalt viel zu gering, um einen naturgetreuen Höreindruck zu vermitteln.[112] Zudem ist insbesondere eine Beschreibung regelmäßig viel zu lang, um als Marke aufgefasst zu werden. Auch wird der Verkehr Worte als solche kaum als Hörmarke interpretieren. Insofern stellen weder Beschreibung noch lautmalerische Nachahmung einen adäquaten Ersatz dar. Sie können lediglich als Ergänzung zur akustischen Wiedergabe der Hörmarke dienen.

III. Zusammenfassende Bewertung

Hörmarken werden in Zukunft voraussichtlich immer leichter auf optischen und magnetoptischen Medien digital gespeichert und mit Hilfe von PCs abgespielt werden können. Insbesondere durch den Einsatz von Laptops, mobilen CD- und MiniDisc-Playern erweitern sich die Einsatzmöglichkeiten von Hörmarken. Sie können damit auch an wechselnden Verkaufsstätten wie Märkten oder Messen verstärkt wiedergegeben werden.

---

110 Klangnachahmendes, lautmalendes Wort (vgl. Duden, Fremdwörterbuch, Seite 541).

111 Vgl. hierzu das Urteil des Europäischen Gerichtshofs vom 27. November 2003 - Az. C-283/01 (Shield Mark BV/Joost Kist h.o.d.m. Memex), abgedruckt in GRUR 2004, 54 ff..

112 In Abwandlung eines bekannten Sprichwortes ließe sich diese Tatsache mit „Hören sagt mehr als tausend Worte“ zusammenfassen.

Optisch wahrnehmbare Formen von Hörzeichen sind nicht in der Lage, die originalgetreue Wiedergabe zu ersetzen. Die vielfältigen Kriterien, die den Charakter eines Jingles ausmachen (z.B. Instrumentierung, Dynamik oder Tempo), können nur akustisch voll erfahren werden. Insbesondere Emotionen, die gerade Hörmarken auszeichnen, lassen sich optisch nicht vermitteln. Dazu kommt, dass gerade im Geschäftsleben Marken schnell vom Verbraucher erfasst werden müssen. In der Konkurrenz insbesondere zu Wort-, Bild- und vermehrt dreidimensionalen Marken kann ein Hörzeichen nur dann Erfolg haben, wenn es deutlich hervortritt und spontan erlebt wird. Wenn jedoch – wie dies bei allen Formen der grafischen Darstellung der Fall ist – die optischen Symbole vom Verkehrsteilnehmer innerlich erst akustisch umgesetzt werden müssen, kann die Hörmarke ihren Kennzeichnungszweck nicht erfüllen.

Die visuelle Darstellung hat somit nur Bedeutung für die Anmeldung oder die Wiedergabe einer eingetragenen Hörmarke im Register, im Markenblatt, in der Eintragungsurkunde oder in sonstigen schriftlichen Unterlagen (z.B. Empfangsbestätigung, Abmahnungsschreiben, Abgrenzungsvereinbarungen). Aus diesem Grund setzen sowohl Art. 2 MarkenRichtl als auch § 8 Abs. 1 MarkenG voraus, dass Marken des Schutzes durch Eintragung nur zugänglich sind, wenn sie sich grafisch darstellen lassen.[113]

[113] Vgl. hierzu kritisch § 17.

§ 6 Möglichkeiten der Kennzeichnung

Eng mit den Wiedergabeformen hängt die Fragestellung zusammen, wie Waren und Dienstleistungen in der Praxis gekennzeichnet werden können. Die Wirtschaft ist hierbei auf effektive Lösungen angewiesen. Diese müssen vor allem auch in Zusammenhang mit der rechtserhaltenden Benutzung gemäß § 26 MarkenG berücksichtigt werden.[114] Folgende Möglichkeiten der Kennzeichnung durch Hörmarken kommen in Betracht:

I. Klangliche Wiedergabe des Hörzeichens

1. In Verbindung mit den präsenten Waren oder Dienstleistungen

Im Idealfall erklingt ein Hörzeichen in Gegenwart der zu kennzeichnenden Waren oder Dienstleistungen. Diese Wiedergabeform entspricht auch der Grundfunktion einer jeden Marke, die als „Name" ihre Wirkung grundsätzlich nur entfalten kann, wenn der „Namensträger" (Ware oder Dienstleistung) auch körperlich vorhanden ist. Die klangliche Wiedergabe eines Hörzeichens in Verbindung mit den präsenten Produkten setzt allerdings voraus, dass entweder eine Musikgruppe/Ein-Mann-Band oder eine technische Vorrichtung (HiFi-Anlage, Computer etc.) in der Nähe der Waren oder Dienstleistungen vorhanden ist. Folgende Varianten können hierbei unterschieden werden:

a) Großflächige Verbreitung

(1) Vertriebsstätten mit Produkten unterschiedlicher Unternehmen

Hörzeichen können insbesondere in Kaufhäusern, auf Märkten oder Messen in Verbindung mit den präsenten Waren oder Dienstleistungen breit „gestreut" werden. Durch die dort häufig installierten Lautsprecheranlagen können nicht nur Durchsagen, sondern auch Hörzeichen großflächig verbreitet werden. Die Kennzeichnung bezieht sich hierbei naturgemäß nicht auf eine einzelne Ware oder Dienstleistung, sondern auf alle Produkte, die sich in der klanglichen Reichweite der Lautsprecher befinden. Bei undifferenzierter Beschallung kann ein Hörzeichen an einem Ort mit Produkten verschiedener Unternehmen somit grundsätzlich nicht als Hersteller- oder Erbringer-, sondern nur als Handelsmarke eingesetzt werden. Etwas anderes gilt nur dann, wenn aus den äußeren Umständen für den Zuhörer die eindeutige Zuordnung zu bestimmten Waren oder Dienstleistungen erkennbar wird. Dies kann der Fall sein, wenn die Hör-

---

[114] Vgl. hierzu unten § 33.

marke produktidentifizierende Wortbestandteile aufweist oder übergreifende Dienstleistungen kennzeichnet.[115]

(2) Vertriebsstätten mit Produkten eines Unternehmens

Als Hersteller- oder Erbringermarke kann ein Hörzeichen in Verbindung mit den präsenten Waren oder Dienstleistungen großflächig beispielsweise im Rahmen eines Hersteller-Outlets, eines Fabrikverkaufs, einer Hausmesse oder eines Tags der offenen Tür eingesetzt werden. Da in diesen Fällen alle Waren oder Dienstleistungen aus einem Unternehmen stammen, ist eine eindeutige Zuordnung durch den Verbraucher möglich.

b) Kleinflächige Verbreitung

An Vertriebsstätten mit den Waren oder Dienstleistungen verschiedener Unternehmen bietet sich die kleinflächige Wiedergabe eines Hörzeichens an, um die eigenen Produkte zu kennzeichnen. Dies kann beispielsweise im Rahmen einer Sonderverkaufsveranstaltung in einem Kaufhaus (Haushaltsgeräte, Kleidung etc.) zweckmäßig sein, um eine positive Grundstimmung gegenüber dem werbenden Unternehmen zu erzeugen. Hierbei kann die Beschallung entweder selektiv über die Lautsprecheranlage oder über vor Ort installierte Computer-, Video- oder Musikanlagen erfolgen.[116]

---

115 So kann beispielsweise der Veranstalter einer Messe über die Lautsprecheranlage der Ausstellungshallen seinen Jingle flächendeckend erklingen lassen. Durch die Wiedergabe am Ort der Erbringung der Dienstleistungen und die Nennung des Namens des Veranstalters dürfte für einen Großteil der Zuhörer deutlich werden, dass sich das Hörzeichen auf Tätigkeiten in Zusammenhang mit der Organisation von Messen bezieht.

116 Als Beispiel sind die häufig in Baumärkten oder Kaufhäusern aufgestellten Monitore zu nennen, über die gezielt Werbeclips zu einzelnen, in direkter Nähe befindlichen Waren abgespielt werden. Auf diese Weise kann ein Jingle nicht nur in Verbindung mit der körperlich anwesenden Ware, sondern auch mit ihrer Abbildung wiedergegeben werden. Allerdings fällt auf, dass in der Praxis die Möglichkeit der Verbreitung von Hörzeichen über vor Ort aufgestellte Mediensysteme bisher nur in sehr eingeschränktem Umfang genutzt wird. Meist erklingt mehr oder weniger belanglose oder aggressive Hintergrundmusik.

Eine Besonderheit stellt in diesem Zusammenhang die neue Audio-Spotlight-Technik dar, mit deren Hilfe ein eng fokussierter Ultraschallstrahl ausgesendet werden kann, der am Kopf des Zuhörers wahrnehmbar wird. Damit trifft die Werbebotschaft nur den, für den sie bestimmt ist.[117] Auf diese Weise könnte beispielsweise der vor dem Regal stehende Kaufinteressent die Hörmarke individuell vermittelt bekommen. Der Übergang zur lokalen Verbreitung ist hierbei fließend.

c) Lokale Verbreitung

Des Weiteren können Hörzeichen ebenso wie Wort- oder Bildmarken unmittelbar auf der Ware wiedergegeben werden. Hierfür kommen zwei Möglichkeiten in Betracht:

(1) Durch mit der Ware verbundene Klangerzeuger

Insbesondere Tonchips mit integrierten Lautsprechern können auf eine Ware oder Verpackung aufgeklebt oder in diese eingebaut werden. Die fortschreitende Technik führt zu immer kleineren und leistungsfähigeren Chips, die in unauffälliger Weise direkt mit der Ware verbunden werden können. Die Wiedergabe des akustischen Kennzeichens wird hierbei durch mechanische Schalter oder Wärme- bzw. Bewegungssensoren ausgelöst.[118] Der Abspielvorgang sollte jedoch nur dann starten, wenn die Ware in die Hand genommen oder vom Verbraucher betrachtet wird. Erklingt der Jingle bereits dann, wenn der Kunde lediglich an der Ware vorbeigeht, könnten verschiedene Hörzeichen unkoordiniert gleichzeitig wiedergegeben werden, was eher zur Abschreckung des Verkehrs führen dürfte.

Dienstleistungen können zwar nicht direkt mit Klangerzeugern versehen werden, doch bietet es sich an, hiermit ersatzweise Hilfswaren (z.B. Erzeugnisse oder Werkzeuge) oder sonstige Hinweise (z.B. Flyer oder Speisekarten) auszustatten.[119]

---

117 S. hierzu Traufetter in Der Spiegel 35/2003, Seiten 80 f..

118 Vgl. Fritz, Seite 276.

119 Vgl. Fritz, Seite 277.

(2) Durch die Ware selbst

(a) Speichermedien

Auf Datenträger, die (auch) für die Speicherung von akustischen Signalen bestimmt sind, können ergänzend Hörzeichen abgelegt werden. So enthalten beispielsweise Spielfilme auf Videokassetten häufig einen kennzeichnenden Vorspann des Produzenten, der mit einer speziellen, meist eindrucksvoll inszenierten Melodie hinterlegt ist. Denkbar wäre es auch, dass auf einer CD vor den eigentlichen Musikstücken ein Jingle platziert wird. Hierbei ist allerdings zu berücksichtigen, dass das auf dem Speichermedium abgelegte Hörzeichen erst beim Abspielen wahrgenommen werden kann. Im Rahmen der in der Praxis häufigen visuellen Präsentation der Ware kommt es somit nicht zur Geltung. Diese Art der Kennzeichnung dient demzufolge nicht so sehr der positiven Beeinflussung der Kaufentscheidung, als vielmehr der nachträglichen Bekanntmachung oder der Wiederholung eines bereits anderweitig gehörten Jingles.

(b) Wiedergabemedien

Anders stellt sich die Situation bei Waren dar, die der Wiedergabe von akustischen Signalen dienen. So kann zum Beispiel über Stereoanlagen oder Fernseher bereits am Verkaufsort das Hörzeichen des Herstellers den Kaufinteressenten vorgestellt werden. Häufig werden allerdings mehrere Geräte auf engem Raum angeboten. In diesem Fall ist es nicht möglich, dass mehrere Jingles abgespielt werden. Dies würde zu einem „Klangchaos“ führen und die Wirkung der einzelnen Hörmarke zunichte machen. Daran wird ein Nachteil von akustischen Kennzeichen deutlich: Sie können – anders als visuell wahrzunehmende Marken – nicht gleichzeitig wiedergegeben werden, es sei denn, sie erklingen in ausreichendem räumlichen Abstand voneinander.

Nur wenige Waren können jedoch aufgrund ihrer Funktion akustische Kennzeichen selbst abspielen. Insofern werden im Regelfall zusätzliche technische Einrichtungen zur Präsentation der Hörmarke erforderlich sein.

(c) Benutzungsgeräusche

Geräusche, die im Rahmen der Benutzung der Ware entstehen, können sehr leicht (lokal) verbreitet werden, da keinerlei zusätzliche technische Vorrichtungen zur Wiedergabe erforderlich sind. In diesem Zusammenhang ist auch das immer größere Bedeutung gewinnende Akustik-Design zu nennen, das dazu dient, ein markentypisches Klangbild zu erzeugen.[120] So wird beispielsweise in der Automobilindustrie genau darauf geachtet, ob das Schlagen der Tür, das Knacken des Blinkers oder das Brummen des Motors zum jeweiligen Autotyp passt.[121] Nichts wäre schlimmer, als wenn sich ein Porsche wie eine Ente anhören würde. Auch wurde beispielsweise der KITKAT-Schokoriegel solange klanglich optimiert, bis beim Zubeißen ein bestimmtes Geräusch entstand.[122] Diese Geräusche werden zwar vornehmlich zur Unterstützung eines bestimmten Produktimages entwickelt, doch ist es denkbar, dass sie auch als eigenständige Kennzeichen im Verkehr eingesetzt werden. Hierbei tritt die Frage nach ihrem markenrechtlichen Schutz auf. Auf diese wird im Rahmen des absoluten Verfahrens gesondert eingegangen.[123]

2. In Verbindung mit der Abbildung der Waren oder Dienstleistungen

Eine weitere Möglichkeit der Kennzeichnung besteht in der bildlichen Darstellung der Ware oder Dienstleistung, die mit dem Hörzeichen hinterlegt ist. Sie hat den Vorteil, dass der mit der körperlichen Anwesenheit der Produkte verbundene Aufwand wie Transport, Aufstellung oder Präsentation entfällt. Allerdings ist die bildliche Darstellung einer immateriellen und damit eigentlich nicht sichtbaren Dienstleistung im Gegensatz zur Abbildung einer Ware nicht unproblematisch. In Betracht kommt zwar die Wiedergabe des durch die Tätigkeit entstandenen Erzeugnisses (z.B. eines Hauses für Bauwesen) oder eines typischen Merkmals der Dienstleistung (z.B. Strandstimmung für Veranstaltung von Reisen). Insofern kann diese immer nur beispielhaft und mittelbar dargestellt werden. Es handelt sich jedoch um ein allgemeines, hier nicht näher zu erörterndes Problem der Kennzeichnung von Dienstleistungen.

Bei der klanglichen Wiedergabe eines Hörzeichens in Verbindung mit der Abbildung der Waren oder Dienstleistungen können zwei Varianten unterschieden werden:

a) Darstellung in gedruckter Form

Zum einen können die Produkte auf Papier oder anderen Materialien wie Metall oder Kunststoff abgebildet werden. Hierfür bieten sich in besonderer Weise auffällige Werbeflächen wie Plakatwände, Litfaßsäulen, Schaukästen oder

---

120 Vgl. zu der Thematik auch Linxweiler im Internet unter „http://www.dachmarke.com/diemultisensualenmarken.htm".

121 S. hierzu Rücker in Süddeutsche Zeitung Nr. 266 vom 19.11.2003, Seite V2/7.

122 Vgl. Grabrucker in MarkenR 2001, 98.

123 Zur Schutzfähigkeit von Benutzungsgeräuschen s. § 20 II. und § 22 I..

Wandverkleidungen an, in deren Nähe sich Vorrichtungen zur Wiedergabe von akustischen Signalen befinden. Dies ist beispielsweise in Bahnhöfen oder auf Flughäfen der Fall, die zur Verbreitung von Durchsagen ohnehin mit Lautsprecheranlagen ausgerüstet sind. Denkbar wäre jedoch auch der Einbau von Wiedergabemedien (Abspielgeräte und Lautsprecher) direkt in die Werbefläche. Gerade auf belebten und stark frequentierten Plätzen kann diese Kombination aus Bild und Ton ein Eye- und Earcatcher sein. Allerdings ist hiermit ein gewisser Aufwand verbunden, da die Werbefläche nicht wie sonst üblich mit dem Bild versehen, sondern auch mit dem dazugehörigen Hörzeichen ausgestattet werden muss. Insofern sollte diese Wiedergabeform von gewisser Dauer sein. Sie kommt deshalb für großflächige Abbildungen auf Papier nur bedingt in Frage, da dieses aus unterschiedlichen Gründen (z.B. Witterung, Vergilben, Vandalismus) meist nicht sehr haltbar ist. Auch aus Gründen der Flexibilität erscheint es deshalb zweckmäßiger, die Produkte in elektronischer Form abzubilden, während die Hörmarke abgespielt wird.

b) Darstellung in elektronischer Form

Besonders im Fernsehen und im Kino werden Waren und Dienstleistungen in elektronischer Form abgebildet. Es handelt sich hierbei um die klassischen Medien zur gleichzeitigen Wiedergabe von Bild und Ton. Darüber hinaus finden derzeit Videoprojektoren auf öffentlichen Plätzen immer mehr Verbreitung. So werden bereits auf Bahnhöfen, in U-Bahnen oder auf Flughäfen Fotos oder Kurzfilme zu Werbezwecken elektronisch präsentiert. Bisher ist zwar meist kein Ton hinterlegt, doch scheint es nur eine Frage der Zeit zu sein, bis auch hier das Bild akustisch aufgewertet wird. Die technischen Voraussetzungen hierfür dürften weitgehend vorliegen, da auf den geläufigen Bildspeichermedien wie Videoband oder DVD auch Ton mit abgelegt werden kann, so dass die Videoprojektoren nur noch an Verstärker und Lautsprechersysteme angeschlossen werden müssten.

Eine weitere Möglichkeit der klanglichen Präsentation eines Hörzeichens in Verbindung mit elektronisch abgebildeten Produkten bietet das Internet. Gerade Markenanbieter, die in diesem Segment bisher inaktiv waren, geraten aufgrund der wirtschaftlichen Bedeutung des Internets verstärkt unter Druck.[124] Dem Electronic Branding[125] wird in diesem Zusammenhang eine immer größere Rolle zukommen. Auch ist das Internet nicht nur für die Übertragung visueller, sondern auch akustischer Signale ausgelegt. Insofern können durch Hörmarken die Kommunikationskanäle des Internets noch effektiver genutzt werden. Im

---

[124] Vgl. hierzu Hermanns/Matzdorf/Riedmüller „Marken im Internet - die virtuelle Herausforderung“ in Hermanns/Sauter, Seite 194.

[125] S. hierzu auch Hermanns/Matzdorf/Riedmüller, a.a.O., Seite 194.

Sinne einer ausgewogenen Marketingpolitik[126] ist deshalb damit zu rechnen, dass zukünftig verstärkt Waren und Dienstleistungen mit Hörmarken im Internet beworben werden.

Die elektronische Darstellung von Waren oder Dienstleistungen entspricht auch der Schnelllebigkeit im Geschäftsleben. Laufend kommen neue Produkte auf den Markt, die dem potentiellen Verbraucher bekannt gemacht und damit beworben werden müssen. Auch drängen ständig Marken auf den Markt, die um die Gunst der Konsumenten konkurrieren. Dies bedingt eine ständige Aktualisierung der Werbebotschaften. Mit Hilfe der elektronischen Medien kann dieser Forderung nachgekommen werden. Da sie nicht nur einen visuellen Eindruck von den gekennzeichneten Waren und Dienstleistungen geben, sondern darüber hinaus auch die flächendeckende Verbreitung eines Hörzeichens ermöglichen, scheint diese Art der Kennzeichnung derzeit die zweckmäßigste und wirtschaftlichste zu sein.

3. In Verbindung mit der Benennung der Waren oder Dienstleistungen

Stehen lediglich akustische Verbreitungsmöglichkeiten zur Verfügung, kann ein Hörzeichen auch unter vorangegangener, gleichzeitiger oder unmittelbar nachfolgender Nennung der damit versehenen Waren oder Dienstleistungen präsentiert werden. Dies kommt vornehmlich bei Rundfunksendungen oder Durchsagen in Geschäften in Betracht. Das Produkt sollte hierbei zusammen mit der Wortmarke genannt werden (z.B. „Erdinger Weißbier heute besonders günstig" unterlegt mit dem Erdinger-Weißbier-Walzer). Ohne Nennung der Wortmarke wäre eine Identifizierung der Ware oder Dienstleistung für den Verkehr kaum möglich.

Das gleiche gilt für Dienstleistungen, die sich ohnehin eher für eine Benennung eignen.[127] Der Verkehr verbindet mit der konkreten Bezeichnung einer Dienstleistung mehr Vorstellungen als mit der Abbildung eines damit in Zusammenhang stehenden körperlichen Gegenstands. So ist es beispielsweise zweckmäßiger, den Jingle „LBS - Wir geben Ihrer Zukunft ein Zuhause" in Verbindung mit dem Wort „Bausparen" als mit der Abbildung eines neu gebauten Hauses abzuspielen. Die Zuordnung zur Dienstleistung des Anbieters wird jedoch auch hier erst durch die Nennung der Wortmarke ermöglicht. Daran wird deutlich, dass ein Hörzeichen meist die gleichzeitige Wiedergabe der dazugehörigen Wortmarke bedingt.

---

[126] Hierunter wird eine systematische, absatzmarktorientierte Gesamtunternehmenspolitik verstanden, vgl. Böcker/Thomas, Seite 20.

[127] S. oben 2..

II. Optische Wiedergabe des Hörzeichens

Die Wiedergabe eines Hörzeichens mit Hilfe grafischer Darstellungen kommt in der Praxis nicht in Betracht, da der weit überwiegende Teil des Verkehrs mit ihnen nicht die Vorstellung von einer Hörmarke verbinden wird. Insofern sind bisher auch keine Produkte bekannt, die mit der Abbildung eines Hörzeichens versehen sind. Ergänzend wird auf die Ausführungen unter § 5 II. und III. Bezug genommen.

III. Zusammenfassende Bewertung

Die großflächige akustische Verbreitung eines Hörzeichens unter Nennung des Waren- und Dienstleistungsbegriffs und der dazugehörigen Wortmarke ist aus wirtschaftlicher Sicht am günstigsten, da sich die Produkte nicht vor Ort befinden müssen und der mit der bildlichen Wiedergabe verbundene technische Aufwand entfällt. Auch ist dem Zweck der Kennzeichnung in ausreichendem Umfang Genüge getan, da Hörzeichen und Produkt in direkter akustischer Verbindung stehen und gleichzeitig über das Ohr wahrgenommen werden. Von allen Möglichkeiten der Kennzeichnung scheint diese somit diejenige zu sein, die den Bedürfnissen der Unternehmen und der Praxis am ehesten gerecht werden dürfte.

Drittes Kapitel. Der Schutz von Hörzeichen nach dem Markengesetz

1. Teil. Der Gegenstand der Untersuchung

§ 7 Begriffsbestimmung

I. Definition Hörzeichen

Gegenstand des Schutzes nach dem Markengesetz sind Hörzeichen. Im Rahmen der Erörterung der rechtlichen Fragestellungen ist somit einleitend zu klären, welche Schallereignisse hierunter fallen:[128]

Hörzeichen sind nach Fritz[129] als immaterielle Warenkennzeichen, die eine Ware oder eine Leistung durch einen Ton (eine Tonfolge), einen Klang (Klänge), oder ein Geräusch von gewisser Einprägsamkeit kennzeichnen, definiert. Diese Begriffsbestimmung wird auch von Marz[130] ohne weitere Bewertung übernommen. Sie scheint jedoch klärungsbedürftig. Zum einen bedarf es nicht der Ergänzung „immateriell“, da jede Marke ein immaterielles Rechtsgut darstellt. Auf die Verkörperung auf Papier, in der Warenform oder auf einem Datenträger kommt es hierbei nicht an. Zum anderen sollte das Merkmal „von gewisser Einprägsamkeit“ nicht in der Begriffsbestimmung enthalten sein, da es die Markenfähigkeit eines Hörzeichens betrifft.

Becker definiert ein Hörzeichen als eine immaterielle Marke, die dazu bestimmt ist, vom menschlichen Gehör als Schallwelle wahrgenommen zu werden und keine Sprache enthält.[131] Er nimmt hierbei Bezug auf die Ausführungen von Fritz[132], wonach sprachliche Elemente nicht dem Schutz eines akustischen Zeichens unterliegen.[133] Einschränkend weist er allerdings an anderer Stelle darauf hin, dass damit nur der textliche Bestandteil dem Schutz einer Hörmarke entzogen sein soll.[134]

---

[128] Unter einer Hörmarke kann demgegenüber ein Hörzeichen verstanden werden, das markenrechtlichen Schutz genießt. Die Begriffe „Hörzeichen“ und „Hörmarke“ werden jedoch in dieser Arbeit synonym verwendet.

[129] Vgl. Fritz, Seiten 68 und 198.

[130] Vgl. Marz, Seite 63.

[131] S. Becker in WRP 1/2000, Seite 57.

[132] Vgl. Fritz, Seiten 209 und 278.

[133] S. auch Fezer, § 3 Rdnr. 269.

[134] S. Becker in WRP 1/2000, 57.

Zwischen Sprache im Sinne von Aussprache der Worte in einer Hörmarke und ihrem Inhalt sollte unterschieden werden. Ein Hörzeichen umfasst alle Schallereignisse, damit auch die Aussprache. Weist diese keine Besonderheiten auf, kann sie allerdings zur Begründung der Schutzfähigkeit nichts beitragen. Es ist jedoch kein Grund ersichtlich, sie als Teil eines Hörzeichens nicht zuzulassen. Inwieweit unabhängig davon der Inhalt der Wortbestandteile bei der Beurteilung der Schutzfähigkeit mit zu berücksichtigen ist, wird unter § 27 I. 2. näher untersucht.

Zusammenfassend wird dementsprechend folgende Definition vorgeschlagen:

Unter einem Hörzeichen ist ein Waren- oder Dienstleistungskennzeichen zu verstehen, das aus akustisch wahrnehmbaren Signalen besteht. Bei diesen kann es sich um Töne, Klänge oder Geräusche auch in Form menschlicher Laute handeln.

Die in dieser Begriffsbestimmung erwähnten Arten von akustischen Signalen sind wie folgt gekennzeichnet:

II. Arten von Hörzeichen[135]

1. Töne

Die einfachste Form eines Hörzeichens stellt der Ton dar. Die von ihm ausgehende Schallwelle ist rein sinusförmig und monofrequent. D.h. mit Hilfe eines Tons kann nur eine einzige Frequenz wiedergegeben werden. Als Beispiel hierfür können Handy-Klingeltöne genannt werden, die allerdings keine klangerzeugenden Obertöne aufweisen dürfen.

Der Schallverlauf und die Intensität der einzigen Frequenz eines Tons ergibt sich aus nachfolgender Darstellung. Unter einer Schnelle wird hierbei die Auslenkungsgeschwindigkeit verstanden, mit der die Luftmoleküle zusammengeschoben werden:[136]

[135] Vgl. hierzu und insbesondere zu den Abbildungen 12 bis 15, Hering/Martin/Stohrer, Seite 507 (Bild 7-14).

[136] S. Hering/Martin/Stohrer, Seite 490.

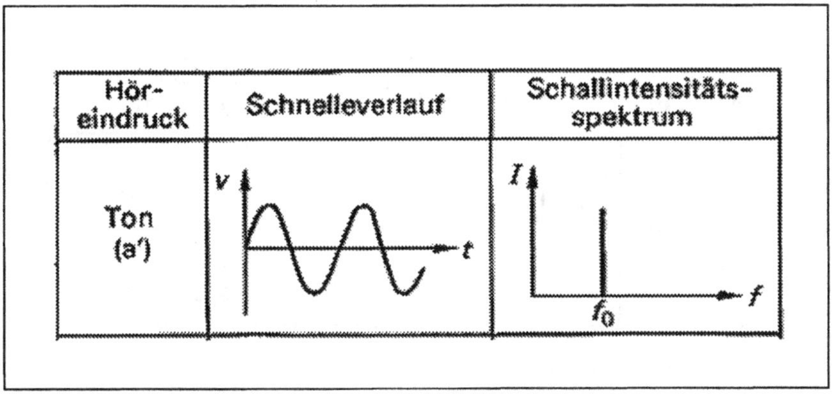

Abbildung 12: *Schnelleverlauf und Schallintensitätsspektrum eines Tones:*
- *v: Schallschnelle,*
- *t: Zeit,*
- *I: Intensität,*
- *f: Frequenz.*

Aus Tönen lassen sich Melodien erzeugen. In Hörzeichen kommt regelmäßig nur eine einzige kennzeichnende Melodie vor. Musikstücke mit verschiedenen Melodiestimmen bieten sich als Hörzeichen nicht an, da sie keinen schnell erfassbaren akustischen Inhalt aufweisen. Insbesondere ist es dem einzelnen Verkehrsteilnehmer nicht ohne Weiteres möglich, die eigentlich kennzeichnende Melodie herauszufiltern. Insofern sollten Hörzeichen nur eine leicht merkbare Melodie mit einer gewissen Eigenart enthalten.

2. Klänge

Am häufigsten kommen bei Hörzeichen Klänge vor. Sie entstehen durch Überlagerung mehrerer Schallwellen unterschiedlicher Amplitude und Frequenz, wobei die Frequenzen in ganzzahligen Verhältnissen zueinander stehen. Neben einem Grundton schwingen mehrere Obertöne mit, die von der Art des Klangerzeugers abhängen.[137] Sie machen den typischen Klang einer Singstimme oder eines Instruments aus. Die sich daraus ergebende regelmäßig periodische, nicht „glatte“ Schwingung lässt sich nachfolgender Grafik entnehmen:

[137] S. hierzu unten § 8 I. 2. a).

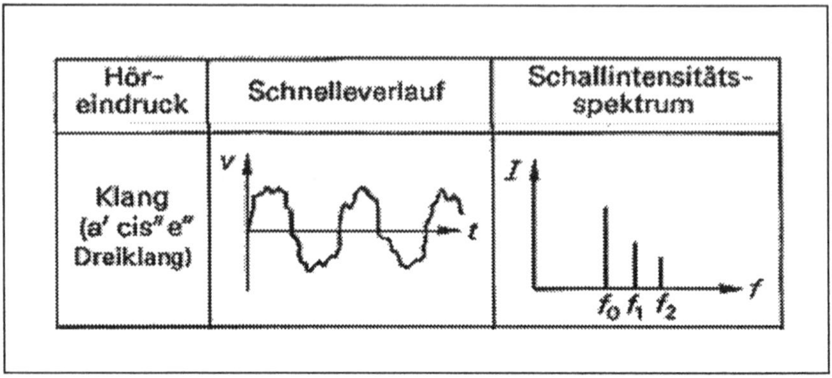

Abbildung 13: *Schnelleverlauf und Schallintensitätsspektrum eines Klangs.*[138]

Deutlich erkennbar sind die in unterschiedlicher Intensität auftretenden Frequenzen des Grundtons und der dazugehörigen Obertöne.

Gesangs- und Instrumentalstücke mit Klängen kommen in der Werbung relativ häufig vor, da sie dem Hörempfinden am ehesten entsprechen und positive Gefühle auslösen.[139] In diesem Zusammenhang kann abhängig von der Länge und dem Inhalt zwischen Kennmotiven (Fanfaren, die in der Regel textiert sind), Jingles (Gesungene Werbesprüche), Werbesongs (Gesungene Werbesprüche über die gesamte Länge des Werbespots) und Kennmelodien (Instrumentalstücke) unterschieden werden.[140] Allerdings handelt es sich hierbei nicht um allgemein anerkannte Definitionen. So kann mit Jingle generell auch eine kurze einprägsame Melodie oder Tonfolge gemeint sein.[141]

Unter melodischen Hörmarken werden solche akustischen Zeichen verstanden, deren Gegenstand eine musikalische Phrase ist. Sie sind als Erkennungsmelodien von Radio-, Fernseh- und Werbesendungen weit verbreitet.[142]

In der Praxis werden Klänge (unzutreffenderweise) oft auch einfach als Töne bezeichnet.[143]

---

138 Erläuterung der Bezeichnungen der Achsen s. oben Abbildung 12.

139 Als Wohlklang wird ein Klang dann empfunden, wenn sich das Frequenzverhältnis von Grundton und Obertönen durch ganze Zahlen nicht größer als acht ausdrücken lässt (vgl. Hering/Martin/Stohrer, Seite 507).

140 Vgl. Helms, Seiten 44 ff..

141 S. Duden, Seite 789.

142 S. Fezer, § 3 Rdnr. 272a.

143 S. Meyers Taschenlexikon Musik, Ge-Om, Seite 161.

3. Geräusche

In weitaus geringerem Umfang bestehen Hörzeichen aus Geräuschen.[144] Diese sind charakterisiert durch ein nicht linienförmiges, sondern breitbandig verlaufendes Schallintensitätsspektrum, das zudem einen stark schwankenden Amplitudenverlauf aufweist. Ein Geräusch setzt sich somit aus vielen unterschiedlich lauten Schallschwingungen mit verschiedenen Frequenzen zusammen. Diese stehen – anders als bei einem Klang – in keinem eindeutigen Verhältnis zueinander. Daraus entstehen die nachfolgend dargestellten unregelmäßigen, unperiodischen Schwingungen:

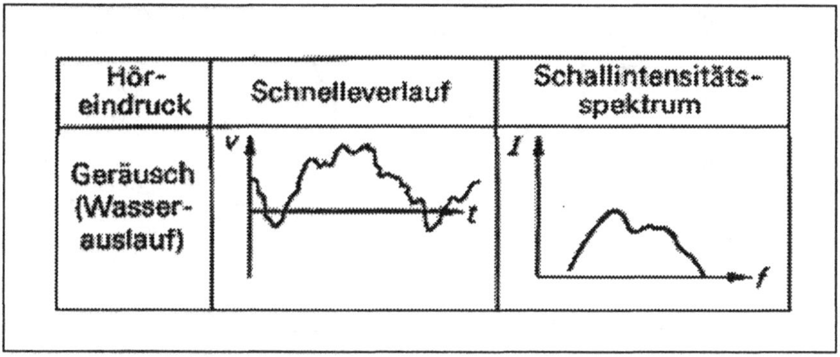

Abbildung 14: *Schnelleverlauf und Schallintensitätsspektrum eines Geräuschs.*[145]

Auch die menschliche Sprache kann der Kategorie „Geräusch" zugeordnet werden, da sie - sofern kein Gesang vorliegt - keine Klänge enthält. Sie setzt sich aus Lauten als den kleinsten Einheiten der gesprochenen Sprache zusammen.[146]

Geräusche kommen in Hörzeichen vermutlich deshalb nicht häufig vor, da sie sich nur schwer einprägen und mit der menschlichen Stimme nur unvollkommen nachgeahmt werden können. So kann beispielsweise das Plätschern eines Baches nur mit Worten umschrieben werden. Eine eindeutige Identifizierung ist regelmäßig nur unter Verwendung technischer Hilfsmittel möglich. Damit sind Geräusche zur Benennung bestimmter Waren oder Dienstleistungen im Verkehr kaum geeignet.

144 Dies wird insbesondere bei der Durchsicht des Markenregisters deutlich.

145 Erläuterung der Bezeichnungen der Achsen s. oben Abbildung 12.

146 Vgl. Duden, Seite 933.

4. Knalle

Von untergeordneter Bedeutung für Hörzeichen sind Knalle, die sich durch einen über einen großen Frequenzbereich nahezu konstanten Schallintensitätsverlauf auszeichnen. Anhand des Schnelleverlaufs wird deutlich, dass es sich um ein plötzliches, lautes, jedoch schnell abklingendes Schallereignis handelt:

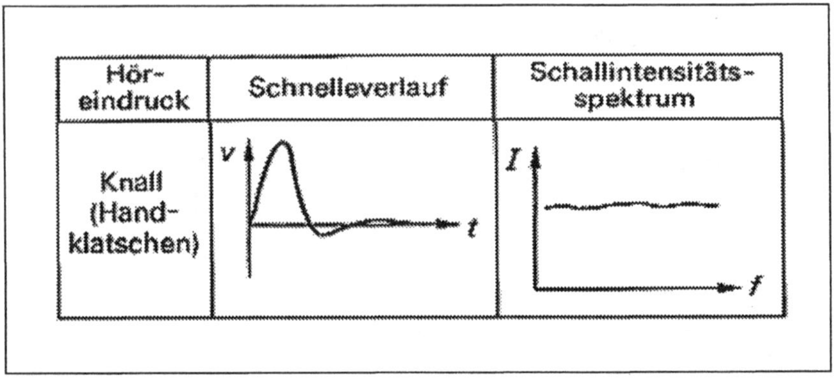

Abbildung 15: *Schnelleverlauf und Schallintensitätsspektrum eines Knalls.*[147]

Der Knall wird in dieser Arbeit nicht extra behandelt, da er als Sonderform des Geräuschs angesehen werden kann.

5. Kombinationen (Verbundmarken)

Im Verkehr werden Hörzeichen auch mit unterschiedlichen akustischen Elementen[148] oder in Verbindung mit optischen Bestandteilen verwendet. Es handelt sich hierbei um Kombinationsmarken[149], die zur besseren Abgrenzung in dieser Arbeit als Verbundmarken bezeichnet werden. Im Register finden sich allerdings keine Hörmarken, die sowohl Klänge als auch Geräusche beinhalten. Insofern kommen im Wesentlichen folgende Möglichkeiten in Betracht:

---

147 Erläuterung der Bezeichnungen der Achsen s. oben Abbildung 12.

148 Ähnlich einer Marke, die aus Wort- und Bildbestandteilen zusammengesetzt ist.

149 Vgl. auch Ströbele in Ströbele/Hacker, § 8 Rdnr. 385.

a) Hörmarken mit akustisch wiedergegebenen Wortbestandteilen

(1) Gesprochene Worte

(a) Ohne begleitende akustische Signale

Ein Kennzeichen, das lediglich aus normal ausgesprochenen Worten besteht, kann nach der hier vertretenen Auffassung zwar auch als Hörmarke geschützt werden.[150] Doch bringt dies für den Inhaber keine Vorteile, da sich die Schutzfähigkeit allein aus dem textlichen und nicht aus dem akustischen Inhalt ergibt. Insofern kann er das Zeichen ebenso gut als Wortmarke anmelden.

(b) Mit begleitenden akustischen Signalen

Treten neben die gesprochenen Worte weitere Schallereignisse wie Instrumental- oder Gesangsstimmen, so bestimmen diese den akustischen Schutzgegenstand und -umfang. Gegebenenfalls ist ergänzend eine besondere Ausspracheform zu berücksichtigen. Die begleitenden akustischen Signale und die Worte können zum einen aufeinander bezogen sein.[151] Zum anderen besteht aber auch die Möglichkeit, dass die Worte und weiteren akustischen Signale beziehungslos nebeneinander stehen. Als Beispiel sei die Berichterstattung eines Reporters in der Nähe einer belebten Straße genannt.

(2) Sprechgesänge

Eine besondere Form der Wiedergabe von Worten stellt dem Sprechen angenäherter Gesang dar.[152] Es kann sich hierbei im ein Rezitativ[153], ein Parlando[154] oder eine Psalmodie[155] handeln. In Hörzeichen kommen Sprechgesänge meist

---

[150] Zur Berücksichtigung des Wortinhalts s. unten § 27 I. 2..

[151] Dies ist beispielsweise bei dem bekannten Stück von Michael Holm „Tränen lügen nicht" der Fall, in dem der teilweise gesprochene Text von der leiser werdenden Musik unterlegt ist.

[152] Vgl. hierzu auch Duden, Seite 1441.

[153] Der nach 1600 in Italien entstandene Typus des solistischen, instrumental begleiteten Sprechgesangs, der sich in Zusammenhang mit der Oper aus der am affektbetonten Sprechen orientierten Monodie (einstimmiger Gesang) entwickelte (vgl. Brockhaus Riemann, Band R–Z, Seite 40).

[154] Eine das schnelle Sprechen nachahmende Vertonungs- und Vortragsweise (mit Wort- und Tonwiederholungen) vor allem der italienischen Opera buffa im 18. und 19. Jahrhundert (vgl. Brockhaus Riemann, Band L-Q, Seite 269).

[155] Darunter wird sowohl der Psalmengesang in den modellartigen Singweisen der Psalmtöne als auch der Kirchengesang in den aus Psalmen hervorgegangenen Gesangsformen verstanden (vgl. Brockhaus Riemann, Band L-Q, Seite 35).

dann vor, wenn der Text lediglich aus der Wortmarke besteht. Als Beispiele können der hallartige Schneekoppe-Jingle oder die Sanostol-Hörmarke[156] genannt werden.

Der Übergang zum Gesang ist fließend und kann nicht eindeutig bestimmt werden. Letztlich kommt es auf die Verkehrsauffassung an. Sofern nach dieser der Sprechgesang nicht mehr der normalen Aussprache zuzuordnen ist, weist er eine gewisse klangliche Eigenart auf und kann damit die Schutzfähigkeit des Hörzeichens (mit)begründen. Dies wird umso eher der Fall sein, je mehr Obertöne bei der Wiedergabe der Wortbestandteile mitklingen und je melodischer diese dargebracht werden.

(3) Lieder

Häufig kommen Hörzeichen als (Kurz)Lieder[157] mit gesungenen Wortbestandteilen vor. Ein Beispiel ist nachfolgend wiedergegeben:

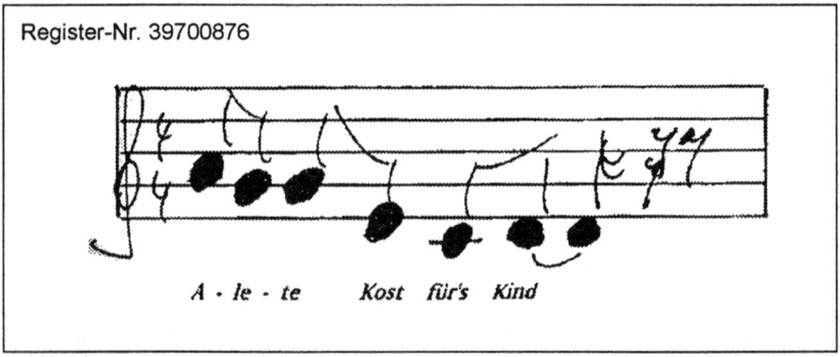

Abbildung 16: *Beispiel für eine gesungene Wortmarke.*

---

[156] S. unten Abbildung 36.

[157] Ein Lied stellt ein sprachlich-musikalisches Einheitsgebilde dar, bei dem die beiden Bildekomponenten zwar trennbar sind: So kann eine Melodie zu neuem Text oder in verändertem Zusammenhang verwendet werden. Doch bleibt das Lied in seiner Sprachstruktur an die Bestimmung, singbar zu sein, inhaltlich und formal gebunden. Und umgekehrt ist, was das Lied musikalisch ausmacht, z.B. Einfachheit, Geschlossenheit, melodische Rundung, kleiner Tonvorrat und Ambitus (Tonumfang), Kurzmotivik, metrisches Gleichmaß, Periodik, Zeilenkorrespondenz und strophische Gliederung wesentlich aus seiner Sprachnähe und -analogie zu verstehen. Allerdings ist eine genaue und übergreifende Definition des Begriffes „Lied" kaum möglich und sinnvoll, da historisch und systematisch sehr Unterschiedliches unter ihm zusammengefasst wird (vgl. Brockhaus Riemann, Band L-Q, Seite 40).

Normalerweise enthalten gesungene Hörzeichen eine einzige Gesangsstimme, die entweder alleine erklingt oder synchron von einem Instrument mit gleicher Melodie begleitet wird. Im letztgenannten Fall wird die kennzeichnende akustische Aussage verstärkt und prägt sich besser ein. Lieder haben den Vorteil, dass sie sich der Verkehr sowohl an der Melodie als auch am Text merken kann und beide Bestandteile schutzbegründend sein können. Sie stellen somit eine ideale (akustische) Kennzeichnungsform dar.

b) Hörmarken mit optisch wiedergegebenen Bestandteilen

Im Verkehr werden Hörzeichen häufig in Verbindung mit bewegten, gelegentlich in Verbindung mit stehenden Bildern verwendet. Als Beispiel für die erste Variante kann die Fernsehwerbung, als Beispiel für die zweite Variante können bestimmte Clips in der Kinowerbung genannt werden.[158] Gegenstand des Schutzes von Hörmarken sind jedoch mit den Ohren wahrnehmbare Schallereignisse, die der Kennzeichnung von Waren oder Dienstleistungen dienen. Dies bedeutet, dass sich der Schutz einer Hörmarke auf alle akustischen Elemente erstreckt, unabhängig davon, ob sie im Gehirn intellektuell oder emotional verarbeitet werden. Optische Bestandteile werden davon jedoch nicht umfasst. Sie müssen gesondert als Bildmarke geschützt werden.

Die Frage der Verwendung eines akustischen Kennzeichens zusammen mit visuell wahrzunehmenden Bestandteilen ist im Übrigen vor allem im Rahmen der rechtserhaltenden Benutzung einer Hörmarke zu diskutieren.[159]

III. Die Abgrenzung von Wort- und Hörmarken

1. Notwendigkeit der Abgrenzung

Wenn eine Hörmarke neben Tönen, Klängen oder Geräuschen auch Worte enthält, stellt sich die Frage der Abgrenzung zur Wortmarke. Das Problem liegt hierbei darin, dass letztgenannte sowohl visuell als auch auditiv wahrgenommen werden kann. Streng genommen handelt es sich bei einer Wortmarke um eine Mischform zwischen Bild- und Hörzeichen, das darüber hinaus noch eine inhaltliche Aussage enthält. Dies wird beispielsweise auch daran deutlich, dass für die Ähnlichkeit von Wortmarken das Schriftbild, der Klang und der begriffliche Inhalt herangezogen werden.[160] Im Rahmen der Prüfung der klanglichen

---

[158] So erscheint lediglich das Bild der Ware, zu dem der entsprechende Jingle abgespielt wird (z.B. teilweise Marlboro- oder Langnese-Werbung).

[159] Vgl. hierzu § 33 II. 1. b).

[160] S. Ströbele in Ströbele/Hacker, § 9 Rdnrn. 176 ff., 205 ff. und 412 ff..

Ähnlichkeit werden bei Wortmarken die dem Sprachgefühl entsprechenden und im Bereich der Wahrscheinlichkeit liegenden Möglichkeiten der Aussprache berücksichtigt.[161] Im Eintragungsverfahren wird der Klangeindruck einer Wortmarke allerdings nicht geprüft, da von einer normalen Aussprache ausgegangen wird. Dies bedeutet, dass bei Zugrundelegung der Markenform „Wortmarke" weder im Anmelde- noch im Widerspruchs- oder Verletzungsverfahren eine besondere Ausspracheform berücksichtigt wird. Umgekehrt soll nach der derzeit wohl herrschenden Meinung der Inhalt der Worte in einer Hörmarke nicht zur Begründung des Schutzes herangezogen werden können.[162]

Die Einordnung eines Zeichens als Wort- oder Hörmarke hat somit Bedeutung für die Beurteilung der Schutzfähigkeit und des Schutzumfangs. Sofern sie feststeht, kann sie nachträglich nicht mehr geändert werden.[163] Darüber hinaus hängt von der Markenform ab, welche Unterlagen bei der Anmeldung einzureichen sind.[164]

2. Kriterien der Abgrenzung

Die Unterscheidung zwischen Hör- und Wortmarke wird regelmäßig durch Ankreuzen des entsprechenden Feldes auf dem Anmeldeformular getroffen.[165] Es handelt sich hierbei um eine ergänzende Angabe gemäß § 32 Abs. 3 MarkenG i.V.m. § 6 MarkenV. Bei Zweifeln an der Markenform sind allerdings sämtliche Umstände, ggf. auch klarstellende Äußerungen des Anmelders im Verfahren, zu berücksichtigen.[166] Dies bedeutet beispielsweise, dass trotz der Auswahl „Wortmarke" auf dem Anmeldeformular von einer Hörmarke auszugehen ist, wenn eine Notenschrift oder eine klangliche Wiedergabe eingereicht wird. Dadurch kommt zum Ausdruck, dass die Worte in akustischer Form in der Marke wiedergegeben werden sollen. Umgekehrt liegt eine Wortmarke vor, wenn zwar „Hörmarke" angekreuzt, jedoch nur ein Text ohne Noten oder Klangbeispiel beigefügt ist. Der Schutzgegenstand und -umfang richtet sich somit nach dem Willen des Anmelders, so wie er in der Anmeldung zum Ausdruck gekommen ist.

---

[161] Vgl. hierzu Ströbele in Ströbele/Hacker, § 9 Rdnr. 200.

[162] Vgl. hierzu näher unten § 27 I. 2..

[163] So BGH in GRUR 2001, 239 („Zahnpastastrang").

[164] Vgl. §§ 7 ff. MarkenV.

[165] S. allgemein auch Schmidt in GRUR 2001, 654.

[166] Vgl. Ströbele in Ströbele/Hacker, § 32 Rdnr. 20.

§ 8 Die wesentlichen Elemente einer Hörmarke

In den meisten Fällen bestehen Hörmarken aus Tonfolgen. Der Ton stellt hierbei das kleinste Element eines Musikstückes dar, das verschiedene Eigenschaften aufweisen kann (Einzelbetrachtung des Tones). Alle Töne zusammen verschmelzen durch unterschiedliche Stilelemente, die als Art verbindende Klammer anzusehen sind, zu einer klanglichen Einheit (Gesamtbetrachtung des Stückes). Toneigenschaften und Stilelemente[167] werden weder im Markengesetz noch in der Markenverordnung näher behandelt. § 11 Abs. 2 MarkenV spricht lediglich von einer „üblichen Notenschrift", ohne hierzu genauere Angaben zu machen. Sowohl die Toneigenschaften als auch die Stilelemente können jedoch Auswirkungen auf die Schutzfähigkeit und den Schutzumfang einer Hörmarke haben, so dass auf sie an dieser Stelle gesondert eingegangen werden soll:

I. Zu den Eigenschaften eines Tones

1. Tonhöhe

Die Tonhöhe ist sehr wichtig für den Höreindruck. Bei ihr ist eine lineare und eine zyklische Seite zu berücksichtigen:

Die lineare Veränderung der Tonhöhe entspricht einem arithmetischen Ansteigen, dem eine geometrische Zunahme der Grundfrequenz des auslösenden Schwingungsvorgangs annähernd parallel geht.[168] Demzufolge entsprechen hohe Schwingungszahlen hohen Tönen und niedrige Schwingungszahlen tiefen Tönen (z.B. bei Klavier und Harfe: kurze Saiten – hohe Töne, lange Saiten – tiefe Töne).[169]

Die zyklische Seite betrifft die Identität oder zumindest Ähnlichkeit bestimmter im Tonsystem sich wiederholender Tonstufen. Wenn die chromatische (in Halbtönen fortschreitende) Tonfolge in einer Klaviatur vergleichend abgehört wird, lässt sich bei 13., 25., 37. (usw.) Taste die Wiederkehr eines qualitativen (farbenartigen) Moments beobachten, unabhängig davon, dass andererseits der An- oder Abstieg bzw. die Zu- oder Abnahme an Helligkeit weitergeht.[170] Dieser Umstand ist bei der Bewertung der Verwechslungsgefahr von Hörmarken mit zu berücksichtigen.

---

167 Eine eindeutige Abgrenzung zwischen Eigenschaften eines Tones und Stilelementen ist allerdings nicht immer möglich.

168 Vgl. Brockhaus Riemann, Band R-Z, Seite 251.

169 S. hierzu Ziegenrücker, Seiten 11/12.

170 Vgl. Brockhaus Riemann, Band R-Z, Seiten 251/252.

Während aus hohen Tönen bestehende Hörzeichen eher zart und zurückhaltend wirken, erwecken solche, die sich aus tiefen Tönen zusammensetzen, eher einen bedrohlichen und mächtigen Eindruck. Dieses Phänomen kann dazu genutzt, um die Eigenschaften der gekennzeichneten Waren und Dienstleistungen zwar nicht zu beschreiben, so doch wenigstens anzudeuten. Gerade mittelbar beschreibende Marken werden nicht selten im Geschäftsleben eingesetzt, um auch einen Produkthinweis zu geben.

2. Klang

Der Klang hängt von vielen Faktoren ab, die bei Hörzeichen im Rahmen der Prüfung der Schutzfähigkeit und Verwechslungsgefahr von Bedeutung sein können. Er wird im Wesentlichen mitbestimmt durch die:[171]

a) Klangfarben

Abhängig von dem jeweiligen Klangerzeuger weisen ansonsten gleiche Töne eine unterschiedliche Verteilung der Obertöne und deren Intensität auf.[172] Dies wird beispielsweise deutlich an dem Vergleich der Schallmuster einer von einer Violine gespielten und einer identischen gesungenen Tonfolge:

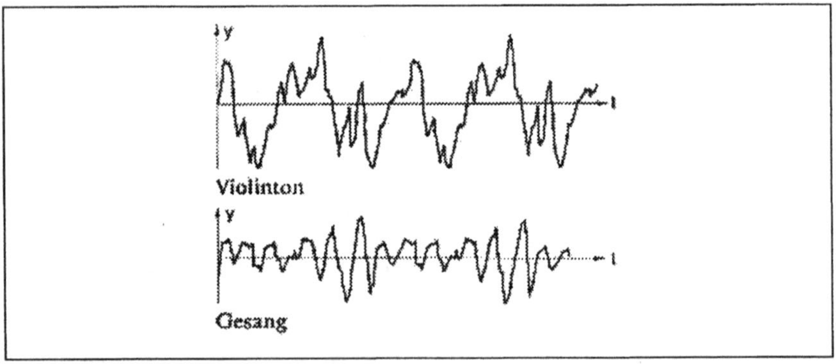

Abbildung 17: *Schallverlauf gleicher, jedoch von verschiedenen Klangerzeugern stammenden Tonfolgen:*
- y: Amplitude,
- t: Zeit.[173]

---

[171] Vgl. zum Folgenden Meyers Taschenlexikon Musik, Band Ge-Om, Seite 161.

[172] S. hierzu auch oben § 7 II. 2..

[173] Aus Meyers Taschenlexikon Musik, Band Ge-Om, Seite 161.

Die Obertöne haben somit für den Klangeindruck eines Hörzeichens maßgebliche Bedeutung.

b) Formanten

Es gibt Bereiche von Frequenzen bei Musikinstrumenten und der menschlichen Sprache, in denen unabhängig von der Tonhöhe des jeweils erklingenden Tons oder Klangs durch Resonanzschwingungen verstärkte Obertöne auftreten. So hat beispielsweise der Vokal „a" verstärkte Obertöne im Bereich zwischen 800 und 1200 Hz, unabhängig davon, ob das „a" hoch oder tief gesungen wird. Diese Bereiche heißen Formanten. Der Klangcharakter eines Musikinstruments hängt in hohem Maß von seinem Formantbereich ab. Fällt dieser mit dem eines Vokals zusammen, so hat das Instrument einen vokalen Klangcharakter.[174]

Demzufolge tragen nicht nur die Obertöne, sondern auch die Formanten maßgeblich zur Klangwirkung eines Hörzeichens bei. Insbesondere können sie den Eindruck der Ähnlichkeit verstärken.

3. Lautstärke

Eine weitere wichtige Eigenschaft eines Tones stellt seine Lautstärke dar, die von der Schwingungsamplitude abhängig ist.[175] In der Musik reicht der Bereich von „ppp" (pianissimo possibile – so leise wie möglich) über „mp" (mezzopiano – halbleise) bzw. „mf" (mezzoforte – halbstark) bis „fff" (fortissimo possibile – so stark wie möglich), wobei es noch weitere Zwischenstufen gibt.[176] Hierbei handelt es sich nicht um naturwissenschaftlich feststehende, sondern um vom subjektiven Empfinden des Spielers oder Zuhörers abhängige Werte. Mit Hilfe dieser Angaben wird versucht, in Notenschriften die ungefähre, vom Komponisten beabsichtigte Lautstärke grafisch einzugrenzen. Aufgrund der Schwankungsbreite kann es jedoch große Abweichungen zwischen der ursprünglichen und der aus der Notenschrift resultierenden klanglichen Wiedergabe geben. Insbesondere bei Hörmarken kann dies Einfluss auf die Kennzeichnungskraft haben.[177]

---

[174] Vgl. Meyers Taschenlexikon Musik, Band A-Gd, Seite 323, und Brockhaus Riemann, Band E-K, Seite 69.

[175] S. oben § 3 II. 1. (insbesondere Abbildung 4).

[176] Vgl. Ziegenrücker, Seite 158.

[177] Dies wäre beispielsweise der Fall, wenn eine Note statt laut sehr leise gespielt werden und somit fast untergehen würde.

4. Dauer

Auch die Länge des Tons hat Auswirkungen auf den akustischen Eindruck. Durch Unterschiede in der äußeren Gestalt einer Note wird ihre Dauer grafisch zum Ausdruck gebracht.[178] Der einzelne Notenwert gibt das Verhältnis der Länge des einzelnen Tons zu den übrigen wieder (relativer Wert). Er sagt jedoch nichts darüber aus, wie schnell das Stück insgesamt zu spielen ist (absoluter Wert). Insofern kann die Dauer der Wiedergabe einer Hörmarke sehr stark variieren.

5. Art der Wiedergabe

Ein Ton kann auf bestimmten Instrumenten unterschiedlich wiedergegeben werden. Der Komponist drückt dies in sog. Spielanweisungen aus.[179] So können auf einer Bratsche die Saiten mit den Bogenhaaren oder mit dem Bogenholz gestrichen, mit diesem geschlagen („col legno") oder mit den Fingern gezupft werden („pizzicato"). Auch kann der Ton durch Anbringen eines Dämpfers („con sordino") abgeschwächt dargebracht werden. Dadurch verändert sich das Klangbild erheblich, da unterschiedliche Obertöne mitschwingen. Teilweise kann dies sogar soweit gehen, dass die für die Melodie maßgeblichen Grundtöne in den Hintergrund treten. Damit könnte die Ähnlichkeit zweier Hörzeichen anders zu bewerten sein.

II. Die Stilelemente

1. Melodie

a) Begriff

Es handelt sich hierbei um eine künstlerisch geformte, in sich geschlossene, selbständige und ausdrucksvolle Folge von Tönen. Die Töne erklingen hierbei im zeitlichen Nacheinander (und ergänzen sich mit der Harmonie, dem zeitlichen Miteinander). Wesensmerkmale der Melodie ergeben sich sowohl aus dem Abstand der Töne voneinander als auch aus der inneren Beziehung der Töne zueinander.[180]

---

[178] S. hierzu Ziegenrücker, Seite 16.

[179] Vgl. Ziegenrücker, Seite 161.

[180] Hierbei stellt die Melodie als plastische, sinnvolle Gestalt mehr als nur die Summe ihrer Elemente dar: Sie bildet eine neue, höhere Qualität als etwa eine Reihung von Intervallen. Außerdem haben Rhythmik, Metrik, Harmonik und Dynamik meist wesentlichen Anteil am melodischen Gebilde (s. Ziegenrücker, Seite 136).

Teilweise schwierig abzugrenzen ist die kennzeichnungskräftige Melodie von einem schutzunfähigen oder zumindest äußerst kennzeichnungsschwachen Intervallsprung oder einer zufälligen Tonfolge. Kernstück einer Melodie ist das Motiv. Es stellt eine unverwechselbare, charakteristische, musikalisch sinnvolle Einheit dar.[181] Ein Beispiel für ein Motiv stellt folgende Hörmarke dar:

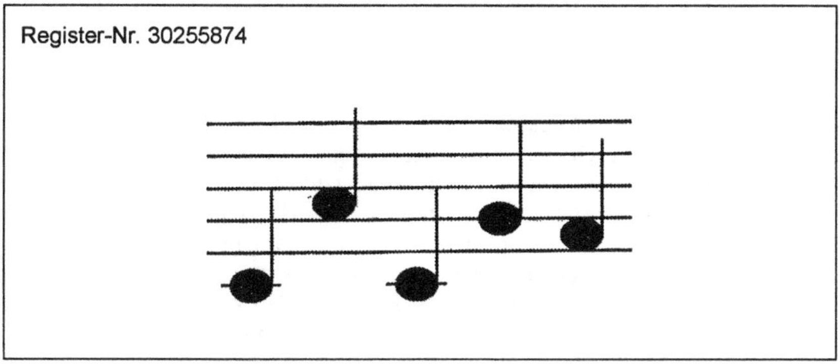

Abbildung 18: *Beispiel für eine ein Motiv enthaltende Hörmarke.*

Demgegenüber ist bei nachfolgender Hörmarke ein Motiv noch nicht zu erkennen, da die Tonfolge zu kurz und zu einfach ist:

Abbildung 19: *Beispiel für eine Hörmarke mit einer wenig charakteristischen Tonfolge.*

Melodien kommen bei Hörzeichen sehr häufig vor. Gerade kurze und einfache Tonfolgen werden vom Verkehr schnell erfasst und gemerkt. Anhand der

---

181 So Ziegenrücker, Seite 140.

Melodie wird das Hörzeichen auch sofort wieder erkannt. Darüber hinaus entsprechen Melodien dem im abendländischen Kulturkreis vorherrschenden Bedürfnis nach Wohlklang. Zudem können sie mit der menschlichen Stimme einfach und ohne weitere akustische Hilfsmittel wiedergegeben werden. Insofern weisen sie einen erheblichen Vorteil gegenüber Geräuschmarken auf, die meist nur mit Worten umschrieben werden können.

b) Transponierbarkeit

Ein weiteres wichtiges Merkmal der Melodie besteht in ihrer Transponierbarkeit, das heißt, sie beschränkt sich nicht auf einen absoluten Tonhöhenverlauf, sondern lässt sich von jeder Tonstufe aus singen oder musizieren.[182] Dies bedeutet, dass ein aus einer Melodie bestehendes Hörzeichen nicht in der vom Komponisten vorgesehenen oder im Register eingetragenen Tonhöhe erklingen muss, um wieder erkannt zu werden. Ein Verkehrsteilnehmer kann vielmehr ohne Einfluss auf den kennzeichnenden Inhalt des Hörzeichens die Melodie in einer anderen Tonhöhe wiedergeben, solange die Tonhöhenabstände als solche und die relative Dauer der einzelnen Töne zueinander nicht verändert werden.[183]

c) Ein- und Mehrstimmigkeit

Für Hörzeichen kann auch bedeutsam sein, dass es einstimmige (unbegleitete) und mehrstimmige Melodien gibt. Im letzten Fall treten zu einer Melodie weitere, gleichzeitig erklingende Melodien (Stimmen) hinzu. Diese können homophon oder polyphon sein. Im homophonen Satz steht die Melodie als Hauptstimme im Vordergrund, alle anderen Stimmen (Nebenstimmen) ordnen sich ihr unter und erhalten somit Begleitfunktion. Im polyphonen Satz sind die einzelnen Stimmen melodisch und rhythmisch selbständig, woraus sich eine Vielstimmigkeit ergibt.[184]

Die meisten Hörzeichen sind einstimmig oder allenfalls homophon. Ein Beispiel für den letztgenannten Fall ist nachfolgend wiedergegeben:

---

182 S. hierzu Ziegenrücker, Seite 136.

183 Zu den Konsequenzen für die Verwechselbarkeit von Hörzeichen s. unten § 32 I. 1. a).

184 Vgl. hierzu Ziegenrücker, Seiten 137 und 152 bis 154 (mit Beispielen).

Register-Nr. 39512777

Abbildung 20: *Beispiel für eine homophone Hörmarke.*

Demgegenüber ist nachfolgende Hörmarke eher polyphon:

Register-Nr. 39744921

Abbildung 21: *Beispiel für eine eher polyphone Hörmarke.*

Einstimmige und homophone Hörzeichen entsprechen den Anforderungen der Praxis, da den Verbrauchern grundsätzlich nur eine kennzeichnende Melodie präsentiert werden sollte. Ansonsten müssten sie aus mehreren Melodien eine, im Idealfall die kennzeichnungskräftigste auswählen. In keinem Fall ist ein Verkehrsteilnehmer jedoch in der Lage, sich ein polyphones Hörzeichen mit allen Stimmen zu merken, geschweige denn wiederzugeben. Insofern kommen polyphone Stücke als Hörzeichen im Regelfall nicht in Betracht.

2. Harmonie

Während die Melodie das zeitliche Nacheinander der einzelnen Töne beschreibt, betrifft die Harmonie das zeitliche Miteinander mehrerer Töne. Gegenstand der Harmonielehre ist neben dem Aufbau der Akkorde insbesondere die Verbindung der Klänge zu musikalisch logischen Folgen. Akkorde entstehen durch das Zusammenklingen von drei oder mehr Tönen unterschiedlicher Tonhöhe.[185] So enthält zum Beispiel die in Abbildung 20 dargestellte Hörmarke mehrere Akkorde.

3. Zeitlicher Ablauf

Die Abfolge der einzelnen Töne wird auch in einem Hörzeichen besonders durch den Rhythmus, das Tempo und das Metrum bestimmt:

a) Rhythmus und Tempo

Durch den Rhythmus wird die Musik in lange und kurze Tondauern aufgegliedert.[186] Da mit Hilfe der Notendarstellung lediglich das zeitliche Verhältnis der Töne zueinander angegeben wird, bedarf es noch einer Vorgabe für das Tempo, in dem das Stück insgesamt zu spielen ist.[187] Hierfür wurden mehr oder weniger genaue Angaben zum Zeitmaß entwickelt. Als mittleres Tempo gilt „andante“ (gehend), das ursprünglich auf den Pulsschlag des Menschen, nunmehr jedoch auf die Schrittfolge eines ruhig gehenden Menschen bezogen ist. Die Tempobezeichnungen reichen hierbei von „larghissimo“ (sehr breit) bis „prestissimo“ (äußerst schnell).[188] Mathematisch genaue Tempoangaben - etwa eine Viertelnote in einer Sekunde - gibt es somit nicht. Teilweise behilft man sich mit einem Metronom (Taktmesser), das jedoch Toleranzen zulässt und auch nur ungefähr das Tempo vorgibt.[189]

Eine Pflicht zur genauen Angabe des Tempos bei Hörmarken ist weder im Markengesetz noch in der Markenverordnung enthalten. Demzufolge weisen die bisher bekannten Hörmarken keine Geschwindigkeitsbezeichnungen auf und könnten somit in jedem beliebigen Tempo wiedergegeben werden. Ein neues Tempo beeinträchtigt grundsätzlich nicht die klangliche Wirkung der Melodie.

---

[185] Vgl. Ziegenrücker, Seite 104.

[186] Zur Tondauer s. auch I. 4..

[187] S. hierzu auch Ziegenrücker, Seite 32.

[188] Eine Übersicht zu den Tempobezeichnungen enthält Ziegenrücker, Seite 55.

[189] S. Ziegenrücker, Seite 56.

Wird sie jedoch extrem langsam oder schnell gespielt, so ist sie häufig nicht mehr wieder zu erkennen, wodurch die Hörmarke in ihrem kennzeichnenden Charakter verändert wird.

b) Metrum

Neben der Gliederung der Musik in kurze und lange Töne ist die Folge der Betonungen (Akzente) von grundlegender Bedeutung für die Gestalt der Melodie. Das Verhältnis von betonten (schweren, „guten“) und unbetonten (leichten, „schlechten“) Zählzeiten nennt man Metrum. Die rhythmisch-metrische Ordnung bestimmt sich hierbei nach den Takten, in denen bestimmte Gruppen von Zählzeiten unter Beachtung der Betonungsverhältnisse zusammengefasst werden.[190]

Im Markenregister lassen sich Hörzeichen sowohl mit als auch ohne Taktangabe finden. Zur Verdeutlichung sind zwei Beispiele wiedergegeben:

Beispiel 1:
Register-Nr. 30300232

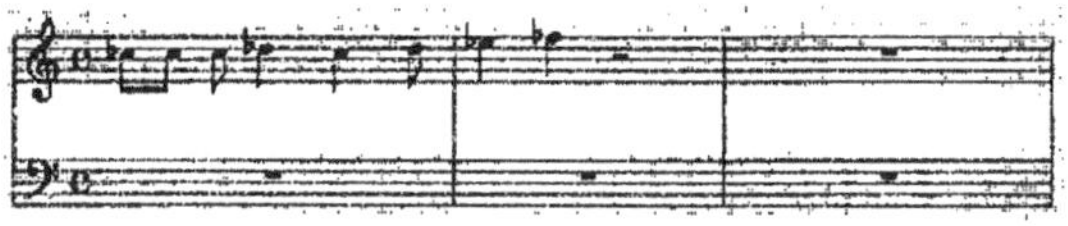

Beispiel 2:
Register-Nr. 30243648

Abbildung 22: *Beispiele für Hörmarken ohne und mit Taktangabe.*

[190] Der zwischen den Takten befindliche Taktstrich kündigt hierbei die neue betonte Zählzeit, die Eins des folgenden Taktes an. Die Taktart wird in Form eines mathematischen Bruches vermerkt, wobei die untere Zahl den rhythmischen Grundwert (Takteinheit) und die obere Zahl die Anzahl der Grundwerte in einem Takt angibt (vgl. Ziegenrücker, Seite 38).

Das Fehlen einer Taktangabe ist dann nicht problematisch, wenn Taktstriche vorhanden sind und somit durch Abzählen der Noten (und Pausen) in einem Takt der rhythmische Grundwert ermittelt werden kann. Allerdings sollte generell eine Taktangabe vorangestellt werden, um den Rhythmus und damit die Klangwirkung eindeutig festzulegen. Dies dient letztlich auch der Bestimmung des Schutzumfangs eines Hörzeichens.

4. Dynamik

Mit Hilfe der Dynamik werden die Abstufungen der Lautstärke in einem Stück beschrieben.[191] Neben der Lautstärke[192] umfasst die Dynamik somit auch den Übergang zwischen verschieden lauten Bereichen innerhalb eines Stückes. So kann die Lautstärke stetig zunehmen („crescendo") oder abnehmen („decrescendo"). Die Übergangsdynamik spielt allerdings in Hörzeichen meist nur eine untergeordnete Rolle, da sie für gleitende Lautstärkewechsel im Regelfall zu kurz sind. Dennoch kommt sie in Hörmarken gelegentlich vor:

Register-Nr. 39918414

Abbildung 23: *Beispiel für eine (seltene) Hörmarke mit Übergangsdynamik.*

5. Tonart

Die Folge von Tönen innerhalb einer Oktave, die auf einem bestimmten Grundton aufbaut und charakteristische Abstände zwischen den einzelnen Tönen (Intervallabstände) aufweist, bestimmt die Tonart eines Musikstückes.[193] Eine

---

191 Vgl. Brockhaus Riemann, Band A-D, Seiten 353/354, und Ziegenrücker, Seiten 157 ff..

192 S. hierzu oben I. 3..

193 Vgl. hierzu auch Brockhaus Riemann, Band R-Z, Seite 250, sowie Ziegenrücker, Seiten 78 bis 80.

Dur-Tonleiter ist gekennzeichnet durch die Halbtonschritte von der 3. zur 4. und von der 7. zur 8. Stufe, während eine Moll-Tonleiter die Halbtonschritte zwischen der 2. und 3. sowie der 5. und 6. Stufe aufweist. Zur Erzeugung dieser Halbtonschritte werden Vorzeichen zur Erhöhung oder Verminderung der Tonabstände eingesetzt. Zu jeder Dur- gibt es eine parallele Molltonleiter, die sich dadurch auszeichnet, dass ihr Grundton 3 Halbtonschritte unter dem Grundton der Durtonleiter (kleine Terz) liegt. Paralleltonarten haben die gleichen Vorzeichen.[194]

Die Tonart hat in gewissem Umfang Anteil an dem Klangbild einer Hörmarke. So werden Dur-Tonarten eher als hell und heiter, Moll-Tonarten hingegen eher als dunkel und matt empfunden. Darüber hinaus wird dem Erhöhungs-Vorzeichen eine verhärtende, dem Erniedrigungs-Vorzeichen eine mildernde Wirkung zugeschrieben. Schließlich erscheinen Tonarten mit wenigen Vorzeichen einfacher und näher liegend, während Tonarten mit vielen Vorzeichen als komplizierter und entlegener angesehen werden.[195] Inwieweit diese klanglichen Unterschiede in den Tonarten die Ähnlichkeit von Hörzeichen ausschließen können, wird in Zusammenhang mit der Verwechslungsgefahr erörtert.[196]

6. Art des Vortrags

Durch die Artikulation wird festgelegt, wie die einzelnen Töne eines Stückes miteinander verbunden oder voneinander abgehoben werden. Hierfür gibt es grundsätzlich zwei Möglichkeiten: „legato“ (gebunden, mit einem Bogen über den Notenköpfen dargestellt) und „non legato“ (nicht gebunden). Auch in Hörmarken wird - wie nachfolgendes Beispiel zeigt - dieses Stilmittel eingesetzt:

Register-Nr. 30302700

Abbildung 24: *Beispiel für eine Hörmarke mit gebundenen Tönen.*

[194] Vertiefend Ziegenrücker, Seite 92.

[195] Vgl. Brockhaus Riemann, Band R-Z, Seite 250.

[196] S. hierzu insbesondere § 32 I. 1. a).

Darüber hinaus hängt die Art des Vortrags von den Verzierungen innerhalb eines Stückes ab. So können Noten mit Vor- oder Nachschlägen versehen sein oder als Triller bzw. Arpeggio[197] gespielt werden.[198] Zudem kann mit Hilfe eines Vibratos ein Ton in leichte Schwingungen versetzt werden, so dass die ursprüngliche Tonhöhe geringfügig verändert wird. Wenn zwei Töne so fließend miteinander verbunden werden, dass alle dazwischenliegenden Tonhöhen lückenlos kurz anklingen, ohne im Einzelnen erfassbar zu sein, handelt es sich um ein Glissando. Durch das Tremolo schließlich werden Töne rasch wiederholt, um dem verklingenden Akkord entgegenzuwirken.[199]

In der Praxis kommen die eben genannten Stilelemente bei Hörmarken kaum vor, da für deren Wiedergabe nicht viel Zeit zur Verfügung steht, so dass sie kurz sein und sich auf die maßgebliche Klangbotschaft beschränken müssen. Demgegenüber verlängern insbesondere Verzierungen, Vibrato, Glissando und Tremolo die Dauer eines akustischen Zeichens. Im Übrigen beeinflussen sie die Klangwirkung und den kennzeichnenden Charakter einer Hörmarke nur unwesentlich. Insofern spielen sie bei der Bewertung der Schutzfähigkeit und des Schutzumfangs auch so gut wie keine Rolle.

---

[197] So erklingen die Töne eines Akkords nach Harfenart nicht gleichzeitig, sondern schnell nacheinander (vgl. Brockhaus Riemann, Band A-D, Seiten 56/57).

[198] Eine Übersicht zu den Verzierungen bietet Ziegenrücker, Seiten 161 bis 163.

[199] Ergänzend s. Ziegenrücker, Seiten 163 und 164.

2. Teil. Besondere Fragestellungen des Hörmarkenschutzes

§ 9 Die Entstehung des Markenschutzes von Hörmarken

Wie bei den übrigen Markenformen können auch Hörzeichen gemäß § 4 MarkenG auf dreierlei Weise markenrechtlichen Schutz erlangen: Durch Eintragung, durch Verkehrsgeltung aufgrund Benutzung und durch notorische Bekanntheit.[200] Im Vergleich zueinander stellen sich die drei Möglichkeiten wie folgt dar:

I. Eintragung in das Markenregister

Ein Hörzeichen wird ebenso wie andere Kennzeichnungen regelmäßig markenrechtlichen Schutz durch Eintragung in das Register erlangen. Diese Möglichkeit hat den großen Vorteil, dass eine vorherige Benutzung nicht erforderlich ist und somit auch „junge" Zeichen geschützt werden können. Zudem ist aufgrund des formalen Eintragungsverfahrens der Nachweis der Schutzes leichter zu führen.[201]

II. Verkehrsgeltung

Markenrechtlichen Schutz kann ein Hörzeichen darüber hinaus aufgrund Verkehrsgeltung durch Benutzung im inländischen Geschäftsverkehr gemäß § 4 Nr. 2 MarkenG erlangen.[202] Von Vorteil ist hierbei, dass das akustische Kennzeichen grafisch nicht darstellbar sein muss, da sich § 8 Abs. 1 MarkenG nur auf angemeldete Zeichen bezieht. Somit wären beispielsweise Geräusche, die durch den Wegfall der Möglichkeit zur Einreichung eines Sonagramms derzeit grafisch nicht wiedergegeben werden können[203], als Benutzungsmarke schutzfähig.[204]

Im Gegensatz zur Verkehrsdurchsetzung muss sich die Verkehrsgeltung nur auf den Teil der Verkehrskreise beziehen, der für den wirtschaftlichen Verkehr mit den betreffenden Waren und Dienstleistungen nicht unerheblich ist. Darüber

---

200 Alle Varianten setzen voraus, dass das betreffende Hörzeichen markenfähig im Sinne des § 3 MarkenG ist (vgl. hierzu Hacker in Hacker/Ströbele, § 4 Rdnrn. 17 bis 19, und unten § 11).

201 Zu den Voraussetzungen der Eintragung s. unten fünftes Kapitel.

202 S. auch amtliche Begründung zu § 4 in Sonderheft BlfPMZ 1994, 60.

203 S. Mitteilung Nr. 8/03 in BlfPMZ 2003, 320.

204 S. hierzu auch Hacker in Ströbele/Hacker, § 4 Rdnr. 21.

hinaus reichen ein geringerer Zuordnungsgrad[205] und die örtliche Verkehrsgeltung aus.

Die Bedeutung des § 4 Nr. 2 MarkenG dürfte sich bei Hörzeichen in Grenzen halten. Die meisten Verkehrsgeltung aufweisenden Hörzeichen werden vermutlich bereits durch Eintragung gemäß § 4 Nr. 1 MarkenG geschützt sein. Als Beispiel ist die geläufige Haribo-Melodie zu nennen, die bereits vor Inkrafttreten des Markengesetzes einem Großteil des Verkehrs bekannt gewesen sein dürfte und sich nunmehr auch im Register finden lässt.[206]

Die Verkehrsgeltung von Hörzeichen kann insbesondere in Zusammenhang mit Fernsehsendungen eine Rolle spielen, von denen sehr viele mit einem musikalischen Vor- und Abspann versehen sind.[207] Werden sie häufig angeschaut, prägen sich die Erkennungsmelodien ins Gedächtnis ein. Insofern erfüllen sie zwei Zwecke: Sie dienen einmal der Unterhaltung des Zuschauers und zum anderen kennzeichnen sie die nachfolgende Sendung. Hierbei fällt allerdings auf, dass sich die Fernseh- und Rundfunkanstalten nur bestimmte Jingles durch Eintragung schützen lassen.[208] Aufgrund der Schnelllebigkeit unserer Zeit werden vermutlich nur solche Erkennungsmelodien als Marke angemeldet, die wie Klassiker über einen längeren Zeitraum verwendet werden (sollen). Die übrigen können im Laufe der Zeit Verkehrsgeltung erwerben und damit außerhalb des Registers Markenschutz genießen.

In Betracht kommt auch eine örtlich begrenzte Verkehrsgeltung. Zu denken ist hierbei beispielsweise an volkstümliche Musik, die regionale Eigenarten aufweist und dementsprechend in anderen Landesteilen nur bedingt Anklang finden wird. So wäre ein Jingle mit plattdeutsch ausgesprochenen oder gesungenen Worten allenfalls zur Benutzung im norddeutschen Raum geeignet. Auf die Eintragung des Hörzeichens in das Markenregister könnte in diesem Fall verzichtet werden, da der daraus resultierende Schutz für das gesamte Bundesgebiet nicht erforderlich wäre.

---

205 Er liegt im Allgemeinen zwischen 20% und 25%, wobei mit wachsendem Freihaltungsinteresse der Konkurrenten ein Zuordnungsgrad von bis zu 100% als erforderlich angesehen wird (vgl. Hacker in Ströbele/Hacker, § 4 Rdnrn. 50 und 51).

206 Unter der Register-Nr. 39601534.

207 Dies gilt beispielsweise für die Sendungen „Tagesschau“, „Report“ oder „Die Sendung mit der Maus“.

208 Zu finden ist beispielsweise die Morgenmagazin-Melodie im Markenregister (Register-Nr. 39510474).

III. Notorische Bekanntheit

Hörzeichen können schließlich gemäß § 4 Nr. 3 MarkenG Schutz durch offenkundige bzw. notorische Bekanntheit im Sinne des Art. 6bis der Pariser Verbandsübereinkunft erlangen. Obwohl hierbei auf eine internationale Konvention Bezug genommen wird, gilt der Notorietätsschutz auch für reine Inlandssachverhalte. Hierbei kann es zu Überschneidungen mit § 4 Nr. 2 MarkenG kommen. Allerdings geht der Schutz aus § 4 Nr. 3 MarkenG weiter, da aus einer notorisch bekannten Marke gemäß § 42 Abs. 2 Nr. 2 MarkenG Widerspruch erhoben werden kann.[209] Zudem stellt die Notorietät einer älteren Marke gemäß § 10 Abs. 1 i.V.m. § 37 Abs. 4 MarkenG ein absolutes Schutzhindernis dar.

Notorietät setzt die allgemeine Kenntnis der Marke innerhalb der inländischen beteiligten Verkehrskreise, jedoch anders als die Verkehrsgeltung gemäß § 4 Nr. 2 MarkenG keine inländische Benutzung voraus.[210] In der internationalen Rechtspraxis lässt sich keine einheitliche Handhabung des Notorietätsbegriffs feststellen.[211] Hierzu gibt es zwar eine „Gemeinsame Empfehlung betreffend die Bestimmungen über den Schutz notorisch bekannter Marken“ der Weltorganisation für Geistiges Eigentum, doch ist diese nicht verbindlich.[212] Nach der wohl h.M. muss der Bekanntheitsgrad über dem einer durch Verkehrsgeltung geschützten Marke, kann jedoch unter dem einer berühmten Marke liegen.[213] Absolut wird ein Bekanntheitsgrad deutlich über 50% gefordert.[214]

Der Anwendungsbereich des § 4 Nr. 3 MarkenG dürfte bei Hörzeichen relativ eingeschränkt sein. Zum einen wird der Verwender eines Jingles dieses normalerweise zur Eintragung als Marke gemäß § 4 Nr. 1 MarkenG anmelden, so dass es auf die Notorietät des betreffenden Hörzeichens nicht mehr ankommt.[215] Zum anderen dürfte es kaum den Fall geben, dass ein Hörzeichen im Ausland benutzt, jedoch im Inland notorisch bekannt ist.

Eine gewisse Rolle kann die Notorietät bei Hörzeichen spielen, die international eingesetzt werden und (noch) nicht durch Eintragung im bundesdeutschen Markenregister geschützt sind. Gründe hierfür können die untergeordnete

---

[209] Vgl. auch Hacker in Ströbele/Hacker, § 4 Rdnr. 83.

[210] Vgl. amtliche Begründung zu § 4 in Sonderheft BlfPMZ 1994, 60, und Berlit, Rdnrn. 18 und 19.

[211] Vgl. Ziffer III. 4. n) der Richtlinie Markenanmeldungen.

[212] S. Hacker in Hacker/Ströbele, § 4 Rdnr. 90.

[213] Vgl. Ziffer III. 4. n) der Richtlinie Markenanmeldungen, a.A. Kur in GRUR 1994, 330 ff..

[214] So BGH in GRUR Int. 1969, 257 f. („Recrin“).

[215] Dies entspricht der oben unter II. im Rahmen der Verkehrsgeltung bereits beschriebenen Situation.

Bedeutung des inländischen Marktes oder die vorherige Erprobung des Hörzeichens sein. In Betracht kommen hierbei vornehmlich Jingles von weltweit tätigen Unternehmen wie McDonald's, Coca-Cola oder Daimler-Chrysler. Interessanterweise befand sich beispielsweise zum Stichtag 31.12.2003 keine Coca-Cola-Hörmarke im bundesdeutschen Markenregister, obwohl das Getränk regelmäßig zur Erzeugung von Emotionen mit Musik im Inland beworben wird.

Ein Bekanntheitsgrad von deutlich über 50% ist aufgrund des größeren Kennzeichnungsaufwands bei Hörzeichen schwerer zu erreichen als bei visuell wahrzunehmenden Marken.[216] Die Wiedergabe eines akustischen Zeichens erfordert immer technische Hilfsmittel (Musikanlagen, Fernseher, Radio etc.), die nicht überall zur Verfügung stehen. Die bisher diskutierten Prozentzahlen[217] von beispielsweise 63% oder 70% sollten demzufolge bei Hörzeichen abgesenkt werden. Sie sind für Wort- oder Bildzeichen entwickelt worden, die an der Ware oder Verpackung angebracht und damit umfassender dem Verkehr bekannt gemacht werden können. Demzufolge wird vorgeschlagen, bei Hörmarken einen Bekanntheitsgrad ab 50% anzuerkennen.[218]

---

216 Zu den Möglichkeiten der Kennzeichnung s. oben § 6.

217 Vgl. hierzu Hacker in Ströbele/Hacker, § 4 Rdnr. 89.

218 Diese Überlegungen haben im Übrigen auch Gültigkeit für die Verkehrsgeltung, so dass diesbezüglich ebenfalls eine Absenkung des Zuordnungsgrads zweckmäßig erscheint. Zur Verkehrsdurchsetzung s. in diesem Zusammenhang auch § 25.

§ 10 Hörzeichen und die rechtlichen Funktionen einer Marke

Mit der Entwicklung und der Verbreitung eines akustischen Kennzeichens sind vielfältige Aufwendungen für ein Unternehmen verbunden. Diese amortisieren sich nur dann, wenn das Hörzeichen die grundlegenden rechtlichen Funktionen einer Marke erfüllt.[219] Inwieweit dies der Fall ist, soll nachfolgend untersucht werden:

I. Herkunftsfunktion

Von besonderer Bedeutung ist die Herkunftsfunktion einer Marke[220], da sie mit ihrer Schutzfähigkeit verbunden ist. Dies ergibt sich im Allgemeinen aus § 3 Abs. 1 MarkenG (abstrakte Unterscheidungskraft) für alle Arten des Markenschutzes gemäß § 4 MarkenG und im Besonderen aus § 8 Abs. 2 Nr. 1 MarkenG (konkrete Unterscheidungskraft) für den Markenschutz durch Eintragung. Entscheidend ist nach der h.M. somit nicht die Eignung des Zeichens zur Identifizierung der Produkte als solche.[221] Vielmehr kommt es darauf an, dass das Zeichen geeignet ist, auf einen bestimmten Betrieb oder eine Gruppe von selbständigen Unternehmen als Bezugsquelle der gekennzeichneten Ware oder Dienstleistung hinzuweisen.[222] Hierfür können bei Hörmarken folgende Umstände maßgebend sein:[223]

1. Firmenname

Der Verkehr kann ein akustisches Kennzeichen am leichtesten einem bestimmten Unternehmen zuordnen, wenn der Firmenname darin enthalten ist. Dies setzt jedoch voraus, dass er - wie in nachfolgendem Jingle - gesprochener oder gesungener Teil der Hörmarke ist:

---

219 Zu den Funktionen einer Marke im Allgemeinen vgl. auch Kraft „Das Markenrecht in Deutschland und in der Europäischen Gemeinschaft" in Dichtl/Eggers, Seiten 250 bis 253.

220 S. hierzu auch Berlit, Rdnr. 131.

221 Vgl. hierzu Hacker in Ströbele/Hacker, § 3 Rdnr. 9, und Ströbele in Ströbele/Hacker, § 8 Rdnr. 44.

222 S. Hubmann, Seite 41, und Fezer in GRUR 2003, 461.

223 Eine ähnliche Frage stellt sich bei der Bewertung des Hinweischarakters eines Stammbestandteils im Rahmen der mittelbaren Verwechslungsgefahr, vgl. hierzu Ströbele in Ströbele/Hacker, § 9 Rdnr. 476, und Althammer, § 31 Rdnr. 84 (die dortigen Ausführungen haben auch nach Inkrafttreten des Markengesetzes weiterhin Gültigkeit.).

Abbildung 25: *Beispiel für eine Hörmarke mit Firmennamen.*

Bei Durchsicht des Registers fällt zwar auf, dass die Firmenbezeichnung in Verbundmarken des Öfteren vorkommt. Insoweit ergibt sich kein Unterschied zu anderen Markenformen, insbesondere Wortmarken, in die der Firmenname integriert ist. Doch weist die Mehrheit der Hörmarken keine Wortbestandteile auf, so dass bei der Frage der Herkunftsfunktion vornehmlich auf den rein klanglichen Eindruck abgestellt werden muss.

2. Charakteristisches wiederkehrendes Klangelement

Im Verkehr werden häufig Wortmarken mit einem immer wiederkehrenden Bestandteil eingesetzt, der deutlich machen soll, dass alle damit gekennzeichneten Waren und Dienstleistungen aus demselben Unternehmen stammen.[224] Diese Möglichkeit besteht auch bei Hörzeichen. Als Stammbestandteil käme ein bestimmtes Kurzmotiv[225] oder ein charakteristisches Geräusch in Betracht, das unterscheidungskräftig und nicht beschreibend ist. So könnte beispielsweise der bekannte Jingle der Deutschen Telekom, der den beim Wählen einer Telefonnummer entstehenden Tönen nachempfunden ist, in Verbindung mit weiteren, davon abgrenzbaren Tonfolgen wiedergegeben werden. Durch seine eigenartige Klangwirkung kann der Jingle normalerweise immer herausgehört werden und trägt so zur Wiedererkennung bei.

Hierbei ist allerdings zu bedenken, dass Hörzeichen kurz sein müssen, um vom Verkehr als Marke aufgefasst zu werden. Da bereits der Stammbestandteil eine gewisse Länge aufweisen muss, um überhaupt als prägnantes Motiv erkannt zu werden, sind die Möglichkeiten der klanglichen Ergänzung eingeschränkt. Von Vorteil ist hierbei jedoch, dass die voran- oder nachgestellten Tonfolgen nicht

[224] Als Beispiel seien die Marken „tesa fix“ oder „tesa-Film“ der tesa AG genannt.

[225] S. hierzu das Beispiel in Abbildung 18.

die gleiche Kennzeichnungskraft aufweisen müssen wie das Grundmotiv. Auch bei Wortmarken sind die dem Stammbestandteil hinzugefügten Elemente oft kennzeichnungsschwach. Demzufolge können die ergänzten Tonfolgen relativ kurz sein und die charakteristische Melodie einleiten bzw. abschließen.

Die Situation bei Geräuschen ist insofern etwas unkritischer, als diese von Haus aus sehr kurz sind und demzufolge von weiteren akustischen Signalen begleitet werden können, ohne dass die Markenfähigkeit des gesamten Hörzeichens in Frage steht. Geräusche bilden mit anderen Melodien oder Geräuschen jedoch nur ausnahmsweise eine klangliche Einheit.[226] Allenfalls bei gleichzeitiger Wiedergabe von Melodie und Geräusch kann eine solche entstehen.[227] Hierbei besteht jedoch die Gefahr, dass nicht das Geräusch, sondern die Melodie als Stammbestandteil herausgegriffen wird, da diese gesanglich leichter wiederzugeben ist.[228]

3. Abstrakte Eignung zur Unterscheidung

Inwieweit Hörzeichen der Herkunftsfunktion gerecht werden können, bestimmt sich darüber hinaus nach ihrer abstrakten Eignung zur Unterscheidung. Insoweit kann auf die entsprechenden Ausführungen unter § 11 IV. Bezug genommen werden. In diesem Zusammenhang spielt insbesondere die Frage der besonderen Kürze und Länge sowie der Merkfähigkeit eines Hörzeichens als auch der großen Bekanntheit von bestimmten Melodien eine Rolle.

4. Kennzeichnungsaufwand

Der höhere Aufwand für die Kennzeichnung der Waren und Dienstleistungen[229] führt dazu, dass Hörzeichen nicht so häufig im geschäftlichen Verkehr eingesetzt werden. Auf das Ursprungsunternehmen weisen Hörmarken demzufolge faktisch in viel geringerem Umfang als visuell wahrzunehmende Marken wie beispielsweise Wort- oder Bildzeichen hin. Ihre inhaltliche Eignung zur Ausübung der Herkunftsfunktion wird davon jedoch nicht berührt.

---

226 Wird beispielsweise ein Motorengeräusch vor oder nach einer Melodie wiedergegeben, so kann aufgrund der Unterschiede in der klanglichen Wirkung eine Einheit nur aufgrund der begrifflichen Inhalte entstehen.

227 Zu denken wäre hierbei z.B. an Waldgeräusche hinterlegt mit einer entspannenden Tonfolge.

228 Zur Frage des Stammbestandteils im Rahmen der mittelbaren Verwechslungsgefahr s. ergänzend auch § 32 II..

229 Zu den Möglichkeiten der Kennzeichnung s. oben § 6.

II. Qualitätsfunktion

Eine weitere äußerst wichtige Markenfunktion ist in der Gewähr für eine bestimmte Güte und Beschaffenheit zu sehen.[230] Diese sog. Qualitäts- oder Garantiefunktion dürfte in der Praxis eine noch größere Bedeutung als die eher rechtlich ausgerichtete Herkunftsfunktion haben.[231]

Auch Hörmarken können eine durch die Werbung vermittelte oder durch eigene Erfahrungen festgestellte Qualität zum Ausdruck bringen. Dies setzt allerdings die vorherige, über einen längeren Zeitraum andauernde Verwendung des akustischen Kennzeichens in Verbindung mit den eine bestimmte Qualität aufweisenden Waren oder Dienstleistungen voraus. Die Vorstellung des Verbrauchers über die Güte eines Produkts entwickelt sich langsam und muss durch wiederholte Unterrichtung insbesondere in der Werbung verfestigt werden. Aus diesem Grund ist es ratsam, eine Hörmarke langfristig ohne gravierende Änderungen der Klangwirkung im Verkehr zu verwenden. Dies setzt auch voraus, dass sich der Stil einer Hörmarke nicht an einer bestimmten aktuellen Musikrichtung orientiert. Wichtig ist vielmehr ein zeitloser, weitgehend auf Harmonien und Melodien aufbauender Höreindruck.

Die Schwierigkeit bei einer Hörmarke liegt allerdings darin, dass die beim Gebrauch einer Ware entstehenden eigenen positiven Erlebnisse nicht von der Hörmarke begleitet werden.[232] Während eine auf dem Erzeugnis angebrachte Wort- oder Bildmarke dem Konsumenten während der Benutzung häufig ins Auge springt, ist dies bei einem Hörzeichen nicht der Fall. Auch wird er sich beim Anblick der Ware kaum bewusst machen, dass diese im Geschäftslokal oder im Fernsehen mit einem Hörzeichen versehen war. Demzufolge kann ein Jingle nur in den seltensten Fällen eine bestimmte Qualitätsvorstellung aufgrund eigener Erfahrungen hervorrufen. Dies bedeutet, dass gerade bei Hörmarken die positiven Eigenschaften der mit ihnen gekennzeichneten Waren in der elektronischen Werbung besonders herausgestellt werden müssen, um das Defizit des

---

230 S. hierzu auch Hubmann, Seite 42.

231 Viele Verkehrsteilnehmer kennen im Regelfall das hinter einem Produkt stehende Unternehmen nicht oder nur ungenau (vgl. auch oben § 3 VI.). Letztlich dürfte es ihnen auch nicht darauf ankommen, wer das Produkt konkret herstellt. Eine Marke wird heutzutage vielmehr als Qualitätshinweis verstanden, vergleichbar einem Gütezeichen oder einer DIN-Norm. Diese Sichtweise entspricht auch in immer stärkerem Maße der Realität. Vielfach stellen Unternehmen die Produkte nicht mehr selbst her, sondern lassen sie in Billiglohnländern von Subunternehmen fertigen. Entscheidend ist letztlich, dass die Waren und Dienstleistungen dem Qualitätsniveau entsprechen, das der Verkehr mit der Marke verbindet. Insofern sollte der Garantie- oder Qualitätsfunktion im Vergleich zur Herkunftsfunktion eine stärkere Bedeutung beigemessen werden.

232 Ausgenommen hiervon sind Waren, bei denen im Rahmen ihrer Benutzung die Hörmarke erklingt (z.B. CDs mit einem vorangestellten Jingle oder Stereoanlagen, die beim Einschalten die Hörmarke wiedergeben.).

Sammelns eigener Erfahrungen auszugleichen. Zudem sollte in das Hörzeichen die Wortmarke integriert werden, damit deren positives Qualitätsimage auf jenes ausstrahlt.

Bei Dienstleistungen stellt sich die Situation normalerweise etwas anders dar. Sie werden häufig an einem bestimmten Ort erbracht[233], der mit Medien zur Wiedergabe von Hörmarken ausgestattet werden kann. Die eigenen Erfahrungen des Konsumenten werden häufig an der Stätte der Erbringung der Dienstleistung gemacht, so dass die Hörmarke mit dieser positiv in Verbindung gebracht wird. Damit kann sich das akustische Kennzeichen auch außerhalb der Werbung für den Verbraucher zu einem Hinweis auf eine bestimmte Qualität entwickeln. In den Fällen, in denen die Dienstleistung allerdings zuhause, im Büro oder sonst an einem nicht zentralen Ort erbracht wird[234], gelten die obigen Ausführungen zur Kennzeichnung von Waren entsprechend.

III. Werbefunktion

Zu den wesentlichen Funktionen eines Zeichens gehört schließlich auch die Werbefunktion. Bei ihr können zwei Aspekte unterschieden werden:

1. Verkaufsförderung

Die Verkaufsförderung stellt die eher auf die Allgemeinheit bezogene Komponente der Werbefunktion dar. Mit ihr soll zum Ausdruck gebracht werden, dass sich in dem Zeichen ein bestimmter Ruf konzentriert, den die Ware oder Dienstleistung genießt. Daraus entwickelt es eine Werbekraft, die immer neue Kunden anzieht.[235] Die Eigenschaften einer Hörmarke[236] können gerade am Point of Sale gewinnbringend, d.h. verkaufsfördernd zur Geltung gebracht werden:

In einem ersten Schritt werden die Kunden durch die großflächig verbreitete Hörmarke in eine positive Stimmung versetzt. Enthält sie die dazugehörige Wortmarke, werden die Zuhörer auch mit ihr vertraut gemacht. In einem zweiten Schritt erkennt der Kunde die Wortmarke wieder, wenn er sich vor der damit gekennzeichneten Ware befindet. Hierdurch wird bei ihm in einem dritten Schritt das während des Abspielens der Hörmarke entstandene Gefühl wieder wachgerufen, wodurch er zum Kauf des Produkts animiert wird. In einem

---

233 Beispielsweise in einer Bank, einem Verkehrsmittel oder Hotel.

234 Zu denken ist hier z.B. an Versicherungs- oder Bausparverträge, die regelmäßig außerhalb der Räumlichkeiten des Dienstleisters abgeschlossen werden.

235 Vgl. Hubmann, Seite 42.

236 S. hierzu oben § 4.

vierten Schritt schließlich entschließt er sich aufgrund der Wirkung der Wort- und Hörmarke zum Kauf.

Gleichwohl ist nicht zu verkennen, dass eine Hörmarke wenig zur Verkaufsförderung beitragen kann, wenn keine Assoziationen zu den Produkten bestehen oder hervorgerufen werden. Anders als bei einer Wort- oder Bildmarke bedarf es hierfür eines größeren Aufwands, da die lokale Verbreitung durch mit der Ware verbundene Klangerzeuger oder durch die Ware selbst nur selten in Betracht kommen wird. Insofern ist es gerade im Sinne der Verkaufsförderung wichtig, dass Wort- und Hörmarke am Point of Sale gemeinsam eingesetzt werden. Durch jene wird auch das akustische Zeichen mit den Waren in Verbindung gebracht, ohne dass es tatsächlich in ihrer unmittelbaren Nähe erklungen sein muss. Auf diese Weise können im Sinne des Herstellers und Händlers Synergieeffekte praktisch genutzt werden.

2. Imageträger

Eine Marke im Allgemeinen und damit auch ein Hörzeichen im Besonderen dienen zudem als Imageträger. Es handelt sich hierbei um die eher auf das Individuum bezogene Komponente der Werbefunktion. Der Kunde soll die von der Marke ausgehenden Werbebotschaften übernehmen und sich mit ihnen identifizieren. In der Realität finden sich viele Märkte, auf denen der Preisunterschied zwischen Markenartikeln und Produkten ohne Markenname so groß ist, dass Qualitätsunterschiede und die Minderung des damit verbundenen Qualitätsrisikos diesen nicht mehr hinreichend erklären können. Somit muss der Markenartikel mit der Kennzeichnung neben der Qualitätsinformation noch weitere verwertbare Hinweise übermitteln, für welche die Nachfrager bereit sind, Preisaufschläge zu bezahlen, obwohl es qualitativ gleichwertige billigere Produkte gibt. Er soll aus Sicht des Kunden eine bestimmte Lebenseinstellung, die Zugehörigkeit zu einer bestimmten Schicht, kurz: ein bestimmtes Persönlichkeitsbild signalisieren. Die Nachfrager investieren mit dem Kauf eines Markenartikels somit in eine gewünschte Reputation.[237] Bei Hörmarken treten in diesem Zusammenhang größere Probleme auf:

[237] Vgl. Schmidt/Elßer „Die Rolle des Markenartikels im marktwirtschaftlichen System“ in Dichtl/Eggers, Seite 61.

a) Waren

(1) Art der Präsentation

Verbraucher können Hörzeichen nicht wie Wort- oder Bildmarken beispielsweise auf Kleidungsstücken, Autos oder Armbanduhren direkt mit sich führen (mobiler Imageträger). Auch Waren, die nicht bewegt werden wie Möbel, Lampen oder Fernseher, kann der Besitzer aus technischen Gründen nicht zusammen mit einer Hörmarke seinen Mitmenschen präsentieren (stationärer Imageträger). Es ist zwar theoretisch denkbar, dass er eine CD oder Kassette mit der Hörmarke in seine Stereoanlage einlegt und sie an der betreffenden Örtlichkeit abspielt. Doch müsste er hierbei genau sagen, worauf sich die Hörmarke nun genau bezieht.[238] Ungeachtet des damit verbundenen technischen und organisatorischen Aufwands würde dieses Verhalten jedoch aus nachfolgenden Gründen nicht die vom Benutzer des Produkts gewünschte statushebende oder zumindest festigende Wirkung zeigen.

(2) Wirkung der Präsentation

In bestimmten Verkehrskreisen wie bei Kindern oder Jugendlichen mögen Marken zwar (zu) deutlich herausgestellt werden. Doch wirkt eine Marke normalerweise auf die Mitmenschen, ohne dass der Besitzer des Produkts gesondert auf sie aufmerksam macht. Sie entfaltet ihre Imagefunktion quasi im Stillen. Eine Hörmarke ist hierfür nicht geeignet. Daran wird der Unterschied zwischen aktiver Wahrnehmung visueller Marken und passiver Wahrnehmung von Hör- als auch Geruchsmarken deutlich. Wort-/Bildmarken, aber auch dreidimensionale Gestaltungen wirken als Imageträger durch eigeninitiatives Erfassen durch die Mitmenschen. Demgegenüber muss die Wahrnehmung eines akustischen oder eines olfaktorischen Zeichens vom Verwender, sei es nun im Allgemeinen der Markeninhaber oder im Besonderen der Besitzer der betreffenden Ware, angestoßen werden. Damit wird, wie bereits oben unter § 4 I. dargestellt, der Umwelt die Wahrnehmung des Zeichens quasi aufgedrängt. Ein vom Hersteller oder Vertreiber initiiertes Aufdrängen in der Werbung oder an Verkaufsstätten dürfte vom Einzelnen (noch) akzeptiert werden. Wenn es jedoch im privaten, beruflichen oder öffentlichen Bereich vom Benutzer der Ware ausgeht, wird es vermutlich auf Ablehnung stoßen.
Es ist somit davon auszugehen, dass gesellschaftliche Anerkennung mit dem Benutzen eines „Hörmarkenartikels“ regelmäßig nicht verbunden ist. Ein Hörzeichen macht das Anbringen einer Wort- oder Bildmarke an der Ware somit nicht überflüssig.

---

[238] Ansonsten könnte sie von den Anwesenden auch als Unterhaltungsmittel angesehen werden.

b) Dienstleistungen

Auch Dienstleistungen werden - wie aus nachfolgendem Beispiel deutlich wird - mit Hörmarken gekennzeichnet:

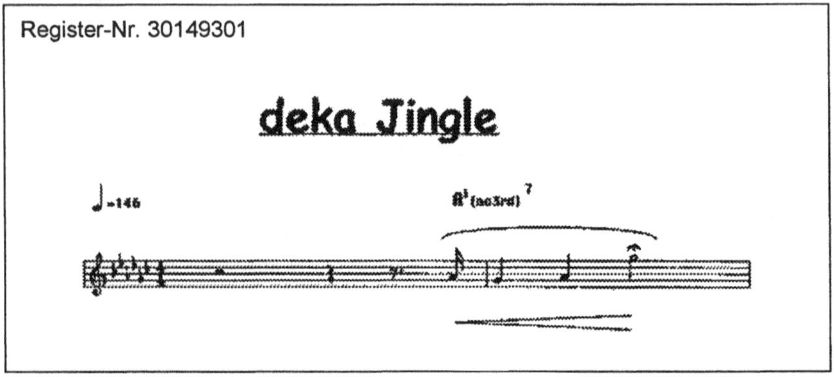

Abbildung 26: *Beispiel für eine für Dienstleistungen (Klassen 35, 36 und 42) geschützte Hörmarke.*

Doch besteht auch hier kaum die Möglichkeit zur originalgetreuen Wiedergabe des Hörzeichens und aufgrund der zu erwartenden Reaktionen ebenfalls nicht der Wille zur Präsentation im privaten Bereich. Zudem ist zu bedenken, dass der Imagefunktion einer Marke bei Dienstleistungen generell eine eingeschränktere Bedeutung zukommt. Nur wenige Verkehrsteilnehmer werden sich beispielsweise damit „rühmen“, bei einer bestimmten Gesellschaft versichert oder Kunde einer speziellen Bank zu sein.

§ 11 Die Markenfähigkeit

Große Bedeutung für alle Hörzeichen, die nach § 4 als Marke geschützt werden können[239], hat die Markenfähigkeit. Sie umfasst mehrere, nachfolgend zu erörternde Aspekte:

I. Die Einheitlichkeit und Geschlossenheit von Hörmarken

Bereits unter Geltung des Warenzeichengesetzes wurde gefordert, dass ein Zeichen eine einheitliche und geschlossene Form bilden muss, damit es mit einem Blick erfassbar ist und sich dem Verkehr bzw. dem Gedächtnis des Kunden als Kennzeichen einprägen kann.[240] Auch nach Inkrafttreten des Markengesetzes hat diese Vorgabe weiterhin Bedeutung.[241]

1. Die für Hörmarken maßgeblichen Kriterien

a) Wahrnehmbarkeit

Zunächst muss eine Hörmarke wahrnehmbar sein, damit sie dem Verkehr überhaupt einheitlich und geschlossen gegenübertreten kann.[242] Dies bedeutet, sie muss eine in jedem Fall über der Hörschwelle liegende (0 bis 5 dBA) und von den Einzelumstände abhängende Mindestlautstärke aufweisen, die einem durchschnittlichen Verkehrsteilnehmer unter Zugrundelegung eines normalen Aufmerksamkeitsgrads die deutliche Erfassung des akustischen Zeichens ermöglicht. So reicht es aus, wenn ein über Fernsehen oder Rundfunk verbreitetes akustisches Zeichen in Zimmerlautstärke (30 bis 40 dBA) wiedergegeben wird. Andererseits muss eine am Point of Sale (z.B. Markthallen) dargebrachte Hörmarke lauter abgespielt werden, damit sie die sonstigen dort auftretenden Betriebsgeräusche und Stimmen (45 bis 60 dBA) deutlich übertönt. Zudem muss sich die Mindestlautstärke an der Aufmerksamkeit des potentiellen Zuhörers orientieren. Je geringer diese ist, desto lauter muss die Hörmarke wiedergegeben werden. Dies bedeutet beispielsweise, dass in einem Kaufhaus, wo der Kunde ohnehin von der Warensuche abgelenkt ist, die Hörmarke mindestens in der

---

239 So gilt § 3 MarkenG auch für Hörzeichen, die gemäß § 4 Nr. 2 MarkenG kraft Verkehrsgeltung Schutz erlangen (vgl. Hacker in Hacker/Ströbele, § 4 Rdnrn. 17 ff.).

240 S. Hubmann, § 37 II. (Seite 218).

241 Vgl. Hacker in Ströbele/Hacker, § 3 Rdnr. 16, der das Erfordernis einer hinreichenden Einheitlichkeit der Marke allerdings nur noch in Zusammenhang mit der grafischen Darstellbarkeit sieht. Dieser Ansatz scheint jedoch bei Hörmarken problematisch, da das Kriterium der Einheitlichkeit besondere Bedeutung gerade für die klangliche Wiedergabe hat.

242 Zur Wahrnehmbarkeit vgl. auch oben § 3 II..

Lautstärke einer Durchsage (über 60 dB) erschallen muss. Auch ist zu bedenken, dass unter Umständen die Kürze eines Klanges oder Geräuschs durch eine größere Lautstärke ausgeglichen werden muss, damit das Publikum in ausreichendem Maße auf die Hörmarke aufmerksam wird.

Um Anhaltspunkte für die notwendige Lautstärke zu erhalten, sind die Lärmpegel verschiedener Schallquellen und Räumlichkeiten nachfolgend zusammengefasst:

Lärmquelle oder Art des Geräuschs		Lärmpegel in dBA
Schmerzgrenze		130
Preßlufthammer in zwölf Meter Entfernung		97
Fabriken und Werkstätten		50-75
starker Straßenverkehr		68
normale Unterhaltung in einem Meter Abstand		65
Bahnhofs-, Flughafenhalle, Stadion		55-65
großes Büro		60-65
Ladengeschäft		45-60
Speiserestaurant		45-55
mittelgroßes Büro		45-55
Auto bei 80 km/h		45-50
Autowerkstatt		55
kleines Ladengeschäft		45-55
Hotel, Zimmer		42
Wohnung in der Großstadt		40
Wohnung auf dem Land		30
Kino ohne Publikum		25-35
leerer Hörsaal		25-35
Konzertsaal ohne Zuhörer	bei vollbesetztem Haus sind es 5 bis 15 dB mehr	25-35
leere Kirche		30
Klassenzimmer ohne Schüler		30
Rundfunkstudio ohne Publikum		20-25
Fernsehstudio ohne Publikum		25-35
Aufnahmestudio		20-30
Flüstern		10-20

Übersicht 3: *Lärmpegel verschiedener Schallquellen und Räumlichkeiten.*[243]

[243] Aus Pierce, Seite 99.

Dem Kriterium der Wahrnehmbarkeit kann im Anmeldeverfahren nach der derzeit geltenden Rechtslage allerdings keine ausschlaggebende Bedeutung zukommen. Einmal gibt es keinerlei verbindliche Vorgaben zur Lautstärke, da gegenwärtig die grafische Darstellung Grundlage der Prüfung ist. Gerade eine Notenschrift enthält allerdings keine Aussagen darüber, wie laut das codierte akustische Signal tatsächlich gespielt wird. Zudem wird im absoluten Verfahren nicht auf die Verhältnisse in der Rechtswirklichkeit abgestellt. Vielmehr erfolgt die Prüfung anhand der vom Anmelder eingereichten Unterlagen und Klangbeispiele. Insofern wird die Wahrnehmbarkeit in Zusammenhang mit der Markenfähigkeit erst dann eine Rolle spielen, wenn (nach Änderung der gesetzlichen Grundlagen) allein die klangliche Wiedergabe Gegenstand der Prüfung, Eintragung und Veröffentlichung sein sollte.

Auch im Rahmen eines Widerspruchs- oder Verletzungsverfahrens wird das Kriterium der Wahrnehmbarkeit nur von untergeordneter Bedeutung sein. Da der Schutzumfang einer Hörmarke nicht auf eine bestimmte Lautstärke beschränkt ist, kommt es für die Verwechselbarkeit nicht darauf an, wie laut eine Hörmarke im Verkehr tatsächlich abgespielt wird.[244] Allenfalls im Rahmen einer Benutzungseinrede kann die Wahrnehmbarkeit relevant werden, da sie Voraussetzung für die kennzeichnende und damit rechtserhaltende Verwendung der Hörmarke ist.

b) Erfassbarkeit

Des Weiteren hängt die Einheitlichkeit und Geschlossenheit einer Hörmarke von der schnellen und einfachen Erfassbarkeit durch einen durchschnittlichen Verkehrsteilnehmer ab. Dieses Kriterium ist zwar ursprünglich für Wort- und Bildmarken entwickelt worden („mit einem Blick erfassbar“)[245], doch spielt es auch für Hörmarken insofern eine Rolle, als sie nicht zu lang[246] und unverständlich sein dürfen. Nur in diesem Fall kann der Verkehrsteilnehmer in einem kurzen Moment der Aufmerksamkeit das akustische Signal mit Hilfe des entsprechenden Wahrnehmungsfeldes im Großhirn aufnehmen.[247]

c) Merkfähigkeit

Schließlich setzt die Markenfähigkeit voraus, dass die Hörmarke zumindest über einen gewissen Zeitraum im (auditiven) Gedächtnis des Kunden verbleibt. Die

244 Ausführlicher s. unten § 32 I. 1. a).

245 Vgl. hierzu beispielsweise RGZ 18, 86.

246 Zur Länge einer Hörmarke s. auch unten 2..

247 S. hierzu Vester, Seite 23.

akustischen Signale müssen vom wenige Sekunden dauernden Ultrakurzzeitgedächtnis über das etwa zwanzig Minuten dauernde Kurzzeit- in das Langzeitgedächtnis überführt werden. Hierbei können schon geringfügige Störungen den Übergang vom Ultrakurzzeit- in das Kurzzeit- oder von diesem in das Langzeitgedächtnis verhindern.[248] Gerade im Geschäftsleben ist der einzelne Verkehrsteilnehmer durch andere Menschen, Gespräche oder Betriebsgeräusche abgelenkt. Dies bedeutet, dass auch unter dem Gesichtspunkt der Merkfähigkeit eine Hörmarke relativ kurz sein muss.

2. Zur Dauer einer Hörmarke

Grundsätzlich darf eine Hörmarke nicht zu lang sein, um vom Verkehr als Bezeichnung für die damit in Verbindung gebrachten Waren oder Dienstleistungen aufgefasst zu werden. Bereits seit Einführung dieser Markenform wird die Frage der Länge intensiv diskutiert. So wurde im Rahmen der Beratungen zur ersten Fassung des § 11 Abs. 5 MarkenV vorgeschlagen, eine eindeutige Begrenzung auf 30 Sekunden vorzusehen. In den bisher veröffentlichten Mitteilungen des Präsidenten des Deutschen Patent- und Markenamts ist keine feststehende zeitliche Limitierung enthalten. Vielmehr heißt es allgemein: „Ungeachtet der Kapazität des Tonträgers soll in jedem Fall die klangliche Wiedergabe eine für den Charakter einer Marke angemessene Dauer nicht überschreiten."[249] Demgegenüber regt Fritz an, die Länge akustischer Zeichen generell auf 20 Sekunden zu begrenzen, da nicht zu erwarten sei, dass längere Zeichen vom angesprochenen Verkehr noch als eine begriffliche Einheit im Sinne eines Warenzeichens erkannt würden.[250] Becker legt kein genaues Limit fest, sondern stellt die Forderung auf, dass sich die zeitliche Obergrenze umgekehrt proportional zu der Ungewöhnlichkeit und Komplexität der Hörmarke verhalten solle.[251] Die Umsetzung dieser Forderung in der Praxis erscheint allerdings sehr problematisch. Im Sinne einer sachgerechten Handhabung des Begriffs der Markenfähigkeit sollte unter Berücksichtigung der Art der Hörmarke wie folgt differenziert werden:

---

248 Zu den Gedächtnisarten und ihrer Verknüpfung s. Vester, Seite 55.

249 S. Mitteilungen Nr. 16/94 vom 16.12.1994 (Sonderheft BlfPMZ 1994, 180) und Nr. 15/96 vom 12.08.1996 (BlfPMZ 1996, 392). Die darin enthaltenen Regelungen sind zwar durch die Neufassung des § 11 MarkenV größtenteils ersetzt (vgl. auch Mitteilung Nr. 8/03 vom 03.09.2003 in BlfPMZ 2003, 320, und Mitteilung Nr. 11/05 vom 31.01.2005 in BlfPMZ 2005, 41), doch wurden die Ausführungen zur Dauer einer Hörmarke bisher nicht geändert. Insofern ist davon auszugehen, dass sie weiterhin Gültigkeit besitzen.

250 Vgl. Fritz, Seite 274.

251 S. Becker in WRP 1/2000, 63.

a) Töne und Klänge

Wie unterschiedlich lang aus Tönen und Klängen bestehende Hörmarken sein können, zeigen folgende Beispiele eingetragener Schutzrechte:

Beispiel 1:
Register-Nr. 39536375

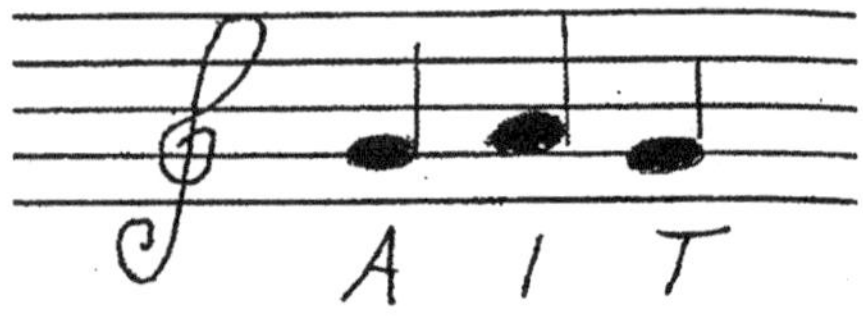

Beispiel 2:
Register-Nr. 30022635

Abbildung 27: *Beispiele für unterschiedlich lange Hörmarken.*

Beispiel 1 dauert zwischen 3 und 5 Sekunden. Demgegenüber werden im Beispiel 2 für die Wiedergabe der eigentlichen Melodie (Markierung „A“ mit Auftakt bis zur ersten Note im Takt vor der Markierung „B“ = 8 Takte) ca. 13 Sekunden benötigt. Das Stück insgesamt – so wie es notenmäßig als Hörmarke eingetragen ist – dauert allerdings über 3 Minuten, da sich die Melodie laufend wiederholt und durch Pausen unterbrochen wird. Offensichtlich orientiert sich in diesem Fall die grafische Darstellung an der praktischen Verwendung. Für die Eintragung in das Register scheint die Darstellung allerdings zu lang und hätte auf die eigentliche Erkennungsmelodie reduziert werden können.

Die Mehrheit der Verkehrsteilnehmer wird sich eine Hörmarke nicht anhand ihrer einzelnen Bestandteile, sondern als Einheit merken. Insofern ist der Gesamteindruck entscheidend. Dieser wird bei notenmäßig darstellbaren Hörmarken vornehmlich durch das Motiv oder die Melodie[252] bestimmt. Demgegenüber spielen andere Merkmale wie die Instrumentierung, die Tonhöhe oder die Dynamik regelmäßig nur eine untergeordnete Rolle. Auch ein Motiv oder eine Melodie prägt sich der Mensch nicht anhand der einzelnen Töne, sondern als Gesamtheit ein, vergleichbar einem Wort, das nicht in Form einzelner Buchstaben gemerkt wird. Beobachtet werden kann diese Tatsache beispielsweise, wenn nur die Anfangstöne eines Liedes erklingen (z.B. „Meister Jakob“). Der Rest der Melodie kann meist problemlos aus dem Gedächtnis heraus ergänzt werden.

Durch die Speicherung als klangliche Einheit kann eine Hörmarke durchaus länger als eine Wortmarke sein. So dürfte sich ein nicht besonders aufmerksamer Konsument kaum eine Wortfolge genau merken können, für die 13 Sekunden zum Lesen oder Aussprechen benötigt werden. Selbst der berühmte Slogan „Lass′ Dir raten, trinke Spaten.“ ist erheblich kürzer. Demgegenüber wird es wohl für die meisten Verkehrsteilnehmer kein Problem darstellen, die oben erwähnte Erdinger-Weißbier-Melodie bereits nach dem ersten Anhören selber zu singen oder zu summen. Sie ist so eingängig, dass sie sich auch ohne größere Konzentration sehr schnell einprägt.

Die Grenze für die Länge einer Hörmarke ist dort zu setzen, wo der durchschnittliche Verkehrsteilnehmer Mühe haben wird, die Tonfolge oder Melodie aus dem Gedächtnis wiederzugeben. Ein genauer Wert wird sich allenfalls nach umfassenden empirischen Untersuchungen ermitteln lassen.[253] Doch ist nach den bisherigen Erfahrungen davon auszugehen, dass im Hinblick auf die Markenfähigkeit ein Motiv oder eine Melodie nicht länger als ca. 15 Sekunden sein sollte. Bei anderen Tonfolgen, die nicht in sich geschlossen und singbar sind (z.B. Aneinanderreihung von Dreiklängen), sollte ein kürzerer Zeitraum angesetzt werden, da sie keine Einheit bilden und daher mehr oder weniger unzusammenhängend gemerkt werden müssen.

---

[252] S. hierzu oben § 8 II. 1..

[253] So auch Fritz, Seite 274.

b) Geräusche

Geräusche dürften in geringerem Umfang als Töne oder Klänge als Marke aufgefasst werden, da der Verkehr an eine Vielzahl unterschiedlichster, nicht der Kennzeichnung dienender Geräusche aus dem täglichen Leben gewöhnt ist. Wichtig ist somit, dass sie sich von alltäglichen Geräuschen abheben und charakteristische Elemente aufweisen, anhand derer sie als Kennzeichen in Erinnerung bleiben. Daraus muss eine klangliche Einheit entstehen, die nur sehr kurz sein darf. So wird kaum ein Verkehrsteilnehmer Probleme damit haben, sich beispielsweise das prägnante Zischen beim Öffnen einer Bierflasche zu merken. Anders sieht es beispielsweise aus, wenn die Geräuschkulisse einer Autobahn oder mehrere, in keiner Beziehung zueinander stehende Geräusche (z.B. Meeresrauschen - Hämmern - Rascheln - Schreien) in der Hörmarke wiedergegeben werden.

Bei Geräuschen fehlen regelmäßig die verbindenden klanglichen oder textlichen Elemente, anhand derer eine akustische oder begriffliche Gesamtheit entsteht. Insofern werden sich die Verkehrsteilnehmer insbesondere eine Folge von verschiedenen Geräuschen im Normalfall nicht als zusammengehöriges Klanggebilde merken können. Ein Geräusch muss somit kürzer als eine Melodie sein, um als einheitlich und geschlossen angesehen zu werden.

Zusammenfassend ist somit festzustellen, dass eine Hörmarke entweder aus einer Melodie (z.B. Milka-Lied), wenigen unterschiedlichen Tönen (z.B. Telekom-Jingle), einem Geräusch (z.B. „Plopp“) oder aus miteinander in Beziehung stehenden Geräuschen (z.B. Motoranlassen - Gasgeben - Fahren - Reifenquietschen) bestehen sollte. Je weniger die einzelnen Elemente eine Einheit bilden, desto kürzer muss die Hörmarke sein, damit der Verkehr sie sich einprägen kann.

II. Die Selbständigkeit der Hörmarke gegenüber der Ware oder Dienstleistung

Auch eine Hörmarke muss gegenüber dem gekennzeichneten Produkt Selbständigkeit besitzen, d.h. sie darf nicht mit der Ware identisch sein, zu deren Kennzeichnung sie eingesetzt wird. Sie muss vielmehr gegenüber der Ware oder deren Verpackung funktional unabhängig bleiben, was jedoch nicht zwangsläufig eine räumliche oder körperliche Distanz verlangt. Entscheidend ist in jedem Fall die Auffassung des Verkehrs.[254] Dieser Grundsatz ist bereits unter Geltung

---

[254] Vgl. Ströbele in Ströbele/Hacker, § 3 Rdnrn. 18 und 91 sowie § 26 Rdnr. 65 (unzutreffend als 67 bezeichnet), der entgegen der h.M. den Grundsatz der Selbständigkeit allerdings nur auf dreidimensionale Marken anwenden will.

des Warenzeichengesetzes entwickelt worden[255] und findet seinen Niederschlag in § 3 Abs. 2 Nr. 1 MarkenG.[256] Bei Hörmarken kann sich die Frage der Selbständigkeit vornehmlich in folgenden Fällen stellen:[257]

1. Kennzeichnung von Speichermedien

Auch Speichermedien für akustische Signale wie Musik-CDs oder -Kassetten können mit Hörmarken gekennzeichnet werden. Streng genommen ist in diesem Fall die Hörmarke nicht mit der Ware identisch, da allein das Speichermedium als solches eine bewegliche körperliche Sache darstellt und damit als Ware anzusehen ist.[258] Das Abstellen auf das Speichermedium würde allerdings bedeuten, dass beispielsweise die Melodie des bekannten Stücks „Yesterday" für das Album „The Beatles/1962-1966" markenfähig wäre, obwohl das Stück im Original darin enthalten ist. Vergleichbar ist dieser Sachverhalt mit dem Fall der Kennzeichnung eines Fotokalenders mit einem darin vorkommenden Bild.

Entscheidend bei der Bewertung der Selbständigkeit ist allerdings, dass vom Verkehr das Speichermedium nur als notwendiges Hilfsmittel angesehen wird. Natürlich spielen Aufmachung und Gestaltung beispielsweise einer CD oder Kassette eine wichtige Rolle bei der Verkaufsförderung. Dennoch will der einzelne Verkehrsteilnehmer im Normalfall nicht das Speichermedium als solches, sondern die darauf befindlichen Musikstücke oder Texte (z.B. bei Sprachkursen) erwerben. Dies spiegelt sich auch im Preis wider, der nicht vom Wert des Speichermediums, sondern des immateriellen Inhalts bestimmt wird. Somit ist unter Zugrundelegung der Verkehrsauffassung ein akustisches Kennzeichen nicht in Bezug zum Speichermedium, sondern zu den darauf gespeicherten akustischen Signalen zu setzen.

---

[255] Vgl. Hubmann, Seite 218, wonach ein Warenzeichen ein selbständiger geistiger Gegenstand neben der Ware oder Dienstleistung sein muss und nicht die Ware selbst ausmachen darf.

[256] Vom Wortlaut her betrifft § 3 Abs. 2 Nr. 1 MarkenG zwar nur dreidimensionale Gestaltungen und zweidimensionale Bilddarstellungen von Warenformen (vgl. Ströbele in Ströbele/Hacker, § 3 Rdnr. 94). Jedoch kommt in ihm der allgemeingültige Grundsatz einer klaren Abgrenzung zwischen Ware/Dienstleistung und Marke zum Ausdruck, so dass er für alle anderen Markenformen zumindest analog angewandt werden sollte.

[257] S. hierzu sehr knapp auch Fritz, Seite 274.

[258] Vgl. auch Althammer, § 1 Rdnr. 7, wonach es sich bei Waren im Sinne des WZG um bewegliche körperliche Gegenstände handelt. Folglich sind Immobilien und Rechte nicht kennzeichenschutzfähig. Diese Aussage gilt auch unter Geltung des Markengesetzes weiter, da eine Marke zur Verbreitung im Verkehr mit dem dazugehörigen Produkt, das in irgendeiner Form erkennbar sein muss, bestimmt ist (vgl. auch Fezer, § 3 Rdnr. 112). Denkbar ist allerdings, dass zukünftig eine Marke in Verbindung mit der Abbildung der gekennzeichneten Immobilie (Haus, Wohnung, Grundstück) oder in Verbindung mit der Wiedergabe einer Beschreibung des gekennzeichneten Rechts verwendet wird. Ein ähnliches Problem stellt sich bereits jetzt bei der Kennzeichnung von Dienstleistungen.

Dies bedeutet, dass die Selbständigkeit der Hörmarke nur dann zu bejahen ist, wenn sie sich deutlich genug von den gekennzeichneten Audiodaten abhebt.[259] Der Verkehrsteilnehmer darf somit die Hörmarke nicht als Teil des Inhalts des Speichermediums ansehen (Inkongruenz). Sie darf somit weder mit den darauf enthaltenen Audiosignalen identisch noch ihnen ähnlich sein. Dies ist insbesondere dann der Fall, wenn die Hörmarke

- einer anderen Kategorie angehört (z.B. Geräusch für eine Musik-CD oder Melodie für eine Sprachkurs-Kassette) oder

- einer anderen Stilrichtung zuzuordnen ist (z.B. Jodler für Pop-Musik) und

- kürzer als die gekennzeichneten akustischen Signale ist, sofern es sich bei diesen um abgrenzbare Stücke wie Lieder, klassische Instrumentalsätze oder Hits handelt.[260]

Die Anforderungen sind hierbei auch unter Berücksichtigung der abstrakten Eignung zur Unterscheidung im Sinne des § 3 Abs. 1 MarkenG relativ hoch anzusetzen, zumal ein akustisches Kennzeichen für Audiosignale beim Verkehr leicht die Vermutung aufkommen lässt, es handele sich hierbei um ein Klangbeispiel.

2. Waren mit auditiven Elementen

Die Selbständigkeit kann darüber hinaus problematisch sein, wenn eine Ware zur Ausschmückung[261] oder funktionsbedingt bereits auditive Elemente enthält. Dies kann beispielsweise bei Glückwunschkarten mit eingebautem Chip zur Wiedergabe eines Liedes oder bei Computern, bei denen zu bestimmten Ereignissen besondere Tonfolgen erklingen, der Fall sein. Folgende Varianten sind denkbar:

a) Hörmarke nicht auf der Ware enthalten

Eine Hörmarke, die neben der eigentlichen Ware verwendet wird und nicht Teil der auf ihr gespeicherten akustischen Signale ist, muss sich klar erkennbar von

---

259 Der Fall ist vergleichbar mit der begrifflichen Selbständigkeit (vgl. hierzu Hacker in Ströbele/Hacker, § 3 Rdnr. 18).

260 Nach Fritz, Seite 274, muss das akustische Warenzeichen eine willkürliche, freigewählte und von den Lauten, die das Produkt darstellen, unabhängige Lautfolge sein. Fraglich ist hierbei allerdings, welche eigenständige Bedeutung den Kriterien „willkürlich“ und „freigewählt“ zukommt.

261 Vergleichbar einer Ausstattung, vgl. hierzu Ströbele in Ströbele/Hacker, § 8 Rdnr. 167.

diesen abheben. Hierbei gilt sinngemäß das zu den Speichermedien unter 1. Gesagte. Die Hörmarke muss folglich einer ganz anderen Kategorie oder Stilrichtung angehören. Diesen beiden Kriterien kommt eine entscheidende Rolle zu, da die auf der Ware enthaltenen auditiven Elemente im Normalfall ohnehin relativ kurz sind und demzufolge die Kürze der Hörmarke als Unterscheidungsmerkmal nicht herangezogen werden kann. So dauert beispielsweise die Begrüßungsmelodie des Windows-Betriebssystems nur wenige Sekunden und würde damit den Anforderungen an die Länge einer Hörmarke entsprechen.

Der Eindruck der Selbständigkeit wird allerdings dadurch verstärkt, dass die Hörmarke nicht auf der Ware enthalten ist und somit ein zusätzliches akustisches Signal darstellt.

b) Hörmarke auf der Ware enthalten

Sofern die Hörmarke Teil der auf der Ware enthaltenen akustischen Signale ist, gestaltet sich die Situation für den Verkehr noch schwieriger. Am leichtesten wird ein Verbraucher ein akustisches Signal einordnen können, das für die Funktion der Ware erforderlich ist. So wird beispielsweise das Brummen eines Teddybärs kaum als Marke aufgefasst werden, da es zu den sachlich notwendigen Eigenschaften gehört.

Kaum auseinander halten wird der Benutzer jedoch ein Ausstattungselement und eine Hörmarke, die sich auf der Ware befindet. So könnte beispielsweise die oben genannte Computer-Begrüßungsmelodie ebenso gut fest einprogrammiert und generell von Microsoft als akustisches Kennzeichen für das Windows-Betriebssystem eingesetzt werden. In diesem Fall wird allenfalls die Feststellung, dass sich die Melodie nicht ausschalten lässt, den Benutzer vermuten lassen, es handele sich um eine Hörmarke.

Letztendlich hängt es vom Willen des Verwenders des akustischen Signals ab, ob dieses nur ein Ausstattungselement oder ein Kennzeichen sein soll. Ist letzteres beabsichtigt, sind an die Selbständigkeit noch höhere Anforderungen als in den übrigen Fällen zu stellen. Für den Verbraucher muss ohne größere Überlegungen erkennbar sein, welche Funktion welches akustische Signal erfüllt. Dafür sollte zum einen die Hörmarke zusätzlich über andere Kanäle wie Fernsehen oder Radio dem Verkehr bekannt gemacht werden. Zum anderen muss die Hörmarke „aus dem Rahmen fallen". Dies ist insbesondere der Fall, wenn sie unter anderen Bedingungen als die sonstigen akustischen Signale wiedergegeben wird (formaler Aspekt). So könnte in dem obigen Windows-Betriebssystem-Beispiel die Hörmarke nur in Zusammenhang mit einer eigens kreierten, von der Funktion her nicht notwendigen Bildschirmseite wiedergegeben werden.

Zusätzlich muss sich die Hörmarke - wie oben ausgeführt - in evidenter Weise von den übrigen akustischen Signale inhaltlich unterscheiden (materieller Aspekt). So reicht es beispielsweise nicht aus, dass die Hörmarke kein Geräusch wie die sonstigen akustischen Signale, sondern eine Melodie darstellt, wenn der Verkehr - wie in dem obigen Windows-Betriebssystem-Beispiel - mit der Wiedergabe unterschiedlichster Kategorien akustischer Signale rechnet. Das gleiche gilt für den Stil, sofern verschiedene Richtungen üblich sind.
In der Regel wird die Selbständigkeit einer Hörmarke somit nur dann zu bejahen sein, wenn sie sich offenkundig sowohl in formaler als auch materieller Hinsicht von den übrigen akustischen Signalen auf der Ware abhebt.

3. Gegenstand der Dienstleistung

Schließlich kann die Selbständigkeit dann in Frage stehen, wenn eine Dienstleistung in der Wiedergabe von akustischen Signalen besteht. Dies ist beispielsweise bei den Aufführungen einer Musikband oder bei der Ausstrahlung von Hörfunk- oder Fernsehsendungen der Fall.[262] Insbesondere letztgenannten werden häufig Hörmarken voran- oder nachgestellt. Ein Beispiel stellt die nachfolgende Hörmarke dar:

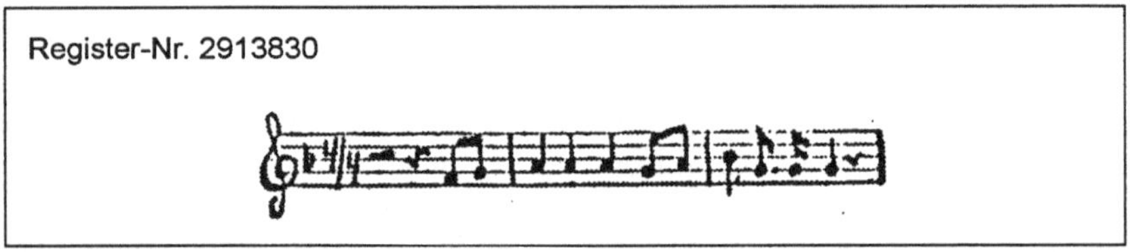

Abbildung 28: *Beispiel einer Hörmarke für Hörfunk- und Fernsehsendungen.*

Oft gehören Hörmarke und Gegenstand der Dienstleistung der gleichen klanglichen Kategorie an. Regelmäßig bestehen beispielsweise sowohl der Jingle als auch der wesentliche Inhalt einer Musikradiosendung aus Tönen und Klängen. Somit kommt es für die Abgrenzung auch hier wesentlich auf die Unterschiede in der Stilrichtung und in der Länge an. Daneben spielt die Art und Weise der Wiedergabe eine wichtige Rolle. So deutet das Erklingen der Hörmarke am Anfang oder am Ende der Sendung oder der Musikdarbietung an, dass es sich um eine eigenständige akustische Einheit handelt. Sollte die Hörmarke während der Sendung oder Aufführung abgespielt werden, muss durch eine Pause oder Sprecheinlage deutlich gemacht werden, dass sie nicht Teil der dargebrachten Musikstücke ist.

---

[262] S. hierzu auch Fritz, Seite 274.

III. Versehbarkeit

Als weitere Voraussetzung für die Markenfähigkeit eines akustischen Kennzeichens ist die Versehbarkeit zu nennen. Mit ihr soll zum Ausdruck gebracht werden, dass eine räumlich-zeitliche Verbindung zur Ware oder Dienstleistung erforderlich ist, damit die Kennzeichnungsfunktion des Zeichens deutlich wird.[263] Durch die Anerkennung der Hörmarke ist der Gesetzgeber davon ausgegangen, dass auch diese Markenform mit der Ware oder Dienstleistung in Verbindung gebracht werden kann. Hierbei ist nicht mehr auf die unter Geltung des WZG maßgebliche körperliche Anbringung der Marke an der Ware abzustellen.[264] Sie ist für Wort- und Bildmarken von Bedeutung, die vornehmlich aufgedruckt oder -geklebt werden. Für die neuen Markenformen wie Hör- oder Geruchsmarke müssen hingegen die bisherigen Grundsätze angepasst werden.[265] Durch die Entwicklung neuer Techniken bestehen heutzutage vielfältige Möglichkeiten der Reproduktion gerade von akustischen Zeichen. Entscheidend kommt es bei der Versehbarkeit darauf an, dass der Verkehr einen Zusammenhang zwischen Ware bzw. Dienstleistung und der Hörmarke herstellt. Dies setzt voraus, dass die visuelle Wahrnehmung der Ware oder Dienstleistung in irgendeiner Form durch die akustische Wahrnehmung der Hörmarke ergänzt wird. Die hierbei bestehenden Möglichkeiten sind bereits oben unter § 6 dargestellt worden. Woher das akustische Signal kommt und wie es erzeugt wird, spielt hierbei keine Rolle.

Auch ist es nicht erforderlich, dass die Hörmarke beim erstmaligen Kontakt des Kunden mit der Ware oder Dienstleistung erklingt.[266] Vielmehr reicht es aus, wenn beim Gebrauch der Ware oder bei der Inanspruchnahme der Dienstleistung die Hörmarke erstmals wahrgenommen wird.[267]

---

263 Vgl. zur Rechtslage vor Inkrafttreten des Markengesetzes Fritz, Seite 275.

264 Vgl. BGH in GRUR 1988, 306 (ARD-Signet).

265 Anders Fritz, Seiten 276 und 277, der davon ausgeht, dass ein besonderer Status für Hörzeichen gegenüber flächigen Zeichen hinsichtlich der Versehbarkeit nicht erforderlich sei. In diesem Zusammenhang verweist er auf die Möglichkeit, die Ware mit einem Mikrochip zu versehen, mit dessen Hilfe die Hörmarke wiedergegeben werden kann. Diese Form der Kennzeichnung dürfte jedoch in der Praxis nur selten in Betracht kommen.

266 So besteht beispielsweise beim Durchblättern eines Prospekts oder Katalogs für den Leser keine Möglichkeit, das akustische Kennzeichen wahrzunehmen. Im Regelfall wird der Verbraucher erst im Fernsehen oder Geschäft die Ware oder Dienstleistung zusammen mit der Hörmarke „erleben“.

267 So auch Fritz, Seite 276, mit Beispielen unter Berufung auf RG, RGSt 25, 18 („Champagnerkorken“).

IV. Abstrakte Eignung zur Unterscheidung

Gemäß Art. 2 MarkenRichtl und § 3 Abs. 1 MarkenG sind Hörzeichen nur dann schutzfähig, wenn sie abstrakt geeignet sind, Waren oder Dienstleistungen eines Unternehmens von denjenigen anderer Unternehmen zu unterscheiden. Diese bereits unter Geltung des WZG maßgebliche Eintragungsvoraussetzung[268] erfordert - anders als § 8 Abs. 2 Nr. 1 MarkenG - keine konkrete Prüfung der Unterscheidungskraft in Bezug auf die angemeldeten Waren oder Dienstleistungen.[269] Die abstrakte Eignung ist nach der h.M. nur dann zu verneinen, wenn unter allen denkbaren Umständen ausgeschlossen werden kann, dass das fragliche Zeichen in der Lage ist, als Hinweis auf die betriebliche Herkunft jedweder Waren oder Dienstleistungen zu dienen.[270] Folgende Kriterien sind hierbei zu berücksichtigen:

1. Besondere Kürze des Hörzeichens

Bei Hörmarken kann die abstrakte Unterscheidungseignung dann fraglich sein, wenn sie extrem kurz sind und keine außergewöhnliche klangliche Aussagekraft besitzen. Dies dürfte beispielsweise dann der Fall sein, wenn das akustische Zeichen nur aus einem einzigen Ton (z.B. „c“) besteht. Allerdings ist die besondere Kürze einer Hörmarke allenfalls als Indiz, nicht jedoch als maßgebliches Kriterium für das Fehlen der abstrakten Unterscheidungskraft zu werten. So dürfte das Geräusch eines ins Wasser fallenden Regentropfens trotz seiner kurzen Dauer noch unterscheidungskräftig sein, da es nicht nur aus einer einzigen Sinusschwingung besteht und verschiedenste Frequenzen aufweist. Insofern muss zur Kürze die fehlende akustische Charakteristik hinzutreten.

2. Besondere Länge des Hörzeichens

Auch bei überlangen Tonfolgen wird die abstrakte Unterscheidungskraft - unabhängig von der oben unter I. erörterten Frage der Einheitlichkeit und Geschlossenheit - zu verneinen sein.[271] In ihnen wird der Verkehr im Regelfall keinen prägnanten „akustischen Namen“ für die gekennzeichneten Produkte sehen. Ähnlich wie Namen müssen auch Kennzeichen kurz sein und eine schnelle Benennung des betroffenen Gegenstands gewährleisten. Zudem können auch überlange Tonfolgen nur sehr schwer gemerkt werden.

---

[268] S. auch Hubmann, Seite 219.

[269] Vgl. amtliche Begründung zu § 3 MarkenG in Sonderheft BlfPMZ 1994, 59.

[270] Vgl. zusammenfassend Hacker in Ströbele/Hacker, § 3 Rdnr. 10.

[271] Vgl. hierzu Abschnitt III. 4. c) (3) der Richtlinie Markenanmeldungen und Becker in WRP 2000, 62 f..

Anders stellt sich die Situation allerdings dann dar, wenn die Tonfolge nur aus einer sich wiederholenden (Kurz-)Melodie besteht. Der Konsument wird dann die Melodie unabhängig von der Anzahl der Wiederholungen herausgreifen und sich einprägen. So spielt es beispielsweise bei dem Erdinger-Weißbier-Walzer keine Rolle, wie oft in der Werbung oder im Geschäft die Grundmelodie hintereinander erklingt. Der Verkehr wird nur diese als Kennzeichen ansehen und nicht auf die eigentliche Länge des gesamten Jingles abstellen.

3. Bekannte Melodien

Die Frage der abstrakten Unterscheidungseignung kann sich des Weiteren bei von Haus aus sehr bekannten Melodien (z.B. „Happy Birthday"-Geburtstagslied) stellen. In diesem Fall wird der Verkehr (zunächst) keinen kennzeichnenden Bezug zu den Waren und Dienstleistungen herstellen, sondern von einer allgemeinen Ausschmückung oder Untermalung ausgehen. Allerdings kann - wie anhand der „Stars and Stripes"-Melodie deutlich wird - durch längeren Gebrauch in Verbindung mit den Produkten auch eine bekannte Tonfolge eine kennzeichnende Funktion übernehmen.[272]

4. Nicht merkfähige Hörzeichen

Des Weiteren ist die abstrakte Unterscheidungskraft bei nicht merkfähigen akustischen Signalen zweifelhaft. Die Merkfähigkeit hängt zum einen von der bereits angesprochenen Länge und zum anderen von dem hier zu erörternden Inhalt des Hörzeichens ab.[273] So wird das beim Suchen eines Radiosenders entstehende Rauschen oder das unkoordinierte Erklingen mehrere Instrumente eher als Belästigung, denn als akustischer Name einer Ware oder Dienstleistung aufgefasst. Die Bereitschaft und die Fähigkeit des Verbrauchers, ein solches akustisches Signal im Gedächtnis zu behalten, geschweige denn selbständig wiederzugeben, dürfte kaum vorhanden sein. Dies hängt damit zusammen, dass ein solches „akustisches Chaos" keine herausragenden charakteristischen Komponenten aufweist. Auch in der Gesamtheit ergibt sich keine nachvollziehbare lautliche Einheit, so dass die weit überwiegende Mehrheit des Verkehrs darin keinen markenfähigen Hinweis auf einen Betrieb sehen wird.

---

[272] Näheres zu allgemein bekannten Tonfolgen und Geräuschen s. § 28.

[273] Hierbei ist allerdings zu berücksichtigen, dass die zulässige Länge einer Hörmarke auch von ihrem Inhalt abhängt und es somit Überschneidungen zwischen beiden Kriterien gibt (vgl. oben I. 2.).

Zusammenfassend ist allerdings festzustellen, dass auch bei Hörmarken die abstrakte Unterscheidungseignung nur in seltenen Fällen Probleme bereiten wird.[274] Hierbei mag auch eine Rolle spielen, dass der Entwickler eines Hörzeichens musikalische Vorkenntnisse aufweisen muss, die im Regelfall eine gewisse Qualität und Charakteristik gewährleisten.

---

274 So auch Hacker in Ströbele/Hacker, § 3 Rdnr. 66.

3. Teil. Die markenrechtliche Bedeutung von akustischen Signalen in der Bundesrepublik Deutschland

Die Bedeutung von Marken in der Wirtschaft nimmt ständig zu. Dies wird beispielsweise daran deutlich, dass im Jahr 2003 die deutsche Industrie 337 Milliarden Euro mit Markenwaren umgesetzt hat[275], während 1997 lediglich Umsätze von ca. 205 Milliarden Euro erzielt wurden.[276] Zudem sprechen die in den vergangenen Jahren zu beobachtenden Steigerungen bei den Markenanmeldungen dafür, dass Hersteller, Dienstleister und Händler laufend neue Marken entwickeln, die durch Eintragung in das Markenregister schnell geschützt werden sollen. So gingen im Deutschen Patent- und Markenamt im Jahre 1997 insgesamt 56.992 Anmeldungen nationaler Marken ein. Diese Zahl erhöhte sich bis zum Jahr 2000 auf 86.983. Nach dem Boom des neuen Markts, insbesondere in Zusammenhang mit der Erweiterung des Angebots für Internet-Dienstleistungen, hat sich der Markt und damit die Nachfrage nach neuen Marken allerdings beruhigt. Demzufolge ging die Zahl der Neuanmeldungen im Jahre 2003 auf 62.041 zurück.[277]

Inwieweit allerdings speziell von den Möglichkeiten des Hörmarkenschutzes nach Inkrafttreten des Markengesetzes im Inland Gebrauch gemacht wurde, soll nachfolgend untersucht werden. Zu diesem Zweck wurde ein Katalog von Fragen erstellt, die von der für die Prüfung von Hörmarken zuständigen Markenstelle des Deutschen Patent- und Markenamts freundlicherweise umfassend beantwortet wurden. Er ist dieser Arbeit als Anlage 2) beigefügt. Zur besseren Vergleichbarkeit mit der Situation außerhalb der Bundesrepublik Deutschland[278] wurde generell gebeten, für die Beantwortung den 1. Januar 2004 als Stichtag heranzuziehen. Da dies jedoch nicht möglich war, geben die nachfolgend genannten Zahlen den Sachstand zum Zeitpunkt der Beantwortung des Fragebogens (20. April 2004) wieder.

Die nachfolgende Darstellung erhebt keinen Anspruch auf Vollständigkeit. Sie soll vielmehr einen groben Überblick über die Rechtstatsachen im Inland geben.

---

[275] Vgl. Deutscher Industrie- und Handelskammertag im Internet unter „http://www.dihk.de/inhalt/themen/branchen/Industrie/news/meldung0134.html".

[276] Vgl. Linxweiler, Seite 11.

[277] Vgl. BlfPMZ 2004, 109.

[278] S. hierzu unten das vierte Kapitel.

§ 12 Schutzgesuche, Widersprüche und Löschungen betreffend Hörmarken

I. Schutzgesuche

1. Nationaler Bereich

a) Anmeldungen und Eintragungen

Bis zum 20. April 2004 wurden beim Deutschen Patent- und Markenamt insgesamt 192 Hörmarken angemeldet. Zu diesem Zeitpunkt befanden sich 168 Eintragungen von Hörzeichen im Markenregister. Im Vergleich zu den am 31. Dezember 2003 insgesamt eingetragenen und in Kraft befindlichen Marken (695.060)[279] ist dies eine verschwindend geringe Zahl. Dies beruht vermutlich zum einen auf der geringeren Attraktivität von Hörmarken gegenüber Wort- und Bildmarken und zum anderen darauf, dass Hörmarken erst seit dem 1. Januar 1995 angemeldet werden können.

Die Aufteilung der Hörmarkenanmeldungen nach Leitklassen stellt sich wie folgt dar:[280]

---

[279] Vgl. BlfPMZ 2004, 110.

[280] Sofern eine Klasse nicht aufgeführt ist, wurde diese bisher für eine Hörmarkenanmeldung nicht vergeben.

Leitklasse	Anzahl[281]
1	1
3	3
4	1
5	2
9	55
11	1
14	6
15	1
16	2
20	1
25	1
28	2
29	4
30	13
31	1
32	6
33	2
35	11
36	11
38	55
41	9
42	3

Übersicht 4: *Beim Deutschen Patent- und Markenamt angemeldete Hörmarken, geordnet nach Leitklassen (Stand: 20.04.2004).*

281 Die Divergenz der Gesamtzahl in Höhe von 191 gegenüber der Zahl der Anmeldungen in Höhe von 192 resultiert daraus, dass einer Hörmarkenanmeldung keine Leitklasse zugeordnet werden konnte.

Der weitaus überwiegende Teil der Anmeldungen betrifft somit die Leitklassen 9 und 38, gefolgt von den Leitklassen 30, 35 und 36. Dieses Ergebnis überrascht nicht, da Hörmarken insbesondere in Zusammenhang mit Aufzeichnungsgeräten, Spielautomaten sowie Computern und vor allem in Radio- und Fernsehsendungen eingesetzt werden.

Des Weiteren ist festzustellen, dass lediglich 14 Hörmarken in Form eines Sonagramms angemeldet wurden. Damit handelt es sich bei den allermeisten Hörmarken nicht um Geräusche, sondern um Töne bzw. Klänge. Diese bilden meist kürzere eingängige Melodien.

b) Zurückweisungen

Zurückgewiesen wurden bis zum 20. April 2004 insgesamt 5 Anmeldungen von Hörmarken. Darüber hinaus erfolgten 19 Zurücknahmen von Hörmarkenanmeldungen, die häufig ihren Grund in der vorherigen Beanstandung der Schutzfähigkeit des akustischen Zeichens hatten.

In formaler Hinsicht fällt auf, dass bei etwa 50% der Anmeldungen die nach § 11 Abs. 3 MarkenV erforderliche klangliche Wiedergabe der Hörmarke fehlte. Dies führt zwar nicht zu einer Verschiebung des Anmeldetags nach § 36 Abs. 2 MarkenG, doch kann die Anmeldung gemäß § 36 Abs. 4 i.V.m. Abs. 1 Nr. 2 i.V.m. § 32 Abs. 3 MarkenG zurückgewiesen werden. Das häufige Fehlen der klanglichen Wiedergabe hängt vermutlich mit der Vorstellung vieler Anmelder zusammen, es komme bei Hörmarken allein auf die grafische Wiedergabe an. Diese spielt jedoch im Rahmen der Prüfung der Anmeldung gegenüber der klanglichen Wiedergabe nur eine untergeordnete Rolle. Formal ist darüber hinaus zu kritisieren, dass teilweise die klangliche und grafische Wiedergabe nicht übereinstimmen und Waren-/Dienstleistungsverzeichnisse zu unbestimmt sind.[282]

Inhaltlich wurden bisher primär die unzureichende Unterscheidungskraft und sekundär der beschreibende Sinngehalt einzelner Hörmarken bemängelt. So wurden beispielsweise (teilweise) zurückgewiesen bzw. nach Beanstandung zurückgenommen:

---

282 Hierbei handelt es sich jedoch nicht um ein hörmarkenspezifisches Problem.

Hörmarke	Waren/Dienstleistungen	Grund
Motorengeräusche eines Trabants	Tonträger, Klangdateien, Werbung und Unterhaltung	Hinweis auf den Gegenstand der Produkte
„Pling“ eines nach dem Öffnen auf einen harten Gegenstand aufprallenden Kronenkorkenverschlusses	u.a. Getränke und ihre Grundstoffe	Zu kurz, warentypisches Geräusch
„Plopp“ beim Öffnen des Bügelverschlusses einer Flasche	Biere	Hinweis auf Darreichungsform, Kaufeinstimmung
Geräusch des Aufreißens einer Verpackung	u.a. Backwaren, Schokolade, Zuckerwaren	Sachgeräusch, Wecken des Interesses an den Waren
„I love you“ in sechs verschiedenen Sprachen hintereinander	Klassen 3, 5, 14, 16 und 21	Hinweis auf das Thema „Liebe“, Förderung der Verkaufsatmosphäre, Bestimmungsangabe
Jagdruf (Halali)	u.a. Uhren, Zeitmessinstrumente	Hinweis auf den Stil der Waren (Moderichtung)
Katzenschnurren	u.a. land-, garten- und forstwirtschaftliche Erzeugnisse, lebende Tiere, Tierfutter	Ausdruck des Wohlbefindens, Bestimmungsangabe

Übersicht 5: *Beispiele für aus materiellen Gründen beanstandete Hörmarken.*

2. Europäischer Bereich - Einreichung von Anmeldungen von Gemeinschaftshörmarken beim Deutschen Patent- und Markenamt

Bis Anfang 2004 sind keine Anmeldungen von Gemeinschaftshörmarken beim Deutschen Patent- und Markenamt gemäß Artikel 25 Abs. 1 Buchstabe b) GMVO eingereicht worden. Im Hinblick auf die Zahl der sonstigen Gemeinschaftshörmarkenanmeldungen aus der Bundesrepublik Deutschland wird ergänzend auf die Ausführungen zu § 14 II. 1. Bezug genommen.

3. Internationaler Bereich

Das Interesse an der internationalen Registrierung von angemeldeten oder eingetragenen inländischen Hörmarken auf der Grundlage des Madrider Abkommens über die internationale Registrierung von Marken (MMA) oder des Protokolls zum Madrider Abkommen über die internationale Registrierung von Marken (PMMA) hielt sich bisher in Grenzen. Das gleiche gilt für Gesuche um Schutz für ausländische international registrierte Hörmarken für das Gebiet der Bundesrepublik Deutschland. Insoweit wird auf die Erläuterungen unter § 15 II. 1. verwiesen.

II. Widerspruchs- und Löschungsverfahren

Bis April 2004 lagen noch keine Widersprüche aus oder gegen Hörmarken vor. Auch Verfahren zur Löschung von Hörmarken wurden bis zu diesem Zeitpunkt nicht durchgeführt.

Viertes Kapitel. Rechtsvergleichende Betrachtungen

Um einen Gesamtüberblick zu erhalten und auf anderweitig gewonnene Erfahrungen aufbauen zu können, wird nachfolgend die Situation betreffend Hörmarken in einzelnen ausländischen Staaten näher dargestellt. Im Anschluss daran folgt die Erörterung des gesamteuropäischen und internationalen Schutzes von Hörmarken in rechtlicher und tatsächlicher Hinsicht.[283] Aufgrund der Fülle an Daten und unter Berücksichtigung des Rahmens dieser Arbeit wird auch hier kein Anspruch auf Vollständigkeit erhoben. Es geht vielmehr darum, Tendenzen aufzuzeigen und einen Eindruck von der Situation Anfang bis Mitte 2004 zu vermitteln.

1. Teil. Zum Schutz von Hörmarken außerhalb der Bundesrepublik Deutschland

Die nachfolgenden Angaben zu den Rechtstatsachen wurden u.a. auf der Grundlage der als Anlagen 3) - 5) beigefügten Fragebögen, die an die jeweiligen Ämter des gewerblichen Rechtsschutzes verschickt wurden, ermittelt. Es handelt sich hierbei um drei Arten von Fragebögen, die sich abhängig von dem Adressaten (Nationales Amt[284], Harmonisierungsamt für den Binnenmarkt[285], Weltorganisation für geistiges Eigentum[286]) nur geringfügig unterscheiden. Die dankenswerterweise eingegangenen Antworten fielen - wie zu erwarten war - unterschiedlich lang und genau aus. Teilweise wurden konkrete Zahlen genannt, teilweise beschränkten sich die Antworten auf allgemeine Aussagen. Auch wurden nicht alle Fragen beantwortet. Daraus resultieren qualitative und quantitative Unterschiede in den Ausführungen zu den einzelnen Staaten. Soweit möglich wurde versucht, durch zusätzliche Recherchen insbesondere über das Internet weitere Informationen zu erhalten. Allerdings stellte sich hierbei heraus, dass eine Suche nach Markenformen und insbesondere nach Hörmarken nur selten möglich ist.

Die Ämter wurden analog zur inländischen Befragung gebeten, den 1. Januar 2004 als Stichtag der Ermittlung der Zahlen zugrunde zu legen. Es ist jedoch auch hier nicht auszuschließen, dass tatsächlich die Zahlen zum Zeitpunkt der Erstellung der Antworten herangezogen worden sind (April bis Juli 2004). Auf die möglichen Unterschiede der für die Ermittlung relevanten Zeitpunkte wird

---

[283] Ergänzend wird auf die umfassende Übersicht zum internationalen, europäischen und nationalen Markenrecht der einzelnen Mitgliedstaaten der EU bei Fritz, Seiten 10 ff., 84 ff. und 101 ff. verwiesen.

[284] S. Anlage 3).

[285] S. Anlage 4).

[286] S. Anlage 5).

nachfolgend nicht mehr gesondert hingewiesen. In jedem Fall geben die Zahlen jedoch den Stand in der ersten Hälfte des Jahres 2004 wieder und bieten damit einen guten Überblick über das Interesse an Hörmarken außerhalb der Bundesrepublik Deutschland.[287] Aufgrund der nur geringfügigen Unterschiede der Stichtage ermöglichen sie auch einen Vergleich mit der Situation im Inland.[288]

---

[287] Ergänzend wird in diesem Zusammenhang auf die umfassende Übersicht bei Fezer, § 3 Rdnr. 271, verwiesen.

[288] S. dazu oben § 12 (Stichtag ist dort der 20. April 2004).

§ 13 Der Schutz in einzelnen ausländischen Staaten

Einleitend wird die Rechtslage und die Rechtswirklichkeit in fünf, alphabetisch geordneten Ländern betrachtet, die zu den wichtigsten Exporthandelspartnern der Bundesrepublik Deutschland zählen.[289] Die Auswahl erfolgte unter Zugrundelegung des Wertes der jeweiligen Ausfuhren im Jahre 2003.[290] Die Darstellung kann deshalb insbesondere für inländische Unternehmen von Bedeutung sein, die ihre Waren unter einem Hörzeichen im Ausland bereits vertreiben oder zukünftig vertreiben wollen.

I. Frankreich

1. Zur Rechtslage

a) Möglichkeit des Schutzes von Hörmarken

Am 28. Dezember 1991 ist das Gesetz Nr. 91-7 über Fabrik-, Handels- und Dienstleistungsmarken vom 4. Januar 1991 in Kraft getreten. Seit diesem Zeitpunkt können Hörzeichen („signes sonores") in Frankreich als Marken geschützt werden. Der Hörmarkenschutz ist derzeit in Article L711-1 Lettre b) Code de la Propriété Intellectuelle vom 1. Juli 1992 geregelt.[291] Ausdrücklich werden in der Vorschrift Töne bzw. Klänge und musikalische Tonsätze genannt.

b) Voraussetzungen für die Eintragung von Hörmarken

(1) Formale Voraussetzungen

Die grafische Darstellbarkeit eines Hörzeichens („un signe susceptible de représentation graphique") stellt auch in Frankreich eine Bedingung für den Markenschutz dar, um die Eintragung in das und die Suche im Register sowie die Veröffentlichung zu gewährleisten. Sie muss von Dritten in gleicher Weise interpretiert werden können und damit objektiv sein.

---

[289] Es wurden noch Ämter weiterer Exporthandelspartner angeschrieben, von denen allerdings keine Antworten vorliegen.

[290] Vgl. hierzu die Spalte „Ausfuhr" in der Tabelle „Rangfolge der Handelspartner im Außenhandel der Bundesrepublik Deutschland 2003" des Statistischen Bundesamtes im Internet unter „http://www.destatis.de" (1. Frankreich: 70.006,1 Mill. €; 2. Vereinigte Staaten von Amerika: 61.669,3 Mill. €; 3. Vereinigtes Königreich: 55.307,4 Mill. €; 4. Italien: 48.785,1 Mill. €; 5. Niederlande: 40.997,0 Mill. €; 6. Österreich: 35.187,7 Mill. €; 7. Belgien: 33.366,1 Mill. €; 8. Spanien: 32.504,4 Mill. €; 9. Schweiz: 25.902,5 Mill. €).

[291] Vgl. auch BlfPMZ 1993, 216.

(2) Inhaltliche Voraussetzungen

Wie allgemein üblich muss die Eignung einer Hörmarke zur Unterscheidung von Waren oder Dienstleistungen einer natürlichen oder juristischen Person gegeben sein.

Vorgaben zur Dauer einer Hörmarke bestehen in Frankreich nicht. Allerdings darf die grafische Wiedergabe ähnlich wie in Deutschland (vgl. § 11 Abs. 2 i.V.m. § 8 Abs. 2 MarkenV) zum Zwecke der Eintragung und Veröffentlichung eine bestimmte Größe nicht überschreiten. Insofern ergibt sich daraus mittelbar eine gewisse zeitliche Begrenzung.

2. Zur Rechtswirklichkeit

a) Nationale Anmeldungen und Eintragungen

Seit 1991 sind sehr wenige Hörmarken in Frankreich eingetragen worden. Die Zahl dürfte nach Aussage des Institut National de la Propriété Industrielle (INPI) im Juli 2004 unter 50 liegen. Ein Beispiel für eine französische Hörmarke ist nachfolgend wiedergegeben:

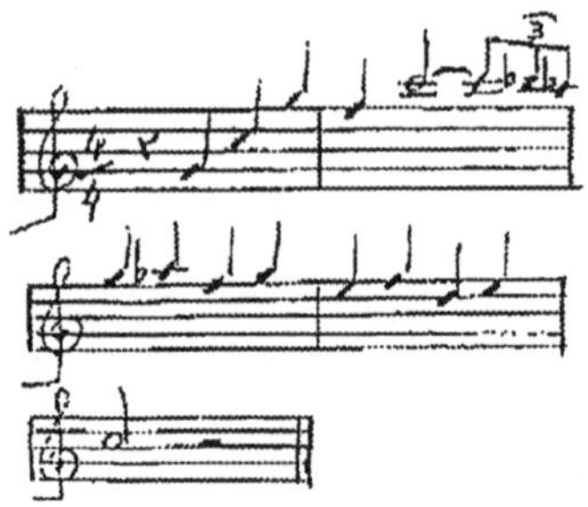

• Number	93 477 635
• Statut	renewed
• Classes	CL38 (dossier no 2245506)
• Goods and services	Communications; communications radiophoniques ou téléphoniques transmission de messages
• Owner	**SOCIETE DES AUTOROUTES PARIS-RHIN-RHONE** société anonyme ,26 rue du Docteur Schmitt,21850 SAINT APPOLINAIRE,FRANCE (dossier no 2245506)
• Filing Date	1993-07-23
• Publication	BOPI 1993-35 (Publication) BOPI 1994-01 (Enregistrement) BOPI 2003-35 (Renouvellement dossier no 2245506)
• Renewal Date	2003-06-30 (dossier no 2245506)

Abbildung 29: *Beispiel für eine in Frankreich geschützte Hörmarke.*

Statistische Angaben zu Gemeinschaftshörmarken oder international registrierten Hörmarken, die gegebenenfalls in Frankreich geschützt sind, lagen dem INPI bis Juli 2004 nicht vor.

b) Zurückweisungen

Beispiele für schutzunfähige Hörmarken gab es bis Juli 2004 noch nicht. Insofern können auch keine Aussagen zur Bedeutung der einzelnen Zurückweisungsgründe wie Fehlen der Unterscheidungskraft gemacht werden.

c) Widerspruchs- und Löschungsverfahren

Bis Juli 2004 ist kein Widerspruch aufgrund einer oder gegen eine Hörmarke eingelegt worden. Verfahren zur Löschung einer Hörmarke sind bis dahin ebenfalls noch nicht durchgeführt worden.

II. Großbritannien

1. Zur Rechtslage

a) Möglichkeit des Schutzes von Hörmarken

Zum 31. Oktober 1994 ist der Trade Marks Act 1994 vom 21. Juli 1994 in Großbritannien in Kraft getreten.[292] Er enthält keine spezielle Regelung zu Hörmarken. Dasselbe gilt für die Ausführungsbestimmungen, die in The Trade Marks Rules 2000 vom 23. Januar 2000 zusammengefasst sind. Gemäß Section 1 Paragraph 1 des Trade Marks Act[293] sind jedoch allgemein auch Hörmarken zum Schutz zugelassen. Vor Inkrafttreten des Trade Marks Act 1994 konnten Hörmarken nicht geschützt werden.

---

[292] Vgl. BlfPMZ 1997, 286.

[293] Section 1 Paragraph 1: „In this Act a „trade mark“ means any sign capable of being represented graphically which is capable of distinguishing goods or services of one undertaking from those of other undertakings.“

b) Voraussetzungen für die Eintragung von Hörmarken

(1) Formale Voraussetzungen

Eine Hörmarke muss grafisch darstellbar sein (vgl. Section 1 Paragraph 1 des Trade Marks Act). Des Weiteren muss in der Anmeldung deutlich angegeben werden, dass diese ein akustisches Signal betrifft. Ansonsten wird davon ausgegangen, dass es sich um ein Wort oder eine Zeichnung handelt, was insbesondere bei einer Notenschrift nahe liegt.

Eine schriftliche Beschreibung der Hörmarke (z.B. „Es handelt sich um ein bestimmtes Musikstück oder Tiergeräusch") reicht zumindest seit Erlass des Urteils des Europäischen Gerichtshofs vom 27. November 2003 in Sachen „Shield Mark BV/Joost Kist h.o.d.m. Memex"[294] nicht mehr aus. Diese Entscheidung trug auch in Großbritannien zur Definition der Anforderungen an die grafische Darstellung bei. Eine Hörmarke muss somit in Form einer Notenschrift wiedergegeben werden, die in Takte gegliedert ist und insbesondere einen Notenschlüssel, Noten-, Pausen- und gegebenenfalls Vorzeichen enthält.

(2) Inhaltliche Voraussetzungen

Wie im deutschen Recht muss eine Hörmarke zur Unterscheidung von Waren und Dienstleistungen eines Unternehmens von denjenigen anderer Unternehmen geeignet sein. Hierbei wird berücksichtigt, ob andere Gewerbetreibende voraussichtlich auch das akustische Signal im Rahmen ihres Geschäftsbetriebs benutzen wollen. Insofern wird das Freihaltungsbedürfnis in Zusammenhang mit der Unterscheidungskraft geprüft. Ausschnitte von Musikstücken dürfen zudem nicht zu lang sein, um noch als Hörmarke aufgefasst zu werden.

2. Zur Rechtswirklichkeit

a) Nationale Anmeldungen und Eintragungen

Eine genaue Zahl konnte nicht ermittelt werden, da Hörmarken anfangs noch nicht als solche erfasst wurden. Doch dürfte nach Auskunft des UK Patent Office die Anzahl der Hörmarkenanmeldungen und -eintragungen bis Mai 2004 nicht allzu groß gewesen sein. Eingetragen wurden bis zu diesem Zeitpunkt beispielsweise Hundegebell für Farbe, eine Notenschrift für Waren der Klasse 30 (Kaffee, Tee etc.), eine Notenschrift mit Worten für Waren der Klasse 3 (Wasch- und Bleichmittel etc.) und ein Jingle für Versicherungsdienstleistungen.

---

[294] Abgedruckt in GRUR 2004, 54.

b) Zurückweisungen

Die genaue Anzahl der bis Mai 2004 ausgesprochenen Zurückweisungen lag dem UK Patent Office nicht vor. Sie erfolgten bisher wegen Fehlens der notwendigen Unterscheidungskraft der betreffenden Hörmarke. Darunter fallen insbesondere folgende Fallgestaltungen:

- Sehr einfache Musikstücke, die lediglich aus 1 bis 2 Noten bestehen,
- Lieder wie „Greensleeves", die üblicherweise von mobilen Eisverkäufern verwendet werden, in Verbindung mit Eiskrem,
- Gewöhnliche Geräusche von Spielautomaten in Verbindung mit diesen Geräten oder mit Unterhaltungsdienstleistungen,
- Sehr bekannte volkstümliche Musik in Verbindung mit Unterhaltungsdienstleistungen einschließlich derer eines Vergnügungsparks,
- Kinderreime in Verbindung mit Waren oder Dienstleistungen, die für Kinder bestimmt sind, und
- Musik, die in besonderer Weise mit bestimmten Gebieten oder Ländern in Verbindung gebracht wird, für Waren oder Dienstleistungen, die aus diesen Bereichen stammen oder dorthin geliefert werden.

c) Widerspruchs- und Löschungsverfahren

Im UK Patent Office wurden in Zusammenhang mit Widerspruchs- und Löschungsverfahren keine Statistiken zu bestimmten Markenformen geführt. Insofern lagen bis Mai 2004 keine näheren Angaben vor.

III. Österreich

1. Zur Rechtslage

a) Möglichkeit des Schutzes von Hörmarken

Gesetzliche Bestimmungen zu Hörmarken[295] sind in Österreich erstmals durch die Markenrechtsnovelle 1999, die seit dem 23. Juli 1999 in Kraft ist, in das österreichische Markenschutzgesetz (MSchG) aufgenommen worden.[296] Bereits davor wären Hörmarkenanmeldungen nach Ablauf der Frist zur Umsetzung der Markenrechtsrichtlinie (31. Dezember 1992)[297] nicht zurückgewiesen worden, doch gab es entsprechende Schutzgesuche nicht.

---

295 In Österreich werden sie als Klangmarken bezeichnet.

296 Missverständlich insoweit Fezer, § 3 Rdnr. 271.

297 Vgl. ABl. EG 1992 Nr. L 6 S. 35.

Neben der Möglichkeit des Schutzes durch Eintragung können Hörmarken in Österreich auch durch das Wettbewerbs- oder Urheberrecht geschützt sein.

b) Voraussetzungen für die Eintragung von Hörmarken

(1) Formale Voraussetzungen

Gemäß § 16 Abs. 2 MSchG ist zusätzlich zu der grafischen Darstellung der Hörmarke eine klangliche Wiedergabe auf einem Datenträger einzureichen. Einzelheiten hierzu sind in der Verordnung des Präsidenten des Patentamtes über Eingaben an das Patentamt sowie über das Verfahren in Patent-, Gebrauchsmuster-, Halbleiterschutz-, Marken- und Musterangelegenheiten (Patentamtsverordnung – PAV) enthalten:

Nach § 10 Abs. 2 PAV kann eine Hörmarke in Form einer Notenschrift oder in Form eines Sonagramms angemeldet werden. In § 10 Abs. 2 Nr. 1 PAV ist festgelegt, dass die Notenschrift lesbar in einer übliche Notation ausgeführt sein muss. Wenn die Hörmarke einen Text enthält, ist dieser in einer für die Notenschrift üblichen Weise lesbar anzubringen. Die Anforderungen an ein Sonagramm sind in § 10 Abs. 2 Nrn. 2 und 3 PAV geregelt und entsprechen weitgehend denjenigen, die in der Mitteilung Nr. 16/94 des Präsidenten des Deutschen Patent- und Markenamts über die Form der Darstellung von Hörmarken durch Sonagramm und ihre klangliche Wiedergabe gemäß § 11 Abs. 5 der Markenverordnung (a.F.)[298] niedergelegt waren.

§ 10a PAV legt die Kriterien für die klangliche Wiedergabe der Hörmarke fest. In Abs. 1 wird ausdrücklich bestimmt, dass die klangliche Wiedergabe der grafischen Darstellung entsprechen muss. Ansonsten besteht weitgehende Übereinstimmung mit den in der Mitteilung Nr. 16/94 enthaltenen Vorgaben.

(2) Inhaltliche Voraussetzungen

Besondere Anforderungen an die Schutzfähigkeit von Hörmarken gibt es nicht. Die zulässige Höchstdauer einer Hörmarke ergibt sich mittelbar aus den Vorgaben des § 10 Abs. 2 i.V.m. Abs. 1 PAV, wonach die grafische Darstellung einer Hörmarke nicht größer als 8 x 8 cm sein darf.

---

298 Vgl. Sonderheft BlfPMZ 1994, 180; ab dem 15. Oktober 2003 besteht die Möglichkeit zur Einreichung eines Sonagramms in der Bundesrepublik Deutschland allerdings nicht mehr (vgl. Mitteilung Nr. 8/03 des Präsidenten des Deutschen Patent- und Markenamts über den Wegfall des Sonagramms als Form der grafischen Darstellung bei Hörmarken in § 11 der Markenverordnung, abgedruckt in BlfPMZ 2003, 320; vgl. auch § 11 Abs. 2 und 5 MarkenV in der ursprünglichen und in der aktuellen Fassung).

2. Zur Rechtswirklichkeit

a) Nationale Anmeldungen und Eintragungen

Bis Mitte 2004 sind ca. 5 Hörmarken beim Österreichischen Patentamt angemeldet und 2 eingetragen worden („Intel“ und „Mastercard“). Das Interesse an dieser Markenform hielt sich somit bisher sehr in Grenzen.

b) Zurückweisungen

Hörmarkenanmeldungen wurden in Österreich bis Mitte 2004 noch nicht zurückgewiesen.

c) Löschungsverfahren[299]

Anträge auf Löschung von Hörmarken lagen bis Mitte 2004 nicht vor.

IV. Schweiz

1. Zur Rechtslage

a) Möglichkeit des Schutzes von Hörmarken

Mit Inkrafttreten des Schweizerischen Markenschutzgesetzes (MSchG) am 1. April 1993 können als erstes Land nach den USA auch in der Schweiz Hörmarken durch Eintragung geschützt werden.[300] In Art. 1 MSchG, der die Markenfähigkeit von Zeichen regelt, sind Hörzeichen zwar nicht explizit erwähnt, doch lässt die Formulierung des Absatzes 2 auch diese Markenform zu.[301]

Nicht nur durch nationale Eintragung (Art. 5 MSchG), sondern auch aufgrund Notorietät im Sinne des Art. 6bis der Pariser Verbandsübereinkunft (Art. 3 Abs. 2 Buchstabe b MSchG) und durch internationale Registrierung (Art. 46 MSchG) kann ein akustisches Zeichen Markenschutz erlangen.

---

299 Angaben zu Widersprüchen aus oder gegen Hörmarken können nicht gemacht werden, da es in Österreich die Möglichkeit eines Widerspruchsverfahrens nicht gibt.

300 Vgl. Fezer, § 3 Rdnr. 271.

301 Art. 1 Abs. 2 MSchG: „Marken können insbesondere Wörter, Buchstaben, Zahlen, bildliche Darstellungen, dreidimensionale Formen oder Verbindungen solcher Elemente untereinander oder mit Farben sein.“ (Das MSchG ist abgedruckt in GRUR Int. 1993, 663, s. auch im Internet unter „http://www.admin.ch/ch/d/sr/c232_11.html“).

b) Voraussetzungen für die Eintragung von Hörmarken

(1) Formale Voraussetzungen

Eine Hörmarke muss gemäß Art. 10 Abs. 1 der Schweizerischen Markenschutzverordnung (MSchV)[302] wie alle Marken grafisch darstellbar sein, um in das Register eingetragen werden zu können. Darüber hinaus bedarf es einer in Takte gegliederten und mit einem Notenschlüssel versehenen Notenschrift. In der Anmeldung ist zudem anzugeben, dass es sich um eine Hörmarke handelt (Art. 10 Abs. 3 MSchV).

(2) Inhaltliche Voraussetzungen

Das Eidgenössische Institut für Geistiges Eigentum plant, in seine Richtlinien für die Markenprüfung folgende Regelungen aufzunehmen: Hörmarken dürfen weder zu kurz (z.B. nur eine Note) noch zu lang oder zu heterogen sein. Auch darf es sich nicht um eine üblicherweise mit den Produkten (z.B. Weihnachtslieder für Weihnachtsbäume) oder mit der geographischen Herkunft in Zusammenhang stehende Melodie handeln (z.B. Nationalhymne). Schließlich können bekannte, zum Gemeingut gehörende Melodien (z.B. „Jingle Bells“ für Spielzeug) nicht als Hörmarke geschützt werden.

Im Übrigen gelten für Hörmarken die allgemeinen Schutzvoraussetzungen. Sie müssen somit die notwendige Unterscheidungskraft aufweisen (Art. 1 Abs. 1 MSchG) und dürfen insbesondere nicht Gemeingut, irreführend oder sittenwidrig (Art. 2 MSchG) bzw. mit einer älteren Marke identisch oder ihr ähnlich sein (Art. 3 MSchG).

2. Zur Rechtswirklichkeit

a) Anmeldungen/Schutzgesuche und Eintragungen/Schutzgewährungen

Bis Mitte 2004 lagen dem Eidgenössischen Institut für Geistiges Eigentum 13 nationale Anmeldungen und 11 Gesuche um Schutz international registrierter Hörmarken in der Schweiz vor. Alle Anmeldungen führten zur Eintragung, während bis Mitte 2004 erst 9 international registrierten Hörmarken Schutz gewährt wurde.

Gesuche um Schutz einer national angemeldeten oder eingetragenen Hörmarke durch internationale Registrierung lagen bis Mitte 2004 nicht vor.

---

302 S. die Fundstelle im Internet unter „http://www.admin.ch/ch/d/sr/c232_111.html“.

b) Zurückweisungen/Schutzversagungen

Während bis Mitte 2004 noch keine nationale Anmeldung zurückgewiesen wurde, ist einer international registrierten Hörmarke wegen Mängeln bei der grafischen Darstellung der Schutz versagt worden.

c) Widerspruchs- und Löschungsverfahren

Widersprüche aus einer oder gegen eine Hörmarke sind bis Mitte 2004 im Eidgenössischen Institut für Geistiges Eigentum nicht eingegangen. Auch Verfahren zur Löschung von Hörmarken sind bis zu diesem Zeitpunkt nicht durchgeführt worden.

V. Vereinigte Staaten von Amerika

1. Zur Rechtslage

a) Möglichkeit des Schutzes von Hörmarken

Hörmarken werden in den USA zum einen durch das Wettbewerbsrecht als Teil des Common Law geschützt. Hierfür ist keine Registrierung erforderlich. Zusätzlich wurde im Jahre 1946 mit Erlass des Trademark Act of 1946 (Lanham Act oder 15 United States Code Sec. 1051 - 1127) die Möglichkeit des bundesweiten Hörmarkenschutzes durch Eintragung beim United States Patent and Trademark Office (USPTO) eröffnet. Neben diesem Bundesgesetz („Federal Law")[303] gibt es auch Gesetze in den einzelnen Bundesstaaten („State Law"), die akustische Kennzeichen unter Schutz stellen. Diese beruhen meist auf dem Model Trademark Bill (MTB), der eine Registrierung vorsieht, oder dem Uniform Deceptive Trade Practices Act (UDTPA), der keine Eintragung erfordert.[304]

---

303 Das Markenrecht ist darüber hinaus bundesgesetzlich im Trademark Counterfeiting Act of 1984 und im Trademark Law Revision Act of 1988 geregelt, vgl. Bundesagentur für Außenwirtschaft im Internet unter „http://www.bfai.com/botdb_rec_MKT20040608155130.html".

304 Vgl. hierzu auch Legal Information Institute, „Trademark Law: An Overview" im Internet unter „http://www.law.cornell.edu/topics/trademark.html".

b) Voraussetzungen für die Eintragung von Hörmarken

(1) Formale Voraussetzungen

Bei der Anmeldung einer Hörmarke muss gemäß 37 Code of Federal Regulations (C.F.R.) § 2.52(e) (Types of Drawings and Format for Drawings) keine grafische Darstellung, sondern eine detaillierte Beschreibung eingereicht werden.[305] In Ausführung hierzu bestimmt Trademark Manual of Examining Procedure (TMEP) § 807.11, dass bei aus Musik bestehenden Hörmarken die der Aufnahme zugrunde liegende Partitur beigefügt werden kann.[306] Ergänzend werden gemäß 37 C.F.R. § 2.56(d)(3) Audio- oder Videokassetten, CD-ROMs oder andere geeignete Medien vom USPTO akzeptiert. Ihr akustischer Inhalt sollte nach TMEP Sec. 1202.15 ausreichend groß sein, um die Prüfung der Schutzfähigkeit der Hörmarke zu ermöglichen.[307]

(2) Inhaltliche Voraussetzungen

Wie bei allen Marken so setzt gemäß 15 USC Sec. 1127 auch die Registrierung einer Hörmarke beim USPTO voraus, dass sie benutzt wird oder benutzt werden soll.[308] Zudem muss das akustische Zeichen die Waren identifizieren, sie von den Produkten anderer Hersteller oder Verkäufer unterscheiden und auf ihren Ursprung hinweisen.

In TMEP Sec. 1202.15 wird hierzu näher ausgeführt, dass eine Hörmarke durch akustische als auch durch visuelle Mittel Waren oder Dienstleistungen identifiziert und voneinander abgrenzt. Als Beispiele für Hörmarken werden die Folge von Tönen oder Musiknoten mit oder ohne Worte und von Musik begleitete Worte genannt.

---

[305] Der Text des 37 Code of Federal Regulations ist zu finden im Internet unter „http://www.uspto.gov/web/offices/tac/tmlaw2.html". Ein Beispiel für die Beschreibung einer US-Hörmarke ist bei Sieckmann, Ralf „Archiv der neuen Markenformen: Hörmarken" im Internet unter „http://www.copat.de/markenformen/mn_hoermarken.htm" aufgeführt. Eine eindeutige akustische Identifizierung der Hörmarke ist dadurch jedoch nicht möglich.

[306] Der Text ist zu finden im Internet unter „http://www.uspto.gov/web/offices/tac/tmep/0800.htm".

[307] Der Text ist zu finden im Internet unter „http://www.uspto,gov/web/offices/tac/tmep/1200.htm".

[308] S. Richter, Klaus „Der Schutz des geistigen Eigentums in den USA" im Internet unter „http:://www.jura.uni-sb.de/urheberrecht/web-dok/1999028.html".

Darüber hinaus hat der Trademark Trial and Appeal Board (TTAB) weitere Kriterien für die Eintragbarkeit von Hörmarken aufgestellt:[309] Ob Töne oder Geräusche akustische Kennzeichen darstellen, hängt von der Wahrnehmung des Zuhörers ab. Diese ist zwar so wie das Schallereignis vergänglich, es sei denn, die Töne oder Geräusche sind so eigenartig oder unterscheidungskräftig, dass sie unterschwellig gemerkt werden und die Erinnerung an den Ursprung oder an ein damit in Zusammenhang stehendes Ereignis hervorrufen.[310] Bei alltäglichen oder in unterschiedlichem Zusammenhang eingesetzten Tönen oder Geräuschen muss zudem nachgewiesen werden, dass sie von den Käufern und Zuhörern auch als Hinweis auf den Ursprung der Produkte aufgefasst werden. Bei einmaligen, verschiedenartigen oder unterscheidungskräftigen akustischen Signalen ist ein solcher Beweis jedoch nicht erforderlich.

Hörmarken können aus beliebigen akustischen Signalen bestehen, sofern sie die Produkte voneinander unterscheiden und auf ihren Ursprung hinweisen. Vorgaben zur Länge eines Hörzeichens bestehen nicht.

2. Zur Rechtswirklichkeit

a) Nationale Anmeldungen und Eintragungen

Die erste Eintragung einer Hörmarke durch das USPTO erfolgte im Jahr 1950.[311] Bis Juli 2004 sind 208 Hörmarken beim USPTO angemeldet worden.[312] Davon waren 79 noch in Kraft. Hierbei sind nicht die nach dem U.S. Common Law geschützten Hörzeichen mit berücksichtigt.

Die Bandbreite reicht von Glockengeläut, Kindergelächter bis zum Löwengebrüll von MGM. Das bekannte Basketballteam „The Harlem Globetrotters“ hat ihren Titelsong „Sweet Georgia Brown“ und AT&T die gesprochenen, von Musik begleiteten Buchstaben „AT&T“ eintragen lassen.[313]

Bis Juli 2004 ist für keine international registrierte Hörmarke um Schutz in den USA nachgesucht worden.

---

309 S. hierzu Trademark Trial and Appeal Board, *In re General Electric Broadcasting Co., Inc.*, 199 USPQ 560 (TTAB 1978) (Die Entscheidung betrifft das Läuten einer Schiffsglocke und ist über die LEXIS-Datenbank erhältlich.).

310 Vgl. Sound Trademark Definition Meaning Information Explanation im Internet unter „http://www.free-definition.com/Sound-trademark.html“.

311 S. auch Sieckmann, a.a.O..

312 Darunter fallen alle anhängigen und zurückgewiesenen Anmeldungen als auch alle in Kraft befindlichen und gelöschten Eintragungen.

313 S. Sound Trademark Definition Meaning Information Explanation, a.a.O..

b) Zurückweisungen

Statistische Angaben zu den bis Juli 2004 erfolgten Zurückweisungen von Hörmarkenanmeldungen lagen dem USPTO nicht vor. Sie sind jedoch eher selten.[314] Als Grund für die Zurückweisung einer Hörmarke kommt auch hier vor allem das Fehlen ihrer Unterscheidungskraft in Betracht.

c) Widerspruchs- und Löschungsverfahren

Zahlenmaterial zu Widerspruchs- und Löschungsverfahren, die Hörmarken betreffen, stand dem USPTO im Juli 2004 nicht zur Verfügung. Bekannt geworden ist der Fall der Firma Harley-Davidson, die am 1. Februar 1994 das typische Motorengeräusch der von ihr hergestellten Motorräder als Hörmarke angemeldet hat. Neun Konkurrenten legten daraufhin Widerspruch ein mit der Begründung, das Hörzeichen entspreche dem Geräusch ihrer eigenen Motoren. Nach sechs Jahren Rechtsstreit nahm die Firma Harley-Davidson ihre Anmeldung zurück.

---

[314] Vgl. auch Sieckmann, a.a.O..

§ 14 Der gesamteuropäische Schutz

I. Zur Rechtslage

1. Möglichkeit des Schutzes von Hörmarken

Seit dem 1. April 1996 können auch Hörzeichen als Gemeinschaftsmarken beim Harmonisierungsamt für den Binnenmarkt (HABM) angemeldet werden.[315] Besondere Vorschriften zu Hörmarken gibt es nicht. Entsprechende Anmeldungen werden gemäß den allgemeinen Regelungen in den Verordnungen (EG) Nr. 40/94 des Rates vom 20. Dezember 1993 über die Gemeinschaftsmarke (GMVO) und Nr. 2868/95 der Kommission vom 13. Dezember 1995 zur Durchführung der Verordnung (EG) Nr. 40/94 des Rates über die Gemeinschaftsmarke (DV) bearbeitet.

2. Voraussetzungen für die Eintragung von Hörmarken

a) Formale Voraussetzungen

Hörmarken müssen – wie alle andere Markenformen auch – gemäß Artikel 4 GMVO und Regel 3 DV grafisch darstellbar sein. Hierzu hat die Zweite Beschwerdekammer in ihrer Entscheidung vom 7. Oktober 1998 (Az. R 1/1998-2) ausgeführt, dass eine bloße Beschreibung der Hörmarke, die keine klaren und präzisen Vorstellungen über die beanspruchte Zeichenanmeldung verschafft, eine Wiedergabe nicht zu ersetzen vermag.[316] Darüber hinaus hat die Vierte Beschwerdekammer am 25. August 2003 (Az. R 781/1999-4)[317] entschieden, dem Erfordernis der grafischen Darstellbarkeit entspreche ein vollständiges, mit Skalierung versehenes Sonogramm. Demzufolge können auch Geräusche, die nicht Musik im herkömmlichen Sinne sind, als Gemeinschaftsmarke eingetragen werden.

---

[315] Vgl. hierzu auch die Entscheidung der Dritten Beschwerdekammer vom 18. Dezember 1998 (Az. R 122/98-3), veröffentlicht in GRUR Int. 1999, 543 ff..

[316] Der Entscheidung lag eine aus einem Klick-Geräusch bestehende Hörmarke zugrunde. Sie ist veröffentlicht in GRUR 2003, 1054.

[317] Veröffentlicht in GRUR Int. 2004, 333 ff. (Gegenstand der Hörmarke war das Brüllen eines Löwen).

b) Inhaltliche Voraussetzungen

Spezielle Vorgaben zur Länge eines Hörzeichens gibt es von Seiten des HABM nicht. Allerdings ist auch hier zu beachten, dass das akustische Signal unterscheidungskräftig im Sinne des Artikels 7 Abs. 1 Buchstabe b) GMVO sein muss, um zur Eintragung zugelassen zu werden.

II. Zur Rechtswirklichkeit

1. Anmeldungen und Eintragungen

Dem Harmonisierungsamt für den Binnenmarkt lagen bis Mai 2004 38 Anmeldungen von Hörmarken vor. Allerdings wurden akustische Zeichen ursprünglich als „Sonstige Marken" kategorisiert, so dass sie nun nicht mehr gesondert ermittelt werden können. Insofern ist davon auszugehen, dass weitere Hörzeichen angemeldet worden sind.

Mindestens 10 Gemeinschaftshörmarken waren bis Mai 2004 eingetragen. Aufgrund der eben beschriebenen Kategorisierung können sich allerdings noch weitere Hörmarken als „Sonstige Marken" im Register befinden.

Vom HABM wurden beispielhaft 30 Hörmarkenanmeldungen und –registrierungen genannt, von denen 28 Datensätze ermittelt werden konnten. Diese wurden nach dem Land des Anmelders, den Klassen und der Art der Hörmarke ausgewertet. Das Ergebnis stellt sich wie folgt dar:

Land	Klassen	Hörmarke
Deutschland	9, 16, 25, 28, 35, 36, 37, 38, 39, 41, 42	Tonfolge
Deutschland	35, 36, 38	Gesungene Melodie
Deutschland	1, 5	Nicht ermittelbar
Deutschland	29, 30	Geräusch
Deutschland	7, 9, 10, 11, 12, 16, 35, 36, 37, 38, 41, 42	Durch Pausen unterbrochene Folge von fünf Tönen
Deutschland	12, 35, 42	Tonfolge
Finnland	9, 35, 38	Tonfolge
Frankreich	9, 16, 35, 36	Tonfolge
Großbritannien	28, 35, 36, 37, 38, 39, 43	Tonfolge
Großbritannien	36, 37, 39, 42	Tonfolge
Japan	5	Tonfolge mit Text (Firmenname)
Niederlande	9, 16, 35, 36, 37, 38, 39, 41, 42	Tonfolge
Niederlande	35	Tonfolge
Niederlande	9, 16, 35, 36, 37, 38, 39, 41, 42	Tonfolge
Schweden	7	Einfache Tonfolge
Schweden	7	Folge von drei Tönen
Schweden	7	Durch Achtelpausen unterbrochene Folge von sehr hohen Tönen

Schweiz	9, 16, 38	Mehrstimmige Hörmarke
Schweiz	9, 38, 41	Tonfolge
Schweiz	30, 32, 33	Tonfolge
USA	9, 16, 28	Tonfolge
USA	9, 38, 41, 42	Geräusch
USA	9, 38, 42	Folge von fünf Tönen
USA	38, 41, 42	Mehrstimmige Hörmarke
USA	9, 16, 35, 36, 38, 41, 42	Folge von drei Tönen
USA	9, 28	Tonfolge
USA	35, 38, 42	Tonfolge mit Text (Firmen-name)
USA	9, 41, 42	Mehrstimmige Hörmarke

Übersicht 6: *Auszug aus der Datenbank der beim HABM angemeldeten und eingetragenen Hörmarken.*

Zwar umfasst diese Übersicht nicht alle Hörmarken, doch wird erkennbar, dass die meisten Hörmarkenanmeldungen aus den USA (8) und Deutschland (6) kommen. Zudem werden die Klassen 9, 38 und 42 am stärksten für Hörmarken in Anspruch genommen. Dies entspricht in etwa der Situation in der Bundesrepublik Deutschland.[318] Schließlich wird deutlich, dass um Schutz kaum für Geräusche, sondern fast ausschließlich für mehr oder weniger melodische Tonfolgen nachgesucht wird.

2. Zurückweisungen

Lediglich eine Anmeldung einer Hörmarke ist bis Mai 2004 wegen fehlender Unterscheidungskraft gemäß Artikel 7 Abs. 1 Buchstabe b) GMVO zurückgewiesen worden.

318 S. oben § 12 I. 1. a).

3. Widerspruchs- und Löschungsverfahren

Widersprüche aus oder gegen Hörmarken sind beim HABM bis Mai 2004 nicht eingelegt worden. Auch Verfahren zur Löschung von Hörmarken wurden bis zu diesem Zeitpunkt noch nicht durchgeführt.[319]

---

[319] Diese Aussagen treffen zumindest für die Hörmarken zu, die als solche im Register gekennzeichnet sind (s. oben II. 1.).

§ 15 Der internationale Schutz

I. Zur Rechtslage

1. Möglichkeit des Schutzes von Hörmarken

Über die Weltorganisation für geistiges Eigentum (World Intellectual Property Organization/WIPO) in Genf werden nationale Anmeldungen und Eintragungen an die Mitgliedstaaten des Madrider Abkommens über die internationale Registrierung von Marken (MMA) oder des Protokolls zum Madrider Abkommen über die internationale Registrierung von Marken (PMMA) weitergeleitet, in denen der Anmelder oder Inhaber zusätzlich die Marke national schützen lassen will.[320] Grundlage für beide Abkommen ist die Pariser Verbandsübereinkunft zum Schutz des gewerblichen Eigentums vom 20. März 1883 (PVÜ), die den Erwerb nationaler Markenrechte durch ausländische Verbandsangehörige erleichtert.[321] Von besonderer Bedeutung ist hierbei Art. 6^{quinquies} A (1) PVÜ, wonach jede im Ursprungsland vorschriftsmäßig eingetragene Fabrik- oder Handelsmarke so, wie sie ist, unter den Vorbehalten dieses Artikels in den anderen Verbandsländern zur Hinterlegung zugelassen und geschützt werden soll (sog. „telle-quelle"-Klausel). Damit beurteilt sich die Frage der Markenfähigkeit eines Hörzeichens nicht nach dem Recht des Verbandsstaats, in dem Schutz nachgesucht wird, sondern nach dem Recht des Ursprungslandes, in dem die Hörmarke zuerst angemeldet oder eingetragen worden ist.[322]

Die WIPO registriert die eingereichten Marken international, sie führt jedoch keine inhaltliche Prüfung durch.

2. Voraussetzungen für die Eintragung von Hörmarken

a) Formale Voraussetzungen

Nach Regel 9 (4) (a) (v) der Gemeinsamen Ausführungsordnung zum Madrider Abkommen über die internationale Registrierung von Marken und zum Protokoll zu diesem Abkommen (AO-Madrider Abkommen) muss mit dem internationalen Schutzgesuch eine grafische Wiedergabe der Hörmarke eingereicht werden. Darüber hinaus hat es gemäß Regel 9 (4) (a) (ix) AO-Madrider Abkommen die Angabe „sound mark" oder „marque sonore" zu enthalten, sofern

---

320 Zu den Abkommen im Allgemeinen und ihren Unterschieden s. auch Ströbele in Ströbele/Hacker, § 107 Rdnr. 5, und § 119 Rdnr. 7, sowie Krieger/von Mühlendahl in GRUR Int. 1989, 734 ff..

321 Vgl. auch von Gamm in WRP 1977, 230 f..

322 Vgl. hierzu auch Fritz, Seiten 17/18.

es sich bei der Ursprungsmarke um eine Hörmarke handelt. Spezielle Regelungen zu akustischen Kennzeichen bestehen darüber hinaus nicht.

b) Inhaltliche Voraussetzungen

Die Voraussetzungen, nach denen einem Hörzeichen in den einzelnen Mitgliedstaaten der Schutz versagt werden kann, bestimmen sich nach Art. 6^{quinquies} B PVÜ. Es darf somit nicht die Rechte Dritter verletzen, nicht jeder Unterscheidungskraft entbehren, nicht unmittelbar beschreibend bzw. üblich sein oder gegen die guten Sitten oder die öffentliche Ordnung verstoßen.[323]
Vorgaben zur Dauer einer Hörmarke bestehen nicht. Die grafische Wiedergabe muss jedoch in das dafür vorgesehene Feld im amtlichen Formular passen (Regel 9 (4) (a) (v) AO-Madrider Abkommen). Aus dieser formalen Anforderung ergibt sich mittelbar eine Beschränkung der Länge des akustischen Zeichens. Daran wird auch deutlich, dass das internationale Registrierungssystem vornehmlich auf die klassischen Markenformen „Wort“ und „Bild“ abgestellt ist.

II. Zur Rechtswirklichkeit

1. Schutzgesuche

Bis Juli 2004 sind insgesamt 18, nachfolgend näher dargestellte Hörmarken bei der WIPO international registriert worden:

---

323 Es handelt sich hierbei um eine abschließende Aufzählung, vgl. hierzu auch BGH in GRUR 1987, 525 („Litaflex“).

Ursprungsland	Bestimmungsländer[325]	Klassen	Hörmarke[324]
Deutschland	AT, BX, CH, CZ, ES, FR, HU, IT, PL, PT, SK	36	Melodie mit Text
Deutschland	AT, BG, CH, FR, HU, IT, LI, PL, PT, RU, UA, YU, DK, FI, GB, NO, SE	09, 16, 25, 28, 35, 36, 37, 38, 39, 41, 42	Telekom-Jingle
Deutschland	CZ, ES, HR, HU, LV, PL, PT, SI, LT	29, 30, 35, 39	Melodie
Deutschland	AT, BA, BX, CH, CZ, HR, HU, LV, MK, PL, RO, RU, SI, SK, UA, YU, DK, EE, FI, GB, LT, SE	29, 30	Tonfolge
Deutschland	CH	12, 35, 42	Tonfolge
Deutschland	AT, BX, CH	03, 05, 07, 08, 09, 11, 14, 16, 18, 20, 21, 24, 25, 26, 27, 28, 36	Melodie
Deutschland	AL, AM, AT, AZ, BA, BG, BX, BY, CH, CN, CU, CZ, EG, ES, HR, HU, IT, KE, KG, KP, KZ, LI, LV, MC, MD, MK, MN, MZ, PL, PT, RO, RU, SI, SK, SM, TJ, UA, UZ, YU	03, 05	Tonfolge

324 Sofern der Inhalt des Hörzeichens nicht ermittelt werden konnte, wird der Begriff „Hörmarke" verwendet.

325 Unter Bestimmungsländer sind die Mitgliedstaaten zu verstehen, für die der Anmelder oder Inhaber Schutz nachgesucht hat. In wenigen Fällen wurde der Schutz in einzelnen Ländern allerdings versagt (s. 2.).

Spanien	FR, PT	16	Hörmarke mit Schriftzeichen
Spanien	AT, BX, CN, DE, FR, IT, PT, RU, UA	11	Hörmarke mit Schriftzeichen
Spanien	CU	30	Hörmarke mit Schriftzeichen
Spanien	CH, DE, FR, IT, PT, DK, FI, GB, GR, IE, NO, SE	25	Hörmarke mit Schriftzeichen
Spanien	HU, RU, SI	19	Hörmarke mit Schriftzeichen
Spanien	DE, FR, IT, PT	25	Hörmarke
Frankreich	CH, RU	16, 17, 20	Hörmarke mit Schriftzeichen
Frankreich	BX, CH, DE, ES, IT, PT	05, 29	Hörmarke
Frankreich	BX, PL	05, 29	Hörmarke
Frankreich	BX, CH, LI, MC	29, 30, 32, 33	Hörmarke mit Schriftzeichen
Liechtenstein	CN, DE	09, 16, 37	Hörmarke mit Schriftzeichen

Übersicht 7: *Zusammenstellung der bei der WIPO international registrierten Hörmarken (Stand: Juli 2004).*

Die meisten Gesuche um Schutz einer Hörmarke stammten somit aus Deutschland (7), gefolgt von Spanien (6), Frankreich (4) und Liechtenstein (1). Trotz der geringen Gesamtzahl ist erkennbar, dass Waren der Klassen 5, 16, 25, 29 und 30 - anders als bei Gemeinschaftshörmarken[326] und nur im Inland registrierten Hörmarken[327] - am häufigsten betroffen sind. Zu fünf ausländischen international registrierten Hörmarken wurde um Schutz in der Bundesrepublik Deutschland nachgesucht.

---

[326] S. oben § 14 II. 1..

[327] S. oben § 12 I. 1. a).

2. Schutzversagungen und Ungültigkeitserklärungen

Bis Juli 2004 lagen insgesamt 22 Fälle der vollen und ein Fall der teilweisen Schutzversagung bzw. Ungültigerklärung einer Hörmarke durch bestimmte Mitgliedstaaten vor.[328] Dies ist eine im sonstigen Vergleich relativ hohe Zahl. Grund hierfür können die besonders strengen Maßstäbe einzelner Länder zur Schutzfähigkeit einer Hörmarke sein.

[328] Den betreffenden Hörmarken wurde jedoch in anderen in dem Gesuch genannten Ländern der Schutz gewährt.

2. Teil. Zusammenfassung und Bewertung

§ 16 Erkennbare Entwicklungen des markenrechtlichen Schutzes von akustischen Signalen

I. Einheitliche rechtliche Rahmenbedingungen

Alle untersuchten Rechtssysteme (national, europäisch und international) bieten größtenteils seit den neunziger Jahren des 20. Jahrhunderts die Möglichkeit, Hörzeichen als Marken durch Eintragung schützen zu lassen. Dies scheint dem allgemeinen Trend zum markenrechtlichen Schutz aller Zeichen zu entsprechen, die vom Menschen wahrgenommen werden können (visuelle, auditive, haptische, olfaktorische, gustatorische Reize). Spezielle Regelungen zu akustischen Kennzeichen kommen nicht allzu häufig vor und beschränken sich auf die Markenfähigkeit und die formalen Anforderungen bei der Anmeldung einer Hörmarke. Dagegen gibt es keine besonderen Vorgaben zu den materiellen Voraussetzungen des Schutzes durch Eintragung oder zur Verwechselbarkeit von akustischen Zeichen.

Der Markenschutz setzt in formaler Hinsicht generell die grafische Darstellung des Hörzeichens - meist in Form einer Notenschrift - voraus. Insofern werden die bereits zu Wort- und Bildmarken entwickelten registerrechtlichen, auf der visuellen Wahrnehmung beruhenden Grundsätze auch auf diese Markenform übertragen. Zusätzliche klangliche Wiedergaben werden kaum gefordert. Von den untersuchten Rechtssystemen enthalten diejenigen von Österreich und Deutschland die detailliertesten formalen Bestimmungen zur Anmeldung einer Hörmarke. Dies betrifft vor allem die Anforderungen an die klangliche Wiedergabe und an die grafische Darstellung von Geräuschen.[329] Konkrete Vorgaben zur zeitlichen Dauer einer Hörmarke bestehen generell nicht.

Für Hörmarken gelten in allen untersuchten Rechtssystemen die gleichen materiell-rechtlichen Eintragungskriterien wie für die sonstigen Markenformen. Sie müssen somit insbesondere zur Unterscheidung der Waren oder Dienstleistungen geeignet sein und dürfen keine beschreibende Angabe darstellen.
Insgesamt scheinen sich insbesondere vor dem Hintergrund der internationalen und gesamteuropäischen Entwicklungen die verschiedenen Systeme zum Schutz von Marken durch Eintragung immer weiter anzunähern.

---

[329] Zum Wegfall der Möglichkeit der Einreichung eines Sonagramms in der Bundesrepublik Deutschland vgl. unten § 17 IV. 2..

II. Rechtstatsachenvergleich

Von der Möglichkeit des Markenschutzes für Hörzeichen wird im Vergleich zu den klassischen Markenformen generell äußerst selten Gebrauch gemacht. Dies hängt vermutlich mit dem erhöhten Kennzeichnungs- und Verbreitungsaufwand und der daraus resultierenden geringeren Attraktivität von Hörmarken gegenüber den klassischen Markenformen zusammen. Im Überblick stellt sich die Situation hinsichtlich Anmeldungen und Eintragungen von Hörmarken in den untersuchten Rechtssystemen wie folgt dar:[330]

[330] Vgl. hierzu die in den §§ 12 - 15 aufgeführten Zahlenangaben.

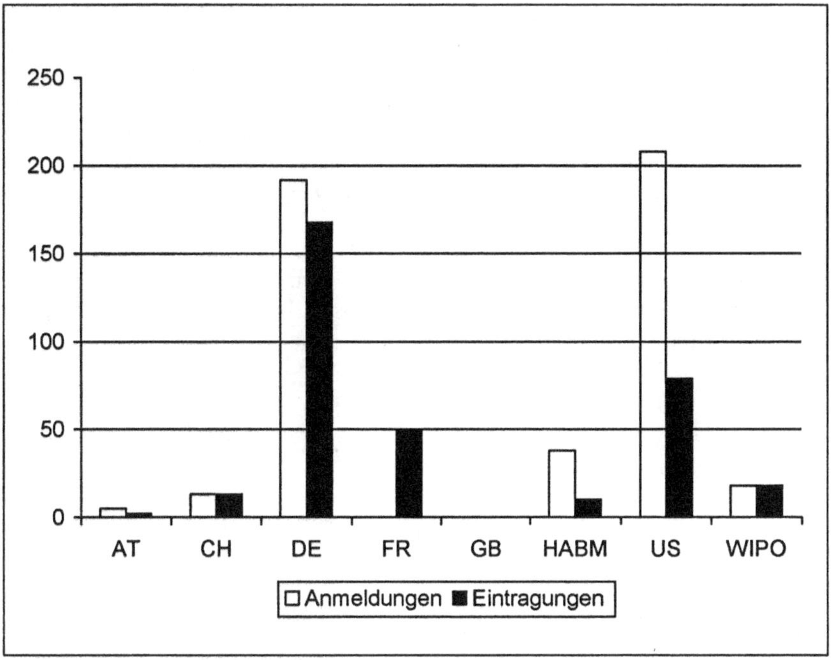

Abbildung 30: *Überblick über Anmeldungen und Eintragungen von Hörmarken bis ca. Mitte 2004*
- AT: Österreich,
- CH: Schweiz,
- DE: Deutschland,
- FR: Frankreich (geschätzt, keine Angaben zu Anmeldungen),
- GB: Großbritannien (keine Angaben),
- HABM: Harmonisierungsamt für den Binnenmarkt,
- US: Vereinigte Staaten von Amerika,
- WIPO: Weltorganisation für geistiges Eigentum.

Zwar sind in den USA bisher am meisten Hörmarken angemeldet worden (208), doch besteht dort die Möglichkeit zum markenrechtlichen Schutz akustischer Signale bereits am längsten. Danach kommt die Bundesrepublik, die mit 168 nationalen Eintragungen das Land ist, in dem die meisten Hörmarken geschützt sind.[331]

[331] Dazu kommen noch die im Inland geschützten Gemeinschaftshörmarken und die international registrierten Hörmarken mit Bestimmungsland „Deutschland".

Zurückweisungen von Hörmarken sind bis Mitte 2004 relativ selten vorgekommen.[332] Dies hängt vermutlich mit den (noch) nicht in ausreichendem Umfang vorliegenden Erfahrungen im Umgang mit Hörmarken und den Schwierigkeiten bei der Bewertung ihrer Unterscheidungskraft bzw. ihres beschreibenden Sinngehalts zusammen. Die bekannt gewordenen Zurückweisungen betrafen meist bekannte, mit den Waren oder Dienstleistungen in Zusammenhang stehende Melodien oder Lieder und erfolgten wegen Fehlens der Unterscheidungskraft.

Widerspruchs- oder Löschungsverfahren zu Hörmarken sind bis Mitte 2004 kaum durchgeführt worden. Dies beruht offensichtlich auf der geringen Anzahl von Anmeldungen und Eintragungen.

---

332 Eine Ausnahme stellen die insgesamt 23 Schutzversagungen bzw. Ungültigkeitserklärungen von Hörmarken durch PVÜ-Verbandsländer dar (s. oben § 15 II. 2.).

Fünftes Kapitel. Das absolute Verfahren

1. Teil. Voraussetzungen des Schutzes von Hörmarken durch Eintragung

§ 17 Die grafische Darstellbarkeit von Hörmarken

I. Zu den Rechtsgrundlagen

Nach § 8 Abs. 1 MarkenG sind von der Eintragung als Marke schutzfähige Zeichen im Sinne des § 3 MarkenG ausgeschlossen, die sich nicht grafisch darstellen lassen. Diese Regelung beruht auf Art. 2 MarkenRichtl, der gemäß Art. 1 MarkenRichtl auf amtlich registrierte Marken Anwendung findet. Bei Hörmarken stellt sich hierbei das Problem, dass im Gegensatz zu Wort- oder Bildmarken die grafische Wiedergabe nicht die Marke selbst darstellt. Vielmehr ist sie ein mehr oder weniger erfolgreicher Versuch, ein für das Ohr bestimmtes Zeichen mit dem Auge wahrzunehmen. Damit bewegt sich die Frage, welche Anforderungen an die grafische Wiedergabe einer Hörmarke zu stellen sind, zwischen zwei Extremen:

Zum einen soll die grafische Darstellung den Gegenstand des Markenschutzes eindeutig festlegen.[333] Dies bedeutet, dass möglichst viele akustische Merkmale wie Instrumentierung, Tonhöhe oder Melodie grafisch wiedergegeben werden müssen. Damit bedarf es vieler Symbole zur Codierung der akustischen Signale (z.B. Notenwerte, Notenschlüssel oder Dynamikzeichen).
Zum anderen soll die grafische Darstellung kurz und verständlich sein, damit sie ein Betrachter akustisch umsetzen kann. Je mehr Symbole die grafische Darstellung enthält, desto länger dauert die Transformation. Zudem ist beim Hören des akustischen Zeichens keine besondere Denkleistung des Betreffenden gefragt. Anders beim Betrachter der grafischen Darstellung: Bei ihm müssen bestimmte Vorkenntnisse vorliegen, damit er die grafische Darstellung als akustisches Signal interpretieren kann. Durch die grafische Umwandlung der Hörmarke wird folglich der Kreis derjenigen, die sie verstehen können, erheblich verkleinert.[334] Dies dürfte jedoch nicht im Interesse des Inhabers eines akustischen Zeichens liegen.

Somit ist nachfolgend deutlich zu machen, welche sachlichen Gründe im Einzelnen die grafische Darstellung einer durch Eintragung zu schützenden Hörmarke notwendig machen.

---

[333] Vgl. Hacker in Ströbele/Hacker, § 3 Rdnr. 13.

[334] Vgl. auch Hüttermann/Storz in Mitt. 2005, 159, die unter Verweis auf das Freizeit-Forschungsinstitut der British American Tobacco, Freizeit Monitor, Hamburg 1995 ff., zu bedenken geben, dass mindestens 70% der Bevölkerung Deutschlands nicht in der Lage seien, Noten zu lesen.

II. Zu Sinn und Zweck der grafischen Darstellbarkeit von Marken

Mit der grafischen Darstellbarkeit werden verschiedene, nicht im Gesetz zum Ausdruck kommende Zwecke verfolgt:

Inhalt und Bedeutung des Erfordernisses der grafischen Darstellbarkeit ergeben sich nach der Rechtsprechung des Bundesgerichtshofs aus den damit angestrebten Zwecken, im Eintragungsverfahren der Beurteilung der Marke eine festgelegte Form zugrunde legen zu können, die Eintragung ins Register als solche überhaupt zu ermöglichen und die Eintragung im Interesse der Allgemeinheit zur Unterrichtung über die in Kraft stehenden Marken und ihren Schutzbereich zu veröffentlichen.[335]

Nach Auffassung des Europäischen Gerichtshofs[336] muss die grafische Darstellung die genaue Identifizierung des Zeichens ermöglichen, um die Funktionsfähigkeit des Systems der Eintragung der Marken zu gewährleisten. Durch die grafische Darstellung soll der genaue Gegenstand des Schutzes bestimmt werden. Zudem ist bezweckt, dass mit Hilfe der Eintragung in das Register die Marke den zuständigen Behörden und der Öffentlichkeit, insbesondere den Wirtschaftsteilnehmern, zugänglich wird. Einerseits sollen die zuständigen Behörden die Ausgestaltung der Zeichen klar und eindeutig erkennen können, um ihren Verpflichtungen zur Prüfung und Veröffentlichung nachzukommen. Darüber hinaus soll der „Fortbestand eines zweckdienlichen und genauen Markenregisters" gesichert werden. Andererseits müssen die Wirtschaftsteilnehmer klar und eindeutig in Erfahrung bringen können, welche Eintragungen oder Anmeldungen ihre gegenwärtigen oder potenziellen Wettbewerber veranlasst haben. Dadurch sollen sie einschlägige Informationen über die Rechte Dritter erlangen können.

Ergänzend führt der Gerichtshof aus, dass ein Zeichen Gegenstand einer ständigen und sicheren Wahrnehmung sein muss, welche die Herkunftsfunktion der Marke gewährleistet. Schließlich sieht er den Sinn der grafischen Darstellung in dem Ausschluss subjektiver Elemente im Prozess der Identifizierung und Wahrnehmung.

---

[335] Vgl. BGH in GRUR 2002, 427 (Farbmarke gelb/grün).

[336] Vgl. Urteil des Europäischen Gerichtshofs vom 12. Dezember 2002 (Ralf Sieckmann/Deutsches Patent- und Markenamt), veröffentlicht in GRUR 2003, 145 ff..

III. Zu den Konsequenzen für die Anforderungen an die grafische Darstellbarkeit von Hörzeichen

Nach der in dem eben genannten Urteil geäußerten Ansicht des Europäischen Gerichtshofs sind die unter II. dargestellten Zwecke bei nicht visuell wahrnehmbaren Zeichen dann erfüllt, wenn ihre grafische Darstellung insbesondere mit Hilfe von Figuren, Linien oder Schriftzeichen möglich und die Darstellung klar, eindeutig, in sich abgeschlossen, leicht zugänglich, verständlich, dauerhaft und objektiv ist.

In einer anderen Entscheidung[337] sieht der Europäische Gerichtshof diese Anforderungen nicht als erfüllt an, wenn ein Hörzeichen mittels einer Beschreibung durch Schriftsprache oder mittels eines Onomatopoetikums ohne weitere Erläuterung oder mittels einer Notenfolge ohne weitere Erläuterung dargestellt wird. Dagegen sind nach Auffassung des Gerichts die genannten Anforderungen erfüllt, wenn das Zeichen durch ein in Takte gegliedertes Notensystem wiedergegeben wird, das insbesondere einen Notenschlüssel, Noten- und Pausenzeichen, deren Form ihren relativen Wert angeben, und gegebenenfalls Vorzeichen enthält. Es handelt sich hierbei um eine übliche Notenschrift im Sinne des § 11 Abs. 2 MarkenV. Fraglich ist jedoch, ob eine solche die vom Europäischen Gerichtshof in seiner unter II. angesprochenen Entscheidung[338] aufgestellten Vorgaben tatsächlich erfüllt. Falls nein, stellt sich die weitere Frage, ob es nicht eine andere Form der grafischen Darstellung gibt, die den Anforderungen gerecht wird. Entscheidend kommt es hierbei darauf an, wie nahe die grafische Darstellung dem akustischen Original kommt. Grundsätzlich muss die visuelle mit der akustischen Form vollumfänglich übereinstimmen. Allenfalls geringfügige, den kennzeichnenden Charakter nicht verändernde Abweichungen wären zulässig.

IV. Bewertung der Formen grafischer Darstellungen von Hörmarken im Hinblick auf die Vorgaben des Europäischen Gerichtshofs

1. Notenschrift

Die meisten Hörmarken lassen sich mit Hilfe von Noten darstellen, da sie aus Tönen bestehen. So finden sich im Markenregister folgende bekannte Beispiele:

---

[337] Vgl. Urteil des Europäischen Gerichtshofs vom 27. November 2003 (Shield Mark BV/Joost Kist h.o.d.m. Memex), veröffentlicht in GRUR 2004, 54 ff..

[338] Vgl. Urteil des Europäischen Gerichtshofs vom 12. Dezember 2002 (Ralf Sieckmann/ Deutsches Patent- und Markenamt), a.a.O..

Beispiel 1:
Register-Nr. 30141259

Beispiel 2:
Register-Nr. 39535951

Beispiel 3:
Register-Nr. 39940591

Abbildung 31: *Beispiele für notenmäßig dargestellte eingetragene Hörmarken.*

Nichtsdestotrotz bestehen Bedenken, ob die notenmäßige Darstellung von akustischen Signalen ihre genaue Identifizierung und akustische Reproduzierbarkeit gewährleistet. Insbesondere können mit Hilfe einer Notenschrift nicht wiedergegeben werden:

a) Obertöne

Obertöne bestimmen, wie bereits dargestellt[339], zusammen mit dem Grundton den Klang.[340] Da Anzahl und Stärke der Obertöne bei jedem Instrument und jedem gesungenen oder gesprochenen Vokal unterschiedlich sind, entsteht ein typisches Klangspektrum. So kommt es, dass ein Ton von gleicher Höhe und Stärke auf verschiedenen Instrumenten unterschiedlich klingt.[341]

Dies bedeutet beispielsweise, dass der in Abbildung 31 als Beispiel 3 wiedergegebene Telekom-Jingle einen völlig neuen Klang aufwiese, wenn er mit einer Geige oder mit einer Gitarre gespielt werden würde. Die im Register wiedergegebenen Noten (c - c - c - e - c) klingen nur deshalb im Original wie ein Telefon, weil ein elektronischer Tonerzeuger verwendet wurde. Aus der obigen Notenschrift lässt sich dieser Klangeindruck nicht entnehmen.

Durch das Fehlen einer Angabe zu den Obertönen in einer Notenschrift ergeben sich verschiedene Klangeindrücke. Zwar kann durch Hinweise zur Instrumentierung oder zu den Singstimmen ein ungefähres Klangbild vorgegeben werden. Hierbei ist allerdings zu bedenken, dass selbst gleiche Instrumente (z.B. Oboe) oder Singstimmen (z.B. Sopran) unterschiedlich klingen. Insofern müssten genau dieselben Instrumente oder Sänger eingesetzt werden, um die Hörmarke im Original reproduzieren zu können.

Darüber hinaus ist das unterschiedliche Einschwingverhalten der Obertöne zu beachten. Alle Töne schwingen erst dann im erforderlichen Umfang mit, wenn die Masseträgheit der Luft und der klangerzeugenden Komponenten des Instruments (z.B. die Saite einer Geige) überwunden ist. Auch daraus ergeben sich Variationen.

Anders als die konkrete Schreibweise einer eingetragenen Wortmarke stellt eine Notenschrift demzufolge nicht einmal ein Ausführungsbeispiel dar, sondern lässt verschiedene Interpretationen der Obertöne und damit des Klangs zu.[342]

---

339 Vgl. oben § 7 II. 2. und § 8 I. 2..

340 Vgl. ergänzend Hering/Martin/Stohrer, Seite 507.

341 Vgl. auch Ziegenrücker, Seiten 12 und 13.

342 Anders, jedoch ohne nähere Begründung Fritz, Seite 212 oben, der davon ausgeht, dass den in der Notenschrift abgebildeten Tonfolgen genau ein Klangeindruck zugeordnet sei.

b) Art der Wiedergabe

Eng mit dem Klangeindruck hängt die konkrete Art der Wiedergabe einer Hörmarke zusammen. Trotz identischer Darstellung in der Notenschrift kann es hierbei erhebliche Unterschiede geben. Dies betrifft nicht nur die unter a) aufgeworfene Frage, mit welchem Instrument oder mit welcher Stimme die Hörmarke akustisch umgesetzt wird, sondern auch die Frage nach dem Arrangement.[343] So ist es beispielsweise möglich, dass die in Abbildung 31 als Beispiel 1 dargestellte Marke (Otto Versand Hamburg) nicht von einer einzelnen Männer- oder Frauenstimme bzw. mit einem einzigen Instrument, sondern von einem ganzen Chor gesungen bzw. von einem Orchester gespielt wird. Durch die im Register eingetragene Notenschrift wird nicht ausgedrückt, ob im obigen Beispiel der Gesang von Instrumenten begleitet wird. Offen bleibt weiterhin, welche und wie viele Instrumente zum Einsatz kommen und wie sie gespielt werden. So kann beispielsweise eine Geige gestrichen oder gezupft werden.

In Notenschriften können zwar Angaben zum Medium der Wiedergabe aufgenommen werden. Dies ist insbesondere bei Partituren notwendig, in der alle Instrumental- und Vokalstimmen einer Komposition erfasst sind.[344] Natürlich besteht auch die Möglichkeit, in der Beschreibung der Hörmarke Aussagen zur Besetzung zu treffen.[345] Doch ist zu bedenken, dass Beschreibungen gemäß § 11 Abs. 4 MarkenV nicht eingereicht werden müssen. Zudem scheinen sich - wie auch die Beispiele in Abbildung 31 zeigen - die Anmelder nicht allzu genau auf die Art der Wiedergabe festlegen zu wollen. Dieses Anliegen ist zwar verständlich, doch ist damit eine weitere Möglichkeit der Abweichung der praktisch verwendeten von der eingetragenen Marke eröffnet.[346]

Darüber hinaus hängt die Wiedergabe auch von Geräuschen beim Einschwingvorgang ab. Beim Anblasen, Anzupfen oder Anstreichen entstehen zusätzliche instrumentenspezifische Geräusche, die von dem eigentlichen Ton völlig unabhängig sind. Dies gilt auch für Geräuschkomponenten während des stationären Klangs, die bei seiner Erzeugung entstehen. So bewirkt beispielsweise das zu feste Aufdrücken des Bogens auf die Saite einer Geige ein Kratzen, das den Ton in seiner Wirkung beeinträchtigt. Diese Nebengeräusche sind sehr individuell und können in unterschiedlichem Umfang auftreten. Auch kann es zu Schwankungen der Intensität, aber auch der Frequenzen des Grundtons und der Obertöne kommen. Reduziert beispielsweise der Bläser einer Trompete während des Spielens eines Tons die Luftzufuhr, so verändert das die Tonhöhe, die Lautstärke und den Klang. Schließlich kann es Besonderheiten beim Abschluss

---

343 Hierunter wird die Bearbeitung eines Musikstücks für spezielle Besetzungen verstanden.

344 Vgl. Ziegenrücker, Seite 182.

345 So auch Fritz, Seite 211.

346 S. hierzu näher § 34 II. 4..

eines Tones geben. So ist es denkbar, ihn abrupt oder sanft zu beenden. Dies beeinflusst den Charakter des gesamten Stückes.

Die eben genannten Faktoren können ebenfalls in einer Notenschrift nicht wiedergegeben werden, so dass diese nur als ein abstraktes Abbild des klanglichen Originals angesehen werden kann.

c) Tempo

Mit einer Notenschrift kann zwar durch die Taktangabe und die äußere Gestalt der Note der Rhythmus, also die Dauer der einzelnen Töne im Verhältnis zueinander angegeben werden. Es wird jedoch nicht die Dauer des betreffenden Musikstücks insgesamt eindeutig festgelegt. Auch die bereits erwähnten Tempobezeichnungen[347] stellen lediglich Umschreibungen dar, treffen jedoch keine genaue Aussage über die zeitliche Dauer einer Note. Die damit verbundene künstlerische Freiheit ist im Grunde genommen von einem Komponisten auch beabsichtigt. Dem oder den Aufführenden soll regelmäßig selbst überlassen werden, wie schnell er oder sie spielen möchten.

Welche Auswirkungen diese Interpretationsmöglichkeiten haben können, wird beispielsweise deutlich an dem berühmten Stück „Kanon & Gigue" für drei Violinen und Bass in D-dur von Johann Pachelbel. Während das Württembergische Kammerorchester eine Viertelnote in einer Sekunde spielt, benötigt das Instrumentalensemble „Musica Antiqua Köln" hierfür nur eine halbe Sekunde.[348] Daraus ergeben sich völlig unterschiedliche Gesamteindrücke ein und desselben Stückes. Erst bei genauem Zuhören wird deutlich, dass es sich um die identische Melodie handelt. Ein anderes Beispiel ließe sich bilden, wenn die obige Melodie „Otto Versand - Hamburg" im fünffachen Tempo gespielt werden würde. Die ursprüngliche Tonfolge wäre dann nicht mehr erkennbar. Demzufolge bietet nur die genaue Festlegung der zeitlichen Dauer einer Basisnote (wie z.B. Viertel- oder Achtelnote) Gewähr dafür, dass der Original-Höreindruck auch in der Notenschrift zum Ausdruck kommt. Dies ist jedoch - wie aus den obigen Beispielen aus dem Markenregister ersichtlich wird - nicht der Fall.

Interessanterweise hat der Europäische Gerichtshof in seiner Entscheidung vom 27. November 2003 zwar die Gliederung in Takte, nicht jedoch die Angabe

---

[347] Vgl. oben § 8 II. 3. a).

[348] Beispiele auf den CDs „Baroque Masterworks for the Festive Season" (Württemberg Chamber Orchestra, MMG/Vox Prima®) und „Pachelbel: Kanon & Gigue, J.S. Bach, Handel, Vivaldi" (Musica Antiqua Köln, Polydor International GmbH).

eines Taktes oder einer Tempobezeichnung für eine Notenschrift gefordert.[349] Dadurch können die Takte auch unterschiedlich lang sein oder verschieden schnell gespielt werden. Zudem kann ein Dritter nach Belieben ein Tempo wählen. Dies bedeutet, dass zu den ohnehin bei Tempobezeichnungen möglichen Variationen noch eine unbeschränkte Zahl weiterer Interpretationsmöglichkeiten hinzutritt. Diese können zu einer so starken klanglichen Veränderung der für den Schutzumfang maßgeblichen Tonfolge führen, dass sie vom Verkehr nicht mehr wieder erkannt werden kann.

d) Dynamik

Der Eindruck einer Hörmarke wird zudem durch die verschiedenen Tonstärkegrade (Dynamik)[350] mitbestimmt. Auch hier handelt es sich jedoch nicht um exakte Maßeinheiten. Insbesondere stehen die in den Notenschriften verwendeten Dynamikbezeichnungen nicht für bestimmte Lautstärkeangaben in Dezibel. Insofern besteht auch hier gestalterischer Spielraum.

Zwar werden bei Hörmarken Dynamikbezeichnungen meist nur selten erforderlich sein, da sie häufig relativ kurz sind und regelmäßig in etwa der gleichen Lautstärke wiedergegeben werden. Nichtsdestotrotz kann die Dynamik auch bei Hörmarken eine Rolle spielen. So muss beispielsweise die „Stars and Stripes"-Melodie laut gespielt werden, damit sie überhaupt ihre machtvolle Wirkung entfalten kann. Demzufolge können auch bei der Codierung der Dynamik in einer Notenschrift Abweichungen zum Original bestehen.

e) Zusammenfassende Bewertung

Eine übliche Notenschrift ist trotz der vielfältigen Symbole zur visuellen Übersetzung der akustischen Signale nicht in der Lage, eine Hörmarke originalgetreu und eindeutig wiederzugeben.[351] Die notenmäßige Darstellung ist zwar in sich abgeschlossen, leicht zugänglich, dauerhaft und - zumindest für einen Teil des Verkehrs - verständlich. Eine Notenschrift ist jedoch nicht unzweideutig[352] und

---

349 Vgl. Ziffer 2 des Tenors des Urteils des Europäischen Gerichtshofs vom 27. November 2003, a.a.O..

350 Vgl. auch oben § 8 I. 3. und § 8 II. 4..

351 Nicht ganz eindeutig Fritz, der die Notendarstellung zur reinen zeichenrechtlichen Vergleichbarkeit als ausreichend erachtet (Seite 211), andererseits vorschlägt, auf die Darstellung von Musik in Notenschrift zu verzichten, um eine allgemeingültige Darstellungsform mit entsprechender Vergleichbarkeit akustischer Zeichen zu erreichen (Seite 212).

352 So auch Hüttermann/Storz in Mitt. 2005, 158, die zu Recht darauf hinweisen, dass die Eintragung von Melodien als Hörmarke in Form von Notenschrift den Betrachter des Registers nicht immer erkennen lässt, welcher Klang nun geschützt werden soll.

objektiv. Mit diesen Anforderungen will der Europäische Gerichtshof jedes subjektive Element im Prozess der Identifizierung und Wahrnehmung des Zeichens ausschließen.[353] Unabhängig von der Frage, inwieweit die unter a) bis d) beschriebenen Klangmerkmale den Schutzumfang einer Hörmarke beeinflussen, ist festzustellen, dass sie durch eine Notenschrift nicht eindeutig definiert werden können. Insofern lässt diese verschiedene akustische Interpretationen durch den Leser zu. Die Bandbreite, die sich aufgrund des Klangeindrucks, der Art der Wiedergabe, des Tempos und der Dynamik ergibt, ist relativ groß und kann durchaus Einfluss auf die Tonfolge und den kennzeichnenden Charakter der Hörmarke haben.[354]

Darüber hinaus ist zu berücksichtigen, dass sich nicht alle Hörmarken durch eine Notenschrift darstellen lassen. Mit ihrer Hilfe können nur akustische Signale, die aus Tönen oder Klängen bestehen, wiedergegeben werden. Hörmarken, die hingegen Geräusche oder Knalle enthalten, sind durch sie nicht visuell umsetzbar. Als Beispiele[355] seien das Brüllen des „Metro-Goldwyn-Meyer"-Löwen, der Hahnenschrei der „TOBIS"-Filmgesellschaft oder das typische Zischgeräusch beim Öffnen einer Bierflasche genannt. Derzeit ist völlig offen, wie diese Hörzeichen grafisch dargestellt werden sollen. In den Entscheidungen des Europäischen Gerichtshofs ist hierzu (bisher) keine Aussage enthalten. Da eine Notenschrift nicht die an die grafische Darstellbarkeit von Hörmarken zu stellenden Anforderungen erfüllt und mit ihr nicht alle möglichen akustischen Signale wiedergegeben werden können, eignet sie sich nicht für das registerrechtliche Verfahren.[356]

2. Sonagramm (Spektrogramm)

Auch durch ein Sonagramm lässt sich regelmäßig nur ein grober Eindruck von der Hörmarke vermitteln. In den Mitteilungen des Präsidenten des Deutschen Patent- und Markenamts Nr. 16/94 und 15/96[357] sind zwar - aufgrund des Wegfalls der Möglichkeit zur Einreichung eines Sonagramms[358] nicht mehr relevante - Empfehlungen für die einheitliche Darstellung der zeitlichen Abfolge, der Frequenzen und der Lautstärke einer Hörmarke enthalten. Danach

---

[353] Vgl. Ziffer 54 des Urteils des Europäischen Gerichtshofs vom 12. Dezember 2002, a.a.O..

[354] S. auch Guth in Mitt. 2003, 99, der sich unter Bezugnahme auf Wortmarken dafür ausspricht, dass eine gewisse Bandbreite der möglichen klanglichen Wiedergabe aus der grafischen Darstellung hingenommen werden könne.

[355] Zu den ersten beiden Beispielen s. Fritz, Seite 212.

[356] Anders, aber ohne nähere Begründung Marz, Seiten 92/93.

[357] S. Sonderheft BlfPMZ 1994, 180, und BlfPMZ 1996, 392.

[358] Vgl. Mitteilung Nr. 8/03 des Präsidenten des Deutschen Patent- und Markenamts, abgedruckt in BlfPMZ 2003, 320.

werden pro Zeiteinheit die Frequenz des Grundtons und die Frequenzen der einzelnen Obertöne übereinander dargestellt. Eine Differenzierung ist jedoch - zumindest ohne technische Hilfsmittel - nicht möglich. Des Weiteren kann der Schwärzungsgrad nur grob die tatsächliche Lautstärke wiedergeben. Zum einen fehlt es an einem allgemein verbindlichen System, mit dem Lautstärke und Schwärzungsgrad in Bezug gesetzt werden. Zum anderen kann es in einer Hörmarke so viele dynamische Abstufungen geben, dass die Unterschiede in den Schwärzungsgraden nicht mehr deutlich auseinander gehalten werden können. Außerdem besteht bei der Darstellung des Sonagramms auf dem Monitor oder auf Papier die Gefahr, dass die Auflösung nicht ausreicht, um die Abstufungen in der Schwärzung sichtbar zu machen.[359] Aus diesem Grund ist die klanglich Umsetzung eines Sonagramms nur sehr eingeschränkt möglich.[360] So ist in folgendem Beispiel aus dem Markenregister zumindest für einen Laien nicht erkennbar, welche Ton-, Klang- oder Geräuschfolge wiedergegeben wird:

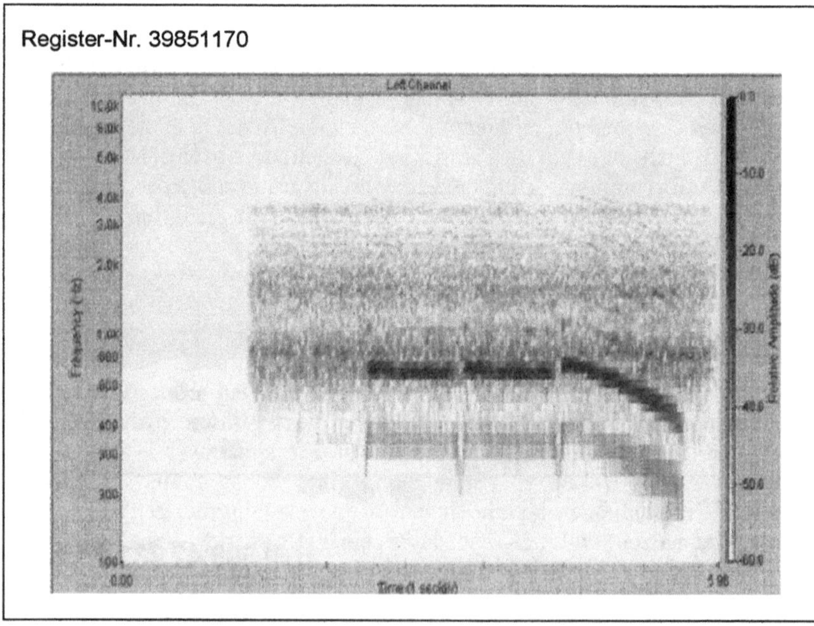

Abbildung 32: *Beispiel für eine mit Hilfe eines Sonagramms eingetragene Hörmarke.*

---

[359] So auch Marz, Seite 95.

[360] Laut Fritz, Seite 227, sollen mit etwas Übung allerdings Charakteristika von Sonagrammen für Menschen durch Augenschein soweit erkennbar sein, dass ähnliche akustische Zeichen herausgefunden werden können. Geübten Lesern soll es sogar möglich sein, aus einem Sonagramm den gesprochenen Text zu 80 - 90% abzulesen.

Zudem dürfte es kaum eine technische Vorrichtung geben, die ein Sonagramm wieder in das zugrunde liegende akustische Signal eindeutig zurückverwandeln kann. Aus diesem Grund hat das Sonagramm eine noch viel geringere Aussagekraft als eine übliche Notenschrift.[361] Folgerichtig wurde es deshalb durch die Fünfte Verordnung zur Änderung der Markenverordnung vom 1. September 2003[362] ab dem 15. Oktober 2003 nicht mehr als Form der grafischen Darstellung einer Hörmarke zugelassen.[363] Gestützt wurde diese Entscheidung auf das unter II. erwähnte Urteil des Europäischen Gerichtshofs vom 12. Dezember 2002. Demzufolge können Geräusche als Hörmarken bis auf Weiteres nicht mehr in der Bundesrepublik angemeldet werden.

Zusammenfassend ist somit festzustellen, dass ein Sonagramm ohne technische Hilfsmittel keine bzw. nur eine sehr eingeschränkte Identifizierung der wiedergegebenen Hörmarke zulässt. Es scheidet damit als Form der grafischen Darstellung von Hörmarken aus.[364]

3. Schalldruckmuster

Trotz gleicher Tonhöhe und Lautstärke der Grundtöne erzeugen unterschiedliche Schallquellen voneinander abweichende mitklingende Obertöne in verschiedener Lautstärke. Dies führt dazu, dass die charakteristischen Formen der Schwingungen und damit die Schalldruckmuster verschiedener Schallquellen divergieren.[365] So würden die Schalldruckmuster der bekannten Dallmayr-Melodie deutlich voneinander abweichen, wenn diese einmal mit Klavier und einmal mit Flöte gespielt werden würde. Das für die Kennzeichnungskraft maßgebliche Grundtonmuster wäre unter Umständen nicht mehr erkennbar. Auch kann - wie bereits ausgeführt[366] - der akustische Inhalt eines Schalldruckmusters nicht eindeutig ermittelt werden. Selbst die Beifügung einer Beschreibung führt nicht zu dem erforderlichen Grad der Identifizierbarkeit.[367] Demzufolge sind auch Schalldruckmuster für das Eintragungsverfahren ungeeignet.

---

361 So auch im Ergebnis Fritz, Seite 228.

362 Veröffentlicht in BlfPMZ 2003, 345.

363 Vgl. Mitteilung Nr. 8/03, a.a.O..

364 Anders Hüttermann/Storz in Mitt. 2005, 160, die auf die erkennbaren Unterschiede in den Sonagrammen verschiedener Hörmarken hinweisen. Allerdings kommt es nicht auf die Vergleichbarkeit als vielmehr auf die Identifizierbarkeit des Inhalts des Sonagramms an.

365 Vgl. Fritz, Seiten 207 und 215.

366 S. oben § 5 II. 3..

367 So zutreffend auch Fritz, Seite 216.

4. Andere Darstellungsformen

Es gibt noch weitere Formen der grafischen Darstellung von akustischen Signalen.[368] So ist es denkbar, Hörzeichen mit Hilfe von Grundton-Zeit-Darstellungen grafisch wiederzugeben. In ihnen werden die Frequenzen der Grundtöne einer Hörmarke chronologisch aufgeführt. Da der Mensch nicht in der Lage ist, eine Frequenzangabe (z.B. 5000 Hz) naturgetreu intellektuell umzusetzen, kann die Grundton-Zeit-Darstellung auch nur einen ungefähren Eindruck von der Hörmarke vermitteln.

Des Weiteren kann mit Hilfe der Spektralanalyse ein gemitteltes Autospektrum erstellt werden, in dem alle in einer Hörmarke vorkommenden Frequenzen mit ihrer jeweiligen Lautstärke aufgeschlüsselt werden. Allerdings gibt sie nicht die zeitliche Abfolge der Frequenzen an und bietet somit nicht die für die Identifizierung notwendigen Informationen.

Durch die sog. Pitch-Analyse werden aus den Obertönen die Grundtonfrequenzen ermittelt. Dieses Verfahren kann allerdings nur angewandt werden, wenn Obertöne in der Hörmarke vorkommen und sich die Grundtöne nicht überlagern.

Auch die weiteren von Fritz angesprochenen Möglichkeiten der grafischen Darstellung „Teiltonzeitmuster“ und „Schalldruckmusterbearbeitung“[369] sind nicht ausreichend.

Insgesamt ist somit festzustellen, dass sich die derzeit bekannten Darstellungsformen dem Leser nicht unmittelbar erschließen und keine eindeutigen Schlüsse auf den akustischen Inhalt zulassen. Demzufolge entsprechen sie nicht den von der Rechtsprechung aufgestellten registerrechtlichen Anforderungen.

V. Änderungsvorschläge

1. Verzicht auf die grafische Darstellbarkeit

Die grafische Darstellbarkeit von Marken war und ist ein zentrales Element nicht nur des deutschen Markenrechts. So hat die visuelle Registerführung und Veröffentlichung von Marken (Warenzeichen) eine sehr lange Tradition. Sie stammt allerdings - wie auch aus dem nachfolgenden Auszug aus dem ersten Waarenzeichenblatt deutlich wird - aus einer Zeit, als nur Worte und Bilder als Marken zugelassen waren.

---

368 In diesem Zusammenhang wird auf die ausführliche Zusammenstellung bei Fritz, Seiten 216 ff., verwiesen.

369 S. hierzu Fritz, Seiten 230 und 232.

Eintragungen.

Klasse 1.

Ackerbau-, Forstkultur-, Gärtnerei- und Thierzucht-Erzeugnisse, sowie Ausbeute von Fischfang und Jagd.

Nr. 17. Landwirthschaftliche Gesellschaft mit beschränkter Haftung „Lathyrus", München. Anmeldung vom 1. 10. 94/2 8. 93. Eintragung am 23. 10. 94.

Geschäftsbetrieb: Vertrieb der nachbenannten Pflanzen.

Waarenverzeichniß: Samen und Pflanzen, hauptsächlich Lathyrus Silvestris Wagneri.

Klasse 2.

Arzneimittel und Verbandstoffe für Menschen und Thiere, Drogen, Thier- und Pflanzen-Vertilgungsmittel, Konservirungsmittel, Desinfektionsmittel.

Nr. 4. Apothekenbesitzer E. Raettig & Co., Wesenberg i. Meckl. Anmeldung vom 1. 10. 94/15. 3. 94. Eintragung am 17. 10. 94.

Geschäftsbetrieb: Herstellung und Vertrieb pharmazeutischer Präparate.

Waarenverzeichniß: Mittel gegen Zahnschmerz, Mast- und Freßpulver, Parasiten-Crême, pharmazeutische Präparate.

Schutzmarke

Nr. 47. Arensberg & Wesler, Elberfeld. Anmeldung vom 1. 10. 94/9. 10. 90. Eintragung am 29. 10. 94.

Geschäftsbetrieb: Fabrikation von Heil- und Hufsalbe für Huf- und Hautverletzungen der Pferde.

Waarenverzeichniß: Jos. Arensberg's Universal-Heil- und Hufsalbe.

Polykresol

Nr. 76. Dr. Rickmann & Rappe, Kalk bei Köln a. Rh. Anmeldung vom 1. 10. 94. Eintragung am 31. 10. 94.

Geschäftsbetrieb: Herstellung und Vertrieb chemischer Produkte und Rohstoffe.

Waarenverzeichniß: Desinfektionsmittel.

Der Anmeldung ist eine Beschreibung beigefügt.

Nr. 135. Reese & Wichmann, Hamburg. Siehe Klasse 26d.

Dentila

Nr. 164. Apothekenbesitzer E. Raettig & Co., Wesenberg i. Meckl. Anmeldung vom 1. 10. 94. Eintragung am 8. 11. 94.

Geschäftsbetrieb: Herstellung und Vertrieb pharmazeutischer Präparate.

Waarenverzeichniß: Mittel gegen Zahnschmerz, genannt „Dentila".

Der Anmeldung ist eine Beschreibung beigefügt.

THYMOL-KOPFWASSER MIT „ANKER"

Nr. 199. F. Ad. Richter & Co., Nürnberg. Anmeldung vom 1. 10. 94/28. 6. 78. Eintragung am 8. 11. 94.

Geschäftsbetrieb: Fabrikation und Vertrieb von pharmazeutischen Präparaten.

Waarenverzeichniß: Ein pharmazeutisches Präparat, genannt „Thymol-Kopfwasser".

EISENTINCTUR MIT „ANKER"

Nr. 203. F. Ad. Richter & Co., Nürnberg. Anmeldung vom 1. 10. 94/28. 6. 78. Eintragung am 8. 11. 94.

Geschäftsbetrieb: Fabrikation und Vertrieb von pharmazeutischen Präparaten.

Waarenverzeichniß: Ein pharmazeutisches Präparat, genannt „Eisentinktur".

Flaschen ohne das Zeichen „Anker" weise man gefl. sofort als gefälscht zurück!

Nr. 204. F. Ad. Richter & Co., Nürnberg. Anmeldung vom 1. 10. 94/2. 4. 79. Eintragung am 8. 11. 94.

Geschäftsbetrieb: Fabrikation und Vertrieb von pharmazeutischen Präparaten.

Waarenverzeichniß: Pharmazeutische Spezialitäten, wie Pain-Expeller &c.

Nr. 210. F. Ad. Richter & Co., Nürnberg. Anmeldung vom 1. 10. 94/25. 2. 76. Eintragung am 8. 11. 94.

Geschäftsbetrieb: Fabrikation und Vertrieb von chemisch-pharmazeutischen Präparaten, ätherischen Oelen, Seifen, Parfümerien, Likören und Likör-Essenzen, Chokolade und Kaffeesurrogaten.

Waarenverzeichniß: Chemisch-pharmazeutische Präparate und Spezialitäten, ätherische Oele, Seifen, Parfümerien, Liköre und Likör-Essenzen, Chokolade und Kaffeesurrogate.

Abbildung 33: *Erste Seite aus dem Heft 1 des Waarenzeichenblatts (erschienen im Oktober 1894).*[370]

[370] Aus dem Nachdruck der Wila Verlag Wilhelm Lampl GmbH, der anlässlich des Jubiläums zur 100-jährigen Zuständigkeit des Deutschen Patent- und Markenamts für das Markenrecht erstellt wurde.

Dennoch scheint die zweidimensionale grafische Darstellung insbesondere mit Blick auf die neue Markenform „Hörmarke" nicht zeitgemäß und zweckmäßig. Zwar wird die Notenschrift vom Europäischen Gerichtshof und vom deutschen Gesetzgeber derzeit (noch?) als zulässige Form der grafischen Wiedergabe einer Hörmarke angesehen. Doch erfüllt sie - wie oben ausgeführt - nicht die mit der grafischen Darstellbarkeit einer Marke verfolgten Zwecke.[371] Zudem erlaubt sie nicht die Wiedergabe von Geräuschen und anderen Schallereignissen, die keine Töne enthalten. Dementsprechend wird vorgeschlagen, die grafische Darstellbarkeit von Hörmarken, die durch Eintragung geschützt werden sollen, zukünftig nicht mehr zu fordern. Um dem Aspekt der naturgetreuen Reproduktion Rechnung zu tragen, sollten sie ausschließlich in ihrer akustischen Form angemeldet, eingetragen und veröffentlicht werden.[372] Damit verliert auch die Frage, wie nach der Neufassung des § 11 Abs. 2 MarkenV und dem dadurch bedingten Ausschluss von Sonagrammen Hörmarken grafisch wiedergegeben werden sollen, die sich nicht mit Hilfe einer üblichen Notenschrift darstellen lassen, an Bedeutung.

Bei der Anmeldung einer Hörmarke muss gemäß § 11 Abs. 3 MarkenV bereits eine klangliche Wiedergabe mit eingereicht werden. Es bietet sich somit an, diese auch dem weiteren Eintragungs- und Veröffentlichungsverfahren zugrunde zu legen.[373] Im Anmelde- und Widerspruchsverfahren orientieren sich die Prüfer erfahrungsgemäß ohnehin fast ausschließlich an der akustischen Form, um die absolute Schutzfähigkeit und Verwechselbarkeit einer Hörmarke realistisch bewerten zu können. Zudem wird durch die allein klangliche Registrierung auch der Widerspruch zu Hörmarken, die nicht durch Eintragung geschützt sind, aufgehoben. Wie bereits ausgeführt[374], können gemäß § 4 Nr. 2 und 3 MarkenG Hörzeichen auch durch Verkehrsgeltung oder aufgrund ihrer notorischen Bekanntheit Markenschutz erlangen. Die grafische Darstellbarkeit wird - anders als bei § 8 Abs. 1 MarkenG - hierfür nicht vorausgesetzt. Somit kommt es bei ihnen allein auf die im Geschäftsleben verwendete akustische Form an. Aus Gründen der Einheitlichkeit sollte dies auch bei durch Eintragung geschützte Hörmarken gelten.[375]

---

371 Insbesondere zur Bestimmung des Schutzgegenstands ist die grafische Wiedergabe nicht geeignet (s. hierzu unten § 18 III. 1.).

372 Anders Fritz, Seite 243, der eine „Hör-Darstellung" vorschlägt, die eine Klassifikation, eine Spektrogramm-Übersichtsabbildung, eine Spektrogramm-Detailabbildung und einen digitalen Code enthalten soll. Das Modell genügt jedoch - wie bereits unter III. 4. ausgeführt - nicht den Anforderungen an die grafische Darstellbarkeit von Hörmarken. Zudem scheint es für die Praxis zu aufwändig und nicht den Bedürfnissen der interessierten Kreise nach einer schnellen und eindeutigen Unterrichtung zu entsprechen.

373 S. auch unten 2..

374 S. § 9 II. und III..

375 Die Überlegungen zur Verwendung der klanglichen Wiedergabe im registerrechtlichen Verfahren haben im Übrigen auch für Geruchsmarken Bedeutung. Auch diese sind bisher nicht hinreichend eindeutig grafisch darstellbar (vgl. hierzu Urteil des Europäischen Gerichtshofs vom 12. Dezember 2002, a.a.O.).

De lege ferenda sollte somit auf das Formerfordernis der grafischen Darstellung für Hörmarken verzichtet und allein auf die klangliche Wiedergabe abgestellt werden, was eine Änderung des Art. 2 MarkenRichtl, des § 8 Abs. 1 MarkenG sowie des § 11 Abs. 1 MarkenV bedingt.[376] Jede Marke ist in der Form einzureichen, in der sie tatsächlich im Verkehr verwendet wird. Jegliche Umwandlungen in eine andere, insbesondere grafische Form führen zu Ungenauigkeiten und Abweichungen vom Original. Die grafische Darstellbarkeit sollte somit nur für Marken gelten, die von Haus aus zweidimensional und damit optisch wahrnehmbar sind, also insbesondere Wörter, Bilder, Buchstaben, Zahlen und Farben. Dies bedeutet auch, dass für die Zuerkennung des Anmeldetags gemäß § 33 Abs. 1 i.V.m. § 32 Abs. 2 MarkenG[377] eine grafische Wiedergabe nicht mehr generell erforderlich ist. Vielmehr reicht es aus, wenn die Marke als solches in ihrer unveränderten Form eingereicht wird. Bei Hörmarken wird in diesem Fall der Anmeldetag durch die Vorlage der klanglichen Wiedergabe begründet.

2. Eigenständiges Hörmarkenregister

Um die klangliche Wiedergabe eines akustischen Zeichens eintragen und veröffentlichen zu können, sollte trotz der nicht allzu großen Anzahl von Anmeldungen ein eigenständiges Hörmarkenregister geschaffen werden.[378] Es wird ausschließlich elektronisch geführt, d.h. sämtliche Eintragungen werden in einer computergestützten Datenbank gespeichert.[379] Dies bedingt die Digitalisierung aller vorliegenden Hörmarken.[380] Für die ab dem 1. Januar 2005 angemeldeten akustischen Zeichen ist sie zwingend vorgeschrieben, da gemäß § 11 Abs. 5 MarkenV Hörmarken ab diesem Zeitpunkt nur noch auf einer CD-R eingereicht werden können. Für die davor angemeldeten Hörzeichen kann aufgrund der nicht allzu großen Zahl und des verhältnismäßig geringen technischen Aufwands die Digitalisierung durch das Deutsche Patent- und Markenamt erfolgen.

---

376 Zur Situation de lege lata, vgl. auch Hacker in Ströbele/Hacker, § 3 Rdnr. 72.

377 Die Umsetzung des Vorschlags setzt keine Änderung des § 32 Abs. 2 Nr. 2 MarkenG voraus, da unter „Wiedergabe der Marke“ auch die klangliche Wiedergabe verstanden werden kann.

378 Hierfür spricht auch, dass die Suche nach Hörmarken im Markenregister derzeit gewissen Einschränkungen unterliegt. So wurde bei der elektronischen Erfassung einer angemeldeten Hörmarke gelegentlich anstelle von „Hörmarke“ die Markenform „Bildmarke“ oder „Wort-/Bildmarke“ eingegeben, so dass eine Recherche unter Verwendung des Suchbegriffs „Hörmarke“ nicht zur Anzeige aller bisher eingetragenen Hörmarken führt. In den USA wird eine Hörmarke mit der Ziffer 6 codiert, um eine automatisierte Suche zu ermöglichen (vgl. TMEP § 807.11).

379 Zur Zulässigkeit vgl. § 24 Abs. 2 MarkenV.

380 Ähnlich auch Sosnitza in WRP 10/2003, 1191.

Der Zugriff auf das Register (die Datenbank) erfolgt mit Hilfe eines Computers. Hierfür können insbesondere über das Internet eigene Standleitungen oder Wählverbindungen genutzt werden.[381] Durch die zunehmende Verbreitung des Internets ist ein flächendeckender und zügiger Zugriff gewährleistet. Zusätzlich bietet es sich an, in den Dienststellen des Deutschen Patent- und Markenamts sowie in den Technischen Informationszentren eine ausreichend große Zahl von PCs zwecks Zugriffs auf das akustische Register für die Öffentlichkeit zur Verfügung zu stellen. Auf diese Weise können auch Interessenten ohne die notwendige eigene technische Ausstattung auf das Register zugreifen.

Bereits jetzt wird das Markenregister in Form einer elektronischen Datenbank geführt und kann mit Hilfe des DPINFO-Systems von außen eingesehen werden. Insofern führt der Vorschlag für ein eigenes Hörmarkenregister lediglich zu einer Fortentwicklung bereits vorhandener Möglichkeiten. Er erscheint damit auch für die beteiligten Kreise akzeptabel.

Inhaltlich sollte das Hörmarkenregister wie folgt aufgebaut sein:

Die Hörmarken sind wie in dem Papierregister nach Leitklassen geordnet. Des Weiteren sind alle gemäß § 25 MarkenV vorgeschriebenen Angaben enthalten. Allerdings erscheint in dem Feld „Wiedergabe der Marke“ (vgl. § 25 Nr. 3 MarkenV) keine grafische Wiedergabe, sondern ein Button.[382] Nach Drücken wird die Hörmarke in der vom Anmelder eingereichten Form klanglich wiedergegeben.[383] Auf diese Weise kann sich der Interessent einen unmittelbaren und originalgetreuen Eindruck ohne Umweg über die grafische Wiedergabe verschaffen.

Da bereits ein elektronisches Register für eingetragene Marken existiert, ist es auch denkbar, die klangliche Wiedergabe von Hörmarken mit in dieses zu integrieren. Dies würde bedeuten, dass ebenso wie bei dem vorgeschlagenen eigenständigen Hörmarkenregister direkt auf die Datei mit den digitalisierten Hördaten zugegriffen werden kann. Der Vorteil dieses Modells liegt darin, dass lediglich ein einziges Markenregister existiert. Allerdings ist zu berücksichtigen, dass ein eigenes Hörmarkenregister den Interessenten bessere Möglichkeiten eröffnet, gezielt nach Hörmarken zu suchen. Zwar können durch die Auswahl der Markenform bereits jetzt die im Register enthaltenen Hörmarken selektiert werden. Doch erhält der Interessent dadurch eine unzusammenhängende Liste

---

381 S. auch Voss, Seite 867.

382 Vergleichbar den Buttons wie sie in den grafischen Computer-Benutzeroberflächen vorkommen (z.B. „OK-Button“ des Windows-Betriebssystems).

383 Fast alle neueren PCs sind mit Lautsprechern ausgestattet, die regelmäßig zwar keine besonders gute Qualität aufweisen, für die Wiedergabe von Hörmarken jedoch ausreichen. Zudem können zusätzlich externe Lautsprecher angeschlossen werden.

von Eintragungen, die er erst mühsam seinen Bedürfnissen entsprechend ordnen muss. Im Regelfall wird er nach identischen oder ähnlichen Hörmarken suchen. Dafür reicht es nicht aus, sich alle im Register vorhandenen Hörmarken einfach anzeigen zu lassen. Wenn ein Anmelder beispielsweise wissen will, ob bereits das Stück „Jesus bleibet meine Freude" von Johann Sebastian Bach eingetragen ist, so kann er sich nur schwerlich alle 168 Hörmarken, die sich zum Stichtag 20. April 2004 im Markenregister befunden haben[384], anhören. Die eingetragenen Hörmarken müssen vielmehr so strukturiert sein, dass eine Vorauswahl getroffen werden kann. Dies ist leichter möglich, wenn innerhalb eines eigenständigen Registers Hörmarken bereits nach bestimmten Kategorien geordnet sind.[385] Zudem ist - wie die Praxis zeigt - nicht auszuschließen, dass bei der Erfassung einer Hörmarke nicht die korrekte Markenform angegeben wird und sie damit nicht über das Feld „Markenform" gefunden werden kann. Im Falle eines eigenständigen Hörmarkenregisters scheint das Risiko einer falschen Zuordnung hingegen geringer, da bereits vor der eigentlichen Erfassung genau geprüft werden muss, in welches Register die Marke einzutragen ist. Schließlich ist es für einen mit dem Markenrecht nicht so vertrauten Anmelder leichter, in Registern zu suchen, die nur bestimmte Markenformen enthalten. So wird der potenzielle Anmelder einer Hörmarke vor der eigentlichen Anmeldung kaum nach Wort- oder Bildmarken suchen. Vielmehr beschränkt er seine Suche auf bereits eingetragene Hörmarken, da diese in erster Linie mit dem von ihm entworfenen akustischen Zeichen verwechselbar sein können.

Zusammenfassend wird aus diesen Gründen einem eigenständigen Hörmarkenregister der Vorzug gegeben. Allerdings ist es sachlich durchaus vertretbar, auch in das bestehende Markenregister die klangliche Wiedergabe von Hörmarken zu integrieren.

3. Veröffentlichung

Entsprechend den Ausführungen unter 2. sollte zukünftig die klangliche Wiedergabe einer angemeldeten oder eingetragenen Hörmarke veröffentlicht werden. Hierfür eignet sich in besonderer Weise die in § 23 Abs. 2 MarkenV und in § 27 Abs. 2 MarkenV vorgesehene Publikation in elektronischer Form. So kann die Audiodatei entweder über das Internet übertragen oder auf einer CD bzw. DVD hinterlegt werden. Zusätzlich sollten auch hier Hörmarken gesondert erscheinen und abgerufen werden können. Auf diese Weise sind sie für Dritte, die selber eine Hörmarke anmelden oder ihre Rechte aus einer bereits bestehenden Marke wahrnehmen möchten, leichter ermittelbar.

---

384 S. oben § 12 I. 1. a).

385 S. hierzu unten 4..

Um die bereits stattfindende elektronische Veröffentlichung von neu angemeldeten oder eingetragenen Hörmarken im Sinne des obigen Vorschlags umzustellen, wäre keine Änderung des § 23 Abs. 1 Nr. 3 MarkenV oder des § 25 Nr. 3 i.V.m. § 28 Abs. 1 MarkenV erforderlich. Die dort enthaltenen Begriffe „Angaben über die Marke" bzw. „Wiedergabe der Marke" umfassen auch die klangliche Wiedergabe einer Hörmarke.

4. Kategorisierung

Darüber hinaus wird vorgeschlagen, dem Hörmarkenregister und der Veröffentlichung eine Übersicht über mögliche Kategorien von Hörmarken voranzustellen, damit Interessenten eine Vorauswahl treffen und leichter nach identischen oder ähnlichen Hörmarken recherchieren können.[386] Wie bei der Wiener Bildklassifikation sollten Hörmarken nach ihrem Inhalt geordnet werden.[387] So wäre folgende Grobunterteilung denkbar:

---

[386] Winkler in MA 11/96, Seite 520, spricht sich zutreffend dafür aus, dass eine Klassifikation erst nach einer gewissen Konsolidierungsphase eingeführt werden soll. Da Hörmarken seit dem 1. Januar 1995 in der Bundesrepublik zugelassen sind und gewisse Erfahrungswerte bereits vorliegen, scheint die Einführung eines Zuordnungssystems für Hörmarken nunmehr zeit- und sachgerecht.

[387] Vgl. hierzu auch Fritz, Seite 236.

Kategorie 1	Töne und Klänge (z.B. Musik, Melodien)		
		Unterkategorie 1a)	Instrumental (ohne Gesang)
		Unterkategorie 1b)	Instrumental (mit Gesang)
		Unterkategorie 1c)	Gesang (ausschließlich)
Kategorie 2	Geräusche (z.B. Bellen)		
Kategorie 3	Knalle (z.B. Handklatschen)		
Kategorie 4	Kombinationen (z.B. „Sail-Away"-Melodie, hinterlegt mit dem typischen Zischen des Öffnens einer Bierflasche)		

Übersicht 8: *Mögliche Kategorien von Hörmarken.*[388]

[388] Eine andere nachvollziehbare Einteilung schlägt Fritz, Seite 236, vor.

§ 18 Der Schutzgegenstand

I. Problemstellung

In Zusammenhang mit der grafischen Darstellbarkeit von Hörmarken stellt sich auch die Frage, auf was sich konkret der hörmarkenrechtliche Schutz bezieht. Zum einen muss im Rahmen des Anmeldeverfahrens der Gegenstand der Prüfung klar bestimmt sein. Zum anderen bedarf es im Widerspruchs- und Verletzungsverfahren einer eindeutigen Grundlage für den Schutzumfang der Marke. So setzt beispielsweise die Anwendung der §§ 8 bis 13 MarkenG (vgl. auch Art. 3 und 4 MarkenRichtl) voraus, dass die angemeldete oder eingetragene Marke genau definiert ist. Ansonsten kann beispielsweise nicht bewertet werden, ob einer Marke jegliche Unterscheidungskraft fehlt (§ 8 Abs. 2 Nr. 1 MarkenG), mit älteren Marken identisch ist (§ 9 Abs. 1 Nr. 1 MarkenG) oder mit einem Urheberrecht kollidiert (§ 13 Abs. 1 i.V.m. Abs. 2 Nr. 3 MarkenG).

Winkler[389] erwähnt darüber hinaus die Fälle, in denen voneinander abweichende Wiedergaben (grafisch/klanglich) eingereicht werden oder ein Anmelder markenrechtlichen Schutz für mehrere Wiedergabearten einer ganz bestimmten Tonfolge begehrt.

Damit ist festzulegen, ob zur Bestimmung des Gegenstands des Schutzes einer Hörmarke auf die grafische Darstellung, die klangliche Wiedergabe oder eine Kombination aus beidem abzustellen ist.

II. Lösungsmöglichkeiten

Nach Ströbele kommt es in erster Linie auf die neuen Markenformen als solche an. Die grafische Wiedergabe stelle nur einen mehr oder weniger vollkommenen Ersatz dar, der lediglich ergänzend bei der Ähnlichkeitsbeurteilung mit berücksichtigt werden könne.[390] Demzufolge sei dem Charakter der Hörmarke entsprechend letztlich nur die klangliche Wiedergabe für die Bestimmung des Schutzgegenstands maßgeblich, während der grafischen Wiedergabe lediglich eine ergänzende und erläuternde Funktion zukomme, welche die erforderliche Veröffentlichung im Markenblatt ermögliche.[391]

---

389 Vgl. Winkler in MA 11/96, Seite 520.

390 Vgl. Ströbele in Ströbele/Hacker, § 9 Rdnr. 251 und § 8 Rdnr. 38, und Ströbele in Festschrift für Willi Erdmann, Seite 493; ebenso Winkler in Mitt. 95, 45 (derselbe modifizierend in MA 96, 516).

391 Vgl. Ströbele in Ströbele/Hacker, § 9 Rdnr. 273.

Winkler[392] äußert zwar Verständnis für die Auffassung, dass der klanglichen Wiedergabe der Vorrang einzuräumen sei, da die Hörmarke durch sie am treffendsten repräsentiert werde. Allerdings sei aus rechtlichen Gründen seines Erachtens auf die grafische Darstellung abzustellen.[393] Er begründet dies damit, dass der deutsche Gesetzgeber zweifelsfrei den Schutz von Hörmarken durch Eintragung zugelassen und für deren Wiedergabe - im Einklang mit Art. 2 MarkenRichtl - ausschließlich die grafische Darstellung vorgesehen habe. Soweit im Markengesetz von der Wiedergabe der Marke die Rede sei, sei daher konsequenterweise immer auf die grafische Darstellung abzustellen. Er zieht daraus die Folgerung, dass der Schutzgegenstand vorrangig durch die grafische Wiedergabe der Hörmarke bestimmt werde.[394]

Nach Ansicht von Fritz[395] sollte der Schutzbereich allein den grafisch repräsentierten lautlichen Inhalt, nicht aber die Darstellung als solche umfassen. Es bleibt jedoch offen, was konkret hierunter zu verstehen ist. Vermutlich soll zum Ausdruck gebracht werden, dass es zwar auf die klangliche Wiedergabe ankommt, diese jedoch durch die grafische Darstellung (mit?) definiert wird.

In drei Fällen zur Abweichung der eingereichten grafischen von der klanglichen Wiedergabe hat schließlich das Bundespatentgericht[396] entschieden, dass die Forderung nach Einreichung einer Hörmarke in klanglicher und zugleich in grafischer Wiedergabe gemäß § 11 MarkenV a.F.[397] ein weiteres Anmeldeerfordernis im Sinne der §§ 32 Abs. 3, 33 Abs. 2 und 36 Abs. 4 MarkenG darstellt und für die Begründung eines Anmeldetages keine Bedeutung hat. Ein solcher ist gemäß § 33 Abs. 1 MarkenG zuzuerkennen, sobald die Unterlagen mit den Angaben nach § 32 Abs. 2 MarkenG beim Patentamt eingegangen sind. Damit stellt das Bundespatentgericht bei der Begründung des Anmeldetages auf die Einreichung einer hinreichend bestimmten grafischen Wiedergabe ab.

---

392 S. Winkler in MA 11/96, Seiten 520 und 521.

393 So auch Sosnitza in WRP 10/2003, 1191, unter Zugrundelegung der Annahme, die klangliche Wiedergabe stelle lediglich eine Probe dar.

394 Aber Winkler in Mitt. 1/95, Seite 47, wonach die der Anmeldung zugrunde liegende grafische Wiedergabe nur einen mehr oder weniger vollkommenen Ersatz der eigentlich geschützten Hörmarke darstellt.

395 Vgl. Fritz, Seiten 278/279.

396 S. BPatG, Beschlüsse vom 10.7.1996 in GRUR 1997, 134 (Az. 29 W (pat) 66/96 - „Anmeldetag"), GRUR 1997, 62 (Az. 29 W (pat) 67/96 - „INDIKATIV SWF-3") und GRUR 1997, 60 (Az. 29 W (pat) 68/96 - „SWF-3 NACHRICHTEN").

397 Die Entscheidungen betrafen zwar § 11 MarkenV in seiner ursprünglichen Fassung, sie haben jedoch auch jetzt noch Gültigkeit, da § 11 MarkenV n.F. an dem Erfordernis der Einreichung der grafischen und klanglichen Wiedergabe festhält.

III. Bewertung

Um zu einer sachgerechten Lösung zu kommen, müssen zwei Fragen auseinander gehalten werden: Zum einen die formale Frage der grafischen Darstellbarkeit bei nicht visuell wahrnehmbaren Marken und zum anderen die materielle Frage des Schutzgegenstands:

1. Die grafische Darstellbarkeit bei nicht visuell wahrnehmbaren Marken

§ 8 Abs. 1 MarkenG schließt nicht grafisch darstellbare Marken von der Eintragung aus. Seine amtliche Überschrift (Absolute Schutzhindernisse) lässt zunächst darauf schließen, dass das Kriterium der grafischen Darstellbarkeit der absoluten Schutzfähigkeit zuzuordnen ist. Im Gegensatz dazu handelt Art. 2 MarkenRichtl die grafische Darstellbarkeit in Zusammenhang mit den Markenformen ab. Dieser Unterschied resultiert daraus, dass die Erste Richtlinie des Rates der EG Nr. 89/104 nur eingetragene Marken betrifft (vgl. Art. 1 MarkenRichtl), während das bundesdeutsche Markengesetz sich auf alle, also auch nicht durch Eintragung geschützte Marken bezieht. Bei richtlinienkonformer Auslegung gehört die grafische Darstellbarkeit somit zur Markenfähigkeit.[398] Folgerichtig geht der Europäische Gerichtshof auch davon aus, dass die Markenfähigkeit von Hörmarken u.a. dann zu bejahen ist, wenn sie sich grafisch darstellen lassen.[399] Die Vorgabe der grafischen Darstellbarkeit insbesondere von Hörmarken ist dementsprechend nicht im Lichte der Eintragungshindernisse, sondern der materiellen Schutzvoraussetzungen zu sehen. Deren Prüfung setzt jedoch nur eine eingeschränkte Definition des Schutzgegenstands voraus. So reicht es für die Beantwortung der Frage, ob eine im Sinne des § 3 Abs. 1 MarkenG zulässige Markenform vorliegt, aus, wenn nur die äußere Form der Marke feststeht. Auf ihren konkreten Inhalt kommt es an dieser Stelle nicht an. Auch im Hinblick auf die ergänzend in § 3 Abs. 1 MarkenG geforderte Eignung zur Unterscheidung muss der Schutzgegenstand insbesondere im Hinblick auf die Waren und Dienstleistungen noch nicht abschließend feststehen, da eine abstrakte Prüfung hierfür ausreicht.[400] Insofern zwingt § 8 Abs. 1 MarkenG nicht zu der Annahme, es handele sich bei der grafischen Darstellbarkeit um eine Frage des Schutzgegenstands.

Auch aus den unter II. genannten Beschlüssen des Bundespatentgerichts kann nicht ohne Weiteres gefolgert werden, die grafische Wiedergabe sei maßgeblich für die Bestimmung des Schutzgegenstands. Sie beziehen sich auf die formale Frage, welche Form der Wiedergabe einer Hörmarke eingereicht werden muss, damit ein Anmeldetag gemäß § 33 Abs. 1 MarkenG zuerkannt werden kann. Sie

---

[398] S. hierzu Hacker in Ströbele/Hacker, § 3 Rdnr. 13.

[399] Vgl. Urteil des Europäischen Gerichtshofes vom 27.11.2003, a.a.O..

[400] S. hierzu die amtliche Begründung zu § 3 MarkenG in Sonderheft BlfPMZ 1994, 58 f..

steht mit der materiellen Frage des Schutzgegenstands in keinem unmittelbaren Zusammenhang.
Des Weiteren ist zu berücksichtigen, dass die grafische Darstellbarkeit bei Hörmarken, die durch Verkehrsgeltung oder notorische Bekanntheit Schutz erlangt haben (§ 4 Nr. 2 und 3 MarkenG), keine Rolle spielt. Dennoch muss auch ihr Schutzgegenstand im Rahmen der Prüfung der Identität oder Ähnlichkeit[401] eindeutig sein. Aus Gründen der Gleichbehandlung sollte somit die grafische Darstellung auch bei durch Eintragung geschützte Hörmarke nicht als Grundlage für die Bestimmung des Schutzgegenstands herangezogen werden. Sie dient vielmehr dazu, die visuelle zweidimensionale Wiedergabe einer angemeldeten bzw. eingetragenen Hörmarke auf Papier (z.B. Urkunde oder Markenblatt) oder im Register zu gewährleisten.
Damit ist festzustellen, dass die grafische Wiedergabe für gemäß § 4 Nr. 1 MarkenG geschützte Hörmarken ein eher formales Eintragungskriterium darstellt, aus dem keine unmittelbaren Schlüsse auf den Schutzgegenstand gezogen werden können.

2. Der Schutzgegenstand

Ausgangspunkt für die Bestimmung des Schutzgegenstands ist das alleinige Recht des Anmelders, die Marke zu definieren. Er hat bestimmte Vorstellungen insbesondere über ihre Art (Wort-, Bild-, Hör-, Geruchsmarke etc.), ihre Ausgestaltung (einfach - komplex, farbig - schwarz/weiß etc.) oder über ihre Verwendung in Zusammenhang mit seinen Waren und Dienstleistungen (Aufdrucken, Abspielen, Werbeflyer etc.). Diese Überlegungen führen zu der Entwicklung einer konkreten Marke, so wie er sie (meist nach der Eintragung) im Geschäftsleben verwenden will. Aus dem in § 3 Abs. 1 MarkenG enthaltenen Angebot an Markenformen kann sich der Anmelder die seinen Bedürfnissen am besten entsprechende aussuchen.
Bei der Bewertung der Schutzfähigkeit und des Schutzumfangs muss nunmehr genau diese vom Anmelder gewünschte Form zugrunde gelegt werden. Weder das für die Prüfung auf absolute und relative Schutzhindernisse zuständige Amt noch die für Löschungs- oder Verletzungsverfahren zuständigen Gerichte dürfen von den Vorgaben des Anmelders abweichen. Die angemeldete oder eingetragene Marke muss genau dem vom Anmelder später oder tatsächlich bereits verwendeten Zeichen entsprechen. Ansonsten werden unzutreffende Rückschlüsse insbesondere auf ihre Unterscheidungskraft, ihren beschreibenden Sinngehalt oder ihre Ähnlichkeit mit anderen Marken gezogen. So würde es beispielsweise den berechtigten Bedürfnissen eines Wettbewerbers in keinster Weise gerecht werden, wenn aufgrund der grafischen Darstellung keine zeichenrechtliche

---

[401] Beispielsweise in Zusammenhang mit den §§ 10, 14 Abs. 2 und 42 Abs. 2 Nr. 2 MarkenG.

Übereinstimmung festgestellt werden kann, die beiden sich gegenüberstehenden Hörmarken tatsächlich jedoch klanglich ähnlich sind.
Dies bedeutet, dass die im Rahmen der Beurteilung der Schutzfähigkeit oder des Schutzumfangs zu prüfende Hörmarke mit der in der Praxis verwendeten Originalmarke vollumfänglich übereinstimmen muss.[402] Bei Hörmarken ist dies jedoch nur dann der Fall, wenn die akustische Form verwendet wird. Die grafische Darstellung weist demgegenüber aufgrund der Codierungsregeln Abweichungen auf und repräsentiert nicht die eigentliche Hörmarke, die sich gerade durch ihren akustischen, nicht jedoch durch ihren visuellen Inhalt auszeichnet.
Zur Bestimmung des Schutzgegenstands und -umfangs einer Hörmarke eignet sich insbesondere eine Notenschrift auch deshalb nicht, weil sie im Gegensatz zum akustischen Original mehr Möglichkeiten der klanglichen Wiedergabe zulässt.[403] Der Schutzgegenstand und -umfang einer Hörmarke darf jedoch nicht von der mehr oder weniger eindeutigen Wiedergabe auf dem Papier abhängen. Dies hätte ansonsten zur Folge, dass nach Einführung neuer, weniger Interpretationsmöglichkeiten zulassender Formen der grafischen Darstellung der Schutzgegenstand und -umfang eines akustischen Zeichen eingeschränkt werden würde. Sie hingen somit vom jeweils aktuellen Stand der Technik ab. Schutzgegenstand und -umfang müssen jedoch allgemein und auf Dauer verbindlich feststehen, um die erforderliche Rechtssicherheit zu gewährleisten.
Der Vorteil der Zugrundelegung der klanglichen Wiedergabe bei der Bestimmung des Schutzgegenstands liegt zudem darin, dass die grafische Wiedergabe vom Prüfer oder Richter nicht erst intellektuell in die akustische Form umgesetzt werden muss.
Die oben aufgeworfene Frage der Abweichung von klanglicher und grafischer Wiedergabe ist derzeit zwar dahingehend zu beantworten, dass es für die Zuerkennung des Anmeldetags gemäß § 33 Abs. 1 i.V.m. § 32 Abs. 2 MarkenG allein auf die grafische Darstellung ankommt und die klangliche Wiedergabe an die grafische anzupassen ist, da ansonsten die Anmeldung gemäß § 36 Abs. 4 MarkenG zurückgewiesen werden müsste.[404] Dies sollte sich in Zukunft jedoch dahingehend ändern, dass allein die Hörmarke als solches einzureichen ist. Hierdurch würde sich die Folgefrage der Abweichung der Wiedergabeformen erübrigen.

Zusammenfassend ist somit festzustellen, dass Ausgangspunkt für die materielle Bestimmung des Schutzgegenstands und -umfangs die klangliche Wiedergabe ist.[405] Die grafische Darstellung kann hierbei allenfalls hilfsweise mit berücksichtigt werden.

---

402 Hierbei wird davon ausgegangen, dass kein Fall der abgewandelten Benutzung vorliegt.

403 Vgl. hierzu auch Winkler in MA 11/96, Seite 521, und oben § 18 III. 1..

404 S. Hacker in Ströbele/Hacker, § 3 Rdnr. 73.

405 So auch Hacker in Ströbele/Hacker, § 3 Rdnr. 68.

2. Teil. Das Fehlen der Unterscheidungskraft

§ 19 Die Unterscheidungskraft von Hörmarken im Allgemeinen

Die in § 8 Abs. 2 Nr. 1 MarkenG angesprochene konkrete Unterscheidungskraft stellt mit die wichtigste Voraussetzung für die Eintragbarkeit von Marken dar. Welche Kriterien hierbei im Hinblick auf Hörmarken zu beachten sind, soll nachfolgend untersucht werden:

I. Zur Anwendbarkeit der bisherigen Definition der Unterscheidungskraft

Unterscheidungskraft im Sinne von § 8 Abs. 2 Nr. 1 MarkenG ist die einer Marke innewohnende konkrete Eignung, vom Verkehr als Herkunftsunterscheidungsmittel für die angemeldeten Waren oder Dienstleistungen eines Unternehmens gegenüber solchen anderer Unternehmen aufgefasst zu werden und damit die betriebliche Zuordnung dieser Waren oder Dienstleistungen zu ermöglichen.[406] Die Marke muss somit die Waren oder Dienstleistungen nach der betrieblichen Herkunft, nicht nach ihrer Beschaffenheit oder Bestimmung unterscheidbar machen. Bei der Beurteilung der von Haus aus bestehenden Unterscheidungskraft einer Marke sind insbesondere auch die Verkehrsgepflogenheiten innerhalb der jeweils betroffenen Branche und die dort übliche Verwendungsweise von Marken bzw. beschreibenden Hinweisen zu beachten.[407]

Auf Hörzeichen übertragen heißt das, die darin enthaltenen Töne, Klänge oder Geräusche müssen vom Verkehr als Hinweis auf den Ursprung der gekennzeichneten Produkte aufgefasst werden.[408] Dies ist dann nicht der Fall, wenn ihnen für die fraglichen Waren oder Dienstleistungen ein im Vordergrund stehender beschreibender Begriffsgehalt zugeordnet werden kann oder es sich um gebräuchliche Töne, Klänge oder Geräusche handelt, die vom Verkehr stets nur als solche und nicht als Unterscheidungsmittel verstanden werden.[409] Gerade bei Hörzeichen besteht die Gefahr, dass sie als übliche stimmungsfördernde Untermalung oder Ausschmückung angesehen werden. So soll Musik in erster Linie der Erbauung, Unterhaltung und Entspannung dienen. Diese ihr innewohnenden Grundfunktionen müssen erst überwunden und durch die Hinweisfunktion überlagert werden.[410]

---

406 Vgl. Ströbele in Ströbele/Hacker, § 8 Rdnr. 42.

407 So BPatG in GRUR 1996, 883 ff..

408 S. auch Becker in WRP 1/2000, 63.

409 Vgl. Grabrucker in MarkenR 2001, 98.

410 S. hierzu auch oben § 3 IV. und V..

Schutzunfähig ist eine Hörmarke jedoch nur dann, wenn ihr jegliche Unterscheidungskraft fehlt. Bereits geringe Unterscheidungskraft oder ein geringer kreativer Überschuss reicht für die Eintragungsfähigkeit aus.[411] Auch ist nur in eindeutigen Fällen dem Hörzeichen die konkrete Unterscheidungskraft abzusprechen.[412]

II. Kriterien zur Bestimmung der Unterscheidungskraft bei Hörzeichen

Zur Bestimmung der konkreten Unterscheidungskraft von Hörzeichen kommen verschiedene Kriterien in Betracht:

1. Eigenart

Die wichtigste Eigenschaft eines unterscheidungskräftigen Hörzeichens ist ihre Eigenart, d.h. sie muss einzelne merkwürdige Besonderheiten aufweisen. Voraussetzung hierfür ist ein gewisser Fantasiegehalt und die Unüblichkeit des Klangbildes. Dies wäre beispielsweise der Fall, wenn bekannte, jedoch nicht zueinander passende Instrumente nunmehr zusammen erklingen, eine schwierige Komposition vorliegt oder das Hörzeichen völlig überraschend mit einer Ware in Verbindung gebracht wird.[413] Die künstlerischen oder ästhetischen Anforderungen an den Grad der Originalität und Einprägsamkeit sollten hierbei nicht zu hoch angesetzt werden, wobei die jeweiligen Branchenübungen und Werbegepflogenheiten auf dem einschlägigen Waren- und Dienstleistungssektor zu berücksichtigen sind.[414]

2. Länge

Die Frage der Länge eines Hörzeichens wurde bereits im Rahmen der Markenfähigkeit unter den Gesichtspunkten „Einheitlichkeit" und „Abstrakte Unterscheidungskraft" erörtert.[415] Bei der konkreten Unterscheidungskraft spielt sie streng genommen nur eine untergeordnete Rolle.[416] Der Verkehr wird sich unabhängig von den konkret gekennzeichneten Waren oder Dienstleistungen nur

---

411 Vgl. Berlit, Rdnr. 59, und Meister in WRP 10/2000, 1098.

412 So Becker in WRP 1/2000, 63.

413 Im Einzelnen s. unten § 20.

414 S. Ströbele in GRUR 1999, 1045 (Bezogen auf Einzeltöne und einfachste Lautfolgen).

415 S. hierzu oben § 11 I. 2. und IV..

416 Anders Ströbele in Ströbele/Hacker, § 8 Rdnr. 206, der in Zusammenhang mit der konkreten Unterscheidungskraft darauf hinweist, dass ein umfangreicheres Musikstück regelmäßig nicht als betriebskennzeichnende Marke aufgefasst wird.

Hörzeichen von bestimmter Dauer merken können. Sollte diese überschritten sein, so scheitert es bereits an der Markenfähigkeit.[417] Im Übrigen würden jedoch die hierzu angestellten Überlegungen auch im Rahmen der konkreten Unterscheidungskraft Gültigkeit haben. So wird ein nicht in sich geschlossenes, umfangreiches Musikstück im Regelfall nicht als betriebskennzeichnende Marke aufgefasst werden.[418]

3. Merkfähigkeit

Für die Bejahung der konkreten Unterscheidungskraft wird auch bei Hörmarken eine gewisse Merkfähigkeit zu fordern sein. Allerdings ist diese ebenso wie bei Bildmarken[419] nicht dahingehend zu verstehen, dass der Verkehr das Hörzeichen eindeutig wiedergeben kann.[420] Vielmehr reicht es aus, wenn ein Großteil des Verkehrs das Hörzeichen in seinen grundlegenden Zügen singen, pfeifen oder in sonstiger Weise akustisch nachahmen kann. Auch die mündliche Beschreibung („Die Marke mit dem Zischen“) kann genügen, wenn das Hörzeichen eindeutige Merkmale aufweist, anhand derer eine Identifizierung möglich ist.

III. Die Auffassung der beteiligten Verkehrskreise

Auch ein Hörzeichen stellt ein Kommunikationsmittel innerhalb der beteiligten Verkehrskreise dar. Zu diesen zählen neben den mit der Herstellung und dem Vertrieb der Waren oder der Erbringung der Dienstleistungen befassten Gruppen insbesondere die Abnehmer der Waren bzw. die Empfänger der Dienstleistungen. Abzustellen ist hierbei auf den durchschnittlich informierten, aufmerksamen und verständigen Durchschnittsverbraucher.[421] Ob ein akustisches Signal innerhalb der betroffenen Verkehrskreise als unterscheidungskräftiges Kennzeichen aufgefasst wird, bestimmt sich nach verschiedenen Faktoren:

---

417 So auch Fezer, § 3 Rdnr. 272.

418 S. hierzu auch Ströbele in GRUR 1999, 1045.

419 Vgl. BGH in GRUR 2000, 502 ("St. Pauli Girl").

420 Vgl. zu Bildmarken auch Ströbele in Ströbele/Hacker, § 8 Rdnr. 171.

421 Vgl. Ströbele in Ströbele/Hacker, § 8 Rdnrn. 80 und 84.

1. Zur Gewöhnung des Verkehrs an eigenartige Kompositionen in Zusammenhang mit Waren und Dienstleistungen

Insbesondere die Frage, welche Eigenart ein Hörzeichen aufweisen muss, hängt stark davon ab, inwieweit der Verkehr an ausgefallene akustische Begleitsignale ohne kennzeichnenden Charakter gewöhnt ist. In der Fernseh-/Rundfunkwerbung werden Waren und Dienstleistungen häufig zusammen mit Musik präsentiert. Hierbei handelt es sich meist um eigens angefertigte Kompositionen, die die Wirkung der Bilder oder des Textes verstärken sollen. Besondere charakteristische Elemente, insbesondere prägnante Melodien, enthalten sie normalerweise nicht.[422] Erklingt die Musik zudem während der gesamten Dauer des Werbeclips, so wird der untermalende Eindruck verstärkt. Insofern ist der Verkehr eher an nichtssagende, der Unterhaltung dienende akustische Begleitung gewöhnt.

In Verkaufslokalen wird sehr häufig sog. Arbeitsmusik oder Muzak verwendet. Diese speziell zubereitete, ursprünglich zum Zwecke der Produktivitätssteigerung entwickelte Musik wird mittlerweile auch in Kaufhäusern, Baumärkten, Restaurants oder Wartesälen eingesetzt. Die Sequenzen enthalten instrumentale Arrangements vorwiegend aus dem Pop-, Schlager- und Musicalbereich, die nach Tempo, Rhythmus, Instrumentation und Größe der Besetzung so angeordnet sind, dass aus diesen vier Faktoren ein steigender Stimulusfaktor resultiert.[423] Aus diesem Grund stimmen die Arrangements mit den zugrunde liegenden Hits teilweise nur noch hinsichtlich der Melodie überein. Der Durchschnittsverbraucher dürfte sich durchaus darüber bewusst sein, dass Muzak nicht zur Kennzeichnung der Produkte, sondern zur Stimmungsförderung eingesetzt wird. Zum einen handelt es sich meist um bekannte Melodien, die kaum zur Individualisierung von Waren oder Dienstleistungen geeignet sind. Zum anderen sind die Arrangements zu lang, um vom Verkehr als einheitlich und geschlossen angesehen zu werden. Ihnen fehlt damit im Normalfall die Markenfähigkeit. Durch die Berieselung mit Muzak dürften die Ansprüche des Verkehrs an die Qualität von Hörzeichen somit nicht gestiegen sein.

Da auch ansonsten Hörzeichen (bisher) noch relativ selten eingesetzt werden, ist davon auszugehen, dass der Großteil der beteiligten Verkehrskreise nicht an besonders fantasievolle akustische Kennzeichnungen gewöhnt ist. Insofern sind an die Eigenart von Hörzeichen auch aus praktischer Sicht keine allzu hohen Anforderungen zu stellen.

---

[422] S. hierzu auch die unter § 2 II. 2. dargestellten Untersuchungsergebnisse.

[423] Vgl. Brockhaus Riemann, Band A-D, Seiten 50/51.

2. Zu den angesprochenen Verkehrsteilnehmern

Inwieweit Töne, Klänge oder Geräusche von dem einzelnen Verkehrsteilnehmer als konkret unterscheidungskräftig angesehen werden, hängt auch von seinen persönlichen Umständen ab. Hierzu gehören in erster Linie:

a) Musikalische Vorkenntnisse

Gerade bei musikalischen Hörzeichen sind die Möglichkeiten der Interpretation aufgrund der Melodie, der Eigenschaften der Töne oder der Stilelemente sehr groß. Abhängig von den entsprechenden Vorkenntnissen wird ein Verbraucher mehr oder weniger kritisch einem akustischen Kennzeichen begegnen. Das Wissen kann er sich durch Ausbildung, Beruf oder Hobby erworben haben. Dazu kommt unter Umständen eine besondere, schon vorhandene Musikalität. Demzufolge wird beispielsweise ein mit der Bildung von Akkorden, Harmonien oder Verzierungen vertrauter Verkehrsteilnehmer einen klassisch gebildeten Dreiklang vermutlich weniger interessant finden als ein anderer, der kein musikalisches Hintergrundwissen besitzt.

Allerdings ist davon auszugehen, dass auch Verkehrsteilnehmer mit mehr oder weniger ausgeprägten Vorkenntnissen ein Hörzeichen zunächst emotional und erst danach rational verarbeiten werden. Bei der Beurteilung der Unterscheidungskraft ist eine Betrachtung der Marke geboten, die sich einerseits frei von gekünstelter Analyse und nur spekulativen Überlegungen hält, aber andererseits das branchenmäßige Umfeld angemessen berücksichtigt, in dem sich entsprechende Kennzeichnungen bewegen und einem aufmerksamen und verständigen Durchschnittsverbraucher begegnen.[424] Da eine musikwissenschaftliche Analyse des Hörzeichens nicht der Realität entspricht, ist bei der Beurteilung der Unterscheidungskraft vornehmlich auf den ersten (emotionalen) Höreindruck abzustellen. Damit müssen auch im Rahmen amtlicher Prüfungs- oder sich anschließender Gerichtsverfahren keine musikwissenschaftlichen Gutachten erstellt werden. Vielmehr kann ein Prüfer oder Richter aufgrund seiner eigenen Sachkunde und Lebenserfahrung die Unterscheidungskraft eines Hörzeichens beurteilen.[425]

Bei der Bewertung von Geräuschen spielt die musikalische Vorbildung ohnehin nur eine sehr geringe Rolle. Anders als bei Tönen oder Klängen unterliegen sie keinen festen musikwissenschaftlichen Regeln. Insofern kommt eine analytische Bewertung von vornherein nicht in Betracht.

---

424 Vgl. BPatG in GRUR 2000, 1049 („21st Century").

425 Vgl. BGH in GRUR 2002, 552 („Elternbriefe").

b) Alter

Musik wird zwar abhängig vom Alter unterschiedlich bewertet. Während Jugendlichen eher Techno[426], Pop oder Hip-Hop[427] zusagt, bevorzugen Ältere meist ruhigere, insbesondere klassische Musik. Dies ist jedoch eine Frage des Geschmacks und des Gefallens. Bei Hörzeichen kommt es jedoch in erster Linie auf ihren fantasievollen Gehalt und nicht auf ihre Akzeptanz bei allen Bevölkerungsschichten an. So spielt es beispielsweise nur eine geringe Rolle, dass von der jüngeren Generation das Haribo- oder das Alete-Lied wohl nicht mehr als ganz aktuell angesehen werden. Unabhängig davon dürften auch Jugendliche den beiden Jingles kennzeichnende Kraft beimessen, da die Melodien einprägsam sind und die Produkte nicht beschreiben. Insofern ist davon auszugehen, dass dem Alter bei der Beurteilung von Hörzeichen keine ausschlaggebende Bedeutung zukommen wird.

Nichtsdestotrotz sollte der Hersteller oder Vertreiber von Produkten darauf achten, dass sein Zeichen von möglichst vielen Verkehrsteilnehmern gerne gehört wird. Nur dann löst es die mit einem Hörzeichen verbundenen positiven Gefühle aus, bleibt in „guter“ Erinnerung und erfüllt damit seinen verkaufsfördernden Zweck.

---

[426] Elektronische, von besonders schnellem Rhythmus bestimmte Tanzmusik (vgl. Duden, Seite 1521).

[427] Richtung der Popmusik bzw. Popkultur, für die Breakdance, Rap und Graffitikunst charakteristisch sind (vgl. Duden, Seite 721).

§ 20 Die Unterscheidungskraft bestimmter akustischer Signale

Unter Zugrundelegung der in § 19 genannten Kriterien wird nachfolgend die Unterscheidungskraft bestimmter Schallereignisse untersucht:

I. Einfache Töne und Klänge

1. Zur Anzahl der Töne

Grundlage der Unterscheidungskraft von Tönen bzw. Klängen ist die Melodie, mit deren Hilfe Waren oder Dienstleistungen regelmäßig individualisiert werden können.[428] Fraglich ist hierbei allerdings, aus wie vielen nacheinander gespielten Tönen sie bestehen muss. Aus einem einzigen Ton lässt sich gewiss keine Melodie bilden, so dass die Unterscheidungskraft in diesem Fall zutreffend von der h.M. abgelehnt wird.[429] Zwei Töne werden vom Verkehr regelmäßig als Intervall[430], das Teil einer Melodie ist, nicht jedoch als diese selbst angesehen.

Nach der hier vertretenen Auffassung muss ein Hörzeichen aus mindestens drei Tönen bestehen, damit eine in sich geschlossene, selbständige und ausdrucksvolle Tonfolge entstehen kann. Auch im Register lassen sich keine Hörmarken finden, die weniger Töne aufweisen. Die Töne müssen hierbei nacheinander gespielt werden, da es sich ansonsten um einen Dreiklang handelt, der nicht als Melodie, sondern als Akkord angesehen wird. Auch dürfen die Töne insbesondere im Hinblick auf die Tonhöhe nicht identisch sein. Wird jedoch der gleiche Ton (z.B. „c“) in unterschiedlichen Oktaven hintereinander wiedergegeben, so entsteht ein zwar nicht besonders fantasievolles, aber dennoch interessantes Klangmuster. Das gleiche gilt, wenn die Tonhöhe zwar identisch, jedoch die einzelnen Töne stark abweichende Klangfarben aufweisen.[431] Wichtig ist in jedem Fall, dass sich die einzelnen Töne ausreichend voneinander abheben.[432]

---

428 Auch Ströbele in Ströbele/Hacker, § 8 Rdnr. 206, setzt eine auch nur ansatzweise eingängige Melodie voraus.

429 Vgl. Ströbele in Ströbele/Hacker, § 8 Rdnr. 206, und Meister in WRP 10/2000, 1107, der ergänzend die Frage nach der abstrakten Markenfähigkeit eines einzelnen Tones stellt; einschränkend Becker in WRP 1/2000, 63.

430 Mit Intervall wird das Verhältnis zweier nacheinander oder gleichzeitig erklingender Töne bzw. ihr Abstand zueinander bezeichnet, vgl. Ziegenrücker, Seite 63.

431 Dies ist beispielsweise der Fall, wenn der erste Ton von einer Geige, der zweite (ansonsten identische) von einer Trompete und der dritte (ebenfalls identische) von einem Klavier gespielt wird. Der Schutzumfang würde sich dann genau auf diese Klangfolge beschränken.

432 Ähnlich auch Meister in WRP 10/2000, 1107.

2. Zum Einfluss der Stilelemente

Harmonien fördern die Zusammengehörigkeit der Töne und damit den Eindruck der klanglichen Einheit. Der Rhythmus, das Metrum und das Tempo können ebenfalls zur Eigenart einer Tonfolge beitragen. So können auch sehr bekannte und damit nur in Ausnahmefällen unterscheidungskräftige Melodien durch deutliche Beschleunigung der Wiedergabe so verfremdet werden, dass sie kaum noch erkannt werden können.[433] Daraus kann sich ein neuer ungewöhnlicher Klangeindruck ergeben.
Auch die Dynamik kann für die Eigenart einer Tonfolge förderlich sein. So wäre es beispielsweise denkbar, dass drei gleiche Töne in unterschiedlicher Lautstärke wiedergegeben werden. Weichen die Lautstärkegrade erheblich voneinander ab, wird die Aufmerksamkeit des Verkehrs auf diese Dynamikunterschiede gelenkt, so dass die ansonsten uninteressante Tonfolge in den Hintergrund tritt. Da plötzliche und drastische Lautstärkewechsel eher die Ausnahme bilden, kann darin ein kreativer Überschuss begründet sein.[434]
Demgegenüber spielen die Tonart und die Art des Vortrags nur eine sehr untergeordnete Rolle bei der Frage der konkreten Unterscheidungskraft.[435]

II. Verschiedene Arten von Geräuschen

1. Nicht sachbezogene Geräusche

Geräusche, die mit den Produkten nicht in sachlichem Zusammenhang stehen, werden regelmäßig das für die Unterscheidungskraft notwendige Maß an Eigenart aufweisen. Vogelgezwitscher, mit dem Milchprodukte gekennzeichnet werden, wird man beispielsweise wohl kaum den notwendigen markenrechtlichen Fantasiegehalt absprechen können.

Anders stellt sich die Situation allerdings dann dar, wenn die Geräusche im Alltag oder in der Werbung in Verbindung mit den beanspruchten Waren oder Dienstleistungen so üblich geworden sind, dass sie nur noch als werbendes oder nichtssagendes Klangstück vom Verkehr aufgefasst werden.[436] Dies wäre beispielsweise bei verzierenden, untermalenden oder rein stimmungsfördernden Geräuschen der Fall. So könnte das Ticken einer Uhr in Zusammenhang mit Tee

---

[433] So würde der mit 10-facher Geschwindigkeit wiedergegebene Beatles-Song „Yellow Submarine“ als neuartiges Klanggebilde aufgefasst werden.

[434] Allerdings wäre auch hier der Schutzumfang durch die Besonderheiten in der Dynamik begrenzt.

[435] So kommt es beispielsweise nicht wesentlich darauf an, ob die einzelnen Töne mit oder ohne Vibrato gespielt werden.

[436] S. Grabrucker in MarkenR 2001, 99.

oder Kaffee als entspannendes Element vom Verkehr aufgefasst werden. Auch mittelbar beschreibende Geräusche können nur dann als unterscheidungskräftig angesehen werden, wenn sie ungewöhnlich sind. Das Bimmeln von Kuhglocken beispielsweise dürfte für Alpenmilchschokolade eher als mittelbare Herkunftsangabe, denn als neuartiges Schallereignis angesehen werden. Somit ist häufig eingesetzten, allein die Aufmerksamkeit erweckenden Geräuschen die konkrete Unterscheidungskraft abzusprechen.[437]

2. Sachbezogene Geräusche

Häufig werden in der Werbung Geräusche eingesetzt, die bei der Benutzung der Ware entstehen. Zu denken ist in diesem Zusammenhang beispielsweise an das Knacken eines Butterkekses oder an das Knallen von Sektkorken. Gerade im Rahmen des Akustik-Designs wird darauf geachtet, dass die Benutzungsgeräusche zum Image der Marke passen. Diese Geräusche haben aufgrund ihres beschreibenden Inhalts regelmäßig nur unterstützende Funktion, kennzeichnen jedoch nicht selbst das Produkt. Fraglich ist jedoch, ob durch die Sound-Optimierung nicht ein Geräusch entstehen kann, das sich von dem sachlich notwendigen Funktionsgeräusch so stark abhebt, dass ihm eine gewisse Eigenart zugesprochen werden kann. So ist es technisch nicht zwingend geboten, dass der Motor eines Porsches so extrem röhrt. Dieses vom normalen Motorengeräusch divergierende Klangbild wurde bewusst geschaffen, um die „Power" des Wagens zu unterstreichen.[438]

Nach der hier vertretenen Auffassung kann ein Benutzungsgeräusch eine zwar geringe, doch für die Bejahung der Unterscheidungskraft (gerade noch) ausreichende Eigenart besitzen.[439] Hierfür ist erforderlich, dass es sich deutlich von dem Klangbild abhebt, das aufgrund der technischen Gegebenheiten normalerweise erwartet wird.[440] Dabei ist zu berücksichtigen, inwieweit der Verkehr in dem jeweiligen Produktbereich an sachlich nicht zwingend gebotene Geräusche gewöhnt ist. So wäre das Porsche-Motorengeräusch bei Lastwagen unüblich und könnte somit durchaus den notwendigen kreativen Überschuss aufweisen. Die Fälle, in denen ein Benutzungsgeräusch als unterscheidungskräftig angesehen werden kann, dürften jedoch sehr selten sein. Entscheidend kommt es immer auf den Grad der Verfremdung des technisch bedingten Grundgeräuschs an.

---

437 So auch Becker in WRP 1/2000, 64.

438 S. hierzu „Der gute Ton macht die Musik" in der Süddeutschen Zeitung vom 19.11.2003, Seite V2/7.

439 Vgl. hierzu auch Ingerl/Rohnke, § 8 Rdnr. 201 („Bei Geräuschen kommt es darauf an, inwieweit ihnen für die beanspruchten Waren und Dienstleistungen Originalität zukommt.").

440 S. hierzu auch van Raden in GRUR 1999, 906.

Der Verbraucher muss allerdings den fantasievollen Gehalt des betreffenden Geräuschs tatsächlich erkennen können. Geht ein Großteil des Verkehrs davon aus, dass es sich um ein ggf. auch neuartiges, jedoch sachlich unbedingt gebotenes Benutzungsgeräusch handelt, ist trotz des kreativen Überschusses die Unterscheidungskraft des Hörzeichens zu verneinen. Durch die Art des Geräuschs darf sich dem Verbraucher somit ein Sachbezug nicht unmittelbar aufdrängen.

Als problematisch stellt sich hierbei die Tatsache dar, dass ein neuartiges Benutzungsgeräusch zu Beginn der Vermarktung eines Produkts noch als unterscheidungskräftig angesehen werden kann. Durch die Verwendung der Ware gewöhnt sich jedoch der Verkehr an das Geräusch und wird es bald nicht mehr als eigenartig auffassen. Die kreative Überschuss verbraucht sich somit und wird auf Dauer dem Kreis der Standardgeräusche zugerechnet. Eine Löschung der Hörmarke gemäß § 50 Abs. 1 Nr. 3 MarkenG kann daraus zwar nicht abgeleitet werden, da nicht nur zum Zeitpunkt der Entscheidung über den Löschungsantrag (§ 50 Abs. 2 Satz 1 MarkenG), sondern bereits zum Zeitpunkt der Eintragung die Unterscheidungskraft gefehlt haben muss.[441] Doch müssen später angemeldete Hörmarken von dem ursprünglich kreativen Benutzungsgeräusch deutlich abweichende Geräuschkomponenten aufweisen, um erneut als unterscheidungskräftig angesehen zu werden.

III. Akustisch wiedergegebene Worte

Ein Sonderfall stellen Hörzeichen dar, die wie beispielsweise der Bärenmarke-Jingle Worte enthalten. Auch diese können in akustischer Hinsicht die Unterscheidungskraft einer Hörmarke begründen, wobei folgende Aspekte von Bedeutung sind:[442]

1. Art der Wiedergabe

Sofern Worte lediglich in normaler Aussprache wiedergegeben werden, tragen sie nichts zur klanglichen Individualisierung des Hörzeichens bei.[443] Hierfür ist eine vom Üblichen deutlich abweichende Form der Wiedergabe zu fordern, die sich der einzelne Verkehrsteilnehmer einprägen kann.[444] Dazu zählt beispielsweise Singen oder Sprechgesang mit einer prägnanten Melodie.

---

441 Vgl. Ströbele in Ströbele/Hacker, § 50 Rdnr. 45.

442 Zur Frage der Schutzfähigkeit aufgrund der Wortinhalte s. § 27 I. 2..

443 S. auch Ströbele in GRUR 1999, 1045.

444 Meister in WRP 10/2000, 1107, fordert eine gleichsam exotische Sprechweise und eine besondere Originalität. Dem ist zuzustimmen.

Dagegen reicht eine wie Stottern, Husten oder wie ein Echo klingende Aussprache nicht aus, um einen merkfähigen Klangeindruck zu hinterlassen. Das gleiche gilt für eine gehauchte, gezischelte oder Laut-Leise-Wiedergabe, die im täglichen Leben immer wieder vorkommt. In diesen Fällen weisen die Worte zwar zusätzliche phonetische Effekte auf[445], doch darf es sich hierbei nicht um nahe liegende Möglichkeiten der Wiedergabe von Worten handeln. Überhaupt dürfte es sehr schwer sein, ohne Hilfsmittel Worte in einer Art und Weise zu präsentieren, die vom Verkehr als atypisch angesehen wird und die er sich merken kann.

2. Klangfarbe

Auch die besonders charakteristische Klangfarbe einer Stimme kann kennzeichnend wirken. Wer erinnert sich beispielsweise beim Hören der Stimme von Hans Clarin nicht auch an den Kobold „Pumuckl". Ein Konsument kann die Klangfarbe zwar nicht selber wiedergegeben, doch genügt die Eigenart und Einprägbarkeit für die Bejahung der Kennzeichnungskraft. Insofern kann ein Hörzeichen aufgrund der Klangfarbe als unterscheidungskräftig angesehen werden, wenn diese deutlich von den sonst üblichen Frauen-, Männer- und Kinderstimmen abweicht.

3. Dialekt

Die dialektgefärbte Aussprache kann einem Hörzeichen mit beschreibendem Wortinhalt Kennzeichnungskraft verleihen. So wirkt der schweizerische Dialekt in dem „It's Cool Man"-Jingle von Milka ungewöhnlich, zumal der Ausspruch von einem älteren Mann stammt. Wichtig ist hierbei jedoch, dass es sich um einen im inländischen Verkehr selten verwendeten Dialekt handelt. So werden wohl in schwäbischer oder hessischer Mundart ausgesprochene Worte nur ausnahmsweise als neuartiges Klangereignis und damit als unterscheidungskräftig angesehen.

4. Fremdsprachige Worte

Hörzeichen können nicht nur deutsche, sondern auch fremdsprachigen Worte enthalten. Hierbei wird es sich vornehmlich um englische, französische oder italienische Ausdrücke handeln. Allerdings sind auch akustische Kennzeichen mit fernöstlichen Begriffen denkbar. Die Situation ist vergleichbar mit Wortmarken, die aus fremdsprachigen Wörtern zusammengesetzt sind. Sie können

---

[445] Vgl. hierzu Ströbele in Ströbele/Hacker, § 8 Rdnr. 206.

unter Umständen als Bildzeichen unterscheidungskräftig sein.[446] Sofern die Fremdsprache im Inland nicht geläufig ist, damit auch ein etwaiger beschreibender Sinngehalt der Worte für den Verkehr nicht erkennbar wird und aufgrund des Dialekts ein melodieähnliches Klanggebilde entsteht, kann das Hörzeichen noch ein für die Bejahung der Schutzfähigkeit erforderliches Mindestmaß an Unterscheidungskraft aufweisen. Jedoch wird insbesondere bei slawischen oder fernöstlichen Sprachen die Gefahr bestehen, dass der inländische Verkehr die Worte in ihrer Gesamtheit eher als unzusammenhängendes, nicht merkfähiges Konglomerat verschiedener Laute ansehen wird. In diesem Fall ist die Unterscheidungskraft zu verneinen.

IV. Allgemein bekannte Tonfolgen oder Geräusche

Die Frage, inwieweit allgemein bekannte bzw. berühmte Tonfolgen oder Geräusche unterscheidungskräftig sind, wird in § 28 gemeinsam mit weiteren in Betracht kommenden Schutzhindernissen erörtert.

V. Akustische Signale, die in Zusammenhang mit ihrer Wiedergabe oder Speicherung dienenden Waren oder Dienstleistungen stehen

Es gibt verschiedene Waren und Dienstleistungen, die für die Wiedergabe oder Speicherung akustischer Signale bestimmt sind. Diese Funktion kann Auswirkungen auf die Unterscheidungskraft eines zu ihrer Kennzeichnung eingesetzten Hörzeichens haben.

1. Möglichkeiten

Folgende Waren und Dienstleistungen stehen mit der Wiedergabe oder Speicherung von akustischen Signalen in direktem oder indirektem Zusammenhang, wobei die Aufzählung keinen Anspruch auf Vollständigkeit erhebt:

- Speichermedien
  Darunter fallen vor allem Schallplatten, Kassetten, CDs, DVDs, MiniDiscs sowie die weiteren bereits behandelten elektronischen Speichermedien.[447]

---

[446] Vgl. hierzu beispielsweise BPatG in GRUR 1997, 53 („Chinesische Schriftzeichen").

[447] S. oben § 5 I. 2..

- Musikaufnahme- und -wiedergabegeräte
  Hierzu gehören nicht nur die klassischen Kassettenrecorder, Plattenspieler, Verstärker, Rundfunkgeräte, Fernseher oder Multimedia-Computer, sondern die besonders in letzter Zeit immer mehr an Bedeutung gewinnenden CD-, DVD-, MiniDisc- oder MP3-Player.

- Zubehör
  Weiterhin ist das für die Verwendung der Musikaufnahme- als auch -wiedergabegeräte erforderliche Zubehör wie insbesondere Lautsprecher, Kabel, Reinigungs- und Pflegemittel zu nennen.

- Notenschriften
  Auch Notenschriften weisen einen Bezug zu der Wiedergabe von akustischen Signalen auf. Sie stellen quasi die Software für die nachfolgend genannten Musikinstrumente einschließlich der menschlichen Stimme dar.

- Musikinstrumente
  Vornehmlich Streich-, Blas- oder Tasteninstrumente spielen im Inland eine besondere Rolle. Mit ihnen kann zumindest die Melodie eines Hörzeichens genau wiedergegeben werden.

- Dienstleistungen
  Die Bandbreite der sich auf Töne, Klänge oder Geräusche beziehenden Berufe ist sehr groß. Beispielhaft seien Komponist, Sound-Designer oder Aufnahmetechniker genannt. Aber auch der Musikunterricht durch private oder öffentliche Institutionen wie Volkshochschulen oder Konservatorien ist in diesem Zusammenhang zu erwähnen.

2. Bewertung

a) Grundsatz

Akustischen Signalen, die als Kennzeichen für die unter 1. genannten Waren oder Dienstleistungen verwendet werden, dürfte im Regelfall die erforderliche Unterscheidungskraft fehlen.[448] Dies gilt insbesondere für die naturgetreue Wiedergabe der mit ihnen in Verbindung stehenden akustischen Signale oder ihrer charakteristischen Bestandteile. Der Verkehr wird kaum zwischen dem akustischen Bestimmungszweck der Waren oder dem akustischen Gegenstand der Dienstleistung einerseits und dem Hörzeichen andererseits differenzieren können. Viele Verkehrsteilnehmer dürften einen Jingle - unabhängig von der jeweiligen Tonfolge oder Melodie - als Teil der auf der Ware gespeicherten

[448] So auch Ströbele in Ströbele/Hacker, § 8 Rdnr. 206.

bzw. notenmäßig codierten Musikstücke oder als die Wiedergabenmöglichkeiten eines Geräts bzw. Instruments demonstrierenden „Dummy“ ansehen. In Zusammenhang mit Dienstleistungen wird der Verkehr normalerweise davon ausgehen, dass es sich bei dem Hörzeichen um das (akustische) Ergebnis der Tätigkeit handelt.

Diese Annahmen setzen jedoch voraus, dass das Hörzeichen aufgrund seines Charakters, seiner Aufmachung, seines Klangs, seiner Melodie, seiner Länge und anderer Merkmale den Eindruck erweckt, als entspreche es den akustischen Signalen, die einen Bezug zu den Gegenständen oder Tätigkeiten aufweisen. Hierbei muss der Verkehr nicht unbedingt davon ausgehen, das Hörzeichen stimme mit ihnen überein. Vielmehr reicht es aus, wenn er die akustischen Signale in dem Hörzeichen wieder zu erkennen meint, so etwa, wenn sich das Hörzeichen lediglich in der Instrumentierung, im Tempo oder in den Verzierungen von den akustischen Signalen unterscheidet. Dies bedeutet beispielsweise, dass bei Musikinstrumenten der Klang nicht unbedingt von dem gekennzeichneten Instrument stammen muss. Eine Tonfolge, die mit einem anderen Instrument gespielt wurde, ist ebenfalls als nicht unterscheidungskräftig anzusehen, da grundsätzlich davon auszugehen ist, dass die Klangunterschiede entweder nicht bemerkt werden oder ihnen größtenteils keine maßgebliche Bedeutung beigemessen wird.[449]

b) Ausnahme

Sobald das Hörzeichen jedoch unerwartete, überraschende und von der Sachebene losgelöste Elemente enthält, hebt es sich deutlich von den wiedergegebenen oder gespeicherten akustischen Signalen ab und kann damit noch die notwendige Unterscheidungskraft aufweisen. Zwar dürften Töne, Klänge oder Geräusche nur in den seltensten Fällen zu Waren und Dienstleistungen, die sich umfassend auf alle Arten von akustischen Signalen beziehen, genügend sachlichen Abstand aufweisen. Wenn jedoch für einen erheblichen Teil des Verkehrs[450] erkennbar ist, dass das Hörzeichen keinen Bezug zu dem Gegenstand oder der Tätigkeit aufweist, übt es eine Hinweisfunktion aus. Dies ist beispielsweise dann der Fall, wenn Musiknoten bzw. -instrumente oder die Dienstleistungen einer Musikschule mit einem Geräusch gekennzeichnet werden, da sie regelmäßig nur mit Tönen oder Klängen in Verbindung gebracht werden.

---

[449] Insbesondere dann, wenn das andere Instrument nur als Begleitstimme aufgefasst wird.

[450] Zur geteilten Verkehrsauffassung s. EuGH in GRUR 1999, 723 („Chiemsee“) und BGH in GRUR 1982, 49 („Insulin Semitard“).

VI. Akustische Signale, die in werbeüblichem, indirektem Zusammenhang mit den gekennzeichneten Waren oder Dienstleistungen stehen

Auch akustische Signale können als allgemeine Anpreisungen oder Werbeschlagwörter eingesetzt werden. Zu denken wäre in diesem Zusammenhang beispielsweise an die Wiedergabe von Applaus, um die besondere Wertschätzung für die beworbenen Produkte auszudrücken. Auch klassische festliche Musik[451] gehört dazu, die den Eindruck des Edlen und Wertbeständigen vermitteln soll. Entsprechend den Überlegungen zu Wortmarken[452] kommt es für die Unterscheidungskraft darauf an, ob es sich um gebräuchliche akustische Signale handelt, die vom Verkehr nur als solche und nicht als betriebliche Unterscheidungsmittel verstanden werden. Geht demzufolge von dem Hörzeichen eine Botschaft aus, die über den eigentlichen, akustisch vermittelten Inhalt hinausgeht, kann dies ein Indiz für seine Schutzfähigkeit sein. Hierbei spricht eine Mehrdeutigkeit und Interpretationsbedürftigkeit für die Unterscheidungskraft.[453]

Gerade Hörzeichen, die keinen direkten Sachbezug zu den gekennzeichneten Waren oder Dienstleistungen aufweisen, dürften häufig nicht eindeutig zugeordnet werden können. So wird sich der Hörer der oben erwähnten festlichen Musik unter Umständen folgende Fragen stellen: Dient die Musik nur der Untermalung, werde ich durch die Inanspruchnahme der Ware/Dienstleistung in eine gehobene Stimmung versetzt oder ist sie als Sachhinweis etwa auf den Anlass der Benutzung zu verstehen? Im Normalfall wird sich der einzelne Verkehrsteilnehmer somit nicht festlegen können oder wollen. Diese Unschärfe begründet einen gewissen fantasievollen Überschuss in der Aussagekraft des Hörzeichens. Insofern wird werbeüblichen akustischen Signalen, die nur in indirektem sachlichen Zusammenhang mit den gekennzeichneten Waren oder Dienstleistungen stehen, die Unterscheidungskraft regelmäßig nicht abgesprochen werden können.

Etwas anderes würde nur dann gelten, wenn der Sachbezug eindeutig hervortritt. Dies wäre beispielsweise bei Naturgeräuschen (z.B. Bachrauschen oder Spechtklopfen) in Verbindung mit Farben der Fall. Ein Großteil des Verkehrs dürfte darin einen Hinweis auf die gerade bei chemischen Produkten wichtige Umweltverträglichkeit sehen.

---

451 Zu hören beispielsweise in der Werbung für Radeberger-Bier in Verbindung mit Bildern der Semper-Oper in Dresden.

452 Vgl. BGH in GRUR 1999, 1093 („FOR YOU“) und GRUR 2002, 816 („Bonus II“).

453 So auch Ströbele in Ströbele/Hacker, § 8 Rdnr. 153.

VII. Unmittelbar beschreibende akustische Signale

Glatt beschreibenden freihaltungsbedürftigen akustischen Signalen fehlt im Regelfall auch die konkrete Unterscheidungskraft.[454] Dennoch kann es wie bei Wortmarken[455] Ausnahmen geben. So dürfte beispielsweise das Betriebsgeräusch einer Maschine zum automatischen Verschließen von Flaschen einem Großteil der angesprochenen Verkehrskreise nicht bekannt und damit unterscheidungskräftig sein. Allerdings dürften es Fachleute genau kennen, so dass an dem Geräusch unter Umständen ein Freihaltungsbedürfnis zugunsten der Mitbewerber besteht.

---

[454] Zu den Überschneidungen von Unterscheidungskraft und Freihaltungsbedürfnis vgl. Ströbele in Ströbele/Hacker, § 8 Rdnrn. 59 ff..

[455] S. beispielsweise BPatG in GRUR 2002, 263 („Avena").

3. Teil. Beschreibende Angaben

§ 21 Generelle Voraussetzungen für die Anwendbarkeit des § 8 Abs. 2 Nr. 2 MarkenG bei Hörzeichen

I. Unmittelbarer Sachhinweis

Auch Hörzeichen können als unmittelbar beschreibende und freihaltungsbedürftige Angabe im Sinne des § 8 Abs. 2 Nr. 2 MarkenG von der Eintragung ausgeschlossen sein. In der Praxis spielt zwar das Fehlen der konkreten Unterscheidungskraft eine größere Rolle.[456] So wurden alle bisher bekannt gewordenen Zurückweisungen von Hörmarkenanmeldungen durch das Deutsche Patent- und Markenamt immer auf § 8 Abs. 2 Nr. 1 MarkenG und nur teilweise zusätzlich auf § 8 Abs. 2 Nr. 2 MarkenG gestützt. Nichtsdestotrotz sind vielfältige Fälle denkbar, in denen ein Hörzeichen vom Verkehr als akustisches Synonym für eine unmittelbar beschreibende Angabe aufgefasst werden kann. Eine Zurückweisung gemäß § 8 Abs. 2 Nr. 2 MarkenG kommt jedoch nur dann in Betracht, wenn es keinerlei klanglichen Elemente enthält, die noch eine gewisse Kennzeichnungskraft aufweisen. Nur in diesem Fall besteht das Hörzeichen ausschließlich aus beschreibenden Angaben.[457]

Gerade bei Tönen und Klängen, aber gelegentlich auch bei Geräuschen, kann die Abgrenzung zwischen einem unmittelbar und einem nur mittelbar beschreibenden Hörzeichen schwierig sein.[458] Marken werden im Verkehr normalerweise nicht begrifflich analysiert, sondern „so wie sie sind“ wahrgenommen.[459] Das bedeutet, ein einzelner Verbraucher wird sich kaum die Zeit nehmen, intensivere Betrachtungen über einen etwaigen beschreibenden Sinngehalt anzustellen. Als unmittelbar beschreibend ist ein Hörzeichen deshalb nur dann anzusehen, wenn sich sein akustischer Sachbezug ohne weitere Überlegungen geradezu aufdrängt. Es muss sich somit um eine aus sich heraus unmissverständlich beschreibende Angabe handeln.[460]

Naturgemäß vermitteln Geräusche eher einen unmittelbaren Sachbezug als Töne oder Klänge.[461] Dies hängt damit zusammen, dass Geräusche im täglichen Leben laufend vorkommen und fast mit jeder Handlung eines Menschen verbunden sind. Insbesondere die Benutzung einer Ware oder die Erbringung bzw. Inan-

---

456 So zutreffend Ströbele in Ströbele/Hacker, § 8 Rdnr. 415.

457 S. hierzu auch Becker in WRP 1/2000, 64.

458 Vgl. zur Abgrenzung allgemein Fezer, § 8 Rdnr. 133, und Ströbele in Ströbele/Hacker, § 8 Rdnr. 293.

459 S. auch EuGH in GRUR 2001, 1145.

460 Vgl. auch BGH in GRUR 2002, 64 („INDIVIDUELLE“).

461 So auch Becker in WRP 1/2000, 64.

spruchnahme einer Dienstleistung ist sehr häufig mit Geräuschen verbunden. Man denke hierbei nur an das Fahren eines Autos, die Inbetriebnahme eines Rasenmähers oder das Schneiden von Haaren durch einen Friseur. Töne und Klänge hingegen kommen in der Natur kaum vor und werden von Menschen beispielsweise durch Instrumente oder Glocken künstlich erzeugt. Insofern weisen sie bereits aufgrund ihrer Entstehung einen gewissen Sachabstand auf. Dennoch werden Töne, Klänge und daraus gebildete Melodien in Form von Musik besonders durch die elektronischen Medien heutzutage fast überall verbreitet, so dass sie teilweise einen neuen, nicht von der Natur der Sache her vorgegebenen Sinngehalt erhalten haben. Dieser von der Gesellschaft einem Schallereignis zugewiesene Sachbezug ist zum Beispiel bei einem Rumba beobachtbar. Dieser aus Kuba stammende Gesellschaftstanz wird von einem Großteil des Verkehrs mit Südamerika verbunden, so dass die Möglichkeit, ihn als geographische Herkunftsangabe anzusehen, sehr nahe liegt.

II. Freihaltungsbedürfnis

1. Konkretes Freihaltungsbedürfnis

Die Tatsache, dass es sich um ein unmittelbar beschreibendes Hörzeichen handelt, reicht für die Verneinung der Schutzfähigkeit noch nicht aus. Hinzukommen muss die Feststellung, dass die Mitbewerber ein berechtigtes Bedürfnis an der freien Verwendbarkeit des Hörzeichens haben und damit keine Monopolisierung zugunsten des Anmelders erfolgen darf.[462] Hierbei wird das Vorliegen eines Freihaltungsbedürfnisses durch einen glatt beschreibenden Sinngehalt indiziert. Dies bedeutet, ein zur Beschreibung wesentlicher Eigenschaften der beanspruchten Waren oder Dienstleistungen geeignetes Hörzeichen ist nicht eintragungsfähig, soweit nicht ausnahmsweise besondere Gründe das Fehlen eines Freihaltungsbedürfnisses belegen.[463]

Ein Freihaltungsbedürfnis ist selbst dann zu bejahen, wenn die Mitbewerber unter Berücksichtigung des § 23 MarkenG noch andere Möglichkeiten haben, das unmittelbar beschreibende Geräusch oder die unmittelbar beschreibende Tonfolge in Varianten wiederzugeben.[464] Die gegenteilige Auffassung[465] geht unter Zugrundelegung der zutreffenden Annahme, dass sich der Schutz einer beschreibenden Hörmarke nicht auf alle abweichenden Ausgestaltungen erstreckt, in nicht nachvollziehbarer Weise davon aus, das konkrete Freihaltungsbedürfnis sei zu verneinen, wenn hinreichende Möglichkeiten schutzfähiger

---

[462] Vgl. hierzu Ströbele in Ströbele/Hacker, § 8 Rdnrn. 62 und 217.

[463] Vgl. Ströbele in GRUR 2001, 661, unter Verweis auf EuGH in GRUR 1999, 723.

[464] Vgl. Grabrucker in MarkenR 3/2001, 99.

[465] S. Becker in WRP 1/2000, 65.

Abwandlungen bestehen. Hierbei wird die rechtliche Frage des Schutzumfangs mit der tatsächlichen Frage des Freihaltungsbedürfnisses vermischt. Entscheidend ist, dass gerade an dem konkreten zur Kennzeichnung vorgesehenen akustischen Signal ein Freihaltungsbedürfnis besteht.[466] Dies gilt auch für Abwandlungen eines unmittelbar beschreibenden Hörzeichens.[467]

2. Maßgeblicher Zeitpunkt

a) Aktuelles Freihaltungsbedürfnis

An dem akustischen Signal muss ein aktuelles Freihaltungsbedürfnis bestehen, d.h. es wird bereits als beschreibende Angabe verwendet oder ist hierfür geeignet.[468] Inwieweit das angemeldete bzw. zu löschende[469] Hörzeichen vom Verkehr benötigt wird, kann beispielsweise durch Recherchen in Geschäften, auf Märkten und Messen, in der Fernseh- und Radiowerbung oder im Internet ermittelt werden. Dient es dort der akustischen Beschreibung der angemeldeten Waren oder Dienstleistungen, spricht dies für das Bedürfnis der Wettbewerber nach Freihaltung. So sind beispielsweise Geräusche, die beim Einschenken eines Getränks in ein Glas oder beim Öffnen einer Flasche bzw. Verpackung entstehen, Kindergeschrei, Tierlaute oder Autogeräusche sehr häufig in der Werbung anzutreffen. Auch Töne in Form von Glockenklängen (z.B. als Hinweis auf eine Hochzeit) oder Türklingeln (z.B. als Ankündigung eines Besuchers) kommen hin und wieder vor. Sehr viel seltener werden erfahrungsgemäß Melodien, wie sie beispielsweise in typischen Weihnachts- oder Geburtstagsliedern vorkommen, zur Beschreibung[470] eingesetzt.

b) Zukünftiges Freihaltungsbedürfnis

Für die Versagung der Eintragung ist auch ein zukünftiges Freihaltungsbedürfnis ausreichend. Hierbei ist eine mögliche, nicht außerhalb der Wahrscheinlichkeit liegende zukünftige wirtschaftliche Entwicklung zu berücksichtigen, die eine beschreibende Verwendung des Hörzeichens vernünftigerweise erwarten lassen.[471] Eine entsprechende Prognose ist gerade bei Hörzeichen schwierig, da sie sehr viel seltener als Wort- oder Bildmarken eingesetzt und demzufolge nicht

---

466 So zutreffend Fezer, § 8 Rdnr. 147 (für Bildmarken), der sich für eine restriktive Auslegung des Begriffs des Freihaltungsbedürfnisses ausspricht.

467 Zu Abwandlungen schutzunfähiger Hörzeichen s. unten § 26.

468 S. Ströbele in Ströbele/Hacker, § 8 Rdnr. 232.

469 Vgl. § 50 Abs. 1 Nr. 3 MarkenG.

470 Vornehmlich als Bestimmungsangabe.

471 Entsprechend EuGH in GRUR 1999, 723 („Chiemsee“).

in gleichem Umfang zur Beschreibung benötigt werden. Auch gibt es selbst bei Geräuschen vielfältige Variationen[472], so dass nicht sicher vorausgesagt werden kann, welche davon der Verkehr in Zukunft verwenden wird. Insofern ist ein Geräusch, wenn es im Moment noch nicht beschreibend eingesetzt wird, nur dann als zukünftig freihaltungsdürftig anzusehen, wenn es sich um ein Original-Betriebs- oder Benutzungsgeräusch eines bereits existierenden Produkts handelt. Bei einer (noch) nicht flächendeckend auf dem Markt befindlichen Ware (z.B. UMTS-Telefone) oder Dienstleistung (z.B. Weltraumreisen) kommt es wesentlich darauf an, ob der Verkehr das Geräusch den Produkten als typisch zuordnen würde.

In den seltensten Fällen wird bei Melodien ein zukünftiges Freihaltungsbedürfnis anzunehmen sein. Gerade im Bereich der Schlager, der Popmusik oder der volkstümlichen Musik entstehen ständig neue Melodien, die das Interesse des Verkehrs an den alten in den Hintergrund treten lassen. Auch sind sie nur in eingeschränktem Umfang für eine Beschreibung von Waren oder Dienstleistungen geeignet. Demzufolge können in Zukunft vor allem klassische, „unvergessliche" Stücke benötigt werden, die einen eindeutigen Bezug zu bestimmten Ereignissen[473], Festen[474] oder Musikrichtungen[475] aufweisen. Insgesamt ist bei der Annahme eines zukünftigen Freihaltungsbedürfnisses hinsichtlich Tonfolgen jedoch große Zurückhaltung geboten.

---

472 So gibt es beispielsweise abhängig von der jeweiligen Rasse verschiedene Arten von Hundegebell.

473 Zum Beispiel die „Feuerwerksmusik" von Georg Friedrich Händel bezüglich Silvester.

474 Zum Beispiel der „Wiener Walzer" bezüglich eines Abschlussballs.

475 Zum Beispiel Bill Haley's „Rock Around The Clock" bezüglich Rock 'n' Roll.

§ 22 Zu den einzelnen unmittelbar beschreibenden freihaltungsbedürftigen akustischen Angaben

Die Aufzählung der in § 8 Abs. 2 Nr. 2 MarkenG genannten beschreibenden Angaben, die auch für Hörzeichen große Bedeutung haben, ist nicht abschließend. Unter § 8 Abs. 2 Nr. 2 MarkenG fallen vielmehr alle im Verkehr wichtigen Umstände bezüglich der angemeldeten Waren oder Dienstleistungen, wobei auch akustische Formen der Wiedergabe eines Zeichens mit umfasst sind.[476] Aufgrund der Fülle an Möglichkeiten können nachfolgend allerdings nur die wichtigsten Fälle unmittelbar beschreibender Angaben abgehandelt werden. Aufgrund der hierzu kaum vorhandenen Literatur muss auch auf eigene Erfahrungswerte zurückgegriffen werden. Im Rahmen dieser Untersuchung kann allerdings nur ein grober Überblick gegeben werden:

I. Bezeichnung der Art und Beschaffenheit

Auch durch akustische Signale kann die Art und Beschaffenheit von Waren oder Dienstleistungen zum Ausdruck gebracht werden. Hierbei spielen Geräusche eine größere Rolle, da sie natürlichen Ursprungs und damit dem Verkehr häufig vertraut sind.

1. Geräusche

Abhängig von der Art ihrer Entstehung kann allgemein zwischen Primär- und Sekundärgeräuschen differenziert werden:

a) Primärgeräusche

Regelmäßig ist die Benutzung eines Gegenstandes oder die Ausübung einer Tätigkeit mit Geräuschen verbunden. Sie weisen am deutlichsten auf die Art und Beschaffenheit der jeweiligen Ware oder Dienstleistung hin und werden nachfolgend als Primärgeräusche bezeichnet. Hierbei kommen zwei Möglichkeiten in Betracht, wobei es durchaus Überschneidungen geben kann:

(1) Eine Geräuschvariante

Im einfachsten Fall entsteht bei der Verwendung der Ware oder der Erbringung der Dienstleistung nur ein einziges typisches und damit schutzunfähiges Ge-

---

[476] So Ströbele in Ströbele/Hacker, § 8 Rdnr. 279.

räusch. Als Beispiele seien Motorengeräusche, Schüsse aus Waffen oder Knalle von Peitschen genannt. Hierbei ist allerdings zu bedenken, dass der Gebrauch einer Sache und insbesondere die Ausübung einer Tätigkeit relativ selten nur mit einer Geräuschvariante verbunden ist.

(2) Mehrere Geräuschvarianten

Sehr viele Gegenstände oder Tätigkeiten sind nicht sachlich zwingend mit einem ganz bestimmten Schallereignis verbunden. So können beispielsweise bei der Nutzung von Kraftfahrzeugen bzw. Spielzeug oder im Rahmen von Dienstleistungen eines Arztes die unterschiedlichsten Geräusche auftreten. Ein einzelnes darunter fallendes Geräusch kann allerdings nur dann als Hinweis auf die Art und Beschaffenheit angesehen werden, wenn es von einem Großteil des Verkehrs der Ware oder Dienstleistung ohne Weiteres zugeordnet wird. Dies ist zum einen bei einem charakteristischen Geräusch der Fall, das gewöhnlich mit der Benutzung oder Erbringung einhergeht.[477] Zum anderen trifft dies jedoch auch auf Schallereignisse zu, bei denen der Verkehr unzutreffenderweise davon ausgeht, dass sie von dem Produkt stammen. So erzeugen moderne Registrierkassen keine Klingel- oder Rechenwerksgeräusche mehr. Dennoch dürften diese auch heutzutage von einem Großteil des Verkehrs mit jenen in Verbindung gebracht werden.

b) Sekundärgeräusche

Mit der Benutzung einer Ware oder der Erbringung einer Dienstleistung können zwar verschiedene Schallereignisse zusammenhängen, dennoch besteht die Möglichkeit, dass keines davon vom Verkehr als charakteristisch und damit als Hinweis auf die Art und Beschaffenheit angesehen wird. Hiervon wäre beispielsweise bei Mitteln zur Körper- und Schönheitspflege auszugehen. Bei ihnen kann wohl kaum das Geräusch des Öffnens des Behältnisses, des Auftragens auf die Haut oder des ggf. erforderlichen Auswaschens als typisch bezeichnet werden. In Zusammenhang mit Dienstleistungen wäre die Veranstaltung von Reisen zu nennen. Auch hier fehlt ein eindeutiges Geräusch, das ein akustisches Synonym für alle davon umfassten Tätigkeiten darstellt. Des Weiteren kann der Gebrauch einer Sache oder die Ausübung einer Tätigkeit überhaupt keine Geräusche hervorrufen. Dies dürfte beispielsweise bei Spiegeln, Tapeten oder bei der (ausschließlichen) Lagerung von Waren der Fall sein. Ein Hinweis auf die Art und Beschaffenheit der Waren oder Dienstleistungen kann sich hier zwar nicht aus Benutzungs- oder Ausübungsgeräuschen, jedoch aus anderen Schaller-

[477] So wäre bei Messern an ein Geräusch zu denken, das beim Schneiden eines sehr harten Gegenstands entsteht.

eignissen (sog. Sekundärgeräusche) ergeben. In Betracht kommen zum einen Geräusche, die während der Produktion der Ware entstehen und ihr vom Verkehr als typisches akustisches Merkmal zugeordnet werden. Zu denken wäre hierbei beispielsweise an das „Singen“ einer Kreissäge für Holzmöbel oder an das Klacken von Webstühlen für Kleidungsstücke. Zum anderen kann die Art und Beschaffenheit durch Schallereignisse zum Ausdruck gebracht werden, die mit dem Gegenstand oder dem Ergebnis einer Dienstleistung regelmäßig verknüpft sind. So könnte der Triebwerkslärm eines Flugzeugs akustisch für die Veranstaltung von Reisen oder das Klingeln von Münzen für Finanzdienstleistungen stehen. Auch hier muss es sich allerdings um charakteristische Geräusche handeln. Nur solche können als unmittelbar beschreibende freihaltungsbedürftige Angaben im Sinne des § 8 Abs. 2 Nr. 2 MarkenG und nicht nur als Andeutungen angesehen werden.[478]

2. Töne und Klänge

Die Benutzung von Waren oder die Erbringung von Dienstleistungen ist eher selten mit Tönen oder Klängen verbunden. In Betracht kommen die bereits erwähnten Speichermedien, Musikaufnahme- oder -wiedergabegeräte, Zubehörteile, Notenschriften, Musikinstrumente und musikalischen Dienstleistungen.[479] Ein Hörzeichen ist entsprechend den Ausführungen zur Unterscheidungskraft[480] dann als Hinweis auf ihre Art und Beschaffenheit zu werten, wenn die Töne oder Klänge gewöhnlicherweise bei ihrem Einsatz oder ihrer Inanspruchnahme zu hören sind. Demgegenüber lassen fantasievolle und überraschende Tonfolgen ein Freihaltungsbedürfnis entfallen.

II. Bestimmungsangaben

In der Literatur ist die Frage, inwieweit Hörzeichen Bestimmungsangaben darstellen können, noch nicht näher behandelt worden, so dass auf sie kurz eingegangen werden soll. Auch akustische Signale können Bestimmungsangaben allgemeiner Art sein oder sich auf einzelne Bestimmungen beziehen.[481] In diesem Zusammenhang kommen insbesondere folgende Möglichkeiten in Betracht, wobei sich teilweise Überschneidungen zu den Beschaffenheitsangaben ergeben können:[482]

---

478 S. auch Ströbele in Ströbele/Hacker, § 8 Rdnr. 293.

479 Vgl. oben § 20 V. 1..

480 S. oben § 20 V. 2..

481 S. hierzu Ströbele in Ströbele/Hacker, § 8 Rdnr. 307.

482 So auch Fezer, § 8 Rdnr. 189.

- Wirkungsweise
  Ein Hörzeichen kann auf die mit der Verwendung der Ware oder der Inanspruchnahme der Dienstleistung verbundene Wirkung hinweisen. So kann das Lachen von Kindern für Spielsachen, das Aufatmen eines Menschen für Heilmittel oder Jubelgeschrei für sportliche und kulturelle Aktivitäten eine akustische Beschreibung darstellen. Im letzten Fall ist eine klare Abgrenzung zu den oben unter I. 1. b) dargestellten Sekundärgeräuschen, die mit dem Gegenstand oder dem Ergebnis einer Dienstleistung regelmäßig in Zusammenhang stehen, nicht immer möglich, aber auch nicht erforderlich.

- Ort der Verwendung oder Erbringung
  Akustisch kann auch der Ort der Verwendung oder der Erbringung umschrieben werden. Zum Beispiel kann das Einsatzgebiet von Motorjachten durch Meeresbrandung und das einer Tankstellenkette durch Autobahnlärm gekennzeichnet werden.

- Anlass der Verwendung oder Erbringung
  Der Grund für die Verwendung kann sich beispielsweise aus dem Prasseln von Wassertropfen für Regenmäntel oder einem Jagdruf für Kleidungsstücke ergeben. Wehklagen kann wiederum auf die Tätigkeiten eines ärztlichen Notdienstes hinweisen.

- Abnehmerkreis
  Akustische Signale können auch ein Synonym für die Abnehmer von Waren oder die Nutznießer von Dienstleistungen darstellen. In Zusammenhang mit Fanartikeln wäre zum Beispiel an den Jubel von Zuschauern in einem Fußballstadion, in Zusammenhang mit der Arbeit einer Erzieherin an Kindergeschrei zu denken.

III. Bezeichnung der Menge oder des Wertes

Mit Hörzeichen kann nicht eindeutig die Menge oder der Wert bestimmter Gegenstände oder Tätigkeiten zum Ausdruck gebracht werden.[483] Zwar könnte durch die Anzahl gleicher Töne oder Geräusche (z.B. Klingeln von Geldstücken) noch eine Zahl akustisch dargestellt werden. Doch muss sie um eine weitere Angabe (z.B. Liter, Kilogramm oder Euro) ergänzt werden, um vom Verkehr als Bezeichnung für die Menge oder den Wert aufgefasst zu werden. Dies ist jedoch ohne Worte oder Schriftzeichen nicht möglich. Insofern kommen akustische Signale als Hinweis auf die Menge oder den Wert kaum in Betracht.

---

[483] Hierbei bleibt die Möglichkeit einer phonetischen Wiedergabe durch Worte unberücksichtigt.

IV. Geographische Herkunftsangaben

Inwieweit sich Hörzeichen als Hinweis auf den Ort der Herstellung, des Vertriebs oder der Erbringung eignen, soll nachfolgend näher problematisiert werden.[484] Ausgangspunkt ist hierbei die Rechtsprechung des EuGH, nach der bei der Prüfung des Freihaltungsbedürfnisses nicht nur nach den aktuellen Gegebenheiten, sondern auch danach zu fragen ist, ob die Ortsangabe vernünftigerweise in Zukunft zur Bezeichnung der geographischen Herkunft dienen kann.[485]

Als schutzunfähig sind somit allgemein bekannte akustische Signale zu bewerten, die der inländische Verkehr mit einem bestimmten Punkt auf der Erdoberfläche gleichsetzt. Es muss sich somit um ortstypische Melodien oder Geräusche handeln, deren kreativer Gehalt unberücksichtigt bleibt. Ein Freihaltungsbedürfnis ist jedoch nur dann anzunehmen, wenn der Ort, das Gebiet oder das Land hinreichend deutlich klanglich bezeichnet wird.[486]

Folgende, teilweise sich überschneidende Fallgestaltungen kommen vor allem in Betracht, wobei dem Klangeindruck und dem Text unterschiedliche Bedeutung zukommen kann:[487]

1. Fremdländische Melodien und Geräusche

Hierzu gehört beispielsweise arabische Musik oder das Rufen eines Muezzin. Die akustischen Signale weisen auf den Orient und damit auf alle vorder- und mittelasiatischen Länder hin. Allerdings dürfte dieser Aussagegehalt nicht genügen, um dem Verkehr eine ausreichend genaue Vorstellung von der Herkunft der Waren oder dem Ort der Erbringung der Dienstleistung zu geben. Auch sonst dürfte es kaum fremdländische Melodien und Geräusche geben, die eindeutig einem Land zugewiesen werden können. Demzufolge wird im Regelfall ein Freihaltungsbedürfnis zu verneinen sein.[488]

---

484 Zum Begriff der geographischen Herkunftsangabe s. auch Fezer, § 8 Rdnr. 205.

485 Vgl. EuGH in GRUR 1999, 723 („Chiemsee").

486 Entsprechend EuGH in GRUR 1999, 723 („Chiemsee").

487 Die Frage der Markenfähigkeit der nachfolgend aufgeführten akustischen Signale wird hierbei nicht näher erörtert.

488 Eine Ausnahme kann evtl. typisch irische Volksmusik (mit Geigen und Dudelsäcken) darstellen.

2. Fremdsprachige Lieder

Lieder mit einem fremdsprachigen Text können als Herkunftsangabe interpretiert werden, wenn sie im Inland als charakteristisch für das Land aufgefasst werden, in dem die betreffende Sprache gesprochen wird. Sie müssen quasi stellvertretend für den Namen des jeweiligen Landes stehen. Die Zuordnung zu diesem kann sich hierbei entweder aus dem fremdsprachigen Text oder aus der Melodie ergeben:

a) Text

Ein fremdsprachiger Text kann nur dann mit einem bestimmten Land in Verbindung gebracht werden, wenn ein Großteil des Verkehrs die Sprache (nicht unbedingt den Inhalt) des Textes erkennt. Dies wird vor allem bei Welthandelssprachen[489], aber auch sonst häufig im Inland zu hörenden Sprachen[490] der Fall sein. Allerdings ist hierbei wie bei Wortmarken[491] zu berücksichtigen, dass gerade englische und französische Texte regelmäßig nicht für die jeweiligen Länder, sondern für den entsprechenden Sprachraum stehen und somit nicht auf einen bestimmten Punkt auf der Erdoberfläche hinweisen.

b) Melodie

Eine Melodie wird mit einem Land gleichgesetzt, sofern sie im Inland bekannt ist und als typisch für dieses Land bewertet wird. In Betracht käme beispielsweise die Melodie von „Frère Jacques“ als Hinweis auf Frankreich oder von „Jingle Bells“ als akustisches Synonym für die USA.[492]

Es würde jedoch zu weit gehen, nun jedes fremdsprachige Lied als freihaltungsbedürftig einzustufen. Ansonsten müsste auch eine fremdsprachige Wortmarke generell als Ortsangabe interpretiert werden. Gewisse Assoziationen mit einem bestimmten Land werden viele fremdsprachige Lieder hervorrufen. Entscheidend ist jedoch, dass die Herkunft aus oder die Erbringung in dem jeweiligen Land nicht nur angedeutet wird. Vielmehr muss dieser Schluss nahe liegen und sich dem Verkehr geradezu aufdrängen. Dies wird im Regelfall nur bei sehr

---

[489] Hierzu gehören Englisch, Französisch, Italienisch, Spanisch und Portugiesisch (vgl. Ströbele in Ströbele/Hacker, § 8 Rdnr. 375).

[490] Zu denken wäre hierbei beispielsweise an die türkische Sprache, die wohl von einem Großteil des Verkehrs als solche identifiziert werden dürfte.

[491] S. hierzu in Zusammenhang mit der Täuschungsgefahr Fezer, § 8 Rdnr. 318.

[492] Allerdings erklingen diese Melodien auch in anderen Ländern, so dass eine eindeutige Zuordnung zu einem bestimmten Land immer schwieriger wird.

geläufigen Liedern oder Melodien der Fall sein, die ohne weiteres Nachdenken die Erinnerung an das betreffende Land wachrufen.

Insbesondere an unbekannteren Liedern in einer Welthandelssprache oder Liedern in einer weitgehend unbekannten Fremdsprache wird demgegenüber kaum ein Freihaltungsbedürfnis bestehen. Ein solches wird allenfalls dann zu bejahen sein, wenn in dem Text eine fremdsprachige Ortsangabe enthalten ist und der Verkehr diese sofort erkennt oder konkrete Anhaltspunkte dafür vorliegen, dass die Mitbewerber dieses Lied als Herkunfts- oder Erbringungshinweis tatsächlich benötigen.[493]

3. Inländische Lieder und Melodien

Lieder mit einem deutschen Text können auf eine Örtlichkeit im Inland hinweisen. Zu denken wäre hierbei an Melodien wie zum Beispiel „Heidelberg, ich hab' mein Herz an dich verloren“ oder „In München steht ein Hofbräuhaus“. In diesem Zusammenhang ist auch die Volksmusik (mit und ohne Text) zu erwähnen, die für eine bestimmte Region stehen kann (z.B. bayerischer Walzer).

Der Verkehr wird diese Hörzeichen jedoch erst dann als geographische Herkunftsangabe auffassen, wenn der betreffende Ort im Hinblick auf die angemeldeten Waren und Dienstleistungen als Herstellungs-, Vertriebs- oder Erbringungsstätte ernsthaft in Betracht kommt.[494] Dies wäre beispielsweise nicht der Fall, wenn Computer mit der Melodie „An der schönen blauen Donau“ gekennzeichnet werden würden, da nicht davon auszugehen ist, dass der Verkehr die Melodie als Synonym für die Länder ansehen wird, durch welche die Donau fließt.

Ein Freihaltungsbedürfnis an inländischen Liedern und Melodien setzt zum einen voraus, dass es sich um bekannte Weisen handelt, die als typisch für eine bestimmte Örtlichkeit oder Region gelten. Zum anderen ist es auch dann zu bejahen, wenn in dem Text ausdrücklich auf eine bestimmte Örtlichkeit Bezug genommen wird. In diesem Fall gelten die gleichen Grundsätze wie bei Wortmarken.

---

493 Entsprechend den zu fremdsprachigen Marken entwickelten Grundsätzen (vgl. hierzu auch BGH in GRUR 1998, 813 - „CHANGE“).

494 S. hierzu Ströbele in Ströbele/Hacker, § 8 Rdnr. 321.

4. Nationalhymnen

Die Nationalhymnen der einzelnen Staaten weisen mit am deutlichsten auf ein bestimmtes Land hin. Allerdings dürften einem Großteil des inländischen Verkehrs nur die Hymnen der größeren europäischen Staaten und der USA geläufig sein, so dass diese als freihaltungsbedürftige Ortsangaben anzusehen sind. Ansonsten greift für alle Nationalhymnen das Schutzhindernis des § 8 Abs. 2 Nr. 6 MarkenG.

5. Melodien, Klänge und Geräusche für Orte im weiteren Sinn

Unter geographischen Herkunftsangaben werden auch Orte im weiteren Sinne (z.B. bekannte Straßen und Plätze) und insbesondere mittelbare Herkunftsangaben (z.B. bekannte Bauwerke und Wahrzeichen von Orten und Ländern) verstanden.[495] Auch auf sie kann ein akustisches Signal hinweisen. So könnte dem Glockenklang von Westminster Abbey oder dem Glockenspiel des Münchener Rathauses die Funktion eines akustischen Symbols für London bzw. die bayerische Landeshauptstadt beigemessen werden.

Eine eindeutige Identifizierung eines Ortes ist regelmäßig allerdings nur mit Hilfe von Worten oder Bildern möglich. Demgegenüber können akustische Signale grundsätzlich nur einen größeren Bereich auf der Erde mehr oder weniger genau umschreiben. Es gibt nur wenige Melodien, Klänge oder Geräusche, die für einen kleinen, klar abgegrenzten Bereich auf der Erdoberfläche typisch und zudem den beteiligten Verkehrskreisen bekannt sind. Demzufolge wird es wohl nur in Ausnahmefällen möglich sein, Straßen, Plätze, Bauwerke, Wahrzeichen oder bestimmte Städte klanglich konkret zu bezeichnen. Die Annahme eines Freihaltungsbedürfnisses setzt jedoch voraus, dass die akustischen Signale von einem Großteil des inländischen Verkehrs ohne weiteres Nachdenken als fest mit den Orten im weiteren Sinn verbundene Melodien, Klänge oder Geräusche erkannt werden.

V. Bezeichnung der Zeit der Herstellung oder Erbringung

Angaben über die Zeit der Herstellung der Waren oder der Erbringung der Dienstleistungen sind zwar selten Gegenstand der markenrechtlichen Schutzfähigkeitsprüfung,[496] doch können sie auch bei Hörzeichen eine gewisse Bedeutung haben. Zum einen wäre es beispielsweise durch Glockenschläge möglich,

---

[495] S. hierzu BPatG in BPatGE 7, 53 („Broadway“) und BGH in GRUR 1955, 91 („Frankfurter Römer“).

[496] So Ströbele in Ströbele/Hacker, § 8 Rdnr. 327.

eine bestimmte Uhrzeit akustisch wiederzugeben. Zum anderen können Hörzeichen für Zeiträume stehen, innerhalb derer eine Ware hergestellt oder eine Dienstleistung erbracht wurde. So kann zum Beispiel Grillenzirpen in Verbindung mit Butter, Quark oder Joghurt darauf hindeuten, dass diese Produkte im Sommer insbesondere unter Verwendung von zu dieser Jahreszeit gemolkener Milch erzeugt wurden. Demgegenüber wäre das Knacken von Eis als Synonym für die Veranstaltung von Winterreisen denkbar.

Eine größere Rolle werden jedoch Hörzeichen spielen, welche die Zeit der Verwendung oder der Inanspruchnahme beschreiben. Das oben erwähnte Grillenzirpen könnte beispielsweise bei Kleidungsstücken auch als ein Hinweis auf Sommerhosen oder -hemden verstanden werden.

Es würde zu weit führen, alle möglichen Fallgestaltungen unmittelbar beschreibender Hörzeichen anzusprechen. Wichtig erscheint jedoch die Feststellung, dass bei einem akustischen Signal regelmäßig mehr Überlegungen anzustellen sind, um ihm eine auf die Ware oder Dienstleistung bezogene Aussage zu entnehmen. Während Worte und Bilder von ihrer Grundfunktion her bestimmte Sachbotschaften vermitteln sollen und deshalb für die zwischenmenschliche Kommunikation die allergrößte Bedeutung haben, müssen Hörmarken erst von der akustischen in die intellektuelle Form „übersetzt“ werden. Insofern bedarf bei akustischen Kennzeichen die Frage, ob ein beschreibender Sinngehalt nahe liegt, genauester Prüfung.

4. Teil. Sonstige absolute Eintragungshindernisse

§ 23 Hörmarken, die zur Täuschung geeignet sind

I. Besonderheiten der von Hörzeichen ausgehenden Täuschungsgefahr

Ein Hörzeichen kann auch dann von der Eintragung ausgeschlossen sein (§ 37 Abs. 1 MarkenG) oder aus dem Register gelöscht werden (§ 50 Abs. 1 Nr. 3 MarkenG), wenn es eine irreführende Angabe im Sinne des § 8 Abs. 2 Nr. 4 MarkenG darstellt. Zu diesem Schutzhindernis liegen bisher noch keinerlei praktische Erfahrungen vor, so dass es an dieser Stelle zur Diskussion gestellt werden soll. Bei der Prüfung seiner Voraussetzungen im Hinblick auf Hörmarken sind folgende Besonderheiten zu berücksichtigen:[497]

1. Unrichtigkeit des Hörzeichens insgesamt oder eines Bestandteils

Ein Hörzeichen muss aus Angaben bestehen, die bezüglich der angemeldeten Waren und Dienstleistungen den tatsächlichen Verhältnissen entsprechen. Dies betrifft vor allem Aussagen zur Art, Beschaffenheit, zur geographischen Herkunft und der Wirkung der gekennzeichneten Produkte. Die Möglichkeiten, durch Töne, Klänge oder Geräusche Gegenstände oder Tätigkeiten unzutreffend zu beschreiben, sind allerdings eingeschränkt. Sie müssen anders als Wort- oder Bildmarken zunächst als eindeutige Sachangabe vom Verkehr interpretiert werden. Erst dann können sie mit den Waren und Dienstleistungen verglichen und als fehlerhaft erkannt werden.

So wird beispielsweise das Blöken eines Schafes beim Verbraucher zunächst nur die Vorstellung an dieses Nutztier hervorrufen. In einem weiteren Schritt muss er alle (wesentlichen) Merkmale eines Schafes ermitteln und von diesen wiederum die auswählen, die in einem sachlichen Zusammenhang mit den gekennzeichneten Produkten stehen. Handelt es sich hierbei zum Beispiel um Kleidungsstücke, kommt Wolle als maßgebliches Kriterium in Betracht. Erst wenn dieser Überlegungsprozess beendet ist, kann der Konsument wie bei einer Wortmarke danach fragen, ob der Begriff „Wolle“ für den beispielsweise aus Polyester bestehenden Pullover zutrifft.

Demzufolge wird bei akustischen Signalen die Feststellung der objektiven Unrichtigkeit nicht immer ohne Weiteres zu treffen sein. Die Fälle, in denen das Hörzeichen einen klar erkennbaren unzutreffenden Text aufweist und somit wie eine irreführende Wortmarke zu behandeln ist, werden eher selten vorkommen. Maßgeblich für die Bestimmung der Unrichtigkeit ist der durchschnittlich

---

[497] Zu den Voraussetzungen im Allgemeinen vgl. Berlit, Rdnr. 115.

informierte, aufmerksame und verständige Durchschnittsverbraucher, der aufgrund ausreichender Information in der Lage sein muss, seine Entscheidung auf dem Markt frei und selbstverantwortlich zu treffen.[498] Dieser Durchschnittsverbraucher muss ohne gekünstelte, überzogene und langwierige Überlegungen das Hörzeichen als unrichtige Sachangabe ansehen. Der Schluss, es handelt sich um eine unrichtige Bezeichnung, darf somit nicht fern liegen oder erst aufgrund von Hilfserwägungen zu ziehen sein.

2. Ersichtlichkeit der Eignung zur Täuschung

Gemäß § 37 Abs. 3 MarkenG muss die Eignung zur Täuschung im Eintragungs-, jedoch nicht im Löschungsverfahren ersichtlich sein. Ersichtlichkeit ist nur dann gegeben, wenn die Täuschungseignung aus den Anmeldeakten unter Zuhilfenahme des Fachwissens der entscheidenden Stellen, des vorhandenen Prüfungs- und Recherchematerials und etwaiger Auskünfte der üblichen Informationsquellen ohne Weiteres erkennbar ist.[499] Der Erst- oder Erinnerungsprüfer im Deutschen Patent- und Markenamt kann aufgrund des kursorischen Eintragungsverfahrens nicht umfassend prüfen, ob die Tonfolge oder das Geräusch beim Verkehr falsche Vorstellungen über die Produkte hervorruft. So dürfte er ohne eigene Sachverhaltsermittlungen vor Ort nicht in der Lage sein festzustellen, ob das angenehm leise Summen einer schleudernden Waschmaschine, das Teil des angemeldeten Hörzeichens ist, tatsächlich mit dem Betriebsgeräusch der in dem Warenverzeichnis genannten Waschmaschinen übereinstimmt. Gerade in den Fällen, in denen das Hörzeichen aus mit der Benutzung oder der Erbringung verbundenen Geräuschen besteht[500], wird die Ersichtlichkeit der Eignung zur Täuschung meist zu verneinen sein. Es gibt heutzutage sehr viele Möglichkeiten der technischen Ausgestaltung von Waren und der Ausübung von Tätigkeiten, die demselben Zweck dienen und aus diesem Grund gleich bezeichnet werden.[501] Die damit zusammenhängenden Geräusche differieren folglich auch mehr oder weniger stark. Dementsprechend wird ein Abweichen der akustischen Realität von dem das Benutzungsgeräusch enthaltenen Hörzeichen kaum auffallen.

Allerdings gilt das Merkmal der „Ersichtlichkeit“ nur im Rahmen des § 8 Abs. 2 Nr. 4 MarkenG. Hinsichtlich der Frage der Unterscheidungskraft und des Freihaltungsbedürfnisses ist ohne Einschränkung zu prüfen, ob es sich um ein

---

498 Vgl. EuGH in GRUR Int. 1998, 795 („Gut Springenheide“).

499 Vgl. Fezer, § 8 Rdnr. 23, und Ströbele in Ströbele/Hacker, § 8 Rdnr. 564.

500 Zu den weiteren hierbei in Betracht kommenden Schutzhindernissen des § 8 Abs. 2 Nr. 1 und 2 MarkenG s. unten 3. a).

501 Zu denken wäre hierbei beispielsweise an Kraftfahrzeuge, die sich hinsichtlich des Motorengeräuschs deutlich voneinander unterscheiden können.

normales Betriebsgeräusch oder eine fantasievolle Abwandlung davon handelt. Sofern es für einen Teil der unter einen Oberbegriff fallenden Waren oder Dienstleistungen freihaltungsbedürftig oder nicht unterscheidungskräftig ist, kommt eine Eintragung für den Oberbegriff nicht in Betracht.[502]

3. Konkrete Täuschungsgefahr

Aufgrund der Unrichtigkeit muss das Hörzeichen geeignet sein, einen nicht unbeachtlichen Teil der angesprochenen Verkehrskreise in ihren wirtschaftlichen Entschlüssen (positiv) zu beeinflussen.[503] Auf den tatsächlichen Eintritt von Täuschungen oder eine mögliche Täuschungsabsicht des Verwenders kommt es hierbei nicht an.[504]

a) Geräusche

Im Regelfall werden nur Geräusche einen so eindeutigen Sinngehalt aufweisen, dass Täuschungen konkret zu befürchten sind. Gerade im Hinblick auf Betriebsgeräusche ist allerdings zu bedenken, dass eine Hörmarke unter gewissen Umständen für die betreffenden Produkte sogar zutreffend sein kann.[505] Die Zurückweisung des Hörzeichens wegen Täuschungsgefahr kommt jedoch nur dann in Betracht, wenn es in Bezug auf die beanspruchten Waren oder Dienstleistungen in jedem denkbaren Fall seiner anmeldungsgemäßen Verwendung eine unrichtige Angabe enthält.[506]

Ein aus Betriebsgeräuschen bestehendes Hörzeichen wird im Übrigen häufig bereits wegen Fehlens der Unterscheidungskraft gemäß § 8 Abs. 2 Nr. 1 MarkenG oder wegen eines Freihaltungsbedürfnisses gemäß § 8 Abs. 2 Nr. 2 MarkenG schutzunfähig sein. Insofern ist das Schutzhindernis der Täuschungsgefahr gemäß § 8 Abs. 2 Nr. 4 MarkenG vornehmlich dann von Bedeutung, wenn das Hörzeichen neben anderen (schutzfähigen) Elementen ein täuschendes Betriebsgeräusch enthält. Für die Zurückweisung reicht es aus, wenn die Täuschungsgefahr nur von einem Markenbestandteil ausgeht.[507] Hierbei ist allerdings zu bedenken, dass diese Fälle nur sehr selten vorkommen werden. Ein

---

502 Vgl. auch BGH in GRUR 2002, 261 („AC“).

503 Vgl. EuGH in GRUR Int. 1999, 345 („Sektkellerei Kessler“).

504 S. Ströbele in Ströbele/Hacker, § 8 Rdnr. 558.

505 So beispielsweise, wenn in dem obigen Beispiel die Waschmaschine bei geringer Beladung das in dem Hörzeichen verkörperte Geräusch von sich gibt, während sich bei großer Belastung die Geräuschkulisse völlig verändert.

506 So für die klassischen Markenformen bereits BPatG in BPatGE 45, 1 („KOMBUCHA“).

507 Vgl. Ströbele in Ströbele/Hacker, § 8 Rdnr. 544.

Hörzeichen wird aufgrund der gebotenen Kürze regelmäßig nicht nacheinander verschiedene Geräusche oder Tonfolgen aufweisen. Auch eine gleichzeitige Wiedergabe scheidet aus, da die einzelnen akustischen Signale in diesem Fall einen undefinierbaren und damit für Kennzeichnungszwecke ungeeigneten „Klangbrei" ergeben würden.

b) Töne und Klänge

Töne, Klänge oder daraus gebildete Melodien werden allenfalls für Waren oder Dienstleistungen täuschend sein, die mit ihrer Wiedergabe, Aufnahme, Komposition oder Vermarktung in Zusammenhang stehen (z.B. Speichermedien, Stereoanlagen, Notenschriften, Musikinstrumente, Lehrtätigkeiten).[508] So dürfte die akustische Kennzeichnung einer Industriegeige mit Klängen, die von einer Stradivari-Geige stammen, über die Qualität und damit die Beschaffenheit des angebotenen Instruments täuschen. Sobald der Verkehr aber nicht bestimmte Toneigenschaften oder Stilelemente erwartet, ist eine konkrete Täuschungsgefahr durch Töne oder Klänge nicht gegeben.

II. Einzelfälle

Bei Hörzeichen können besonders folgende Fallgestaltungen zu Problemen Anlass geben, so dass sie eingehender betrachtet werden sollen:

1. Irreführende Beschaffenheitsangaben

Über die Art und Beschaffenheit können Geräusche oder Töne täuschen, wenn sie akustisch den Eindruck einer besseren Qualität der Waren oder Dienstleistungen vermitteln. Im Hinblick auf die unter I. bereits angesprochenen Betriebsgeräusche bedeutet dies, dass es mindestens zwei Arten von Geräuschen geben muss: Eines, das typischerweise tatsächlich mit den Produkten verbunden ist (z.B. Rauschen eines Staubsaugers), und ein zweites, das akustisch für die bessere Qualität steht (z.B. Säuseln eines Staubsaugers). Beide müssen einem nicht unbeachtlichen Teil des Verkehrs bekannt sein, da er nur dann positiv in seinem Verhalten beeinflusst werden kann. Weiß er hingegen nicht, wie sich das angemeldete Produkt tatsächlich anhört, liegt eine Abweichung zwischen Ist- und Sollbeschaffenheit im Bewusstsein des Verbrauchers nicht vor. Damit ist auch keine Täuschung gegeben.

---

[508] Vgl. hierzu oben § 20 V..

Neben den Betriebsgeräuschen spielen Schallereignisse, denen bestimmte Eigenschaften zugeordnet werden, eine weitere Rolle bei der akustischen Täuschung über die Beschaffenheit. Zu nennen sind hierbei vor allem Tierlaute (z.B. Muhen einer Kuh für Käse aus Ziegenmilch) oder seltener charakteristische Herstellungs- oder Erbringungsgeräusche (z.B. Meeresrauschen für Süßwasserfische).

Töne, Klänge und daraus gebildete Melodien werden nur äußerst selten als Beschaffenheitsangaben in Betracht kommen. Voraussetzung hierfür ist, dass mit ihnen eine allgemein bekannte und unmissverständliche Sachaussage verbunden ist. Dies wäre beispielsweise bei dem berühmten Hochzeitsmarsch der Fall. Sollte er zur Kennzeichnung von Kleidungsstücken verwendet werden, die nicht für eine Hochzeitsfeier geeignet sind, wäre die Täuschungsgefahr zu bejahen, wobei die Grenzen hier sicher fließend sind.

2. Täuschende geographische Herkunftsangaben

Eine Täuschungsgefahr ist auch dann gegeben, wenn der Verkehr der geographischen Herkunft von Waren oder Dienstleistungen irgendeine relevante Bedeutung zumisst[509] und diese nicht aus dem durch die Marke vermittelten Ort stammen. Auch Hörzeichen können als Herkunftsangaben in Betracht kommen.[510] Als Hinweise auf bestimmte Stellen auf der Erdoberfläche eignen sich hierbei vor allem Nationalhymnen sowie Melodien, Klänge oder Geräusche, die charakteristisch insbesondere auch für Orte im weiteren Sinn sind. Würde also ein Käse, der nicht in Frankreich produziert worden ist, mit der „Marseillaise" gekennzeichnet, wäre die Täuschungsgefahr zu bejahen.

Mittelbar herkunftstäuschend können fremdsprachige Lieder sein, die den Eindruck erwecken, die Waren oder Dienstleistungen kommen aus dem Ausland. Die Bejahung der Täuschungsgefahr setzt jedoch entsprechend den zu Wortmarken entwickelten Grundsätzen voraus, dass dieser Eindruck in irgendeiner Weise den Kaufentschluss beeinflussen konnte. Zudem müssen die Lieder einem bestimmten Land zugeordnet werden.[511] In den meisten Fällen wird jedoch - wie oben unter § 22 IV. 2. a) bereits dargestellt - der Verkehr in ihnen ein Hinweis auf den gesamten Sprachraum sehen.[512] Dies gilt insbesondere auch für fremdländische Melodien und Geräusche, die einen Bezug zu verschiedenen Ländern aufweisen. In diesem Zusammenhang ist beispielsweise fernöstliche Musik zu nennen, die wie die entsprechenden Schriftzeichen beim inländischen

---

509 Vgl. BGH in GRUR 1981, 71 („Lübecker Marzipan").

510 S. oben § 22 IV..

511 Vgl. Ströbele in Ströbele/Hacker, § 8 Rdnr. 575.

512 S. hierzu auch BPatG in BPatGE 23, 172 („Elevage").

Verkehr nicht nur Assoziationen mit China, sondern mit allen östlichen Gebieten Asiens hervorrufen.

Bei der Annahme einer täuschenden geographischen Herkunftsangabe ist auch dann Zurückhaltung geboten, wenn der Verkehr ein einzelnes akustisches Element trotz möglicher Assoziationen mit einem bestimmten Punkt auf der Erdoberfläche in erster Linie als ggf. auch exotische Verzierung ansieht. In diesem Fall liegt die Interpretation des Hörzeichens als Synonym für einen Ort nicht nahe, so dass es an der Ersichtlichkeit gemäß § 37 Abs. 3 MarkenG fehlen kann.

§ 24 Ordnungs- und sittenwidrige sowie hoheitliche Hörzeichen

Um den Überblick über die wichtigsten Schutzhindernisse zu vervollständigen, soll abschließend auf gegen die öffentliche Ordnung verstoßende und sittenwidrige Hörzeichen sowie akustische Hoheitszeichen eingegangen werden. Da diese in der Praxis jedoch nur eine sehr untergeordnete Rolle spielen, beschränkt sich die nachfolgende Übersicht auf grundlegende Problemstellungen:

I. Verstoß gegen die öffentliche Ordnung und gegen die guten Sitten

Hörzeichen verstoßen dann gegen die öffentliche Ordnung, wenn sie den Staat und die Gesellschaft konstituierenden Institutionen und Prinzipien verletzen.[513] Insbesondere ist ein solcher Verstoß dann zu bejahen, wenn die Voraussetzungen einer Strafbestimmung erfüllt sind.[514] Dies wäre beispielsweise bei der Anmeldung eines gegen die freiheitliche demokratische Grundordnung gerichteten nationalsozialistischen Liedes der Fall (vgl. § 86 Abs. 1 Nr. 4 i.V.m. Abs. 2 i.V.m. § 11 Abs. 3 StGB). Von der Sittenwidrigkeit eines Hörzeichens ist dann auszugehen, wenn es geeignet ist, das Empfinden eines beachtlichen Teils der beteiligten Verkehrskreise zu verletzen, indem es sittlich, politisch oder religiös anstößig wirkt oder eine grobe Geschmacksverletzung enthält.[515] So können als Marke verwendete Gebete die religiösen Gefühle der Mitglieder der betreffenden Glaubensgemeinschaft verletzen.

Ordnungs- und sittenwidrig werden vor allem Texte von Liedern sein. Für diese gelten die gleichen Grundsätze wie für Wortmarken.[516] Demgegenüber dürften Töne, Klänge oder Melodien als solche nur in den seltensten Fällen dem Eintragungshindernis des § 8 Abs. 2 Nr. 5 MarkenG unterliegen. Insbesondere Hörzeichen mit Melodien von Nationalhymnen[517] oder mit Sirenengeheul von Einsatzwagen der Polizei oder der Rettungskräfte[518] können gegen die öffentliche Ordnung verstoßen.

Geräusche kommen hingegen eher als sittenwidrige Hörzeichen in Betracht. Sie treten in der Realität sehr viel häufiger auf. Zudem handelt es sich oft um natürliche, mit dem Leben auf der Erde untrennbar verbundene Schallereignisse. Demzufolge haben sich über lange Zeiträume bestimmte Bewertungen entwi-

---

[513] Vgl. Fezer, § 8 Rdnr. 346.

[514] S. Berlit, Rdnr. 104.

[515] Vgl. Ströbele in Ströbele/Hacker, § 8 Rdnr 610.

[516] S. hierzu beispielsweise BPatG in Mitt. 1983, 156 („Schoasdreiber“).

[517] S. § 90a Abs. 1 Nr. 2 StGB.

[518] S. § 38 Abs. 1 i.V.m. § 49 Abs. 3 Nr. 3 StVO.

ckelt, die zwar einem Wandel unterliegen, doch von einem Großteil der Gesellschaft mitgetragen werden. So werden beispielsweise gewisse von Menschen oder Tieren ausgehende akustische Signale von den meisten Verkehrsteilnehmern als gegen die guten Sitten verstoßend angesehen. Erziehung und Sozialisation sind auch hier maßgebend für die positiven oder negativen Vorstellungen, die mit bestimmten Geräuschen verbunden sind.

II. Hoheits- und Gewährzeichen

Gemäß § 8 Abs. 2 Nrn. 6, 7 und 8, Abs. 4 MarkenG sind öffentliche Hoheits- und Gewährzeichen von der Eintragung als Marke ausgeschlossen, damit sie nicht für geschäftliche Zwecke ausgenutzt oder missbraucht werden.[519] Als staatliche Hoheitszeichen sind hierbei alle sinnbildlichen Darstellungen zu verstehen, die ein Staat als Hinweis auf seine Gewalt verwendet.[520] Akustische Hoheits- oder Gewährzeichen werden nur äußerst selten vorkommen. Zu denken ist hierbei in erster Linie wieder an Nationalhymnen. Nicht zu den Symbolen des Staates gehören demgegenüber die akustischen Warnsignale von Fahrzeugen der Polizei, der Feuerwehr bzw. des Technischen Hilfswerks oder von Krankenwagen, die im staatlichen Auftrag unterwegs sind.[521] Auch traditionelle Lieder der Bundeswehr werden nicht als Hoheitszeichen anzusehen sein.

Gemäß § 8 Abs. 4 Satz 1 MarkenG sind auch Nachahmungen schutzunfähig, die gerade die charakteristischen heraldischen Merkmale aufweisen, welche Hoheitszeichen von anderen Marken unterscheiden.[522] Dies bedeutet beispielsweise, dass Hörzeichen mit der deutlich erkennbaren Grundmelodie einer Nationalhymne unabhängig von den jeweiligen Eigenschaften der einzelnen Töne und den Stilelementen so wie das Original nicht eintragbar wären.

---

[519] Vgl. BPatG in Mitt 1981, 122 („Posthorn“).

[520] S. Ströbele in Ströbele/Hacker, § 8 Rdnr. 637.

[521] So wurde beispielsweise auch die Ausstattung von Polizeifahrzeugen nicht als staatliches Hoheitszeichen angesehen, vgl. BPatG in Mitt. 2001, 239 („Polizei-Effekt-Lackierung“).

[522] S. Ströbele in Ströbele/Hacker, § 8 Rdnr. 626; vgl. auch Art. 6ter Abs. 1 Buchstabe a) PVÜ.

5. Teil. Die Verkehrsdurchsetzung von Hörmarken

§ 25 Zum Umfang der Verkehrsdurchsetzung

Gemäß § 8 Abs. 3 MarkenG ist auch eine nicht unterscheidungskräftige, unmittelbar beschreibende freihaltungsbedürftige oder üblich gewordene Hörmarke schutzfähig, wenn sie sich aufgrund Benutzung für die angemeldeten Waren oder Dienstleistungen im Verkehr durchgesetzt hat. Inwieweit die für Wort- und Bildmarken aufgestellten Vorgaben auch bei Hörzeichen zur Anwendung kommen können und welche Fragestellungen sich daraus ergeben, ist Gegenstand nachfolgender Überlegungen:

I. Die konkreten Voraussetzungen der Verkehrsdurchsetzung von Hörmarken

Zu den beteiligten Verkehrskreisen[523] im Sinne des § 8 Abs. 3 MarkenG zählen zum einen die Hersteller, Händler der Waren und die Erbringer der Dienstleistungen. Zum anderen gehören hierzu insbesondere die Abnehmer der Waren und Dienstleistungen, also die durchschnittlich informierten, aufmerksamen und verständigen Durchschnittsverbraucher.[524] Verkehrsdurchsetzung ist dann gegeben, wenn ein erheblicher Teil dieser Verkehrskreise das Hörzeichen einem bestimmten Unternehmen zuordnet.[525] Hierbei ist von einer Grenze nicht unterhalb 50% der beteiligten Verkehrskreise auszugehen, sofern der Anmelder nicht andere Umstände geltend macht.[526] Darunter können insbesondere die Intensität und Dauer der Markenverwendung fallen.[527] Fraglich ist, ob bei Hörzeichen nicht solche Umstände vorliegen, so dass die Anforderungen an den Zuordnungsgrad im Vergleich zu Wort- und Bildmarken herabzusetzen sind. Hierfür können folgende Gründe sprechen:

1. Bekanntheitsgrad

Die Verkehrsdurchsetzung erfordert zunächst die Bekanntheit der Hörmarke und damit ihre Verwendung im Geschäftsleben. Maßgeblich kommt es hierbei auf die klangliche Präsentation des Hörzeichens an, die sowohl im Falle der kaum vorkommenden Live-Darbietung als auch bei der Verwendung von Speichermedien technische Hilfsmittel wie z.B. Lautsprechersysteme oder Mechanismen

---

523 Vgl. hierzu BGH in GRUR 1986, 894 („OCM“).

524 Vgl. EuGH in GRUR 2002, 804 („Philips“).

525 Vgl. EuGH in GRUR 1999, 723 („Chiemsee“).

526 Vgl. BGH in GRUR 2001, 1042 („Reich und schön“).

527 Vgl. EuGH in GRUR 1999, 723 („Chiemsee“).

zur Auslösung der Wiedergabe erforderlich macht. Ihr Einsatz ist mit zeitlichem, personellem und finanziellem Aufwand verbunden, der gerade im Zeitalter der Kosten-/Nutzenrechnung wirtschaftlich gerechtfertigt sein muss.

Die Verwendung eines akustischen Kennzeichens erfordert eine detaillierte Planung, um trotz der zusätzlichen Kosten eine Verbesserung bzw. Festigung des Images und letztlich eine Umsatz- bzw. Gewinnsteigerung herbeizuführen. Jeder Inhaber einer Hörmarke muss sich demzufolge genau überlegen, wo (z.B. Fernsehen, Rundfunk, Verkaufsstätte etc.), unter welchen Voraussetzungen (z.B. Rabattaktionen, Lagerräumung), wann (z.B. Wochenende) und wie oft (z.B. laufend, stündlich, täglich) sie verwendet werden soll. Akustische Kennzeichen müssen somit sehr viel ausgewählter und gezielter im Geschäftsleben eingesetzt werden. Dies führt dazu, dass sie im Gegensatz zu den klassischen Markenformen zum einen nicht so häufig und zum anderen an weniger Orten in Erscheinung treten.

Daneben ist zu berücksichtigen, dass sich ein Hörzeichen verflüchtigt und immer wieder neu aktiv zum Erklingen gebracht werden muss. Anders als bei zweidimensionalen Marken kommt bei Hörmarken die Verwendung in gedruckter oder dreidimensionaler Form nicht in Betracht. Diese Möglichkeit der Kennzeichnung bietet jedoch den überaus bedeutsamen Vorteil der flächendeckenden und ständigen Verbreitung. Eine Wort- und Bildmarke, aber auch eine dreidimensionale Gestaltung entfalten zudem laufend ihre Wirkung. Diese Markenformen können ständig wahrgenommen werden und bieten sich ununterbrochen dem Betrachter an. Demgegenüber stellt die Wiedergabe einer Hörmarke ein momentanes Ereignis dar, worauf der Verbraucher regelmäßig keinen Einfluss hat. Dies bedeutet, dass er - auch wenn er wollte - sich das akustische Kennzeichen nicht nochmals anhören kann. Die Wahrnehmung einer Wort- oder Bildmarke bzw. einer dreidimensionalen Gestaltung ist demgegenüber von dem einzelnen Konsumenten abhängig von seinem Interesse steuerbar.

Zusammenfassend ist somit festzustellen, dass der einzelne Verkehrsteilnehmer nicht nur weniger Gelegenheiten hat, einem akustischen Kennzeichen zu begegnen. Darüber hinaus kann er es nicht so oft anhören, wie er gerne möchte. Gerade für die Merkfähigkeit einer Marke ist jedoch die häufige und wiederholte Wahrnehmung von entscheidender Bedeutung. Insofern kann der Bekanntheitsgrad von Hörzeichen nicht so hoch angesetzt werden wie von zwei- oder dreidimensionalen Marken, die optisch wahrgenommen werden.

2. Kennzeichnungsgrad

Für die Verkehrsdurchsetzung kommt es des Weiteren wesentlich darauf an, dass das Hörzeichen markenmäßig verwendet wird und als betriebliches Unterscheidungsmittel die Herkunftsfunktion erfüllt.[528] Dies bedeutet, das akustische Signal muss gerade in Verbindung mit den betreffenden Waren und Dienstleistungen verwendet und darf vom Verkehr nicht als Sachhinweis verstanden werden. Problematisch erscheint hierbei zum einen die Tatsache, dass bei Hörzeichen in besonderer Weise die Gefahr besteht, vom Verkehr als Untermalung und Verzierung aufgefasst zu werden. Häufig stehen sie - wie beispielsweise in den Spots der Fernsehwerbung erkennbar wird - in Konkurrenz zu anderen akustischen Signalen. Die Schwierigkeit für den Verkehr besteht darin, gerade das angemeldete Hörzeichen aus den übrigen Schallereignissen herauszufiltern und ihm eine kennzeichnende Funktion beizumessen. Hierfür ist es erforderlich, dass das Hörzeichen lautstärkemäßig hervortritt und sich von seiner Art her von den anderen akustischen Signalen abhebt.

Zum anderen ist zu berücksichtigen, dass Hörmarken in viel geringerem Umfang als andere Markenformen eine Einheit mit den gekennzeichneten Produkten eingehen können. Durch das Aufdrucken auf die Ware selbst oder ihre Verpackung bzw. durch die Form der Ware ist eine Wort-/Bildmarke oder eine dreidimensionale Gestaltung über einen längeren Zeitraum mit dem Gegenstand verbunden. Hörzeichen können demgegenüber nicht auf diese Weise verkörpert und dauerhaft mit der Ware verkoppelt werden.[529] Noch schwieriger gestaltet sich die Situation bei der akustischen Kennzeichnung von Dienstleistungen. Die Verknüpfung mit einem Hörzeichen wird vornehmlich durch elektronische Medien, in denen neben der Hörmarke die Tätigkeit benannt oder abgebildet wird, hergestellt werden können.

Hörzeichen können somit nicht mit den zu kennzeichnenden Produkten „mitwandern". Sie weisen nur im Moment ihrer Wiedergabe einen kurzen, sich verflüchtigenden Bezug zu den betreffenden Waren oder Dienstleistungen auf. Demzufolge kann sich der Verkehr nicht im gleichen Maße wie bei Wort- oder Bildmarken daran gewöhnen, dass eine Hörmarke zu bestimmten Produkten gehört. Dies als auch die größere Gefahr, nicht als Marke vom Verkehr aufgefasst zu werden, sind bei der Festlegung des Kennzeichnungsgrads zu berücksichtigen. Insofern sollte die Zahl der Verkehrsteilnehmer, die ein an sich schutzunfähiges Hörzeichen mit bestimmten Waren oder Dienstleistungen kennzeichenmäßig in Verbindung bringen, niedriger als bei den klassischen Markenformen sein.

---

528 S. hierzu EuGH in GRUR 2002, 804 („Philips").

529 Etwas anderes gilt ausnahmsweise dann, wenn das Hörzeichen in die Ware integriert ist. Dies ist beispielsweise bei Musikwiedergabegeräten oder Speichermedien der Fall.

3. Zuordnungsgrad

Schließlich kommt es für die Verkehrsdurchsetzung darauf an, dass das Hörzeichen von einem erheblichen Teil der beteiligten Verkehrskreise dem Anmelder zugeordnet wird. Es reicht aus, wenn es als Hinweis auf einen bestimmten Geschäftsbetrieb angesehen wird, auch wenn der Name des Anmelders nicht oder nicht vollständig wiedergegeben werden kann.[530] Mit einem anderen Unternehmen darf es jedoch nicht in Verbindung gebracht werden.[531]

II. Konsequenzen für die Beurteilung der Verkehrsdurchsetzung

Unter Berücksichtigung der Ausführungen unter I. 1. und 2. scheint eine Modifizierung des Grads der Zuordnung von Hörzeichen sachlich geboten. Er baut auf dem Bekanntheits- und Kennzeichnungsgrad auf und ist für die Anerkennung der Verkehrsdurchsetzung letztlich maßgeblich.[532] In Anbetracht der selteneren Verwendung von Hörzeichen, der geringeren Merkfähigkeit, der Schwierigkeit, ein Hörzeichen unter verschiedenen akustischen Signalen zu identifizieren, und der eingeschränkteren Möglichkeiten der Präsentation in Zusammenhang mit den Waren und Dienstleistungen sollte bei Hörmarken auch ein Prozentsatz unterhalb von 50% als ausreichend anerkannt werden. Hierbei scheint ein Prozentsatz von 30% als Untergrenze für den Zuordnungsgrad angemessen. Dies bedeutet, dass bei Hörmarken unter einem erheblichen Teil der beteiligten Verkehrskreise nicht der überwiegende, sondern ein nicht unbeachtlicher Teil des Verkehrs verstanden werden sollte.

---

[530] So Ströbele in Ströbele/Hacker, § 8 Rdnr. 476 (Diese Forderung erscheint allerdings zu weitgehend. Wie bereits unter § 3 VI. angesprochen, werden häufig die Verkehrsteilnehmer das hinter einer Ware oder Dienstleistung stehende Unternehmen nicht kennen. Bei genauerer Betrachtung dürfte es die meisten Verbraucher auch nicht besonders interessieren, wer konkret das Produkt hergestellt hat. Die Tatsache, dass viele Waren von Subunternehmen stammen, ist heutzutage als weitgehend bekannt vorauszusetzen. Entscheidend ist vielmehr, dass das Produkt den mit der Marke verbundenen Qualitätsvorstellungen gerecht wird. Marken werden somit immer mehr als Gütehinweis angesehen. Dieser Sichtweise sollte in viel stärkerem Umfang als bisher auch im Rahmen der Verkehrsdurchsetzung Rechnung getragen werden. Dementsprechend bietet es sich an, zukünftig maßgeblich auf den Kennzeichnungsgrad abzustellen.).

[531] Vgl. EuGH in GRUR 2002, 804 („Philips").

[532] Vgl. Ströbele in Ströbele/Hacker, § 8 Rdnr. 526.

6. Teil. Besondere Probleme des Hörmarkenschutzes durch Eintragung

§ 26 Abwandlungen nicht unterscheidungskräftiger oder unmittelbar beschreibender Hörzeichen

In der Literatur und Rechtsprechung ist die Frage der Abwandlung nicht unterscheidungskräftiger bzw. glatt beschreibender Hörzeichen bisher noch nicht näher diskutiert worden. Sie kann jedoch eine große Rolle spielen, da akustische Signale häufig variiert werden. Hierbei ist wie bei den übrigen Markenformen von dem Grundsatz auszugehen, dass auch Abwandlungen als schutzunfähig anzusehen sind, sofern die Abweichungen so geringfügig sind, dass sie im Verkehr unbemerkt bleiben oder für einen Hörfehler gehalten werden.[533] Nur Abwandlungen, die bewusst als solche wahrgenommen werden und einen individualisierenden Charakter aufweisen[534], sind als unterscheidungskräftig bzw. nicht freihaltungsbedürftig anzusehen. Bei der Frage der Abwandlung ist aufgrund ihrer unterschiedlichen Eigenschaften zwischen Tönen und Geräuschen zu differenzieren:

I. Abwandlungen von Tönen

Bei nicht unterscheidungskräftigen Tönen oder Tonfolgen sind verschiedene Abwandlungen möglich, die sich vor allem auf die Eigenschaften und die Stilelemente beziehen werden. Denkbar sind hierbei folgende Konstellationen, wobei aufgrund der Fülle an Möglichkeiten nur auf die wichtigsten eingegangen werden kann:

1. Bezogen auf einen einzelnen Ton

a) Tonhöhe

Einer nicht unterscheidungskräftigen Tonfolge kann durch die Veränderung der Tonhöhe eines einzigen Tones genügend Eigenart zukommen. Dies könnte beispielsweise dadurch geschehen, dass ein Ton von zuvor drei gleich hohen, hintereinander gespielten Tönen um eine Notenstufe hoch- oder runtergesetzt wird. Abhängig vom jeweiligen Einzelfall kann eine einfache, aber doch noch eigentümliche und damit schutzfähige Melodie entstehen. Entscheidend ist, dass die Abwandlung des einzelnen Tones zu einer in sich geschlossenen, ausdrucksvollen und selbständigen Tonfolge führt.

---

533 Vgl. hierzu Ströbele in Ströbele/Hacker, § 8 Rdnr. 122.

534 S. BGH in GRUR 1984, 815 („Indorektal I“).

b) Lautstärke

Eine drastische Abweichung der Lautstärke eines Tones von den übrigen ist zwar unüblich, da entweder alle gleich laut oder „crescendo“ bzw. „decrescendo“[535] gespielt werden. Doch kommen solche akustischen „Ausreißer“ im täglichen Leben immer wieder vor, so beispielsweise wenn ein einzelnes Wort wegen seiner Bedeutung oder, um ihm Nachdruck zu verleihen, plötzlich sehr laut gesprochen wird. Insofern weisen sie nicht soviel Fantasiegehalt auf, dass sie zur Stärkung der Kennzeichnungskraft eines Hörzeichens beitragen können.

2. Bezogen auf die gesamte Tonfolge

a) Klangcharakter

Die Veränderung des Klangs begründet nicht den individualisierenden Charakter einer schutzunfähigen Tonfolge. Ob diese beispielsweise mit einem Klavier oder einer Harfe gespielt wird, ist für die Unterscheidungskraft ohne Belang. Das gleiche gilt, wenn einer klanglosen, d.h. keine Obertöne aufweisenden Tonfolge durch Abspielen auf einem Instrument klangbestimmende Obertöne beigefügt werden.

Etwas anderes kann gelten, wenn der neue Klang als solches einzigartig ist und die Töne dadurch in den Hintergrund treten. Dies wäre beispielsweise der Fall, wenn mit Hilfe eines Synthesizers die Töne in der Art von Hundegebell wiedergegeben würden. Hierbei ändert sich jedoch streng genommen nicht der Klang, sondern es werden neue Geräuschelemente hinzugefügt.

b) Lautstärke

Eine Abwandlung der Lautstärke der gesamten Tonfolge[536] führt in keinem Fall zu einem unterscheidungskräftigen Hörzeichen. Der Verkehr ist daran gewöhnt, dass abhängig von den Örtlichkeiten (Zuhause, Geschäft, Bahnhof, Restaurant etc.) die Lautstärke von akustischen Signalen angepasst wird.

---

535 Zu den Definitionen s. oben § 8 II. 4..

536 Im Gegensatz zu der unter 1. b) beschriebenen Veränderung der Lautstärke eines einzelnen Tones.

c) Tonart

Eine Veränderung der Tonart und damit der Tonhöhe insgesamt fällt zwar auf, doch weist sie keine kennzeichnungskräftige Besonderheit auf. Durch die Transponierbarkeit einer Tonfolge[537] bleibt sie als solche erkennbar und ändert nicht ihren grundlegenden Klangeindruck. Insofern erlangt eine nicht unterscheidungskräftige Tonfolge auch nach Abwandlung der Tonart keine Schutzfähigkeit.

d) Ein- und Mehrstimmigkeit[538]

Das Hinzufügen oder Weglassen von Stimmen kann Bedeutung für die Schutzfähigkeit eines Hörzeichens haben. Handelt es sich um ein homophones Stück, d.h. eine bestimmte Tonfolge steht als Hauptstimme im Vordergrund, so hat eine Veränderung in den Nebenstimmen regelmäßig keine Auswirkungen auf die Kennzeichnungskraft. Werden hingegen charakteristische Elemente der Hauptstimme entfernt oder sie um solche ergänzt, so kann dies die Schutzfähigkeit entfallen lassen oder begründen.
Bei einem polyphonen Stück, das aus mehreren melodisch und rhythmisch selbständigen Stimmen besteht, berühren Änderungen in einer einzelnen Stimme normalerweise nicht die Unterscheidungskraft des Hörzeichens. Selbst eine Vereinfachung aller Stimmen lässt nicht zwangsläufig die Unterscheidungskraft entfallen, da durch die Vielstimmigkeit weiterhin ein ungewöhnlicher klanglicher Gesamteindruck gegeben sein kann. Generell dürfte die Schutzfähigkeit eines polyphonen Hörzeichens aufgrund seiner Komplexität und der damit verbundenen Eigenart nur in Ausnahmefällen in Frage stehen.

e) Harmonie und Melodie

Das zeitliche Miteinander der Töne hat auf die Unterscheidungskraft eines Hörzeichens nur untergeordnete Bedeutung, so dass durch Hinzufügen oder Weglassen harmonisch klingender Töne die Schutzfähigkeit nicht herbeigeführt werden kann. Wichtig ist das zeitliche Nacheinander, also die Melodie. Auch wenn der einzelne Ton nicht alleine, sondern zusammen mit anderen harmonisch dazu passenden Tönen erklingt, bleibt die für die Kennzeichnungskraft bedeutsame Melodie erkennbar. Etwas anderes gilt nur dann, wenn die harmonisch klingenden Töne durch dissonante ersetzt werden würden. Dadurch kann der einzelne, die Melodie mitbestimmende Basiston und damit die gesamte charakteristische Tonfolge nicht mehr deutlich herausgehört werden.

---

537 S. hierzu § 8 II. 1. b).

538 Zu den Begriffen s. oben § 8 II. 1. c).

f) Rhythmus

Die Unterteilung eines Hörzeichens in lange und kurze Tondauern ist für seinen Gesamteindruck sehr wichtig. Wird beispielsweise eine von ansonsten drei gleichen hintereinander gespielten Viertel- in zwei Achtelnoten aufgeteilt, so wirkt die Tonfolge insgesamt interessanter und abwechslungsreicher. Dies kann eine Erhöhung der Kennzeichnungskraft und damit ein Überschreiten der Schwelle zur Schutzfähigkeit zur Folge haben. Umgekehrt stelle man sich nur vor, die Achtelnoten im Erdinger-Weißbier-Walzer würden zu Viertelnoten zusammengefasst werden. Der typische Walzer-Rhythmus und damit der Charakter des Stückes wären verloren. Für den Klangeindruck ist somit gerade der Rhythmus von grundlegender Bedeutung, so dass diesbezügliche Abwandlungen unmittelbaren Einfluss auf die Frage der Schutzfähigkeit haben können.

g) Tempo

Die Veränderung des Tempos, mit dem eine Tonfolge insgesamt gespielt wird, lässt grundsätzlich die Kennzeichnungskraft unberührt. Allenfalls bei Hörzeichen, die menschliche Laute enthalten (z.B. Aussprechen des Wortes „Hallo“), könnte durch eine drastische Beschleunigung des Tempos eine Art Mickymaus-Effekt entstehen. Dies kann zu einer (komischen) Verfremdung und damit zu einer geringen akustischen Unterscheidungskraft der eigentlich schutzunfähigen Worte führen.

II. Abwandlungen von Geräuschen

Konkrete Aussagen zur Behandlung von Abwandlungen schutzunfähiger Geräusche können kaum getroffen werden. Ihre Anzahl ist einfach zu groß. Zudem weisen sie anders als Töne keine speziellen Eigenschaften oder Stilelemente auf, die verändert werden könnten. Insofern müssen auch hier die bereits zu den klassischen Markenformen entwickelten Grundsätze zur Anwendung kommen.[539] Übertragen auf Hörzeichen bedeutet dies, dass unwesentlichen und weitgehend unbemerkt bleibenden Abwandlungen von ohne Weiteres bekannten Geräuschen mit Sachbezug der Schutz versagt bleiben muss. So wäre beispielsweise für Fahrräder oder Fahrradzubehör das Klingeln einer Fahrradglocke auch dann nicht als schutzfähig anzusehen, wenn es sich nicht schrill, sondern weich und melodisch anhören würde.

---

[539] S. hierzu BGH in GRUR 2002, 540 („OMEPRAZOK“).

Umgekehrt liegt eine schutzfähige Abwandlung dann vor, wenn sie mit dem Grundgeräusch nicht verwechselbar ist. Es muss sich um eine deutlich erkennbare Abwandlung handeln, die nicht in ihrem Kern im Wesentlichen mit dem Original identisch ist.[540] Dies wäre in dem eben genannten Beispiel dann der Fall, wenn statt einer typischen Fahrradklingel eine Kirchturmglocke ertönen würde.

---

[540] So auch Becker in WRP 1/2000, 65.

§ 27 Zur Schutzfähigkeit von Verbundmarken

I. Kriterien der Prüfung

Hörmarken mit Wortbestandteilen (Verbundmarken)[541] werfen verschiedene Fragen auf, die bisher kaum Gegenstand intensiverer Diskussionen waren. Für die Beurteilung der Schutzfähigkeit von Verbundmarken kommen verschiedene Ansätze in Betracht:

1. Die klangliche Wirkung

Der klangliche Gesamteindruck bestimmt sich bei Verbundmarken zum einen nach der reinen Ton- oder Geräuschfolge, zum anderen nach der besonderen Aussprache der Worte. Dies wird an nachfolgendem Beispiel deutlich:

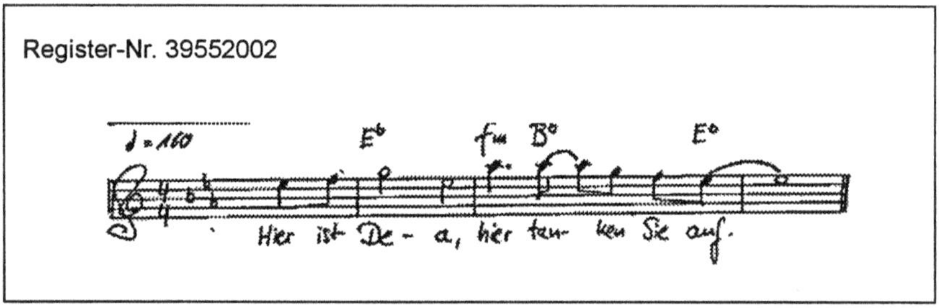

Abbildung 34: *Beispiel für eine Verbundmarke.*

Die notenmäßig dargestellte Tonfolge (Achtel, Halbe, punktierte Viertel, Achtel, Halbe) bildet die klangliche Grundlage. Darauf baut der Text auf, der die Melodie lautmäßig wiedergibt. Sie könnte genauso gut auch gesummt werden. Darüber hinaus entsteht jedoch durch das Singen der Worte ein neuer ungewöhnlicher Klangeindruck. Wer spricht ansonsten die Silben des Wortes „Dea“ in verschiedenen Tonhöhen und genau gleich lang aus? Das Singen der Worte ist vergleichbar mit einer besonderen Aussprache, die neben der eigentlichen Melodie zur Schutzfähigkeit beiträgt.

Um die Schutzfähigkeit einer Verbundmarke zu beurteilen, ist demzufolge sowohl auf die durch die Töne oder Geräusche als auch auf die durch die gesprochenen oder gesungenen Worte entstehenden klanglichen Wirkungen

---

[541] Zu den Möglichkeiten s. oben § 7 II. 5..

abzustellen, wobei ihnen unterschiedliches Gewicht zukommen kann. Auf der Grundlage des daraus resultierenden akustischen Gesamteindrucks ist die Eintragungsfähigkeit zu bewerten. Hierbei sind die für Töne, Klänge und Geräusche entwickelten Regeln sinngemäß auf die klangliche Wiedergabe der Worte anzuwenden.

2. Die begriffliche Wirkung

Höchst fraglich ist, ob bei Verbundmarken der Inhalt der Worte zur Begründung der Schutzfähigkeit herangezogen werden kann. In diesem Zusammenhang wird die Auffassung vertreten, dass der textliche Bestandteil allein als Wortmarke schutzfähig sei.[542] Für diese Sichtweise spricht die klare Trennung zwischen Wort- und Hörmarken. Während es bei diesen allein auf den akustischen Gesamteindruck ankommt, wird bei jenen auf den sowohl visuell als auch akustisch wahrnehmbaren begrifflichen Inhalt der Worte abgestellt. Dadurch wird der Schutzgegenstand und -umfang in formal eindeutiger Weise festgelegt.

Diese für die amtliche und gerichtliche Prüfung zweckmäßige Differenzierung entspricht jedoch nicht den Gegebenheiten in der Praxis. Das Problem hierbei ist, dass Wortmarken eine inhaltliche (Vermittlung über Augen oder Ohren), bildliche (Vermittlung über Augen) und akustische (Vermittlung über Ohren) Komponente haben. Daraus ergeben sich Überschneidungen zu anderen Markenformen, die insbesondere bei Verbundmarken die Frage nach dem Abstand und der Notwendigkeit der Abgrenzung zu Wortmarken aufwerfen.[543]

Gemäß § 6 MarkenV muss der Anmelder eine bestimmte Markenform angeben, die für den späteren Schutzbereich der Marke maßgeblich ist.[544] Doch bedeutet die formale Festlegung auf die Markenform „Hörmarke“ nicht gleichzeitig, dass der Inhalt der Wortbestandteile nicht zur Bestimmung des Schutzgegenstands und -umfangs herangezogen werden kann. Da eine eindeutige gesetzliche Aussage hierzu fehlt, ist zu fragen, welche Kennzeichnungskraft eine Hörmarke

---

542 So Becker in WRP 1/2000, Seite 57, der darauf hinweist, dass sich der Inhalt des Kennzeichenschutzes der Hörmarke gerade nicht auf den textlichen Bestandteil erstreckt: Er beschränke sich vielmehr auf die akustischen Parameter, als die spezifische Klangfarbe der Stimme, deren Tonfall, Lautstärke, sowie die Rhythmik des Gesprochenen.

Ähnlich auch Fritz, Seiten 209/278, der deutlich macht, dass die bewährte Darstellung von Sprache durch Schrift auch weiterhin den sich aus den Ausspracheregeln verschiedener Sprachen ergebenden Schutzumfang haben soll. Eine darüber hinausgehende, zusätzliche oder alternative Eintragung als akustisches Zeichen sei auch für den Zeicheninhaber nicht interessant, da der Schutzumfang seines Zeichens dadurch allenfalls eingeschränkt werden könne. Die akustischen Lautfolgen blieben also auf Lautfolgen beschränkt, die sich nicht durch Schrift darstellen lassen.

543 S. hierzu oben auch § 7 III..

544 Vgl. Ströbele in Ströbele/Hacker, § 32 Rdnr. 42.

mit Wortbestandteilen von Hause aus aufweist.[545] Maßgeblich sind in diesem Zusammenhang die von ihr ausgehenden Botschaften, die zur Unterscheidung der Waren und Dienstleistungen ihres Inhabers von solchen anderer Unternehmen dienen können.[546]

Zur Ermittlung des Inhalts einer Verbundmarke ist von der Auffassung des Verkehrs auszugehen, für den letztlich die Marke konzipiert wird. Im Geschäftsleben werden Hörmarken mit Wortbestandteilen als Ganzes erlebt. Eine Aufteilung nach Art der Wahrnehmung und Inhalt findet erfahrungsgemäß nicht statt. Demzufolge wird auch ein Text, der mit Tönen oder Geräuschen hinterlegt ist, nicht in einen akustischen und inhaltlichen Teil aufgegliedert. Dies ist beispielsweise daran zu erkennen, dass in dem unter 1. dargestellten Fall die Aussage „Hier ist Dea, hier tanken Sie auf" in der Praxis nicht von der Melodie getrennt und dann inhaltlich analysiert wird. Umgekehrt wird auch die Melodie regelmäßig nicht ohne den Text wiedergegeben, was zum Beispiel an dem bekannten Haribo-Jingle deutlich wird. Somit werden in der Wirklichkeit die Wortbestandteile und ihre inhaltlichen Aussagen nicht von dem akustischen Rest der Verbundmarke abgespalten.[547]

Demzufolge wäre es auch für den Anmelder einer Hörmarke mit Wortbestandteilen nur schwer nachvollziehbar, ihn darauf zu verweisen, zwei Anmeldungen zu tätigen, um den vollen Schutz (akustisch und textlich) zu erhalten.

Des Weiteren erscheint es im Rahmen eines Widerspruchs- oder Verletzungsverfahrens sachfremd, die Worte als solche unberücksichtigt zu lassen. Sofern die angegriffene Marke textlich mit der Verbundmarke übereinstimmt, besteht die Gefahr von Verwechslungen. So wird beispielsweise kaum ein Verkehrsteilnehmer einen Unterschied machen zwischen der auf der Ware aufgedruckten Wortmarke „Sanostol" und der gleich lautenden, aber gesungenen Hörmarke. Insofern dürfte der Inhaber einer älteren Verbundmarke die Forderung, er hätte den Text gesondert als Wortmarke anmelden müssen, um gegen eine verwechselbare Wortmarke vorgehen zu können, nur schwerlich verstehen.

Die Notwendigkeit, eine Verbundmarke als Einheit zu sehen, wird darüber hinaus an Hörzeichen deutlich, die gemäß § 4 Nr. 2 und Nr. 3 MarkenG durch Verkehrsgeltung oder notorische Bekanntheit geschützt sind. Sie müssen nicht formal im Rahmen einer Anmeldung typisiert werden, so dass die Diskussion der Markenform hier nicht zu einer Begrenzung des Schutzumfangs führen kann.

---

545 Vgl. zur Kennzeichnungskraft und zum davon abhängenden Schutzumfang in Zusammenhang mit der Verwechslungsgefahr auch Ströbele in Ströbele/Hacker, § 9 Rdnr. 281.

546 S. hierzu auch EuGH in GRUR Int. 1999, 734 („Lloyd").

547 So auch Meister in WRP 10/2000, 1107.

Im Übrigen ist die Berücksichtigung von Wortbestandteilen in Marken, die nicht als Wortmarken anzusehen sind, nicht neu. So werden beispielsweise auch bei dreidimensionalen Marken Wortelemente zusätzlich zur Begründung der Schutzfähigkeit herangezogen. Damit ist zwar die unbefriedigende Rechtsfolge verbunden, dass ein ausdrücklich als dreidimensionale Marke angemeldetes Zeichen eingetragen werden kann, obwohl es gerade in seinem dreidimensionalen „Anteil“ nicht schutzfähig ist. Insoweit wird auch die Auffassung vertreten, dass die schutzbegründenden Bestandteile nicht nur zweidimensionaler Form sein dürfen, sondern auch dreidimensional gestaltet (z.B. eingeprägt) sein müssen.[548] Übertragen auf Hörzeichen würde dies bedeuten, dass die Wortbestandteile akustisch wiedergebbar sein müssen. Dies ist jedoch uneingeschränkt der Fall.[549]

Da eine Verbundmarke sowohl akustische als auch textliche Botschaften enthält, weist sie gegenüber reinen Wort- und Hörmarken einen größeren Informationsgehalt auf. Hiermit ist eine größere Kennzeichnungskraft verbunden. Dementsprechend wird der Schutzgegenstand und -umfang bei Verbundmarken auch durch den Inhalt der Wortbestandteile mitbestimmt. Es wird nicht verkannt, dass dies zu einer Ausweitung des Schutzbereichs einer Hörmarke führt. Dies sollte jedoch in Kauf genommen werden, um den realen Bedingungen im Geschäftsleben und den Interessen der Verkehrsteilnehmer gerecht zu werden.

Zusammenfassend ist somit festzustellen, dass der Schutz einer Verbundmarke nicht nur durch die klanglichen Elemente, sondern auch durch die Wortbestandteile begründet werden kann. Umgekehrt hängen Schutzfähigkeit und -umfang einer reinen Wortmarke allein von den Worten ab. Eine akustische Komponente ist hierbei nicht zu berücksichtigen.

3. Die optische Wirkung

Hörmarken müssen nach derzeitiger Rechtslage[550] grafisch darstellbar sein, wenn sie durch Eintragung geschützt werden sollen. Die visuell wahrnehmbare Wiedergabe der Hörmarke erweitert jedoch nicht ihren Schutzbereich, sondern dient allein formalen Zwecken wie Registrierung, Veröffentlichung oder Abbil-

---

548 Vgl. hierzu insgesamt Ströbele in Ströbele/Hacker, § 8 Rdnr. 187, und BPatG in BPatGE 43, 122 („MAG LITE-Taschenlampe“).

549 Fälle, in denen eine Buchstabenfolge nicht aussprechbar ist, sind nicht bekannt. Auch wenn es sich um eine sehr komplizierte Aneinanderreihung von Lauten handelt (z.B. „Xanthorrhoea“, ein Liliengewächs) oder diese keine Vokale enthält, so ist eine Aussprache zumindest theoretisch möglich.

550 Da der oben unter § 17 V. 1. angeregte Verzicht auf die grafische Darstellbarkeit eine Anpassung des Art. 2 MarkenRichtl und des § 8 Abs. 1 MarkenG bedingt, ist nicht mit einer baldigen Änderung der Rechtslage zu rechnen.

dung auf Unterlagen. Gegenstand des Schutzes ist der Klangeindruck, der bei Verbundmarken durch den Inhalt der Wortbestandteile ergänzt wird. Somit kann ihre Schutzfähigkeit nicht durch die optische Wirkung der grafischen Darstellung begründet werden.

4. Der Gesamteindruck

Für die Beurteilung der Schutzfähigkeit einer Verbundmarke ist letztlich der Gesamteindruck entscheidend.[551] Der Verkehr wird im Regelfall - wie unter 2. erörtert - die Marke nicht zerlegen, sondern Klang und Wort als eine Einheit ansehen. Der Gesamteindruck ist insbesondere dann von Bedeutung, wenn ein oder alle Bestandteile schutzunfähig sind.[552]

II. Die Beurteilung einer Verbundmarke bei Schutzunfähigkeit einzelner Bestandteile

1. Grundsätze der Prüfung

Wie bei anderen Kombinationsmarken kann auch bei Verbundmarken ein Teil, sei es der akustische oder textliche, schutzunfähig sein. Eine Hörmarke mit schutzunfähigen bzw. zumindest äußerst kennzeichnungsschwachen Wortbestandteilen ist nachfolgend beispielhaft abgebildet:

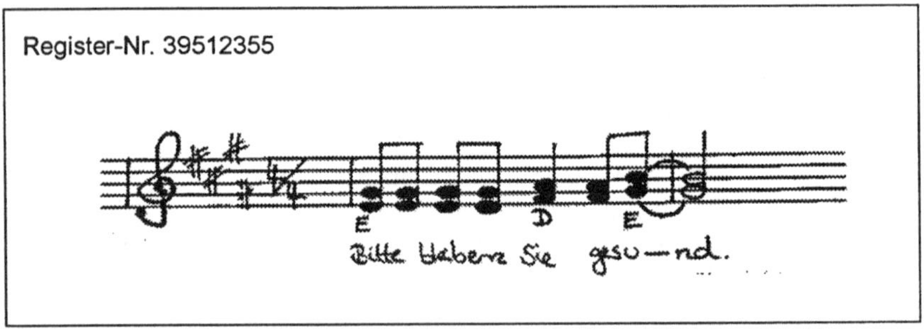

Abbildung 35: *Beispiel für eine Verbundmarke mit schutzunfähigem bzw. kennzeichnungsschwachem Text.*

---

551 S. Ströbele in Ströbele/Hacker, § 8 Rdnr. 136.

552 S. hierzu nachfolgend II. und III..

Beim Zusammentreffen schutzfähiger mit schutzunfähigen Markenbestandteilen ist es nicht erforderlich, dass der schutzfähige Teil in der Marke dominiert; er hat lediglich so unübersehbar hervorzutreten, dass er noch als betrieblicher Herkunftshinweis erkannt werden kann.[553] Diese Aussage gilt auch für Verbundmarken, so dass bei diesen entweder das klangliche oder textliche Element deutlich erkennbar sein muss. Im obigen Beispielfall würde dies für die Melodie gelten.

Sollte der schutzfähige Bestandteil nicht hervortreten, könnte dennoch durch die Kombination aller Elemente ein eigenartiges und damit eintragungsfähiges Gesamtzeichen entstehen.

2. Kriterien für das Hervortreten eines Bestandteils einer Verbundmarke

Welche Elemente bei einer auch Worte enthaltenen Hörmarke hervortreten, bestimmt sich nach verschiedenen Kriterien, die nachfolgend näher untersucht werden sollen. Sie sind nicht nur für das hier erörterte absolute Verfahren, sondern auch für das Widerspruchsverfahren von Bedeutung.[554]

a) Kennzeichnungskraft

Der akustische oder textliche Teil einer Verbundmarke tritt dann hervor, wenn er kennzeichnungskräftig ist. Insbesondere muss er konkret zur Unterscheidung der angemeldeten Waren und Dienstleistungen geeignet und darf nicht beschreibend sein (§ 8 Abs. 2 Nrn. 1 und 2 MarkenG). Im Regelfall werden in einer Verbundmarke - so wie in obigem Beispiel - die Worte kennzeichnungsschwach sein. Der Verkehr wird diese viel eher als nicht unterscheidungskräftig oder beschreibend ansehen, da sie einen sofort erfassbaren Sinngehalt aufweisen, der in Bezug zu den angemeldeten Waren und Dienstleistungen gesetzt werden kann. Allerdings können in Hörzeichen auch bereits geschützte Wortmarken enthalten sein, so dass - wie aus nachfolgendem Beispiel ersichtlich - die Begleitmelodie kennzeichnungsschwach sein darf:

---

553 Vgl. Ströbele in Ströbele/Hacker, § 8 Rdnr. 132.

554 Vgl. hierzu unten § 30 IV..

Register-Nr. 39976655

Sanostol-Jingle

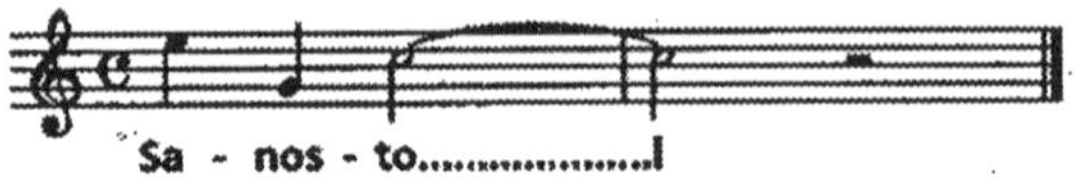

Abbildung 36: *Beispiel für eine Hörmarke mit kennzeichnungsschwachem klanglichen Teil.*

b) Eignung zur Bezeichnung der Marke

In der geschäftlichen Kommunikation werden Marken oft mit Worten wiedergegeben, um sie schnell und einfach mündlich identifizieren zu können. So wird bei Wort-/Bildmarken meist der Wortbestandteil herausgegriffen[555] und zusätzlich auf das kennzeichnungskräftigste Element - meist ist dies eine bereits geschützte Wortmarke - verkürzt. Das Problem bei Hörmarken liegt darin, dass ihr akustischer Inhalt nicht ohne Weiteres mit einem Wort zusammengefasst werden kann. Oft behilft sich der Verkehr mit Umschreibungen wie „Das Odol-Lied" oder „Der Smarties-Jingle". Dies setzt allerdings voraus, dass es sich um eine Hörmarke handelt, die die Unternehmensbezeichnung oder das Wortzeichen enthält. Ansonsten wird der Verkehr mit einer wortmäßigen Umschreibung Schwierigkeiten haben, da häufig das hinter der Hörmarke stehende Unternehmen oder die dazugehörige Wortmarke nicht bekannt sein dürfte.

Ebenso wie bei anderen Kombinationsmarken eignen sich auch bei Verbundmarken zur Bezeichnung vornehmlich die Worte oder zumindest kennzeichnungskräftige Teile davon. Insofern treten sie bei Hörzeichen im Regelfall gegenüber den klanglichen Elementen hervor.

c) Verständlichkeit der Worte

Das Hervortreten des Textes setzt allerdings voraus, dass die Worte in der Hörmarke begrifflich als auch akustisch verstanden werden. Hierbei kommt es besonders auf folgende diskussionswürdige Gesichtspunkte an:

---

[555] Dieser Grundsatz gilt auch im Widerspruchsverfahren, vgl. BPatG in GRUR 2002, 70 („Noelle Claris/CLARIS").

(1) Bekannte Begriffe der deutschen Sprache

Der Textteil muss aus Worten der deutschen Sprache bestehen, die einem Großteil des Verkehrs geläufig sind. Der Bedeutungsgehalt von Fachausdrücken oder Fremdwörtern erschließt sich häufig gar nicht oder nicht sofort, so dass der Verkehrsteilnehmer sie übergeht. Damit konzentriert er sich eher auf den klanglichen Teil, wodurch ihm in diesem Fall für die Beurteilung der Schutzfähigkeit eine größere Bedeutung zukommt.

(2) Verbreitete Fremdsprachen

Fremdsprachige Worte sind dann den deutschen Begriffen gleichzusetzen, wenn sie ohne größere Schwierigkeiten vom inländischen Verkehr ausgesprochen und verstanden werden können. Dies wird vor allem bei der englischen Sprache der Fall sein. So werden gerade in Deutschland häufig Lieder in Englisch gesungen, was beispielsweise an dem Geburtstagslied „Happy Birthday“ deutlich wird. Jedoch bereits eine Hörmarke mit einem französischen oder italienischen Text dürften viele Verkehrsteilnehmer weder inhaltlich nachvollziehen noch mit der richtigen Aussprache wiedergeben können, so dass die Wortbestandteile im Gesamteindruck der Hörmarke zurücktreten werden.

(3) Aussprache

Eine Besonderheit stellen akustische Werbebotschaften dar, in denen der Text nicht in Hochdeutsch, sondern in einem bestimmten Dialekt wiedergegeben wird. Hierdurch wird der Text zusätzlich klanglich geprägt. Damit tritt der Bedeutungsgehalt der Worte zurück, so dass der akustische Eindruck zumindest gleichwertig neben dem Text als solchen steht. Auf diese Weise kommt der klanglichen Komponente für die Beurteilung der Schutzfähigkeit eine größere Rolle zu.

(4) Lautstärke

Wichtig ist bei einer aus akustischen und textlichen Elementen zusammengesetzten Marke auch die Lautstärke, in der letztgenannte präsentiert werden. Zum einen kann wie bei einem Lied mit Hilfe des Textes die Melodie wiedergegeben werden. In diesem Fall gibt es keine weiteren Klänge, die neben den Text treten und ihn übertönen könnten.[556] Zum anderen besteht jedoch die Möglichkeit, dass neben den gesungenen oder gesprochenen Text weitere, meist Instrumental-

---

[556] Dies trifft bei den meisten Hörmarken mit Wortbestandteilen zu.

stimmen mit eigenen Melodien treten.[557] Hierbei besteht die Gefahr, dass der Text von den anderen Stimmen überlagert wird und kaum mehr zu hören ist. Dann tritt der Klangeindruck maßgeblich in den Vordergrund und verdrängt den Bedeutungsgehalt der Worte.

Hieran wird im Übrigen auch deutlich, wie wichtig der klangliche Eindruck und das lautstärkemäßige Verhältnis der einzelnen Stimmen zueinander für die Bewertung der Schutzfähigkeit sein kann. Anhand der grafischen Wiedergabe der Hörmarke ist dieses nicht zu ermitteln.

d) Länge des Bestandteils

Das Hervortreten eines Bestandteils in einer Verbundmarke hängt schließlich von seiner jeweiligen Länge ab. Zwar entspricht wie bei einem Lied normalerweise die Dauer des akustischen Signals der Länge des Textes. Doch ist es durchaus denkbar, dass der Text wie in nachfolgendem Beispiel nur teilweise von der Melodie begleitet wird oder umgekehrt die Melodie ohne Text weitergeführt wird. In diesen Fällen kann das längere Element den Gesamteindruck der Hörmarke bestimmen.

Abbildung 37: *Beispiel für die unterschiedliche Länge des klanglichen und textlichen Teils.*

557 Vergleichbar einer Oper oder einem Orchesterwerk mit Gesang (z.B. das Oratorium „Messias“ von Georg Friedrich Händel).

III. Die Beurteilung einer Verbundmarke bei Schutzunfähigkeit aller Bestandteile

1. Grundsätze der Prüfung

Falls ein Hörzeichen aus mehreren schutzunfähigen Bestandteilen besteht, so kann es dennoch eintragungsfähig sein, wenn es in seiner Gesamtheit mehr darstellt als die Summe der einzelnen Elemente. Es muss einen herkunftshinweisenden Gesamteindruck vermitteln. Zudem darf das Verbundzeichen keine beschreibende Gesamtaussage darstellen.[558]

Hörmarken bieten eine gute Möglichkeit, durch die Verbindung von Wort und Ton neue ungewöhnliche Klangbilder zu schaffen. So werden Buchstaben und Worte im Geschäftsleben regelmäßig nicht gesungen. Allein die Tatsache, dass diese nicht normal ausgesprochen werden, stellt für sich allein schon etwas Überraschendes dar. Resultiert daraus ein vom Normalen abweichendes Schallereignis, spricht dies für die Eigenart und damit die Schutzfähigkeit des Gesamtzeichens.

2. Die Bestimmung der Eigenart einer Verbundmarke

Anhaltspunkte für die Eigenart eines aus Wortbestandteilen bestehenden Hörzeichens können sein:

a) Aufeinanderbezogensein der Elemente

Wird jedem Buchstaben oder jeder Silbe ein bestimmter Ton zugeordnet, entsteht der Eindruck eines Liedes. Dies wird beispielsweise deutlich, wenn die Silben des nicht unterscheidungskräftigen Wortes „Hallo“ jeweils mit den Tönen „c“ und „e“ unterlegt werden würden. Durch den Terzabstand[559] entstehen zwei neue klangliche Teile, die nicht mehr so stark durch den Wortinhalt, sondern durch die Tonfolge verbunden sind. Zudem kommen durch das Singen des Wortes Obertöne hinzu, die ebenfalls zur Eigenart des Klanggebildes beitragen. Daraus kann ein schutzfähiges Gesamtzeichen entstehen.

---

[558] Vgl. zu diesen zu Wort- und Bildmarken entwickelten, aber auch auf Hörmarken übertragbaren Grundsätzen Ströbele in Ströbele/Hacker, § 8 Rdnrn. 130 und 136.

[559] Vgl. Ziegenrücker, Seite 63.

b) Ungewöhnlichkeit der Kombination

Die Eigenart kann sich auch daraus gegeben sein, dass die Kombination Wort/Ton bzw. Geräusch unüblich ist. So wäre es im obigen Beispiel auch denkbar, den Ton „c“ vor und den Ton „e“ nach dem normalen Aussprechen des Wortes „Hallo“ erklingen zu lassen. Viel Kennzeichnungskraft weist das Gesamtzeichen dadurch zwar immer noch nicht auf. Dennoch ist die Integration eines Wortes in eine Terz außergewöhnlich, so dass die Kombination noch ausreichend Kennzeichnungskraft aufweisen dürfte.

§ 28 Der Markenschutz für allgemein bekannte Tonfolgen oder Geräusche

I. Hintergrund

Gelegentlich werden in der Werbung allseits bekannte Tonfolgen oder Geräusche eingesetzt. Die große Bekanntheit kann sich zum einen daraus ergeben, dass es sich um eingängige und beliebte Melodien („Ohrwürmer") oder um Schallereignisse handelt, die bereits außerhalb des Geschäftsverkehrs oft wiedergegeben worden sind. Hierzu gehören insbesondere berühmte Werke der Tonkunst. Als Beispiele seien Vivaldis „Vier Jahreszeiten" für Zahnpflege- oder die „Stars and Stripes"-Melodie für Reinigungsmittel genannt. Ein weiteres Beispiel aus dem Markenregister ist nachfolgend abgebildet:

Abbildung 38: *Beispiel einer aus einer bekannten Melodie bestehenden Hörmarke (Es handelt sich hierbei um ein Kirchenlied, dessen Text von Dietrich Bonhoeffer und dessen Melodie ursprünglich von Otto Abel stammt.).*

Zur Bekanntheit kann aber auch die Werbung selbst durch häufige Verwendung beigetragen haben. Möglich ist hierbei ein kennzeichnender, aber auch ein untermalender Einsatz des akustischen Signals. Im ersten Fall wäre an die Haribo-Melodie zu denken, die in Deutschland heutzutage fast so geläufig wie bestimmte Kinderlieder sein dürfte. Der zweite Fall betrifft beispielsweise Autogeräusche, Vogelgezwitscher oder Meeresrauschen.

Nachfolgend geht es um die bekannten Tonfolgen und Geräusche, die noch keine Kennzeichnungsfunktion aufweisen. Diese Fälle erinnern an die Anmeldungen von Namen berühmter Personen oder von berühmten Bildern. Auch mit der Verwendung sehr bekannter Musikstücke oder Geräusche als Marke wird versucht, deren Popularität auf die gekennzeichneten Waren oder Dienstleistungen zu übertragen. Der Frage, inwieweit der Eintragung berühmter Werke der Tonkunst oder allgemein bekannter Geräusche absolute Schutzhindernisse entgegenstehen, soll im Folgenden nachgegangen werden. Hierbei können die bereits zu berühmten Wort- oder Bildmarken entwickelten Grundsätze herangezogen werden.[560]

II. Mögliche Schutzversagungsgründe

1. Fehlen der Unterscheidungskraft

Regelmäßig wird bei allseits bekannten Melodien oder Geräuschen die konkrete Unterscheidungskraft gemäß § 8 Abs. 2 Nr. 1 MarkenG zu prüfen sein. Diese bestimmt sich in besonderer Weise danach, inwieweit das akustische Signal einen Sachbezug aufweist:

a) Melodien/Geräusche ohne Sachbezug

Nach einer Auffassung soll weltberühmten Kunstwerken unabhängig von den Waren oder Dienstleistungen generell die Unterscheidungskraft fehlen.[561] Dies würde allerdings bedeuten, dass alle sehr bekannten Melodien und Geräusche nicht schutzfähig wären. Diese Sichtweise erscheint sehr weitgehend und sollte unter Berücksichtigung folgender Aspekte modifiziert werden:

(1) Untermalung

Bekannten Musikstücken oder Geräuschen fehlt dann jegliche konkrete Unterscheidungskraft, wenn sie von einem Großteil des Verkehrs nicht als Kennzeichnung, sondern als stimmungshebende Untermalung für die beworbenen Waren oder Dienstleistungen aufgefasst wird. Dies ist insbesondere dann der Fall, wenn sie ähnlich wie Abbildungen allgemein bekannter Kunstwerke häufig und vielfältig als Werbemotive oder Hervorhebungsmittel eingesetzt werden und (noch) keinen Bezug zu einem bestimmten Hersteller, Dienstleister oder Händler

---

560 Vgl. hierzu Grabrucker in MarkenR 3/2001, 98/99.

561 So Meister in WRP 10/2000, 1104 (gemeint ist wohl die abstrakte Unterscheidungskraft).

aufweisen.[562] Entscheidend ist hierbei, ob die allseits bekannte Melodie oder das geläufige Geräusch den Produkten individualisierend zugeordnet oder nur als austauschbarer, auch für andere Erzeugnisse oder Tätigkeiten in Frage kommender akustischer Hintergrund angesehen wird.
Hierbei besteht jedoch die Schwierigkeit, dass der Verkehr versucht ist, gerade geläufige Geräusche wie das Plätschern von Wasser oder Windpfeifen als Ausschmückung und nicht als Kennzeichen zu interpretieren. Um die Unterscheidungskraft zu bejahen, muss das Geräusch deutlich aus den übrigen Schallereignissen hervortreten und den Zuhörer quasi überraschen. Er sollte zum Nachdenken angeregt werden, warum das Geräusch gerade in Verbindung mit den Waren oder Dienstleistungen erklingt. Nur dann geht es sowohl akustisch als auch begrifflich nicht in den übrigen Schallereignissen unter.

(2) Häufigkeit

Je häufiger ein allgemein bekanntes akustisches Signal für bestimmte Waren oder Dienstleistungen verschiedener Unternehmen eingesetzt wird, desto geringere Unterscheidungskraft weist es auf.[563] Doch scheinen berühmte Werke der Tonkunst in der Praxis eher eine eingeschränkte Bedeutung zu haben. So wird in den seltensten Fällen ein und dasselbe bekannte Musikstück von verschiedenen Herstellern, Dienstleistern oder Händlern benutzt. Selbst die weltberühmte Melodie „Freude schöner Götterfunken" aus Beethovens Sinfonie Nr. 9 in d-Moll kommt beispielsweise in der Werbung kaum vor. Auch die unter I. genannten bekannten Stücke werden meist nur von einem Unternehmen gebraucht. Insofern dürfte die Häufigkeit der Verwendung eher bei allgemein bekannten Geräuschen praktisch von Bedeutung sein.
Geläufige Stücke oder Geräusche haben zwar den Vorteil, dass kein gesonderter Aufwand für die Komposition getrieben werden muss. Doch hat der Verwender die ursprünglich allein der Unterhaltung und Erbauung dienende Funktion zurückzudrängen und durch die Hinweisfunktion zu ersetzen. Dies kann nur dann gelingen, wenn die Verkehrsteilnehmer über einen längeren Zeitraum immer wieder das bekannte Musikstück oder Geräusch in Verbindung mit den Waren oder Dienstleistungen gerade des Verwenders hören. Dadurch entwickelt es eine neue Bedeutung und verwandelt sich schließlich in den „akustischen Namen" der Produkte. Erst zu diesem Zeitpunkt liegt die für die Schutzfähigkeit erforderliche konkrete Unterscheidungskraft vor[564], so dass eine davor eingereichte Anmeldung gemäß § 37 Abs. 1 MarkenG zurückgewiesen oder ihr Zeitrang gemäß § 37 Abs. 2 MarkenG verschoben werden müsste.

---

562 Vgl. BPatG in GRUR 1998, 1021 („Mona Lisa").

563 Zur Häufigkeit s. auch Becker in WRP 1/2000, 64.

564 Sowohl im Zeitpunkt der Anmeldung als auch der Eintragung muss das Zeichen schutzfähig sein (vgl. Ströbele in Ströbele/Hacker, § 8 Rdnr. 29).

Bei sehr bekannten Melodien oder Geräuschen besteht allerdings laufend die (latente) Gefahr, dass die ursprüngliche Bedeutung wieder in den Vordergrund tritt. Dies ist insbesondere dann der Fall, wenn sie nicht mehr oder nur noch selten zusammen mit den Waren oder Dienstleistungen erklingen. Da der erste (nicht kennzeichenmäßige) Eindruck entscheidend ist, verblasst die Erinnerung an die Kennzeichnungsfunktion im Laufe der Zeit dann immer mehr.[565]

b) Melodien/Geräusche mit einem Sachbezug

Die Unterscheidungskraft wird darüber hinaus umso eher zu verneinen sein, je enger der beschreibende Bezug zwischen Tonfolge oder Geräusch und beanspruchten Waren oder Dienstleistungen ist.[566] In diesem Fall fehlt der bekannten Melodie oder dem geläufigen Geräusch zusätzlich die Eigenart hinsichtlich der gekennzeichneten Produkte. Letztlich müssen somit zwei Hindernisse überwunden werden: Zum einen darf der Verkehr das Schallereignis nicht als akustischen Hintergrund und zum anderen nicht als Sachhinweis ansehen. Im letzten Fall wäre ansonsten auch das nachfolgend behandelte Schutzhindernis des § 8 Abs. 2 Nr. 2 MarkenG einschlägig.[567]

2. Bestehen eines Freihaltungsbedürfnisses

Allgemein bekannte Melodien und Geräusche können auch unmittelbar beschreibende freihaltungsbedürftige Angaben im Sinne des § 8 Abs. 2 Nr. 2 MarkenG darstellen.[568] Dies wäre beispielsweise bei dem berühmten „Hochzeitsmarsch“ von Felix Mendelssohn-Bartholdy der Fall, sofern er zur Kennzeichnung von Trauungsgegenständen verwendet werden würde. Entsprechend den zu Namen berühmter Persönlichkeiten entwickelten Grundsätzen[569] besteht ein Freihaltungsbedürfnis insbesondere für die Waren und Dienstleistungen, die im Sachzusammenhang mit der Melodie oder dem Geräusch zu stehen geeignet sind. Auf einen möglichen Sachzusammenhang mit der dahinter stehenden Person des Komponisten kommt es dagegen nicht an. Es würde zu weit gehen,

---

565 Insofern dürfte sich unter wirtschaftlichen Gesichtspunkten die Verwendung bekannter Melodien oder Geräusche als Marke kaum lohnen. Die bei der Erstellung eingesparten Kosten, wobei allerdings etwaige Urheberrechte und damit ggf. in Zusammenhang stehende Lizenzgebühren mit zu berücksichtigen sind, dürften den höheren Werbe- und Benutzungsaufwand nicht aufwiegen.

566 So Ströbele in Ströbele/Hacker, § 8 Rdnr. 206, unter Verweis auf die Melodie eines weltbekannten Weihnachtsliedes für Christbaumschmuck und ein typisches Motorengeräusch für Personenkraftwagen.

567 Vgl. hierzu auch Becker in WRP 1/2000, 64.

568 Zum Freihaltungsbedürfnis vgl. auch Ströbele in Ströbele/Hacker, § 8 Rdnr. 217.

569 Vgl. BPatG in BPatGE 42, 250 („Winnetou“) und BPatGE 42, 275 („Franz Marc“).

wollte man ein berühmtes Musikstück mit seinem Urheber gleichsetzen und es demzufolge als Synonym für einen berühmten Namen ansehen. Denn in vielen Fällen kennt der Verkehr den Komponisten eines berühmten Stückes nicht. Zudem drängt sich die Erinnerung an ihn beim Zuhören nicht unmittelbar auf.

Bei allgemein bekannten unmittelbar beschreibenden Melodien und Geräuschen ist das Freihaltungsbedürfnis als besonders groß einzustufen. Gerade diese werden aufgrund ihres klaren und für große Teile des Verkehrs verständlichen akustischen Sinngehalts für die Beschreibung der Produkte benötigt. Zu denken ist hier beispielsweise an das Stück „Lasst uns froh und munter sein" in Bezug auf Schokoladennikoläuse oder Weihnachtsgebäck. Dies bedeutet, je bekannter ein akustisches Signal ist, umso weniger darf es zugunsten eines Einzelnen monopolisiert werden.

3. Übliche Bezeichnung

Bei weit verbreiteten Melodien, Liedern oder Geräuschen kommt auch das Schutzhindernis des § 8 Abs. 2 Nr. 3 MarkenG in Betracht. Hierfür ist erforderlich, dass sie in den redlichen und ständigen Verkehrsgepflogenheiten zur Bezeichnung der Waren oder Dienstleistungen üblich geworden sind.[570] Gemeint sind damit vor allem, aber nicht nur Werbeschlagworte, Qualitätshinweise oder Kaufaufforderungen. Freizeichen und Gattungsbezeichnungen sind von § 8 Abs. 2 Nr. 3 MarkenG zwar auch umfasst, sie haben jedoch keine eigenständige praktische Bedeutung.[571] Einen beschreibenden Sinngehalt muss das Hörzeichen hierbei nicht aufweisen.[572]
Anders als Worte haben sich akustische Signale bisher noch nicht in nennenswertem Umfang zu üblichen Bezeichnungen im Geschäftsverkehr entwickelt. In Frage käme beispielsweise das weit verbreitete Gongzeichen, das vor einer Lautsprecherdurchsage in einem Kaufhaus ertönt und vom Verkehr als allgemeine Ankündigung einer Kaufaufforderung verstanden werden kann. Auch ist in Erwägung zu ziehen, dass bekannte Stücke der klassischen Musik wie zum Beispiel die „Brandenburgische Konzerte" von Johann Sebastian Bach den Eindruck der Wertbeständigkeit und Qualität der gekennzeichneten Waren oder Dienstleistungen vermitteln können.[573] Zu denken wäre zudem an das häufig in der Werbung eingesetzte Schlaggeräusch eines Hammers, das im Sinne des Werbeschlagworts „Hammerpreis" auf Sonderangebote aufmerksam machen soll.

---

570 Die Verwendung im allgemeinen Sprachgebrauch hat in Zusammenhang mit Hörzeichen keine Bedeutung.

571 Vgl. hierzu Ströbele in Ströbele/Hacker, § 8 Rdnrn. 435 ff..

572 Entsprechend zu EuGH in GRUR 2001, 1148 („BRAVO").

573 Ähnlich wie das Wort „Gold", vgl. hierzu Grabrucker in MarkenR 3/2001, 99.

Die theoretischen Möglichkeiten sind folglich auch bei Hörzeichen sehr vielfältig. Allerdings wird es gerade bei ihnen sehr schwierig sein, die Üblichkeit zur Bezeichnung nachzuweisen.[574] Hierbei ist zu berücksichtigen, dass - wie bereits ausgeführt - die Möglichkeiten zur Verbreitung von akustischen Signalen im Geschäftsleben aufgrund des damit verbundenen technischen Aufwands geringer sind als beispielsweise bei Wortmarken. Aus diesem Grund wird es länger dauern, bis ein akustisches Signal sich zu einer üblichen Produktbezeichnung entwickelt hat. Auch wegen der Überschneidung mit den Eintragungshindernissen des Fehlens der Unterscheidungskraft und des Vorliegens eines Freihaltungsbedürfnisses wird § 8 Abs. 2 Nr. 3 MarkenG für allseits bekannte Hörzeichen voraussichtlich keine allzu große Bedeutung haben.

4. Verstoß gegen die öffentliche Ordnung

Gemäß § 8 Abs. 2 Nr. 5 MarkenG sind u.a. Hörmarken von der Eintragung ausgeschlossen, die gegen die öffentliche Ordnung verstoßen. Darunter sind Verstöße gegen Vorschriften zu verstehen, die zu den wesentlichen Grundsätzen des deutschen Rechts gehören.[575] Hierzu soll nach einer in der Literatur geäußerten Meinung auch die Gemeinfreiheit von Werken zählen, die nach Ablauf der siebzigjährigen Schutzdauer (vgl. § 64 UrhG) nicht mehr dem Urheberrechtsschutz unterliegen.[576] Das Schutzhindernis würde damit insbesondere berühmte Werke der Tonkunst, aber auch sonstige fantasievolle Melodien und Tonfolgen betreffen. Sie stellen regelmäßig persönliche geistige Schöpfungen im Sinne des § 2 Abs. 2 UrhG dar und weisen die für den Urheberrechtsschutz notwendige Gestaltungshöhe auf.[577] Bei Geräuschen wird § 8 Abs. 2 Nr. 5 MarkenG hingegen nur eine untergeordnete Rolle spielen, da sie regelmäßig sehr kurz sind, sich häufig an Schallereignisse aus dem täglichem Leben anlehnen und damit in den seltensten Fällen die erforderliche Gestaltungshöhe aufweisen dürften.

Die Tatsache, dass der Gegenstand eines früheren Urheberrechts wieder schutzlos ist, sollte jedoch ein Markenrecht an einem berühmten Werk der Tonkunst nicht ausschließen.[578] Gemeinfreiheit kann nicht bedeuten, dass keinerlei Rechte mehr an den betreffenden Musikstücken oder Melodien bestehen dürfen. Urheber- und Markenrecht stellen eigenständige Rechtsgebiete mit unterschiedlichen Schutzgegenständen dar. Insofern besteht keine zwingende Vorgabe, die urheberrechtliche Gemeinfreiheit zur öffentlichen Ordnung im Sinne des § 8 Abs. 2

574 Zu den Anforderungen im Allgemeinen vgl. Ströbele in Ströbele/Hacker, § 8 Rdnr. 444.

575 S. BGH in GRUR 1987, 525 („LITAFLEX").

576 Vgl. Osenberg in GRUR 1996, 101 ff.; s. auch Meister in WRP 10/2000, 1104 (zu Art. 7 Abs. 1 Buchstabe f) GMV).

577 Zu den Voraussetzungen s. Wandtke/Bullinger in GRUR 1997, 574.

578 Vgl. auch BPatG in BPatGE 42, 275 („Signatur von Franz Marc").

Nr. 5 MarkenG zu zählen.[579] Demzufolge schließt nach der hier vertretenen Auffassung diese Vorschrift den Markenschutz für berühmte Werke der Tonkunst nicht aus.

5. Sonstige gesetzliche Benutzungsverbote

Schließlich sind nach § 8 Abs. 2 Nr. 9 MarkenG auch Hörmarken von der Eintragung ausgeschlossen, deren Benutzung ersichtlich im öffentlichen Interesse untersagt werden kann. Die Vorschrift bezieht sich auf außermarkenrechtliche Kennzeichnungsverbote wie denen des Lebensmittel- oder des Heilmittelwerberechts.[580] Urheberrechtlich gemeinfreie berühmte Werke der Tonkunst verletzen jedoch kein Kennzeichnungsverbot.[581] Insofern wird ihre Eintragung als Marke nicht durch § 8 Abs. 2 Nr. 9 MarkenG ausgeschlossen.

III. Zusammenfassung

Bekannte Melodien, Lieder oder Geräusche müssen ebenso wie berühmte Wort- oder Bildmarken vornehmlich das Eintragungshindernis der fehlenden Unterscheidungskraft überwinden. Demgegenüber treten die übrigen Schutzversagungsgründe in ihrer Bedeutung zurück. Nichtsdestotrotz sind auch weit verbreitete Musikstücke oder Geräusche dem registerrechtlichen Markenschutz zugänglich. Wichtig ist hierbei, dass sie mit den gekennzeichneten Waren und Dienstleistungen auf Dauer akustisch „verklammert" werden.

---

579 Der Begriff der öffentlichen Ordnung ist relativ und einem stetigen Wandel unterworfen, vgl. hierzu die Beispiele in Ströbele/Hacker, § 8 Rdnr. 605.

580 S. amtliche Begründung zu § 8 MarkenG in Sonderheft BlfPMZ 1994, 65.

581 So auch Osenberg in GRUR 1996, 103.

Sechstes Kapitel. Das Widerspruchsverfahren

Sehr wichtige, aber in der Praxis und Literatur bisher kaum behandelte Fragestellungen treten in Zusammenhang mit dem Kollisionsverfahren auf. Auch aus oder gegen Hörmarken kann gemäß § 42 Abs. 1 MarkenG Widerspruch eingelegt werden. Von besonderer Bedeutung sind hierbei die Beurteilung der Verwechslungsgefahr gemäß § 42 Abs. 2 Nr. 1 i.V.m. § 9 Abs. 1 Nr. 2 MarkenG und die Frage der Benutzung gemäß § 43 Abs. 1 i.V.m. § 26 MarkenG.

1. Teil. Grundsätze der Verwechselbarkeit von Hörmarken

Die Verwechslungsgefahr gemäß § 9 Abs. 1 Nr. 2 MarkenG setzt die Identität oder Ähnlichkeit der Hörmarke mit einer anderen Marke und die Identität oder Ähnlichkeit der Waren oder Dienstleistungen voraus. Problematisch ist diesbezüglich in erster Linie die Bestimmung der Ähnlichkeit von Hörmarken. Diese spielt auch in Zusammenhang mit den §§ 9 Abs. 1 Nr. 3, 10 Abs. 1 und 14 Abs. 2 Nr. 2 MarkenG eine wichtige Rolle.

In der Literatur ist die Frage der Verwechselbarkeit von Hörmarken bisher nur in sehr eingeschränktem Umfang eingehender diskutiert worden.[582] Bisher liegen auch keine praktischen Erfahrungen vor, da Widersprüche aus oder gegen Hörmarken im Inland noch nicht erhoben wurden.[583] Ausgehend von den bereits zu den klassischen Markenformen gesammelten Erfahrungen wird nachfolgend versucht, Anhaltspunkte für die Bestimmung der akustischen Verwechslungsgefahr aufzuzeigen.

---

[582] Lediglich Becker in WRP 1/2000, 65 ff., geht genauer auf die Kriterien der akustischen Verwechslungsgefahr ein.

[583] S. oben § 12 II..

§ 29 Maßgebliche Form und mögliche Konkurrenzverhältnisse

I. Die der Beurteilung der Verwechslungsgefahr zugrunde zu legende Form der Hörmarke

Die Verwechslungsgefahr hängt maßgeblich davon ab, ob für den Vergleich die grafische oder klangliche Form der Hörmarke herangezogen wird. Beide vermitteln jeweils einen anderen klanglichen Eindruck. Während erstere durch die intellektuelle Umsetzung mehr Spielraum für Interpretationen lässt, ist zweitere konkret mit einem Hörerlebnis verknüpft.

1. Meinungsstand

Die Frage der maßgeblichen Form einer Hörmarke (klanglich, grafisch) wird nicht nur in Zusammenhang mit der Schutzfähigkeit, sondern auch mit der Zeichenähnlichkeit diskutiert. Der diesbezügliche Meinungsstand wird von Becker[584] sehr prägnant zusammengefasst. Einmal wird die Auffassung vertreten, im Widerspruchsverfahren komme es wesentlich auf die grafische Wiedergabe an. Hierfür wird angeführt, dass die klangliche Wiedergabe lediglich eine Konkretisierung[585] oder ein Ausführungsbeispiel darstelle.[586] Demgegenüber stellen Ströbele[587] und Marz[588] auf die klangliche Wiedergabe ab, da diese für die Bestimmung des Schutzumfangs maßgeblich bzw. für die Wahrnehmung durch das Sinnesorgan des Gehörs entscheidend sei. Ingerl/Rohnke gehen modifizierend davon aus, dass im Vordergrund so gut wie ausschließlich die klangliche Ähnlichkeit stehen werde. Eine Verletzung durch eine Wiedergabe in Noten komme angesichts der völlig anderen visuellen Wahrnehmungsweise nur dann in Betracht, wenn dem Verkehr bereits durch den Anblick der Noten allein der Klangeindruck gedanklich vermittelt würde.[589] Nach der Richtlinie für das markenrechtliche Widerspruchsverfahren (Richtlinie Widerspruchsverfahren)[590] schließlich sollen gemäß Ziffer C. II. 2. e) bb) bei der Ähnlichkeitsprüfung

---

[584] Vgl. Becker in WRP 1/2000, 67 f..

[585] So Fezer, § 3 Rdnr. 273.

[586] So Becker in WRP 1/2000, 68, der zwar für die Beurteilung der Zeichenähnlichkeit primär auf die klangliche Wiedergabe abstellen will, allerdings sollen seiner Meinung nach die klanglichen Elemente nur insoweit berücksichtigt werden, als die klangliche die grafische Wiedergabe „verkörpert", also nicht über die Detailliertheit der in der grafischen Wiedergabe enthaltenen Festsetzungen hinausgeht. Letztlich kommt damit doch der grafischen Wiedergabe die tragende (begrenzende) Rolle zu.

[587] S. Ströbele in Ströbele/Hacker, § 9 Rdnr. 273.

[588] Vgl. Marz, Seite 67.

[589] Vgl. Ingerl/Rohnke, § 14 Rdnr. 626.

[590] Abgedruckt in BlfPMZ 1998, 1 ff..

zwischen Hörmarken im Wesentlichen die notenschriftliche Darstellung und die klangliche Wiedergabe zu berücksichtigen sein. Welcher Form der Verkörperung einer Hörmarke allerdings der Vorrang zukommen soll, bleibt offen. Insoweit wird auf eine gerichtliche Klärung verwiesen.

2. Stellungnahme

Die Meinungen, die auf die grafische Darstellung abstellen, sind von der Vorstellung getragen, bei einer klanglichen Wiedergabe handele es sich lediglich um eine von mehreren Möglichkeiten der Präsentation einer Hörmarke. Demgegenüber würden eine Notenschrift, ein Sonagramm oder eine sonstige zweidimensionale Klangaufzeichnung abstrakt alle Ausführungsformen verkörpern. Zudem scheinen sie davon auszugehen, dass sich die einzelnen Formen der grafischen Darstellung in gleicher Weise für eine klangliche Interpretation eignen. Diese Sichtweisen stoßen jedoch auf Bedenken.

a) Angaben zur konkreten Art der Ausführung

In einer Notenschrift können Angaben zu einer konkreten Präsentationsform enthalten sein. So lassen sich - wie nachfolgendes Beispiel zeigt - Hörmarken im Register finden, bei denen eine Instrumentierung vermerkt ist:

Register-Nr. 2913902

Abbildung 39: *Beispiel für eine Hörmarke mit Angaben zur Instrumentierung.*

Hier stellt sich ebenso wie bei der klanglichen Wiedergabe die Frage, ob der Schutzumfang der Hörmarke nunmehr auf die konkrete Instrumentierung beschränkt ist.[591]

b) Transponierbarkeit von Tönen

Auch eine Notenschrift beschränkt sich von ihrer Grundfunktion her auf eine bestimmte Form der Ausführung. In ihr werden die einzelnen Töne nicht nur im Verhältnis ihrer Dauer, sondern insbesondere auch ihrer Höhe zueinander dargestellt. Jede Tonfolge ist jedoch - wie bereits ausgeführt - transponierbar, d.h. sie kann in ihrer Gesamtheit um eine beliebige Anzahl von Notenstufen höher oder tiefer gespielt werden. Der Klangeindruck verändert sich hierdurch zwar etwas, doch bleibt die eigentliche, für den Schutzumfang maßgebliche Tonfolge[592] weiterhin erkennbar. In einer Notenschrift können allerdings nicht sämtliche Variationsmöglichkeiten wiedergegeben werden. Insofern stellt streng genommen der konkret darin wiedergegebene, auf der ersten Note aufbauende Tonhöhenverlauf nur ein bestimmtes Ausführungsbeispiel dar. Dieser Umstand ist vergleichbar mit der Situation bei einer Wortmarke. Die eingetragene Schriftart kann ebenfalls nicht alle geschützten Wiedergabeformen repräsentieren.[593]

c) Unterschiede in der Interpretation grafischer Darstellungen

Zudem ist zu berücksichtigen, dass die einzelnen Arten der grafischen Darstellung sehr große Unterschiede in der klanglichen Interpretation aufweisen. So verkörpert ein Sonagramm eine ganz konkrete klangliche Wiedergabe. Anders als bei einer Notenschrift besteht bei ihm kein Spielraum im Rahmen der klanglichen Umsetzung. Insofern müssen die einzelnen Varianten der grafischen Wiedergabe hinsichtlich ihres Aussagegehalts differenziert betrachtet werden. Die Vorstellung, eine visuelle Darstellung repräsentiere immer die abstrakte Form der Hörmarke, trifft somit nicht zu.

Im Rahmen der Prüfung der Verwechslungsgefahr von Hörmarken ist einheitlich entweder auf die klangliche oder die grafische Wiedergabe abzustellen. Eine unterschiedliche Handhabung abhängig von der vorgelegten Art der zweidimensionalen Darstellung ist auch aus Gründen der Praktikabilität nicht sinnvoll. Zudem kann nicht ausgeschlossen werden, dass eine eigentlich notenmäßig darstellbare Hörmarke in einer anderen grafischen Form eingereicht

---

[591] S. hierzu unten § 30 I. 1. a).

[592] S. hierzu unten § 30 I. 1. a) (2) a).

[593] Vgl. hierzu im Einzelnen Ströbele in Ströbele/Hacker, § 9 Rdnr. 139.

wurde.[594] Würde nach der Art der visuellen Wiedergabe differenziert werden, könnten sich abweichende Schlussfolgerungen für die Verwechslungsgefahr ergeben.

d) Praktische Umsetzung

Schließlich begegnet die Verwendung grafischer Darstellungen zur Bestimmung der Ähnlichkeit zweier Hörmarken auch praktischen Schwierigkeiten. Dies gilt - wie aus nachfolgenden Beispielen deutlich wird - insbesondere für Sonagramme:

[594] Zu denken ist hierbei an Hörmarken, die bis zum 14. Oktober 2003 (s. Mitteilung Nr. 8/03 des Präsidenten des Deutschen Patent- und Markenamts, a.a.O.) in Form eines Sonagramms eingereicht wurden, obwohl sie in einer üblichen Notenschrift darstellbar gewesen wären (vgl. § 11 Abs. 2 MarkenV a.F.).

Register-Nr. 39527548

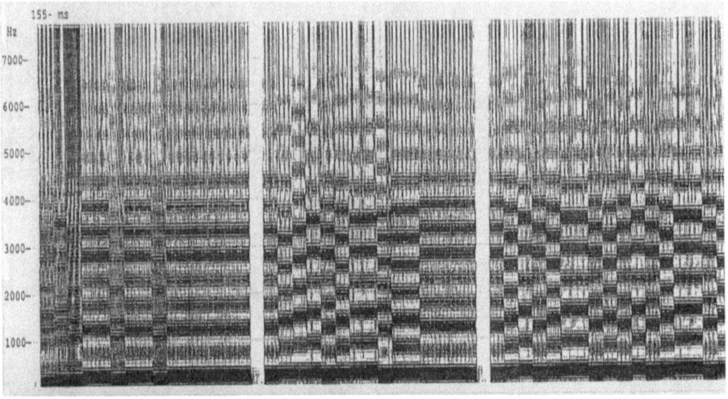

Register-Nr. 39516059

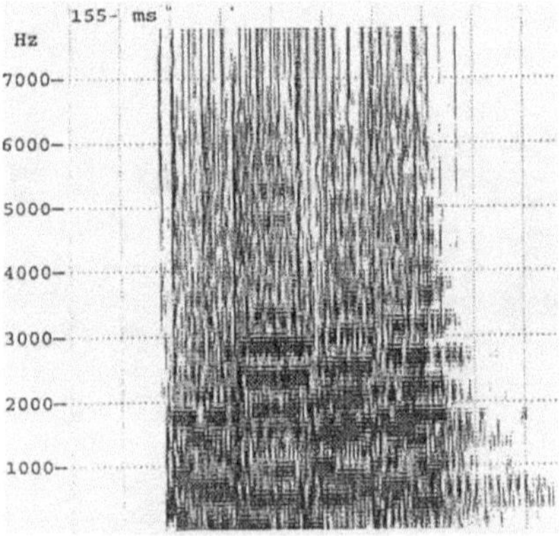

Abbildung 40: *Vergleich zweier in Form von Sonagrammen dargestellter Hörmarken.*

Kaum ein Richter oder Prüfer kann mit Hilfe der beiden Sonagramme die Verwechslungsgefahr der sich gegenüberstehenden Hörmarken zuverlässig beurteilen. Insofern entspricht die Forderung nach Zugrundelegung der grafischen Darstellungen im Widerspruchsverfahren nicht den Belangen der Praxis.

3. Zusammenfassung

Neben den unter 2. erörterten Gründen sprechen auch die Überlegungen zum Schutzgegenstand[595] für die Zugrundelegung der klanglichen Wiedergabe bei der Prüfung der Verwechslungsgefahr von Hörmarken. Die grafische Wiedergabe hat nur eine formale Funktion. Für die inhaltliche Prüfung der Ähnlichkeit von akustischen Zeichen ist sie jedoch auch aufgrund der mit ihrer klanglichen Umsetzung verbundenen Schwierigkeiten nicht geeignet.[596]

Nicht nur der Schutzgegenstand, sondern auch der Schutzumfang bestimmen sich somit nach der klanglichen Wiedergabe, die einzig und allein dem Sinn und Zweck einer Hörmarke entspricht. Die grafische Darstellung kann allenfalls bei Unklarheiten mit berücksichtigt werden.

II. Markenformen, mit denen Hörmarken verwechselbar sein können

Eine Hörmarke kann nicht nur mit einer anderen Hörmarke, sondern auch mit anderen Markenformen verwechselbar sein. In Betracht kommen hierbei vor allem Wortmarken. Die Richtlinie Widerspruchsverfahren spricht in Ziffer C. II. 2. e) bb) ausdrücklich die Kollision von Hörmarken, die Textbestandteile enthalten, mit Wortmarken an. Dieser Fall ist im Grunde genauso zu behandeln, wie wenn sich zwei Wortmarken gegenüberstehen würden. Da die Textbestandteile grundsätzlich den Gesamteindruck der Hörmarke prägen[597], sind die Worte zueinander ins Verhältnis zu setzen und auf Verwechselbarkeit hin zu untersuchen.

Das gleiche gilt für Kombinationsmarken, die Wortbestandteile aufweisen. Hierzu gehören beispielsweise Bildmarken, dreidimensionale Gestaltungen oder sonstige Aufmachungen mit Wortelementen. Sind solche jedoch nicht vorhanden, so scheidet eine Verwechselbarkeit aus. Im Übrigen darf die grafische Wiedergabe einer Hörmarke nicht mit der zweidimensionalen Darstellung einer visuell wahrzunehmenden Marke verglichen werden. Einerseits ist jede Hör-

---

595 S. hierzu oben § 18 III..

596 S. ergänzend auch die Ausführungen zur Ähnlichkeit im musikwissenschaftlichen Sinn unter § 31 II. 3..

597 S. oben § 27 II. 2..

marke durch ihre klangliche Dimension charakterisiert, so dass - wie unter I. dargelegt - die Notenschrift oder das Sonagramm grundsätzlich keine Berücksichtigung bei der Prüfung finden kann. Andererseits wird eine Hörmarke im Verkehr nicht in grafischer Form verwendet. Insofern würde ein bildlicher Vergleich nicht den Gegebenheiten der Praxis und den markenrechtlichen Anforderungen entsprechen.

§ 30 Grundlegende Kriterien der Verwechselbarkeit von Hörmarken

Die Verwechslungsgefahr wird auch bei Hörmarken durch verschiedene Umstände gefördert oder gemindert. Da sie grundlegende Bedeutung für das Kollisions-, aber auch für das Verletzungsverfahren haben, soll auf die wichtigsten von ihnen näher eingegangen werden:

I. Kennzeichnungskraft und Schutzumfang einer Hörmarke

Wie bei jeder Marke hängt auch der Schutzumfang einer Hörmarke von ihrer Kennzeichnungskraft ab, deren konkrete Feststellung im Einzelfall unabdingbare Voraussetzung und Grundlage für die Beurteilung der Verwechslungsgefahr ist.[598] Kennzeichnungskräftig, fähig zur Individualisierung, ist eine Marke im Prinzip letztlich immer dann, wenn sie die zu markierende Ware oder Dienstleistung auch nicht mittelbar beschreibt, und wenn die verwendete Kennzeichnung nicht zur Kategorie jener unspezifischer Bezeichnungen gehört, die auf alles und jedes bezogen werden können.[599] Die Kennzeichnungskraft bestimmt sich auch nach dem Grad der Benutzung und damit der Bekanntheit im Verkehr. Sie ist demzufolge nicht statisch, sondern richtet sich nach den (Verbreitungs-) Leistungen des Markeninhabers.[600] Bei akustischen Zeichen ist allein die klangliche Wiedergabe maßgebend, wobei wie bei allen Markenformen die Grundregel gilt, dass sich die originäre Kennzeichnungskraft nach dem Grad der schutzfähigkeitsbegründenden Eigenart des Zeichens gegenüber nicht unterscheidungskräftigen oder freihaltungsbedürftigen Gestaltungen - hier also Tönen, Tonfolgen, Geräuschen, Gesprochenem - richtet.[601] Für die Bestimmung der Kennzeichnungskraft von Hörmarken sind insbesondere folgende Kriterien von Bedeutung:

1. Einprägsamkeit

Hörmarken können nicht gleichzeitig wahrgenommen und direkt miteinander verglichen werden. Insofern bestimmt sich ihre Kennzeichnungskraft in erster Linie nach ihrer Einprägsamkeit.[602] Hierunter ist die Fähigkeit eines durchschnittlichen Verkehrsteilnehmers zu verstehen, ein akustisches Zeichen im Gedächtnis zu behalten und aus anderen herauszuhören, also wieder zu erken-

---

598 Vgl. Ströbele in Ströbele/Hacker, § 9 Rdnr. 281.

599 S. Meister in WRP 10/2000, 1099 (in Bezug auf Gemeinschaftsmarken).

600 S. hierzu auch Fezer, § 14 Rdnr. 122.

601 Vgl. Ingerl/Rohnke, § 14 Rdnr. 379.

602 So auch Becker in WRP 1/2000, 66, und Ströbele in Ströbele/Hacker, § 9 Rdnr. 273.

nen. Diese hängt von mehreren Faktoren ab, wobei zwischen Ton-/Klangmarken auf der einen und Geräuschmarken auf der anderen Seite zu differenzieren ist:

a) Ton-/Klangmarken

Bei Hörmarken, die aus Tönen bzw. Klängen bestehen, kommt den einzelnen Parametern im Hinblick auf die Einprägsamkeit und damit auf die Kennzeichnungskraft bzw. den Schutzumfang unterschiedliches Gewicht zu. Folgende Abstufungen können vorgenommen werden:[603]

(1) Merkmale 1. Stufe

Die in einer notenmäßig darstellbaren Hörmarke enthaltene Tonfolge ist von aller größter Bedeutung für die Kennzeichnungskraft und damit den Schutzumfang. Aus ihr können abhängig von der jeweiligen Eigenart Melodien/Motive oder reine Intervallsprünge gebildet sein.

(a) Melodien und Motive

Das Wesen einer Hörmarke wird durch die Melodie[604] bestimmt, auf welche ein musikalisches Hörerlebnis in der Erinnerung des Wahrnehmenden regelmäßig reduziert wird. Dies wird beispielsweise deutlich anhand bekannter Musikstücke wie die Arie „Der Vogelfänger bin ich ja" aus „Die Zauberflöte" von Wolfgang Amadeus Mozart oder geläufiger Werbesongs wie „Ice In The Sunshine" von Langnese.[605] Trotz des darin enthaltenen Textes und anderer Klangereignisse können sie allein aufgrund ihrer „ins Ohr gehenden" Melodie wieder erkannt werden.

Das gleiche gilt für ein Motiv als Kernstück und kleinster charakteristischer Teil einer Melodie. Ein Beispiel hierfür stellt folgende weltberühmte Tonfolge aus der 5. Sinfonie in c- Moll von Ludwig van Beethoven dar:[606]

---

603 Anders Becker in WRP 1/2000, 66, der keine Differenzierung hinsichtlich der Bedeutung der einzelnen Parameter vornimmt.

604 Zum Begriff der Melodie s. oben § 8 II. 1..

605 Dieses Lied gibt es mittlerweile in unzähligen Varianten. Dennoch wird es aufgrund der charakteristischen Melodie sofort erkannt.

606 Der Notenschlüssel, die Vorzeichen, die Taktangabe, die Dynamik- und Tempobezeichnung sowie das Pausen- und Haltezeichen (Fermate) können hierbei unberücksichtigt bleiben.

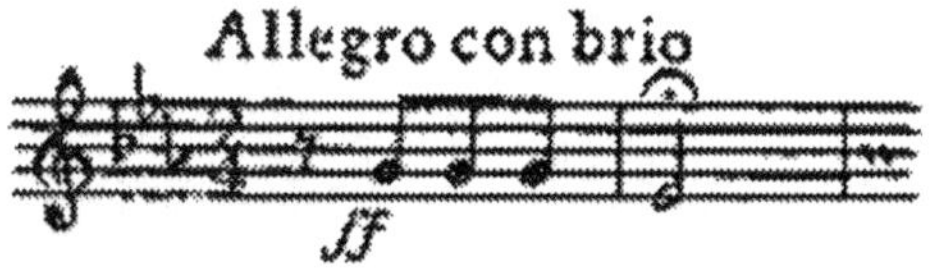

Abbildung 41: *Beispiel für ein sehr bekanntes Motiv.*[607]

Dies bedeutet, dass eine Hörmarke Schutz für sämtliche Arten der Ausführung der Melodie oder des Motivs genießt. Eine eingängige Tonfolge kann jedoch nur dann Grundlage für die Erinnerung sein, wenn sie deutlich hervortritt. Dies ist bei einstimmigen und mehrstimmigen homophonen Melodien der Fall.[608] Sind die einzelnen Stimmen hingegen polyphon, d.h. melodisch und rhythmisch selbständig, so richtet sich die Kennzeichnungskraft und damit der Schutzumfang nicht nach einer einzelnen, sondern nach allen zusammenklingenden Melodien.

Im Widerspruchs- und Verletzungsverfahren ist die Hörmarke auf ihren wesentlichen Aussagegehalt, d.h. auf die Melodie oder das Motiv zu reduzieren. Die Charakteristik der Tonfolge bestimmt somit den Schutzumfang des akustischen Zeichens.

(b) Intervallsprünge

Anders stellt sich die Situation dar, wenn eine Hörmarke weder eine Melodie noch ein Motiv, sondern - neben anderen akustischen Elementen - lediglich einen aus zwei Tönen bestehenden Intervallsprung oder eine zufällige, ausdruckslose Tonfolge enthält. Der Verkehr hat dann keine Möglichkeit, sich das akustische Zeichen anhand einer charakteristischen Einheit von Tönen zu merken. In diesem Fall kommt den nachfolgend unter (2) und (3) genannten Merkmalen eine größere Bedeutung zu. In ihrer Gesamtheit können sie eine Hörmarke aus dem Kreis der nichtssagenden Tonfolgen heraustreten lassen und sich in das Gedächtnis einprägen. So könnte beispielsweise ein außergewöhnlicher Klang oder eine unerwartete Lautstärkeveränderung die Kennzeichnungs-

---

[607] Aus Ziegenrücker, Seite 140.

[608] Zum Begriff der Ein- und Mehrstimmigkeit s. oben § 8 II. 1. c).

kraft der Tonfolge begründen. Das akustische Zeichen besitzt jedoch hierbei nur einen sehr geringen Schutzumfang. Er beschränkt sich auf die konkrete Form der Ausführung, deren Kennzeichnungskraft durch die Veränderung eines Merkmals bereits entfallen kann.

(2) Merkmale 2. Stufe

Gegenüber der Melodie und dem Motiv sind die nachfolgenden Parameter für das Erinnerungsvermögen zweitrangig. Damit haben sie für die Kennzeichnungskraft und den Schutzbereich einer Hörmarke nur mittlere Bedeutung.

(a) Absolute Tonhöhe

Grundsätzlich kommt es wie bereits angesprochen aufgrund der Transponierbarkeit einer Tonfolge nicht auf ihre absolute Tonhöhe an. Wichtig ist, dass die relativen Tonhöhenabstände zwischen den einzelnen Tönen gleich bleiben. Durch die Verwendung einer anderen Tonart kann es zwar zu einem etwas abweichenden Höreindruck kommen, da die einzelnen Tonarten unterschiedliche Ähnlichkeitsgrade zueinander aufweisen. So besitzt beispielsweise C-Dur eine größere klangliche Nähe zu D-Dur als zu B-Dur. Im Normalfall bleibt jedoch trotz der Tonhöhenverschiebung die Charakteristik der Melodie und des Motivs erhalten, wobei diese umso leichter wieder erkannt werden können, je näher sich die einzelnen Tonarten stehen.[609] Lediglich in extremen Ausnahmefällen, wenn beispielsweise die Melodie in einer extrem hohen oder tiefen Tonlage gespielt wird, dürften viele Verkehrsteilnehmer die transponierte Tonfolge nicht mehr dem akustischen Zeichen zuordnen.

(b) Tempo

Die Geschwindigkeit, mit der eine Hörmarke gespielt wird, hat nur dann Einfluss auf die Kennzeichnungskraft, wenn sie besonders niedrig oder hoch ist.[610] Nur in diesem Fall ist die Tonfolge als solche nicht mehr erkennbar. Ansonsten führen Veränderungen des Tempos zu keinem neuen Klangeindruck. Insofern umfasst der Schutz einer Hörmarke grundsätzlich alle Tempi.

---

609 Vgl. hierzu auch Dowling/Harwood, Seiten 136 und 152: „The context in which a pitch is heard affects memory for that pitch, suggesting that more global features are important. Melodic contour, for example, facilitates the immediate recognition of melodies; however, the relative importance of contour varies with tonal scale context. The most important of these contexts is the key-distance effect, which suggests that intervals - patterns of relative pitch chromas - are important in long-term memory for melodies, where a particular melody must be differentiated from a large number of similar alternatives.".

610 Vgl. hierzu auch § 26 I. 2. g).

(c) Metrum

Das durch das Metrum zum Ausdruck gebrachte Verhältnis von betonten und unbetonten Zählzeiten kann Einfluss auf die akustische Wirkung einer Tonfolge haben. Wenn beispielsweise die Erdinger-Weißbier-Melodie[611] nicht mehr auf eins, sondern auf zwei betont werden würde, wäre sie als Walzer kaum mehr wieder zu erkennen. Allerdings sind die Auswirkungen nicht bei allen Hörmarken gleich. Es gibt Melodien und Motive, die unter einer anderen Akzentuierung nicht „leiden". Maßgeblich kommt es jedoch auf den Grad und die Häufigkeit an, mit der bestimmte Töne hervorgehoben werden. Der kennzeichnende Charakter einer Hörmarke wird somit durch das Metrum mitbestimmt. Allerdings fallen in den Schutzbereich alle Arten der Ausführung mit und ohne Betonung, solange die ursprüngliche Tonfolge noch erkennbar bleibt.

(3) Merkmale 3. Stufe

Die geringsten Auswirkungen auf die Kennzeichnungskraft und den Schutzumfang einer Hörmarke haben der Klang, die Dynamik, die Lautstärke und die Art der Wiedergabe bzw. des Vortrags. Auch Akkorde sind ohne Belang, da sie lediglich die Harmonien der Grundtöne verstärken. Insofern kommt diesbezüglichen Angaben in der eingereichten klanglichen oder grafischen Wiedergabe keine bzw. nur eine äußerst geringe Bedeutung zu.

In den Schutzbereich einer Hörmarke fallen damit alle Variationen dieser Parameter. Nur dann, wenn das jeweilige Stilelement so ungewöhnlich ausgestaltet ist, dass es deutlich in den Vordergrund tritt, wird die Kennzeichnungskraft nicht mehr durch die Tonfolge allein bestimmt.

b) Geräuschmarken

(1) Problemstellung

Die Kennzeichnungskraft von Hörmarken, die aus Geräuschen bestehen, kann nicht anhand musikwissenschaftlicher Kriterien bestimmt werden, da sie nicht durch Noten darstellbar sind. Auch dürfte es kaum möglich sein, den Schutzumfang mit Hilfe der von ihnen ausgehenden Frequenzen auf physikalisch-akustische Weise zu definieren. Geräuschmarken enthalten normalerweise eine Vielzahl von sinusförmigen Schallschwingungen, die lediglich im Falle der Identität übereinstimmen. Der Schutzumfang einer Hörmarke geht jedoch darüber hinaus, so dass Grenzwerte ermittelt werden müssten. Aufgrund der

611 Zum Notenbild vgl. Abbildung 27 (Beispiel 2).

Subjektivität der Bewertung scheinen jedoch technische Berechnungsmethoden nicht geeignet.[612]

Bei dem darüber hinaus für die Bestimmung der Kennzeichnungskraft von Geräuschmarken in Betracht kommenden Kriterium der „Einprägsamkeit" muss berücksichtigt werden, dass sich ein Verkehrsteilnehmer nur an gewisse charakteristische Merkmale des Geräuschs erinnern wird, die kaum eine zuverlässige Beurteilung der Identität oder Ähnlichkeit zulassen werden.[613] Während sich Melodien häufig genau einprägen, besteht bei Geräuschen oft nur eine unklare Vorstellung über ihren Ursprung und ihren akustischen Inhalt.[614] Dies hängt auch damit zusammen, dass sie nicht oder nur sehr schwer vom Verbraucher selber wiedergegeben werden können. Demzufolge wird der Verkehr bei Geräuschmarken eher zu Verwechslungen neigen als bei Marken, die er sich gut merken kann. Fraglich ist in diesem Zusammenhang, ob damit eine Geräuschmarke einen im Vergleich zu einer musikalischen Hörmarke, bei der es vornehmlich auf die Tonfolge ankommt, größeren Schutzumfang aufweist.

Aufgrund der erheblichen Unterschiede bei der akustischen Wahrnehmung und eines kaum nachvollziehbaren subjektiven Tonerinnerungsvermögens spricht sich Ströbele[615] generell für allgemeine und objektivierte Parameter im Widerspruchsverfahren aus, die zwangsläufig zu verhältnismäßig engen Ähnlichkeitsbereichen führen werden. Hier wird das Spannungsverhältnis deutlich, in dem die Beurteilung der Ähnlichkeit und der Kennzeichnungskraft gerade einer Geräuschmarke steht: Soll eine eher rechtstatsächlich oder eine eher rechtstheoretisch ausgerichtete Sichtweise zur Anwendung kommen?

Nach der Gesetzesbegründung zu § 9 MarkenG handelt es sich bei dem Begriff der Verwechslungsgefahr zwar um einen Rechtsbegriff. Doch sind tatsächlich nachgewiesene Verwechslungsfälle ein starkes Indiz für das Bestehen von Verwechslungsgefahr im Rechtssinne.[616] Es ist somit von einem eher rechtstheoretischen Ansatz auszugehen, so dass das zu einem sehr großen Schutzumfang führende Kriterium „Einprägsamkeit" bei Geräuschmarken nicht herangezogen werden kann. Stattdessen bietet es sich an, die Kennzeichnungskraft unter Berücksichtigung der Art der Geräuschquelle zu definieren:

---

612 Näher hierzu unten § 31 I. 2..

613 So auch Becker in WRP 1/2000, 66, der allerdings davon ausgeht, dass sich der Verkehr an alle akustischen Zeichen nur eingeschränkt erinnern kann.

614 Dies kann zum Beispiel in Äußerungen wie „Die Marke mit dem Plopp" zum Ausdruck kommen.

615 S. Ströbele in Ströbele/Hacker, § 9 Rdnr. 273.

616 S. amtliche Begründung zu § 9 MarkenG in Sonderheft BlfPMZ 1994, 65.

(2) Art der Geräuschquelle

Jedes Geräusch hat einen bestimmten Ursprung. So kann das Zwitschern von Vögeln, das Sprudeln von Wasser oder das Brummen eines Motors auf bestimmte Lebewesen oder Gegenstände zurückgeführt werden. Normalerweise geht von diesen Geräuschquellen eine ganze Bandbreite von Geräuschen aus, die jedoch den gleichen „akustischen Kern" aufweisen.[617] Vom Schutz einer Geräuschmarke sind demzufolge alle Geräusche umfasst, die ein Großteil des Verkehrs zu diesem Kernbereich zählt. Es ist hierbei danach zu fragen, ob von der Geräuschquelle noch weitere Varianten des in der Hörmarke verkörperten Geräuschs ausgehen können. Im Widerspruchs- und Verletzungsverfahren kommt es somit darauf an, ob das Konkurrenzgeräusch von der Art, der Struktur und der Länge mit dem in der Hörmarke enthaltenen vergleichbar ist und beide ein Grundgeräusch aufweisen, das für die jeweilige Geräuschquelle typisch ist.

Bezogen auf das obige Beispiel des Vogelgezwitschers würde, sofern es nicht einer bestimmten Vogelart zugeordnet werden kann, das bedeuten, dass in den Schutzbereich Gesänge verschiedener Vögel fallen. Demzufolge wäre mit dem Singen einer Amsel zwar nicht gleichzeitig das Rufen eines Kuckucks, jedoch das Zwitschern einer Singdrossel geschützt. Die gleichen Überlegungen gelten für den oben genannten Motorenfall. Sofern das Brummen erkennbar nicht zu einem speziellen Wagentyp wie z.B. Porsche gehört, umfasst der Schutz der Hörmarke auch Motorengeräusche, die der Verkehr als typische Varianten ansieht.

Damit kann auch einem generellen Motivschutz für Geräusche vorgebeugt werden.[618] Wie bei Bildmarken sollte ein über die bloße klangliche Wirkung des Geräuschs hinausgehender, übergeordneter Sinngehalt der Marke gegenüber abweichenden Ausgestaltungen desselben Geräuschs in jüngeren Marken nur im Rahmen der mittelbaren Verwechslungsgefahr oder derjenigen im weiteren Sinne berücksichtigt werden.[619]

---

617 So können beispielsweise von einem Hammer abhängig von dem Gegenstand, auf den er auftrifft, unterschiedliche Schlaggeräusche (z.B. hart, hohl, hoch, tief) ausgehen. Nichtsdestotrotz bleibt die Charakteristik des Hammerschlags (plötzlich, sehr kurz) immer erkennbar.

618 Dieser würde beispielsweise dazu führen, dass sich der Schutz einer Hörmarke, in der das Rauschen eines Baches wiedergegeben wird, auch auf alle anderen von Wasser ausgehenden Geräusche erstrecken würde. Dies wäre ein im Interesse der Mitbewerber nicht tragbares Ergebnis.

619 Vgl. hierzu Ströbele in Ströbele/Hacker, § 9 Rdnr. 242.

2. Schwächung

Wie bei anderen Marken auch wird die Kennzeichnungskraft durch einen beschreibenden Sinngehalt oder eine geringe Unterscheidungskraft der Hörmarke im Hinblick auf die geschützten Waren oder Dienstleistungen gemindert.[620] Dies wäre beispielsweise bei Geräuschen, die von dem Produkt ausgehen, oder sehr kurzen Tonfolgen der Fall.

Eine Schwächung kann die Kennzeichnungskraft darüber hinaus durch ähnliche eingetragene Drittmarken erfahren.[621] Dieses Kriterium dürfte jedoch angesichts der beschränkten Anzahl von Hörmarken im Register zumindest derzeit noch keine größere Rolle spielen. Zudem scheinen sich die im Register eingetragenen Hörmarken noch nicht allzu nahe zu kommen. Dies wird auch an der Tatsache deutlich, dass es knapp zehn Jahre nach Inkrafttreten des Markengesetzes immer noch zu keinem Hörmarken-Widerspruchsverfahren in der Bundesrepublik gekommen ist.

II. Ähnlichkeit der Waren-/Dienstleistungen

Bei der Beurteilung der Verwechslungsgefahr stehen die Ähnlichkeit der Marken, die Ähnlichkeit der gekennzeichneten Waren und Dienstleistungen sowie die Kennzeichnungskraft der prioritätsälteren Marke in Wechselbeziehung. So kann insbesondere ein geringer Grad der Ähnlichkeit der Zeichen durch einen höheren Grad der Ähnlichkeit der Waren ausgeglichen werden und umgekehrt.[622] Auch für Hörmarken gilt dieser Grundsatz, so dass insoweit nicht auf Besonderheiten einzugehen ist.

III. Anfang der Hörmarke

Ebenso wie Wortmarken[623] werden auch bei Hörmarken die Anfänge stärker beachtet.[624] Gerade lange Hörmarken - zu denken wäre hier wieder an den Erdinger-Weißbier-Walzer - werden bereits anhand der Anfangstakte erkannt. Insofern sind Übereinstimmungen oder Abweichungen im Anfangsteil besonders wichtig. Allerdings dürfte die praktische Bedeutung dieses Verwechselbar-

---

620 Vgl. hierzu Becker in WRP 1/2000, 66, und Ströbele in Ströbele/Hacker, § 9 Rdnr. 273.

621 S. hierzu BGH in GRUR 2002, 898 („defacto").

622 S. hierzu zusammenfassend Erdmann in GRUR 2001, 614, unter Verweis auf EuGH in GRUR 1998, 922 („Canon"), BGH in GRUR 2000, 875 („Davidoff") und BGH in GRUR 2001, 158 („Drei-Streifen-Kennzeichnung").

623 Vgl. hierzu BGH in GRUR 2002, 1067 („DKV"/ "OKV").

624 So auch Becker in WRP 1/2000, 67.

keitskriteriums nicht allzu groß sein. Die meisten Hörmarken sind ohnehin relativ kurz, so dass eine Aufspaltung in verschiedene Teile kaum in Betracht kommen wird.

IV. Hörmarken mit mehreren Bestandteilen

1. Hervortreten des kollisionsbegründenden Elements

Ist ein aus Klang- und Wortelementen zusammengesetztes akustisches Zeichen Widerspruchs- oder Anmeldemarke, so muss wie bei anderen Marken auch grundsätzlich auf den Gesamteindruck abgestellt werden. Etwas anderes gilt jedoch dann, wenn das verwechselbare Element den Gesamteindruck prägt oder wesentlich mitbestimmt.[625] Ob dies der Fall ist, bestimmt sich nach den gleichen Kriterien, wie sie für das Hervortreten eines Bestandteils einer Verbundmarke im Rahmen der Schutzfähigkeitsprüfung gelten.[626] Insofern wird grundsätzlich der Wortbestandteil herausgegriffen werden, da er die einfachste Form der Benennung der Verbundmarke darstellt.[627] Falls er jedoch nicht kennzeichnungskräftig ist, gewinnen die klanglichen Elemente eine größere Bedeutung, so dass sie entweder hervortreten oder zumindest gleichwertig neben den Worten stehen.

Bei Hörmarken mit mehreren Bestandteilen kann jedoch nicht ausgeschlossen werden, dass sich ein Teil des Verkehrs nicht an dem kollisionsbegründenden, den Gesamteindruck prägenden oder wesentlich mitbestimmenden Element, sondern an einem anderen, völlig anders gestalteten Element orientiert.[628] Diese Tatsache führt insgesamt zu einer Minderung der Gefahr von Verwechslungen.

2. Schutzfähigkeit des kollisionsbegründenden Elements

Für Hörmarken gilt im Widerspruchsverfahren nichts anderes als bei sonstigen Marken: Der für die Verwechslungsgefahr in Betracht kommende Bestandteil in der älteren Hörmarke muss schutzfähig sein, da der Widersprechende nur aus einem solchen Rechte geltend machen kann.[629] Im Gegensatz dazu braucht das

---

[625] Vgl. grundlegend BGH in GRUR 1976, 353 („COLORBOY“) und zusammenfassend Fezer, § 14 Rdnr. 201.

[626] S. hierzu oben § 27 II. 2..

[627] So auch Ströbele in „Die neuen Markenformen im Widerspruchsverfahren“ in der Festschrift für Willi Erdmann, Seite 504.

[628] Entsprechend den zu Wortmarken aufgestellten Grundsätzen, vgl. hierzu BPatG in GRUR 1997, 368 („GOLDWELL-JET“/„Jet“).

[629] Vgl. allgemein BGH in GRUR 1990, 681 („Schwarzer Krauser“), und in GRUR 2000, 608 („ARD-1“).

kollisionsbegründende Element in der angemeldeten Hörmarke keinen selbständigen Schutz genießen. Wichtig ist jedoch, dass es markenmäßig gebraucht wird.[630]

Insgesamt ergeben sich hieraus keine hörmarkenrechtlichen Besonderheiten, so dass wegen weiterer Einzelheiten auf die einschlägige Literatur Bezug genommen werden kann.[631]

V. Sonstige Kriterien

Auf die Beurteilung der Verwechselbarkeit von Hörzeichen können besonders auch nachfolgende Umstände Einfluss haben:

Entsprechend dem für Wortmarken aufgestellten Grundsatz[632] ist davon auszugehen, dass die klanglichen Unterschiede umso eher auffallen, je kürzer die sich gegenüberstehenden Hörmarken sind.

Besitzen beide Hörmarken zudem einen ohne Weiteres erkennbaren Sinngehalt, so kann dies ihre Unterscheidbarkeit gewährleisten bzw. erleichtern.[633] Hiervon ist beispielsweise auszugehen, wenn die Vergleichsmarken Texte mit deutlich voneinander abweichendem Inhalt aufweisen.

Schließlich führt auch bei Hörmarken die Tatsache, dass die Produkte vornehmlich von Fachleuten nachgefragt werden oder hochwertig sind, zu einer Verminderung der Verwechslungsgefahr.[634] In diesen Fällen ist der Kenntnisstand höher und die Aufmerksamkeit größer, so dass Unterschiede in den akustischen Zeichen sehr viel häufiger und deutlicher bemerkt werden.

---

630 Die hierzu ergangene frühere Spruchpraxis zu § 16 WZG hat auch noch nach Inkrafttreten des Markengesetzes Bedeutung, vgl. hierzu insgesamt Ströbele in Ströbele/Hacker, § 9 Rdnr. 350.

631 S. hierzu insbesondere Ströbele in Ströbele/Hacker, § 9 Rdnrn. 362 ff..

632 Vgl. BPatG in Mitt. 1989, 243 („MONA“/„Moras“).

633 S. hierzu auch Ziffer C. II. 2. c) der Richtlinie Widerspruchsverfahren in BlfPMZ 1998, 1.

634 S. hierzu auch Ziffer C. II. 2. c) der Richtlinie Widerspruchsverfahren, a.a.O..

2. Teil. Zur Verwechselbarkeit von Hörmarken im Einzelnen

§ 31 Möglichkeiten der Bestimmung der Ähnlichkeit von Hörmarken

Die Frage der Ähnlichkeit von akustischen Signalen ist bereits vor ihrer Anerkennung als Markenform insbesondere im technischen, musikwissenschaftlichen und urheberrechtlichen Bereich diskutiert worden. Inwieweit die dort entwickelten Maßstäbe auch für die Bestimmung der markenrechtlichen Ähnlichkeit von Hörmarken herangezogen werden können, bedarf einer genaueren Betrachtung.

Für Geräusche gelten die nachfolgenden, auf Töne und Klänge bezogenen Ausführungen nicht. Allenfalls die unter I. dargestellten technisch-physikalischen Methoden zum Vergleich von akustischen Signalen können auch bei Geräuschen zur Anwendung kommen. Im Übrigen scheint weder im musikwissenschaftlichen noch im urheberrechtlichen Bereich die Frage der Ähnlichkeit von Geräuschen bisher näher behandelt worden zu sein.

I. Ähnlichkeit im technischen Sinn

Es gibt verschiedene technische Methoden, um automatisiert, d.h. ohne Mitwirkung eines Menschen die Ähnlichkeit von Melodien messen und bestimmen zu können. Mit ihrer Hilfe können computergestützt insbesondere in digitaler Form abgelegte Musikstücke aufgefunden werden. In diesem Zusammenhang sind beispielsweise moderne Music-Information-Retrieval-Systeme wie Melodiedatenbanken mit Akustik- oder Text-Schnittstellen zu nennen.[635] Gerade durch die elektronische Übermittlung von Musik via Internet gewinnen sie immer mehr an Bedeutung. Auch für Hörmarken sind diese Systeme interessant. Der Anmelder eines akustischen Zeichens ist beispielsweise daran interessiert zu erfahren, ob bereits identische oder ähnliche Jingles im Register eingetragen sind. Für Wortmarken gibt es bereits eine Vielzahl mehr oder weniger genauer IT-Suchalgorithmen. Demzufolge wäre es konsequent, auch für Hörmarken automatisierte Suchsysteme anzubieten, die dem Anmelder erste Anhaltspunkte dafür liefern können, ob mit Widersprüchen zu rechnen ist.

---

[635] Vgl. hierzu den Beitrag „Ähnlichkeitsmaße für Melodien: Systematisierung und Optimierung“ im Internet unter „http://flp.cs.tu-berlin.de/MaMuTh/TonUndProzess/muellenheim.html“.

1. Ähnlichkeitsmaße

Für die automatisierte Bestimmung der Ähnlichkeit kommen verschiedene Maße in Betracht. Die nachfolgend dargestellten Methoden sollen lediglich einen groben Überblick über den aktuellen Stand geben. Es würde zu weit führen, an dieser Stelle alle möglichen technischen Verfahren zur Bestimmung der Ähnlichkeit von akustischen Signalen abzuhandeln.

a) Symbolische Maße

Eine Methode zum automatisierten Vergleich zweier akustischer Signale beruht beispielsweise auf der Ermittlung der „Longest Common Subsequence" (LCS), also der längsten, in beiden Melodien gemeinsam vorkommenden Teilsequenz.[636] Es handelt sich hierbei um ein auch in anderen Bereichen verwendetes Analyseverfahren.[637] Die eine Melodie ausmachende Noten- und Pausenfolge wird hierbei in eine Buchstabenkette umgewandelt. In ihr ist jede einzelne Note durch ihre Tonhöhenbezeichnung wiedergegeben (z.B. c, d oder g). Diese Bezeichnung wird unter Zugrundelegung einer Grundlänge (z.B. Achtelnote) entsprechend der Dauer der jeweiligen Note mehrmals wiederholt (z.B. viermal für eine ganze Note und zweimal für eine Viertelnote). Daraus entstehen für zwei sich gegenüberstehende Melodien zum Beispiel folgende Zeichenketten:

---

636 Vgl. hierzu Universität Bonn, „Vergleich von Melodien mit Hilfe von LCS-Algorithmen" im Internet unter „http://www-mmdb.iai.uni-bonn.de/forschungprojekte/midilib/notes2lcs.html".

637 So werden beispielsweise auch Zeichenketten im Allgemeinen oder DNA-Sequenzen im Besonderen auf diese Weise auf Ähnlichkeit überprüft.

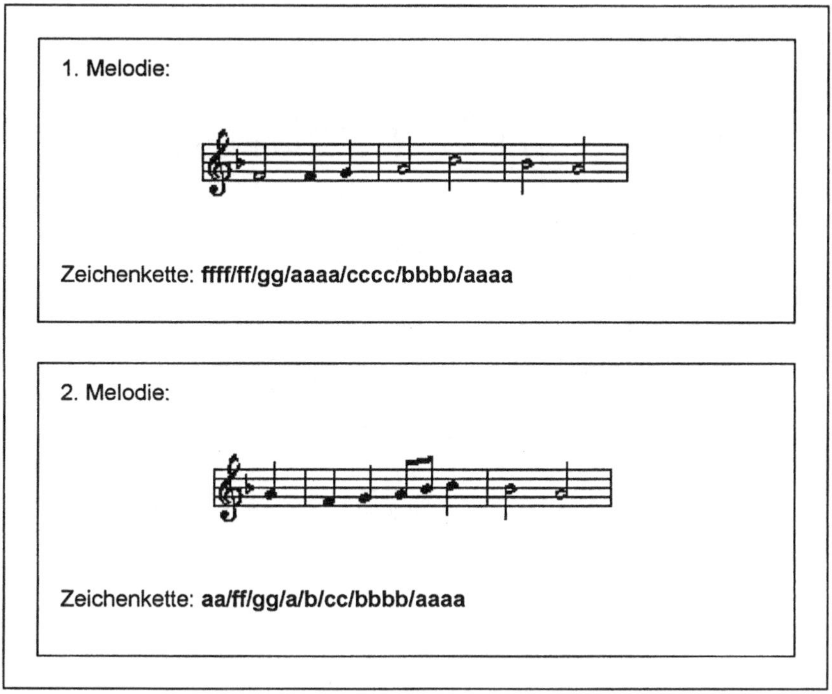

Abbildung 42: *Umwandlung von Noten in Zeichenketten.*[638]

Die längste gemeinsame Zeichenkette ist **ff/gg/a/cc/bbbb/aaaa**. Hierbei sind allerdings nicht alle Positionen dieser LCS in den beiden Zeichenketten eindeutig bestimmt. Die Ähnlichkeit zwischen zwei Hörmarken ist umso größer, je mehr zusammenhängende Teile aus beiden Zeichenketten in der LCS vorkommen und je länger sie sind.

b) Vektormaße

Neben diesen symbolischen Maßen zur Bestimmung der Ähnlichkeit können auch Vektormaße eingesetzt werden, mit deren Hilfe die Höhe der einzelnen Töne und ihre Dauer durch Pfeile dargestellt werden.[639] Ein Beispiel ist nachfolgend wiedergegeben:

---

638 Aus dem Beitrag „Vergleich von Melodien mit Hilfe von LCS-Algorithmen", a.a.O..

639 S. hierzu Müllensiefen, Daniel, „Messung melodischer Ähnlichkeit" im Internet unter „http://www.imk.fraunhofer.de".

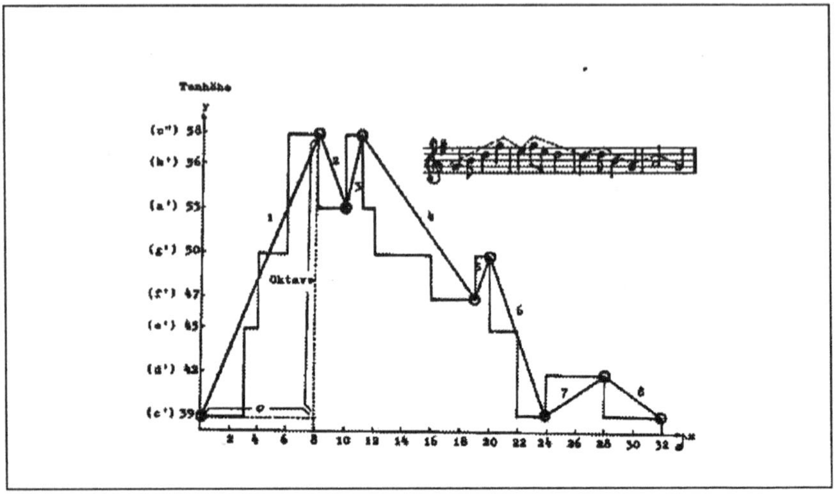

Abbildung 43: *Darstellung einer Tonfolge mit Hilfe von Vektoren.*[640]

Die Vektorendarstellungen der einzelnen Melodien können anschließend miteinander verglichen und auf Übereinstimmungen überprüft werden.

c) Schwingungsmaße

Eine weitere Möglichkeit zur automatisierten Ermittlung der Ähnlichkeit besteht beispielsweise darin, die jeweils von den Hörmarken ausgehenden Luftdruckschwankungssignale ins Verhältnis zueinander zu setzen. Würden sie beispielsweise voneinander abgezogen werden und ergäbe die Differenz Null (sog. Differenzmethode), so wären die Hörmarken identisch.

Allerdings muss für dieses Verfahren ein Schwellenwert definiert werden, bei dessen Überschreitung automatisch entschieden wird, ob die von beiden Hörmarken ausgehenden Schwingungen als ähnlich anzusehen sind. Diese Methode käme auch für die Bestimmung der Ähnlichkeit von Geräuschen in Betracht, da es keinen Unterschied macht, ob die Schallwellen von einem Ton bzw. Klang oder einem Geräusch stammen. Die Festlegung von Schwellenwerten dürfte sich jedoch schwierig gestalten.

[640] S. Müllensiefen, a.a.O..

2. Zusammenfassung und Bewertung

Insgesamt lässt sich feststellen, dass die unter Verwendung der symbolischen Maße ermittelten Werte am ehesten mit den Einschätzungen von Musikexperten übereinstimmten.[641] Zudem lassen sich durch die Kombination mehrerer Ähnlichkeitsmaße signifikant bessere Ergebnisse erzielen.[642] Problematisch beim automatisierten Vergleich ist nicht das Fehlen von Ähnlichkeitsmaßen für Melodien, sondern ihre große Zahl. Denn so wie es a priori nahe liegt zu vermuten, liefern die meisten Ähnlichkeitsmaße in der Regel ganz verschiedene Ähnlichkeitswerte für ein zum Vergleich gegebenes Melodiepaar, so dass nicht einfach zu entscheiden ist, welcher Ähnlichkeitswert der „richtige" oder „beste" ist.[643]

Anhand der obigen Beispiele wird deutlich, dass automatisierte Verfahren zur Bestimmung der Ähnlichkeit von Hörmarken nicht den menschlichen Höreindruck ersetzen können. Zum einen besteht die Schwierigkeit, alle hierfür maßgeblichen Kriterien festzulegen, zu messen und in den Algorithmus einfließen zu lassen. Zum anderen hängt ihre Bewertung auch von subjektiven Faktoren ab, die maschinell kaum nachvollzogen werden können.[644] Für ein Kollisions- oder Verletzungsverfahren kommt es maßgeblich auf den (auch subjektiven) Gesamteindruck der beteiligten Verkehrskreise an. Starre objektivierte Ähnlichkeitsmaße werden den markenrechtlichen Gegebenheiten und Anforderungen hingegen nicht gerecht. Demzufolge eignen sich automatisierte Verfahren nicht zur Bestimmung der Ähnlichkeit von Hörmarken im Rahmen von Amts- oder Gerichtsverfahren.

II. Ähnlichkeit im musikwissenschaftlichen Sinn

Für die Bestimmung der Ähnlichkeit können des Weiteren musikwissenschaftliche Kriterien herangezogen werden. Sie beruhen auf der menschlichen Wahrnehmung bzw. Bewertung von Schallereignissen:

---

641 S. den Beitrag „Ähnlichkeitsmaße für Melodien: Systematisierung und Optimierung", a.a.O..

642 S. Müllensiefen, a.a.O..

643 S. hierzu auch den Beitrag „Ähnlichkeitsmaße für Melodien: Systematisierung und Optimierung", a.a.O..

644 Anders wohl Müllensiefen, a.a.O., der davon ausgeht, dass ein objektives Ähnlichkeitsurteil für Melodien existiert.

1. Ähnlichkeitskriterien

Die Ähnlichkeit im musikwissenschaftlichen Sinne steht in Zusammenhang mit der Tonalität[645] und kann auf der physiognomischen, der affektiven oder der assoziativen Verwandtschaft zwischen zwei Schallereignissen beruhen. Die physiognomische Nähe drückt sich beispielsweise dadurch aus, dass eine Terz unabhängig von der Tonhöhe immer eine Terz bleibt. Die affektive und assoziative Verwandtschaft wiederum kann durch Begrifflichkeiten wie „schwer", „spitz" oder „hell" zum Ausdruck gebracht werden.[646] Mit ihrer Hilfe werden letztlich die durch die Töne ausgelösten Gefühle durch Worte umschrieben.

Musikwissenschaftler verwenden für Ähnlichkeitsvergleiche mehrere musikalische Dimensionen gleichzeitig. So spielen die Intervalle, die Kontur der Notenfolgen, die Harmonien und der Rhythmus eine große Rolle, wobei letzterer besonders wichtig ist. Insbesondere beachten Experten auch Unterschiede in den Tonhöhen und in den Intervallketten (Motive) beim Vergleich mehrerer ähnlicher Melodien. Für die Gewichtung der einzelnen Tonhöhen ist auch die Dauer der jeweiligen Töne bedeutsam.[647]

2. Subjektivität der Bewertung

Intellektuell können Ähnlichkeiten zum einen herausgefunden werden, indem die einzelnen Töne als Melodie ins Gedächtnis gerufen werden. Hierbei ist die rechte Hemisphäre des Gehirns stärker beteiligt. Zum anderen können die Töne im Geiste auf den Linien eines Notensystems angeordnet werden, was zu einer höheren Aktivität in der linken Gehirnhälfte führt.[648] Grundsätzlich werden jedoch Geräusche und Musik besser in der linken Hälfte des Gehirns verarbeitet.[649] Musik wird demzufolge auf vielfältige und komplizierte Weise wahrgenommen und von jedem Menschen etwas anders gehört.[650] Bereits diese Unterschiede in der Analyse einer Tonfolge können zu gewissen Abweichungen in der Bewertung der Ähnlichkeit führen.

---

645 Hierunter werden allgemein jegliche Beziehungen zwischen Tönen, Klängen und Akkorden verstanden.

646 S. Reinecke, Hans-Peter, in „Die Musik in Geschichte und Gegenwart", Band 13, Seite 522.

647 S. Müllensiefen, a.a.O..

648 S. Pierce, Seiten 171/172.

649 S. Vester, Seite 23.

650 So auch Pierce, Seite 172.

Dies wird besonders deutlich an Wahrnehmungstäuschungen und musikalischen Effekten. Zur Verdeutlichung sollen beispielhaft drei akustische Sinnestäuschungen vorgestellt werden:[651]

a) Tonhöhe

Werden beiden Ohren über Kopfhörer gleichzeitig zwei Töne mit jeweils entgegengesetzten Tonhöhen vorgespielt, so entsteht bei den meisten Rechtshändern ein interessanter Effekt. Sie hören pro Taktschlag nur jeweils einen Ton, und zwar im rechten Ohr immer einen hohen und im linken immer einen tiefen. In dem Zeitpunkt, in dem man links einen tiefen Ton zu hören meint, dringt er tatsächlich an das rechte Ohr. Dieser Umstand ist vermutlich darauf zurückzuführen, dass nur ein Ohr die Tonhöhe wahrnimmt. Notenmäßig drückt sich diese musikalische Täuschung wie folgt aus:

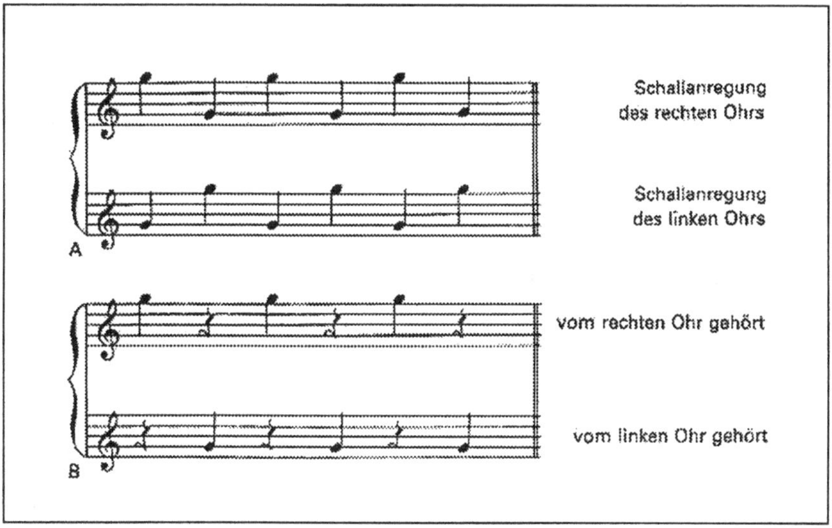

Abbildung 44: *Hörtäuschung - Ausblendung und Vertauschung von Tönen.*

b) Klangfarbe

Dass Klangfarben auch zum Höreindruck beitragen können, belegt folgendes Beispiel. Werden einzelne Töne hintereinander mit übereinstimmenden oder nur

[651] Zu den folgenden Beispielen s. Pierce, Seiten 172 ff..

geringfügig abweichenden Klangfarben gespielt, so ist die nachfolgend unter „A“ abgebildete Tonfolge zu hören. Wird hingegen der Unterschied zwischen den einzelnen Klangfarben größer, so entsteht der unter „B“ wiedergegebene Eindruck getrennter Stimmen. Diesen Effekt hat bereits Johann Sebastian Bach in seinen Solostücken für Violine geschickt eingesetzt.

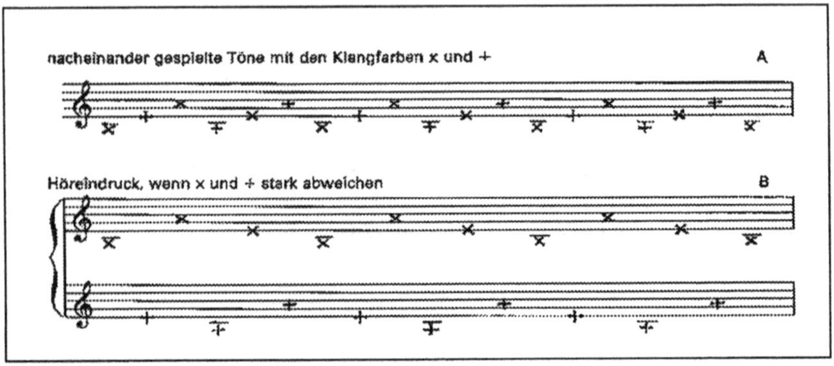

Abbildung 45: *Hörtäuschung - Entstehung von zwei Stimmen durch unterschiedliche Klangfarben.*

c) Rhythmus

Die Subjektivität der Bewertung von Tonfolgen wird auch anhand rhythmischer Täuschungen deutlich. Wenn Sechzehntel-, Achtel- und Viertelnoten gleichzeitig immer schneller gespielt werden („accelerando“), die Lautstärke der Sechzehntel jedoch verringert wird („decrescendo“), während sie bei den Vierteln stetig steigt („crescendo“) und bei den Achteln erst zu- und dann abnimmt (s. Abbildung 46), dann bestimmen schließlich nur noch die Viertel das Tempo. Dies bedeutet, dass sich der Grundrhythmus zu verlangsamen scheint, obwohl er tatsächlich immer schneller wird.

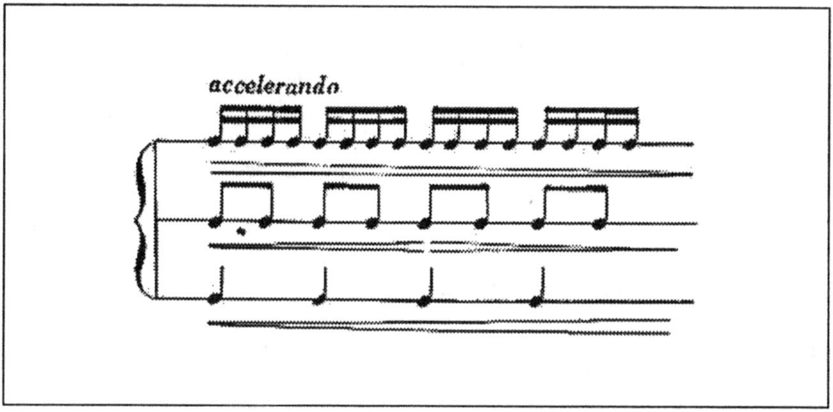

Abbildung 46: *Hörtäuschung - Verlangsamung des Rhythmus.*

3. Zusammenfassung und Bewertung

Die musikwissenschaftlichen Ähnlichkeitskriterien stellen auf den menschlichen Höreindruck ab und sind damit grundsätzlich auch für hörmarkenrechtliche Verfahren geeignet. Allerdings lassen sich keine starren Regeln aufstellen, da die der Bewertung zugrunde liegenden psychischen Prozesse nicht auf einfache Ursachen zurückgeführt werden können. Es gibt sehr viele Wechselbeziehungen, deren methodische und experimentelle Erforschung erst in den Anfängen steckt.[652]

Unter Berücksichtigung der obigen Beispiele zur Sinnestäuschung lässt sich damit zweierlei feststellen:

Zum einen können mit Hilfe technischer Einrichtungen die im Gehirn ablaufenden Vorgänge der Interpretation von Schallereignissen nicht vollständig nachvollzogen werden. Gerade in ihrem Zusammenwirken können die Klangeigenschaften einen Höreindruck hinterlassen, der nicht den tatsächlichen Gegebenheiten entspricht und objektiv nicht messbar ist. Dies spricht gegen den Einsatz automatisierter Methoden zur Bestimmung der Ähnlichkeit und bestätigt somit das oben unter I. 2. gefundene Ergebnis.

Zum anderen wird gerade anhand der Beispiele zu den musikalischen Täuschungen erkennbar, dass aus der grafischen Darstellung nicht in jedem Fall zuverlässig Rückschlüsse auf den tatsächlichen Höreindruck gezogen werden können. Akustische Täuschungen werden zwar nicht allzu häufig vorkommen.

[652] S. hierzu Reinecke, a.a.O..

Nichtsdestotrotz besteht immer die Gefahr, dass sich das in den Noten verkörperte akustische Zeichen in der Realität anders anhört. Hinzu kommt, dass die klangliche Umsetzung der Noten im Gehirn bereits schwierig genug ist, insbesondere dann, wenn mehrere Stimmen gleichzeitig berücksichtigt werden müssen. Insgesamt sprechen auch diese Umstände dafür, die Prüfung der Ähnlichkeit von Hörmarken nicht auf der Grundlage der grafischen Darstellung durchzuführen.[653]

III. Ähnlichkeit im urheberrechtlichen Sinn

Inwieweit zur Bestimmung der Ähnlichkeit zweier Hörmarken auf bereits im Urheberrecht entwickelte Prinzipien zurückgegriffen werden kann, soll nachfolgend untersucht werden:

1. Der akustische Abstand zwischen zwei Musikwerken

Gemäß § 3 UrhG genießen persönlich geistige Schöpfungen darstellende Bearbeitungen urheberrechtlich geschützter Musikwerke eigenständigen Urheberrechtsschutz.[654] Die Benutzung bedarf nach § 24 Abs. 1 UrhG nicht der Zustimmung des Urhebers des benutzten Werkes und ist somit frei, wenn die Individualität des benutzten Werkes in den Hintergrund tritt und gegenüber der Individualität des neu geschaffenen Werkes verblasst.[655] Wird hingegen die Individualität des Originalwerkes übernommen und ihr nur zusätzlich eine neue Individualität aufgeprägt, so liegt eine unfreie, also nur mit Einwilligung des Urhebers zulässige Benutzung gemäß § 23 UrhG vor.[656] Eine Sonderregelung gilt gemäß § 24 Abs. 2 UrhG für Melodien, die erkennbar einem Werk der Musik entnommen und einem neuen Werk zugrunde gelegt worden sind. In diesem Fall ist die freie Benutzung ausgeschlossen und muss der Urheber des bearbeiteten Werkes der Übernahme gemäß § 23 UrhG zustimmen.[657]

Für die Abgrenzung der freien von der unfreien Benutzung kommt es somit darauf an, welchen Abstand das jüngere zu dem älteren Musikwerk aufweist. Hierbei ist wie bei der markenrechtlichen Ähnlichkeit danach zu fragen, inwieweit sich das Original und die Bearbeitung in ihren Klangeigenschaften voneinander unterscheiden. Der Abstand der beiden Musikwerke hängt nach der

---

653 S. hierzu auch oben § 29 I. 3..

654 Zum Werkbegriff s. auch Schulze in ZUM 1/1994, 16.

655 So BGH in ZUM 1999, 647 f. („Laras Tochter").

656 Vgl. Rehbinder, Rdnr. 228.

657 Vgl. Loewenheim in Schricker, § 24 Rdnr. 26.

Rechtsprechung des Bundesgerichtshofs von der Gestaltungshöhe des als Vorlage benutzten Werkes ab.[658] Je auffallender seine Eigenart ist, um so weniger werden dessen übernommene Eigenheiten in dem danach geschaffenen Werk verblassen. Umgekehrt gilt, dass ein Werk von geringer Eigenart eher in dem nachgeschaffenen Werk aufgeht als ein Werk besonderer Eigenprägung.

2. Schöpferische Eigentümlichkeit

Für die Ermittlung der Gestaltungshöhe können folgende, nicht abschließend aufgezählten und auch für die Beurteilung der hörmarkenrechtlichen Ähnlichkeit bedeutsamen eigenschöpferischen Elemente herangezogen werden:[659]

a) Struktur des ersten Durchgangs

Zwei Werke können nach ihrer musikalischen Gesamtform unterschieden werden. Diese ist beispielsweise durch Vor-, Zwischen- oder Nachspiel bzw. die Anzahl der Hauptteile gekennzeichnet. Hörmarken sind meist sehr viel kürzer als die sonstigen urheberrechtlich geschützten Werke, so dass die Struktur der sich gegenüberstehenden Hörmarken nur in Ausnahmefällen als Abgrenzungskriterium herangezogen werden kann. Nichtsdestotrotz kann der Aufbau bei etwas längeren Hörmarken durchaus eine für die Verwechslungsgefahr relevante Rolle spielen. Zu denken wäre in diesem Zusammenhang beispielsweise an Erkennungsmelodien von Fernseh- oder Rundfunksendungen.

b) Melodienverlauf

Unter Melodie wird im Urheberrecht in bewusster Abgrenzung zu den als unklar erachteten Auffassungen der Musikwissenschaft eine als Einheit empfundene Tonfolge verstanden, die dem Werk seine individuelle Prägung gibt. Hierzu gehören nicht Themen und Motive, die zwar auf Erfindung beruhen, aber nicht aus so vielen Tönen zusammengesetzt sind, als dass von individueller Prägung die Rede sein könnte.[660] In der Rechtsprechung zum Urheberrecht gilt des Weiteren der in der Literatur kritisierte Grundsatz der sog. kleinen Münze, d.h., dass an das Maß der Individualität keine hohen Anforderungen gestellt werden.[661] Demzufolge begründen schon geringe Abweichungen in der Melodie

---

658 Vgl. BGH in GRUR 1991, 533 ff. („Brown Girl II“).

659 Vgl. hierzu und zu den nachfolgenden Kriterien BGH („Brown Girl II“), a.a.O..

660 S. hierzu Rehbinder, Rdnr. 233 (Inwieweit diese Definition jedoch klarer sein soll als die musikwissenschaftliche - vgl. oben § 8 II. 1. a) - bleibt offen.).

661 Vgl. Rehbinder, Rdnr. 51, und Schneider in GRUR 1992, 82 ff..

eine gewisse Gestaltungshöhe des neuen Werkes. Im Markenrecht gilt der Grundsatz der kleinen Münze zwar nicht. Doch sind auch hier die Anforderungen an die Originalität von Marken nicht sehr hoch.[662]

Es stellt sich somit die grundsätzliche Frage, ob im Sinne einer einheitlichen Rechtsanwendung bereits geringe melodische Unterschiede zu einer Verneinung der Ähnlichkeit zweier Hörmarken führen sollten. Hierbei ist allerdings zu beachten, dass das Urheberrecht eine andere Funktion als das Markenrecht erfüllt und somit andere Prüfungskriterien zur Anwendung kommen. Während das Markenrecht die unternehmerische Leistung gegen Aneignung und Ausbeutung im geschäftlichen Verkehr sichern will, schützt das Urheberrecht die kulturelle Leistung. Es gilt nicht nur für den geschäftlichen Verkehr, sondern sichert den Urheber gegen jede ihm vorbehaltene Benutzung seines Werkes.[663] Während im Markenrecht in besonderer Weise auf die Auffassung der betroffenen Verkehrskreise abgestellt wird, kommen im Urheberrecht vor allem objektivierte Maßstäbe zur Anwendung. Demzufolge muss bei der Frage, ob zwei Melodien als ähnlich einzustufen sind, die Sichtweise der betroffenen Verkehrskreise berücksichtigt werden. Dies bedeutet, dass geringe (objektive) Unterschiede in der Melodie die Ähnlichkeit zweier Hörmarken nicht ausschließen können, wenn ein Großteil des Verkehrs ihnen keine maßgebliche Bedeutung beimisst. Hiervon ist insbesondere dann auszugehen, wenn die Melodie der neu eingetragenen Hörmarke als deutlich erkennbare Abwandlung der Melodie der Widerspruchsmarke angesehen wird. Die zum Urheberrecht entwickelten Maßstäbe zur Übereinstimmung von Musikwerken können hierbei nicht herangezogen werden.

c) Tempo

Unterschiede im Tempo zwischen Original und Bearbeitung können ebenfalls die urheberrechtliche Eigenständigkeit des neuen Musikwerkes begründen. Beim Vergleich zweier Hörmarken kommt dem Tempo allerdings keine zentrale Bedeutung zu. Wie bereits ausgeführt[664], führen Tempoänderungen grundsätzlich zu keinem neuen Höreindruck. Insofern kann die Verwechslungsgefahr hierdurch nicht ausgeschlossen werden.

---

662 Vgl. hierzu beispielsweise Fezer, § 8 Rdnr. 25.

663 S. Rehbinder, Rdnr. 102.

664 S. oben § 8 II. 3. a).

d) Arrangement

Eine neue Instrumentierung oder Orchestrierung bzw. die Einrichtung von Singstimmen kann zwar für die Bestimmung des Eigentümlichkeitsgrads von Musikwerken und damit ihres Abstands zueinander relevant sein. Allein darin kann schon eine urheberrechtlich schutzfähige Leistung liegen.[665] Markenrechtlich kann Abweichungen im Arrangement hingegen nur untergeordnete Bedeutung zukommen. Der Verkehr ist an unterschiedliche Besetzungen und Umschreibungen von Musikstücken gewöhnt. Insofern können verschiedene Arrangements in den zu vergleichenden Hörmarken die Gefahr von Verwechslungen nicht wirksam verhindern. Etwas anderes gilt ausnahmsweise nur dann, wenn durch die Änderung des Arrangements ein völlig neuer Höreindruck entsteht, durch den insbesondere die Grundmelodie kaum noch wahrgenommen werden kann.

3. Zusammenfassung und Bewertung

Abschließend ist festzustellen, dass es sowohl im Urheber- als auch im Markenrecht für den Vergleich der sich gegenüberstehenden Musikwerke bzw. Hörmarken auf den (klanglichen) Gesamteindruck ankommt. Hierbei ist vor allem danach zu fragen, ob dieser durch die übereinstimmenden Elemente geprägt wird.[666] Die im Urheberrecht entwickelten Kriterien können auch zur Bewertung der Ähnlichkeit von Hörmarken herangezogen werden. Allerdings werden unter Berücksichtigung der Auffassung der angesprochenen Verkehrskreise an die Verneinung der Verwechslungsgefahr strengere Anforderungen zu stellen sein.

---

[665] Vgl. BGH in GRUR 1968, 321 („Haselnuss“).

[666] So BGH („Brown Girl II“), a.a.O..

§ 32 Die einzelnen Arten der Verwechslungsgefahr bei Hörmarken

Auch bei Hörmarken kommen verschiedene Arten der Verwechslungsgefahr und insbesondere der Ähnlichkeit in Betracht. Sie sind größtenteils noch nicht intensiver in der Rechtsprechung und Literatur behandelt worden, so dass die nachfolgenden Ausführungen als Beitrag zu der noch am Anfang stehenden Diskussion zu verstehen sind:

I. Unmittelbare Verwechslungsgefahr

1. Klanglich

Die unmittelbar klangliche Verwechslungsgefahr wird bei Hörmarken naturgemäß immer zu prüfen sein. Hierbei ist auf das Klangempfinden des durchschnittlichen Verkehrsteilnehmers abzustellen, der mit den Waren oder Dienstleistungen regelmäßig in Berührung kommt.[667] Maßgeblich sind nicht die Unterschiede, sondern die Gemeinsamkeiten im Höreindruck.[668] Bei der Bestimmung der Ähnlichkeit ist danach zu unterscheiden, ob es sich um eine aus Tönen/Klängen oder aus Geräuschen bestehende Hörmarke handelt:

a) Ton-/Klangmarken

Für die Beurteilung der klanglichen Verwechslungsgefahr können die bereits genannten Kriterien zur Ähnlichkeit im musikwissenschaftlichen und urheberrechtlichen Sinne herangezogen werden, zu deren markenrechtlicher Anwendbarkeit bereits Stellung genommen wurde.[669] Insgesamt kommt es bei aus Tönen oder Klängen bestehenden musikalischen Hörmarken darauf an, ob die Vergleichszeichen hinsichtlich

- der Wortbestandteile[670],
- der Eigenschaften der in ihnen enthaltenen Töne[671] oder
- der Stilelemente[672]

---

[667] So auch Fritz, Seite 279.

[668] S. hierzu zusammenfassend Becker in WRP 1/2000, 67.

[669] Vgl. oben § 31 II. und III..

[670] Diesbezüglich gelten keine hörmarkenrechtlichen Besonderheiten (vgl. oben § 29 II.), so dass auf die allgemeinen Ausführungen zur klanglichen Ähnlichkeit von Wortmarken verwiesen werden kann (vgl. hierzu Ströbele in Ströbele/Hacker, § 9 Rdnrn. 176 - 204).

[671] Vgl. oben § 8 I..

[672] Vgl. oben § 8 II..

klangliche Übereinstimmungen oder Annäherungen aufweisen. Hierbei kommen - wie bereits in Zusammenhang mit der Kennzeichnungskraft dargelegt[673] - der Melodie und dem Motiv bzw. der Kontur die Schlüsselrollen zu. Kommen sich diese Elemente sehr nahe, wird im Regelfall von der Ähnlichkeit der Vergleichszeichen auszugehen sein. Demgegenüber treten im maßgeblichen Gesamteindruck Abweichungen bei den sonstigen Toneigenschaften (absolute Tonhöhe, Klangcharakter, Lautstärke, Art der Wiedergabe) oder bei den Stilelementen (zusätzliche Harmonien, insbesondere in Form von Akkorden, Tempo, Metrum, Dynamik, Tonart oder Art des Vortrags) zurück.[674] Sie werden vornehmlich als Mittel zur Ausgestaltung eines Grundthemas angesehen, denen grundsätzlich keine besondere Klangwirkung beigemessen wird. Als Beispiel seien hier nur die unzähligen Variationen von Weihnachtsliedern genannt. So sind dem Verkehr in der Schule, in der Kirche, im Fernsehen, im Radio oder in Kaufhäusern bereits die verschiedensten Ausführungen von „O Tannenbaum" oder „O du fröhliche" begegnet. Hierbei ist es nebensächlich, mit welchen Instrumenten, Akkorden oder Verzierungen, ob mit oder ohne Gesang bzw. Begleitstimmen, in welchem Tempo oder in welcher Lautstärke bzw. Tonhöhe die Stücke gespielt werden. Die Grundmelodie ist immer dieselbe und wird ähnlich wie ein Mensch, der ständig seine Kleidung wechselt, sofort erkannt.

Die einzelnen Toneigenschaften und Stilelemente können nur ausnahmsweise die Melodie oder das Motiv so verändern, dass ein völlig neuer Höreindruck entsteht. Allenfalls eine deutlich andere Tonlage oder ein drastisch abweichendes Tempo bzw. Metrum können die Identifizierung verhindern.[675] Insoweit gelten die gleichen Grundsätze wie bei der Kennzeichnungskraft, so dass auf jene vollumfänglich verwiesen werden kann.[676]

b) Geräuschmarken

Bei Geräuschmarken ist auf der Grundlage der klanglichen Wiedergaben[677] ebenfalls danach zu fragen, ob sie übereinstimmende oder sich nahe kommende akustische Elemente aufweisen. Die Hörzeichen werden nacheinander daraufhin zu überprüfen sein, ob die Geräusche

[673] Vgl. oben § 30 I..

[674] Rhythmus und Tondauer werden hierbei zur Melodie gezählt, so dass sie an dieser Stelle nicht genannt werden.

[675] Anders wohl Becker in WRP 1/2000, 67, der die Kriterien der Zeichenähnlichkeit gleichwertig nebeneinander darstellt. Diese Sichtweise erscheint jedoch zu pauschal, da sie den tatsächlichen Verhältnissen nicht entspricht.

[676] S. hierzu oben die Ausführungen zu den Merkmalen 2. und 3. Stufe unter § 30 I. 1. a) (2) und (3).

[677] Vgl. hierzu oben § 29 I..

- von der gleichen Quelle stammen (z.B. Mensch, Tier, Sache),
- einer bestimmten Kategorie angehören (z.B. Hundelaute, Wassergeräusche) und
- von ihrem akustischen Inhalt her vergleichbar sind (z.B. Hundeknurren im Gegensatz zu Hundegebell, aber vergleichbar mit Hundegewinsel; Wasserrauschen im Gegensatz zu Wassertropfen, aber vergleichbar mit Wasserplätschern).

Es ist sehr schwer, weitere allgemein gültige Regeln für die Bestimmung der Ähnlichkeit von Geräuschmarken aufzustellen. Insofern kommt es bei ihnen in besonderer Weise auf den jeweiligen Einzelfall an.

2. Begrifflich

Auch begrifflich können Hörmarken Ähnlichkeiten[678] aufweisen und somit verwechselbar sein.[679] Die Abgrenzung zur Verwechslungsgefahr im weiteren Sinne ist mitunter nicht immer eindeutig, da es auch hier um das Wecken von Assoziationen geht. Die unmittelbare begriffliche Verwechslungsgefahr setzt jedoch entsprechend den zu Wortmarken entwickelten Regeln[680] voraus, dass die zu vergleichenden Hörmarken in ihrem Sinngehalt vollständig oder zumindest wesentlich übereinstimmen und somit als Synonyme anzusehen sind. Demgegenüber reichen entferntere Begriffsähnlichkeiten oder -anklänge nicht aus.

Töne und Klänge vermitteln normalerweise keinen eindeutig erfassbaren Sinngehalt, da sie eher die emotionale Ebene des Menschen ansprechen. Etwas anderes gilt dann, wenn sich zwei Lieder oder ein Lied und eine Wortmarke gegenüberstehen. In diesem Fall kann der Text begriffliche Ähnlichkeiten aufweisen, die entsprechend den zu Wortmarken aufgestellten Vorgaben kollisionsrechtlich zu bewerten sind. Hiermit sind jedoch keine kollisionsrechtlichen Besonderheiten im Hinblick auf Hörmarken verbunden.

Die unmittelbar begriffliche Verwechslungsgefahr wird insofern vor allem bei Geräuschmarken eine Rolle spielen. Zu denken ist hierbei an Geräusche, die zwar unterschiedlich klingen, jedoch denselben Ursprung haben. So erinnert das „Singen“ einer leer laufenden Kreissäge genauso an dieses Werkzeug wie das anders klingende „Kreischen“, das durch dieselbe Säge beim Schneiden von Holz entsteht. Auch ruft die Sirene eines Polizeifahrzeugs ebenso die Vorstellung an ein Rettungsfahrzeug hervor wie eine ggf. anders klingende Sirene eines

678 Zur begrifflichen Markenähnlichkeit s. allgemein Fezer, § 14 Rdnr. 162.

679 So auch Becker in WRP 1/2000, 67.

680 Vgl. hierzu Ströbele in Ströbele/Hacker, § 9 Rdnr. 215.

Feuerwehrwagens. Wichtig ist hierbei, dass trotz des unterschiedlichen akustischen Eindrucks die Geräusche als Synonym für eine Geräuschquelle aufgefasst werden. Diese Vorstellung muss sich jedoch dem durchschnittlichen Verkehrsteilnehmer aufdrängen. Ansonsten besteht die Gefahr eines unbeschränkten Motivschutzes.

3. Bildlich

Die bildliche Verwechslungsgefahr spielt bei Hörmarken keine Rolle, da für die Ähnlichkeitsprüfung nicht ihre grafische Darstellung, sondern ihre klangliche Wiedergabe heranzuziehen ist.[681] Zudem werden sie im Verkehr allein in ihrer akustischen Form verwendet, so dass ein bildlicher Vergleich rein theoretisch möglich wäre.

II. Mittelbare Verwechslungsgefahr

Gemäß § 9 Abs. 1 Nr. 2 MarkenG ist von einer Verwechselbarkeit der Marken auch dann auszugehen, wenn die Gefahr besteht, dass sie gedanklich miteinander in Verbindung gebracht werden. Dem entsprechen laut der Gesetzesbegründung die vor Inkrafttreten des Markengesetzes entwickelten Grundsätze zur mittelbaren Verwechslungsgefahr und zur Verwechslungsgefahr im weiteren Sinne, ohne dass hierauf jedoch unmittelbar zurückgegriffen werden könne.[682] Die mittelbare Verwechslungsgefahr ist insbesondere unter dem Gesichtspunkt des sog. Serienzeichens entwickelt worden und setzt das Vorliegen eines übereinstimmenden eigenständigen Stammbestandteils voraus, dem der Verkehr maßgebliche Herkunftsfunktion für das Unternehmen des älteren Zeicheninhabers beimisst.[683] Diese Kriterien haben weiterhin Gültigkeit, allerdings sind sie nach Inkrafttreten des Markengesetzes nicht mehr in Zusammenhang mit der Verwechslungsgefahr im engeren, sondern im weiteren Sinne zu prüfen.[684] Bei der Annahme einer mittelbaren Verwechslungsgefahr ist allerdings Zurückhaltung geboten.[685]

---

681 Vgl. oben § 29 I. 3..

682 Vgl. amtliche Begründung zu § 9 MarkenG in Sonderheft BlfPMZ 1994, 65.

683 S. beispielsweise BGH in GRUR 2002, 542 („BIG“).

684 Zusammenfassend Berlit, Rdnrn. 171 ff. unter Berufung auf Art. 4 Abs. 1 Buchstabe b) der Markenrechtsrichtlinie, und BGH in GRUR 1996, 198 („Springende Raubkatze“).

685 S. hierzu Ströbele in Ströbele/Hacker, § 9 Rdnr. 470.

Damit hat die vornehmlich für Wortmarken entwickelte mittelbare Verwechslungsgefahr auch für Hörmarken Bedeutung. Bei ihnen bedürfen folgende Fallkonstellationen aufgrund der mit ihnen verbundenen Fragestellungen der näheren Betrachtung:

1. Ton-/Klangmarken

Die Frage der mittelbaren Verwechslungsgefahr kann bei längeren Hörmarken relevant werden, die aus verschiedenen klanglichen Teilen bestehen, von denen nur einer verwechselbar ist. Hierfür kommen bestimmte Tonfolgen, insbesondere Melodien oder Motive, innerhalb des Stückes in Betracht, die aufgrund ihrer Charakteristik oder ihres häufigen Vorkommens besonders auffällig sind und demzufolge vom Verkehr als Stammbestandteil aufgefasst werden. So wäre es denkbar, dass bei folgender eingetragenen Hörmarke

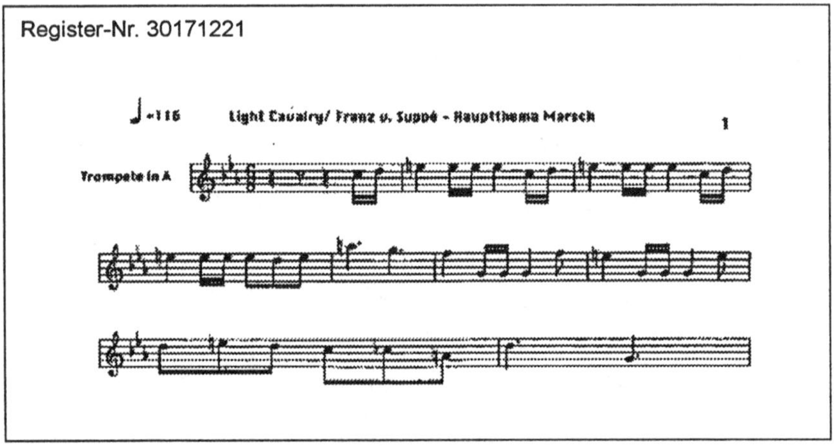

Abbildung 47: *Hörmarke mit prägnanter Tonfolge.*

die Tonfolge

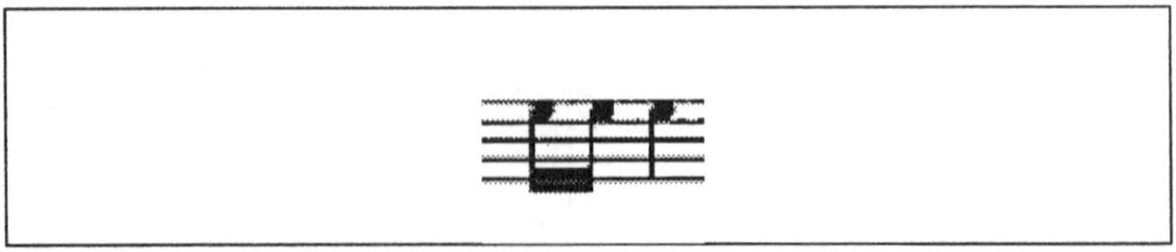

Abbildung 48: *Beispiel für eine nicht besonders fantasievolle, jedoch auffällige Tonfolge.*

als hervorgehobenes klangliches Element angesehen wird, da sie (auch in Abwandlungen) wiederholt auftritt.

Ein Indiz für die Qualifizierung einer Tonfolge als Stammbestandteil kann die Tatsache darstellen, dass sich ein Großteil der Verkehrsteilnehmer die Hörmarke anhand der Tonfolge merkt und auf diese die Hörmarke bei eigener Wiedergabe verkürzt. Die Eigenart und damit die Kennzeichnungskraft der Tonfolge spielt dabei eine wichtige Rolle.

Von einer Übereinstimmung der Tonfolge ist nicht nur bei Gleichheit, sondern auch bei Wesensgleichheit auszugehen. Dies bedeutet, dass Abwandlungen in der jüngeren Hörmarke die Verwechselbarkeit nicht ausschließen können, wenn die Tonfolge als solche weiterhin deutlich erkennbar ist. Dies ist vor allem dann der Fall, wenn sie lediglich in einer anderen Tonlage oder zusammen mit Akkorden gespielt wird. Hier gelten die Überlegungen zur unmittelbaren klanglichen Ähnlichkeit analog.[686]

Die besondere Hinweisfunktion der Tonfolge setzt jedoch grundsätzlich voraus, dass sie auch in anderen Marken des Inhabers Verwendung gefunden hat.[687] Nur in diesem Fall kann sich der Verkehr an die Melodie oder das Motiv gewöhnen und ordnet es im Laufe der Zeit dem Widersprechenden zu.

2. Geräuschmarken

Bei Hörmarken, die aus Geräuschen bestehen, wird sich die Frage der mittelbaren Verwechslungsgefahr insbesondere dann stellen, wenn der Inhaber eine Serie von Zeichen besitzt, die neben anderen akustischen Signalen alle das gleiche Grundgeräusch aufweisen. So wäre es denkbar, dass die Hörmarken eines Reiseveranstalters unterschiedlich jeweils mit typischen Lauten eines Urlaubslands beginnen (z.B. Meeresrauschen, Urwaldgeräusche), jedoch immer mit dem gleichen Freudenschrei enden.[688] Die Eigenständigkeit des geräuschhaften Stammbestandteils ist dann gegeben, wenn er klar gegenüber den übrigen akustischen Signalen in Erscheinung tritt und sich von ihnen abgrenzt. Natürlich muss auch er ein gewisses Maß an Kennzeichnungskraft besitzen, damit er als Unternehmenshinweis fungieren kann.

---

[686] S. oben I. 1. a).

[687] So auch allgemein Ströbele in Ströbele/Hacker, § 9 Rdnrn. 474 und 486.

[688] Die Frage der Schutzfähigkeit eines solchen Zeichens im Hinblick auf die Erbringung von Reisedienstleistungen soll an dieser Stelle nicht weiter vertieft werden.

III. Verwechslungsgefahr im weiteren Sinne

Schließlich können Hörmarken auch im weiteren Sinne verwechselbar sein. Grundgedanke dieser Art der Verwechslungsgefahr ist, dass der angesprochene Verkehrskreis zwar anhand der Unterschiede der Marken erkennen kann, dass die gekennzeichneten Waren oder Dienstleistungen aus unterschiedlichen Unternehmen stammen, aufgrund besonderer Umstände jedoch annimmt, beide Unternehmen sind wirtschaftlich oder organisatorisch miteinander verbunden.[689] Diese bereits unter Geltung des Warenzeichengesetzes geltenden Grundsätze[690] werden auch nach Inkrafttreten des Markengesetzes[691] zumindest noch entsprechend angewandt.[692] Fälle der Verwechslungsgefahr im weiteren Sinne werden zwar bei Hörmarken sehr selten sein, sind jedoch nicht ausgeschlossen:

Das gedankliche In-Verbindung-Bringen muss eine wesentliche Eigenschaft der Hörmarke betreffen.[693] Denkbar wäre es beispielsweise, dass ein Unternehmer unterschiedlich klingende Hörmarken verwendet, die jedoch die gleichen Botschaften vermitteln. In Betracht kommen beispielsweise Kinder- oder Weihnachtslieder, die ein - für den Verkehr erkennbar - gemeinsames Thema zum Gegenstand haben. In Zusammenhang mit Geräuschen könnte an die verschiedensten Arten von Luftbewegungen (z.B. Zischen, Wehen, Blasen, Hauchen, Stürmen) gedacht werden. Allerdings muss hier für den Verkehrsteilnehmer deutlich werden, dass sich die einzelnen Marken auf Luft beziehen. Verwendet ein Konkurrent eine Hörmarke mit einer anderen, jedoch dem gleichen Thema zuzuordnenden Melodie bzw. mit einem abweichenden, jedoch sich auf den gleichen Gegenstand beziehenden Geräusch, so kann eine Verwechslungsgefahr im weiteren Sinne insbesondere dann zu bejahen sein, wenn die Hörmarken des Widersprechenden verkehrsbekannt sind.

---

689 Vgl. Berlit, Rdnr. 181.

690 S. Althammer, § 31 Rdnr. 3.

691 Vgl. amtliche Begründung zu § 9 MarkenG in Sonderheft BlfPMZ 1994, 65, wonach auch die Verwechslungsgefahr im weiteren Sinne von der assoziativen Verwechslungsgefahr im Sinne des § 9 Abs. 1 Nr. 2 a.E. MarkenG erfasst wird.

692 S. Berlit, Rdnr. 183.

693 So auch Becker in WRP 1/2000, 69, der diese Voraussetzung mit dem Begriff „Weite Verwechslungsgefahr" im Gegensatz zur „Reinen Assoziationsgefahr als solche" umschreibt. Die Notwendigkeit und Begründung dieser Differenzierung sind jedoch insbesondere mit Blick auf die allgemein anerkannte Definition der Verwechslungsgefahr im weiteren Sinne fraglich.

3. Teil. Die rechtserhaltende Benutzung von Hörmarken im Sinne des § 26 MarkenG

Die Frage der rechtserhaltenden Benutzung einer Hörmarke mit älterem Zeitrang spielt nicht nur gemäß § 43 Abs. 1 MarkenG im Rahmen eines Widerspruchsverfahrens eine Rolle. § 26 MarkenG hat auch Bedeutung für den Verfall einer Hörmarke (§ 49 Abs. 1 MarkenG) und für eine Klage wegen Nichtigkeit einer Marke aufgrund einer älteren Hörmarke (§§ 51 Abs. 4 Nr. 1, 55 Abs. 3 MarkenG). Die nachfolgenden Ausführungen gelten somit für diese Verfahren entsprechend.

Interessanterweise ist soweit ersichtlich vor Inkrafttreten des Markengesetzes die Frage der rechtserhaltenden Benutzung akustischer Zeichen nicht näher erörtert worden, obwohl Wortmarken auch klanglich wiedergegeben werden können. Die Diskussion bezog sich vielmehr auf die Möglichkeiten der zweidimensionalen Darstellung.[694] In Zusammenhang mit der Verwechslungsgefahr wurde allerdings der klangliche Gesamteindruck einer Wortmarke berücksichtigt.[695]

Der Frage der rechtserhaltenden Benutzung akustischer Zeichen ist somit noch nicht näher nachgegangen worden. Auch nach Inkrafttreten des Markengesetzes wurde sie eher am Rande mit erörtert. Insofern sollen die nachfolgenden Ausführungen einen Anstoß für eine intensivere Diskussion dieses Themas geben.

---

694 Vgl. beispielsweise Althammer, § 5 Rdnrn. 36 ff. (hier insbesondere die Frage der Modernisierung und der Weglassung bzw. Hinzufügung von Zeichenbestandteilen).

695 Vgl. beispielsweise Althammer, § 31 Rdnrn. 46 ff..

§ 33 Art, Umfang und Dauer der Benutzung von Hörmarken

I. Generelle Anforderungen an die rechtserhaltende Benutzung von Hörmarken

Im Gegensatz zur Rechtslage unter Geltung des Warenzeichengesetzes sind die Anforderungen an die rechtserhaltende Benutzung mit Inkrafttreten des Markengesetzes allgemein für alle Markenformen herabgesetzt worden. So reicht eine funktionsgerechte Verwendung aus, worunter - und dies ist gerade für Hörmarken sehr interessant - auch die Benutzung in der Werbung verstanden werden kann.[696] Welche Möglichkeiten bei den einzelnen Markenformen hierbei grundsätzlich in Betracht kommen, lässt sich der nachfolgenden Übersicht entnehmen:

[696] Vgl. amtliche Begründung zu § 26 MarkenG in Sonderheft BlfPMZ 1994, 77.

	Waren	Dienstleistungen
Wort-/Bildmarken	Anbringen auf der Ware, der Umhüllung oder der Verpackung	Anbringen auf Gegenständen, Gebäuden oder in Räumlichkeiten, die mit der Tätigkeit in Zusammenhang stehen/Werbung
Hörzeichen[697]	Klangliches „Einhüllen" der Ware	Klangliches „Einhüllen" der Gegenstände oder Beschallen der Räumlichkeiten, die mit der Tätigkeit in Zusammenhang stehen/Akustische Begleitung der Dienstleistung/Werbung
Dreidimensionale Gestaltungen	Verkörperung durch die Ware selbst	Verkörperung in Gegenständen, die mit der Tätigkeit in Zusammenhang stehen/Werbung
Sonstige Aufmachungen	Anbringen auf der Ware, der Umhüllung oder der Verpackung	Anbringen auf Gegenständen, Gebäuden oder in Räumlichkeiten, die mit der Tätigkeit in Zusammenhang stehen/Werbung
Geruchsmarke	„Einnebeln" der Ware	„Einnebeln" der Gegenstände oder der Räumlichkeiten, die mit der Tätigkeit in Zusammenhang stehen/Geruchliche Begleitung der Dienstleistung

Übersicht 9: *Möglichkeiten der funktionsgerechten Verwendung einzelner Markenformen.*

Maßgeblich kommt es auch bei Hörmarken darauf an, dass nur ein der verkehrsüblichen wirtschaftlichen Betätigung entsprechendes Handeln eine rechtserhaltende Benutzung darstellt, als solches aber auch immer für die Anerkennung als Benutzung ausreicht.[698] Gerade Hörmarken weisen hinsichtlich der Kennzeich-

[697] Ausführlicher zu Hörzeichen s. oben § 6.

[698] Vgl. EuG vom 11.03.2002, Az. C-40/01 („Minimax").

nungsmöglichkeiten eine Reihe von Besonderheiten auf, die ein uneingeschränktes Zurückgreifen auf die zu Wort- und Bildmarken entwickelten Grundsätze nicht erlauben. Dies wird insbesondere daran deutlich, dass die erforderliche körperliche Verbindung der Marke mit der Ware[699] bei Hörmarken nur in Ausnahmefällen in Betracht kommen wird.

Speziell bei Hörmarken muss somit auf die Umstände des jeweiligen Einzelfalls abgestellt werden.[700] Maßgeblich kommt es einerseits darauf an, dass die Benutzung verkehrsüblich, wirtschaftlich sinnvoll, möglich und zumutbar ist.[701] Andererseits muss die Hörmarke vom Verkehr als Geschäftsbetriebshinweis aufgefasst werden, d.h. der Verbraucher muss merken, dass das akustische Signal als Marke verwendet wird. Hierfür reicht es aus, wenn der Verbraucher auf Grund der Markenbenutzung eine gedankliche Beziehung zwischen der Hörmarke und dem konkreten Produkt herstellt.[702]

II. Die einzelnen Arten der rechtserhaltenden Benutzung von Hörmarken

Während in § 6 die einzelnen Formen der Kennzeichnung in tatsächlicher Hinsicht untersucht wurden, soll darauf aufbauend nunmehr überblicksartig danach gefragt werden, ob sie den Anforderungen an die rechtserhaltende Benutzung genügen. An dieser Stelle erfolgt somit die rechtliche Bewertung der praktischen Möglichkeiten der Verwendung einer Hörmarke.
Die insbesondere bei Wort- und Bildmarken bestehenden Unterschiede zwischen der Kennzeichnung einer Ware und einer Dienstleistung[703] sind bei Hörmarken nicht so stark ausgeprägt, da sie ohnehin nur ausnahmsweise direkt an der Ware angebracht werden können. Die Unkörperlichkeit einer Dienstleistung hat jedoch auch bei akustischen Kennzeichen einige Besonderheiten zur Folge, auf die nachfolgend ebenfalls eingegangen wird.
Da die Nähe der Hörmarke zu den gekennzeichneten Waren und Dienstleistungen für die rechtserhaltende Benutzung wesentlich ist, beginnt nachfolgende Darstellung mit der lokalen Verbreitung. Abhängig von der Art der Wiedergabe und den zu kennzeichnenden Produkten (Waren oder Dienstleistungen) können nachfolgende Fälle unterschieden werden, wobei sich die einzelnen Benutzungsarten nicht gegenseitig ausschließen. Vielmehr ergänzen sie sich und können auch in ihrer Gesamtheit zu einer rechtserhaltenden Benutzung führen:

---

[699] S. hierzu BGH in GRUR 1996, 267 („AQUA“).

[700] Die Berücksichtigung der individuellen Gegebenheiten entspricht auch der amtlichen Begründung zu § 26 in Sonderheft BlfPMZ 1994, 77.

[701] Entsprechend Ströbele in Ströbele/Hacker, § 26 Rdnr. 26.

[702] Vgl. Fezer, § 26 Rdnr. 30.

[703] S. hierzu Ströbele in Ströbele/Hacker, § 26 Rdnr. 43.

1. Klangliche Wiedergabe

a) In Verbindung mit den präsenten Waren oder Dienstleistungen

(1) Lokale Verbreitung

(a) Wiedergabe durch Klangerzeuger an der Ware

Die Verbreitung einer Hörmarke durch mit der Ware verbundene Klangerzeuger (z.B. Mikrochips) stellt die Idealform der Kennzeichnung dar.[704] Wie bei einer Wort- oder Bildmarke wird eine körperliche Verbindung zu der Ware hergestellt. Nur die allerwenigsten Waren sind allerdings (bisher) mit Mikrochips ausgestattet. Eine allgemeine Ausrüstung der akustisch zu kennzeichnenden Produkte mit einem Klangerzeuger erscheint zum einen aus wirtschaftlichen Gründen nicht gerechtfertigt. Die mit Lautsprecher und Batterien versehenen Mikrochips stellen einen zusätzlichen Kostenfaktor dar. Zudem ist der Einbau in die Ware mit organisatorischem und zeitlichem Aufwand verbunden. Auch eignen sich nicht alle Waren aufgrund des zur Verfügung stehenden Platzes und ihrer Eigenart für die Integration eines Klangerzeugers. Dies dürfte beispielsweise bei Schmuckstücken oder Büchern der Fall sein. Darüber hinaus kann die wiederholte von der Ware ausgehende klangliche Wiedergabe der Hörmarke zu Akzeptanz- und damit Absatzproblemen bei den betroffenen Verkehrskreisen führen. Wenn zum Beispiel während der Begutachtung des Produkts durch Wärmesensoren, Bewegungsmelder oder andere Schalter laufend der Beschallungsvorgang ausgelöst wird, hat das zur Folge, dass nach kurzer Zeit die Hörmarke grundsätzlich als lästig empfunden wird. Zum anderen ist zu bedenken, dass es im Gegensatz zu Wort- oder Bildmarken bisher nicht üblich ist, sich mit einer Hörmarke zu „schmücken". Hat die akustische Wiedergabe im Geschäftslokal noch seine (kennzeichnende) Berechtigung gehabt, so möchte der Kunde grundsätzlich zuhause oder in seinem Unternehmen nicht laufend die Hörmarke wahrnehmen. Demzufolge ist davon auszugehen, dass er im Normalfall den Klangerzeuger nach dem Kauf entfernen wird.

Zusammenfassend ist somit festzustellen, dass durch die Verwendung von Klangerzeugern zwar ein eindeutiger kennzeichnender Bezug zwischen Ware und Hörmarke hergestellt wird und somit eine rechtserhaltende Form der Benutzung vorliegt. Doch ist diese nur bei wenigen Waren als verkehrsüblich und wirtschaftlich vertretbar anzusehen.[705] Insofern kann nicht generell die Anbringung eines Klangerzeugers an die mit einer Hörmarke zu kennzeichnenden Produkte gefordert werden.

---

[704] S. hierzu auch oben § 6 I. 1. c) (1).

[705] So z.B. bei Glückwunschkarten oder Spielzeug mit Geräuschgeneratoren.

(b) Wiedergabe durch die Ware oder Dienstleistung selbst

Eine Hörmarke kann zwar auf einem Speicher- oder Wiedergabemedium (z.B. CD oder MP3-Player) abgelegt werden, doch ist damit noch nicht ihre tatsächliche Benutzung am Verkaufs- oder Präsentationsort sichergestellt. Häufig sind die Waren verpackt oder können aus anderen Gründen nicht in Betrieb genommen werden.[706] Auch kann nicht erwartet werden, dass der Kaufinteressent die für die Wiedergabe erforderlichen Geräte bedienen kann. Insofern ginge es zu weit, wollte man die Benutzung einer Hörmarke für Speicher- und Wiedergabemedien nur dann als rechtserhaltend ansehen, wenn sie durch diese selbst abgespielt werden würde. Diese Art der Verbreitung stellt somit nur eine mögliche Form der rechtserhaltenden Benutzung dar.

Eine ähnliche Situation liegt dann vor, wenn die Hörmarke mit der Erbringung einer Dienstleistung in unmittelbarem Zusammenhang steht. So kann beispielsweise ein Orchester seinen für musikalische Darbietungen geschützten Jingle im Rahmen seiner Auftritte immer wieder selbst spielen. Die Verknüpfung von Dienstleistung und Hörmarke ist in diesem Fall gegeben. Die Möglichkeit, die Hörmarke in die Dienstleistung selbst zu integrieren, besteht jedoch nur bei Tätigkeiten, die einen Bezug zu akustischen Signalen haben. Dies ist insbesondere bei Berufen der Fall, die sich mit der Komposition, der Aufnahme, der Vermarktung oder der Wiedergabe von Musik beschäftigen. Für den Verkehr muss jedoch deutlich erkennbar werden, dass die Hörmarke nicht Teil der Dienstleistung ist, um die rechtserhaltende Benutzung bejahen zu können. D.h. sie muss sich aufgrund ihrer Art und Kürze von der Tätigkeit abheben. Ansonsten werden die Zuhörer das akustische Kennzeichen als Teil der Dienstleistung ansehen.

(c) Benutzungs-/Erbringungsgeräusche

Der Einsatz des Benutzungsgeräuschs einer Ware als Hörmarke weist unübersehbare Vorteile auf.[707] Einerseits sind keinerlei zusätzliche technische Hilfsmittel für die Wiedergabe erforderlich. Andererseits wird die Hörmarke regelmäßig kaum als störend vom Kunden empfunden. Gerade durch das Sound-Design können Geräusche entstehen, die sich positiv von den sonst sachlich zwingend erforderlichen Betriebsgeräuschen abheben. Zu denken ist hierbei vor allem an

[706] Zu denken wäre beispielsweise daran, dass das Gerät häufig nicht verkabelt oder an die Stromversorgung angeschlossen ist.

[707] Hierbei wird davon ausgegangen, dass das Benutzungsgeräusch tatsächlich direkt durch die in Gebrauch befindliche Ware erzeugt wird. Es besteht zwar auch die Möglichkeit, ein Benutzungsgeräusch durch technische Hilfsmittel unabhängig von der Verwendung der Ware wiederzugeben. Doch weist diese Präsentationsform keine Besonderheiten auf, so dass auf sie nicht weiter eingegangen wird.

Kraftfahrzeuge, deren Motoren ein besonderes Betriebsgeräusch aufweisen. Dieses kann gerade für Käufer von Autos im hochpreisigen Bereich einen Imageträger darstellen. Demzufolge ist davon auszugehen, dass abweichend von dem unter (a) erwähnten Grundsatz ein Benutzungsgeräusch auf Dauer vom Verbraucher als Hörmarke akzeptiert werden wird.

Der Verkehr wird ein als Kennzeichen eingesetztes Benutzungsgeräusch allerdings nur dann als Geschäftsbetriebshinweis auffassen und von einer markenmäßigen Verwendung ausgehen, wenn es nicht zu dem Kreis der normalerweise erwarteten Betriebsgeräusche gehört. Insbesondere bei aus Benutzungsgeräuschen bestehenden Hörmarken besteht immer die Gefahr, dass der Verbraucher sich keine großen Gedanken über die typischen Betriebsgeräusche macht. Auch kann es sich um neu entwickelte Waren handeln, die einen Vergleich mit bereits bekannten Standard-Benutzungsgeräuschen nicht zulassen, so dass der besondere Fantasiegehalt der Hörmarke nicht auffällt.[708] Somit setzt die rechtserhaltende Benutzung ebenso wie die Unterscheidungskraft eine besondere, deutlich erkennbare Eigenart des Benutzungsgeräuschs voraus, die es von den ansonsten üblichen Betriebsgeräuschen abhebt.[709] Nur in diesem Fall kann der Verbraucher erkennen, dass es sich tatsächlich um eine (Hör-)Marke handelt, demzufolge auch nur dann eine rechtserhaltende Benutzung vorliegt.

Analog zu den Benutzungsgeräuschen bei Waren kommen bei Dienstleistungen die bei ihrer Erbringung entstehenden Geräusche als Hörmarke in Betracht. Zu denken wäre in diesem Zusammenhang beispielsweise an das Rattern einer Nähmaschine für die Tätigkeit eines Schneiders oder an das Summen eines Rasierers für die Dienste eines Friseurs. Allerdings wird wie bei den Benutzungsgeräuschen von Waren der Verkehr darin lediglich dann einen Geschäftsbetriebshinweis sehen, wenn sie nicht den normalerweise erwarteten Betriebsgeräuschen zugerechnet werden. Dementsprechend muss auch hier das Erbringungsgeräusch eine besondere, deutlich erkennbare Eigenart aufweisen.

(2) Kleinflächige Verbreitung

Der direkte Bezug zu der Ware ist im Vergleich zur lokalen im Falle der kleinflächigen Wiedergabe gelockert[710], da die Hörmarke hier zwar durch in unmittelbarer Nähe der Waren, jedoch außerhalb von ihnen befindliche Wiedergabesysteme im Verkaufs- oder Ausstellungslokal verbreitet wird. Für den Verkehrsteilnehmer kann hierbei aufgrund der nicht genau eingrenzbaren Ausbrei-

---

708 In diesem Zusammenhang könnte beispielsweise an neuartige Elektromotoren oder Sportgeräte gedacht werden.

709 Insoweit wird auf die Ausführungen unter § 20 II. 2. verwiesen.

710 Zum Begriff der kleinflächigen Verbreitung s. oben § 6 I. 1. b).

tung des Schalls eine eindeutige Zuordnung zu den zu kennzeichnenden Waren schwierig sein. Dies ist bei einer akustischen Handelsmarke, die sich auf alle angebotenen Erzeugnisse beziehen soll, nicht weiter problematisch. Bei einer Herstellermarke kommt es jedoch nicht nur darauf an, dass mindestens die im Waren-/Dienstleistungsverzeichnis enthaltenen Waren klanglich „eingehüllt" werden. Darüber hinaus muss für den Verkehr erkennbar werden, dass sich die Hörmarke gerade auf die Waren des Zeicheninhabers bezieht. Dies bedeutet nun nicht, dass die Marke in Bereichen, wo sich Waren von Mitkonkurrenten befinden, nicht zu hören sein darf. Vielmehr muss durch eine räumliche Abtrennung oder deutliches Anbringen des Namens des Hörmarkeninhabers an den Waren oder Ausstellungsvorrichtungen visuell deutlich werden, dass es sich nur um eine abgegrenzte Verbreitung der Hörmarke handeln soll. Ein klassisches Beispiel hierfür stellen Sonderverkaufsflächen dar, die durch ihre Aufmachung den Kunden darauf hinweisen, dass an diesem Ort nur bestimmte Waren angeboten werden.

Natürlich wäre es auch denkbar, nach Erklingen der Hörmarke die betreffenden Waren gleich zu nennen. Doch ist damit zum einen insbesondere bei einem umfassenden Warenangebot noch keine eindeutige Zuordnung gewährleistet. Zum anderen entspricht diese Möglichkeit nicht den Gegebenheiten und den Anforderungen der Praxis. Die kleinflächige Verbreitung ist damit als rechtserhaltende Form der Benutzung anzusehen. Bei einer Herstellermarke muss jedoch dem Kunden durch die äußere Aufmachung die Zuordnung zu den Waren möglich sein.

Sofern an einem Verkaufs- oder Ausstellungsort auch Dienstleistungen von Mitkonkurrenten angeboten werden, stellt sich die gleiche Problematik wie bei der kleinflächigen Verbreitung von Waren-Hörmarken. Diese Situation kann beispielsweise bei Messen auftreten, wo von verschiedenen Unternehmern Tätigkeiten zu ähnlichen Themenkreisen vorgestellt werden. Demzufolge muss auch hier räumlich ein eindeutiger Bezug zu den eigenen, vor Ort erbrachten Dienstleistungen des Hörmarkeninhabers hergestellt werden, um von einer rechtserhaltenden Benutzung ausgehen zu können.

(3) Großflächige Verbreitung

(a) In Bezug auf Waren

Von Bedeutung ist schließlich die nicht auf eine einzelne Ware bezogene Verbreitung der Hörmarke über große Bereiche beschallende Lautsprechersysteme.[711] Diese sind regelmäßig für Durchsagen ohnehin an den Verkaufs- oder

[711] Zur großflächigen Verbreitung s. oben § 6 I. 1. a).

Ausstellungsorten installiert, so dass die großflächige Verbreitung verkehrsüblich und wirtschaftlich vertretbar ist. Die für die rechtserhaltende Benutzung bedeutsame Frage, welche Waren konkret mit der Hörmarke gekennzeichnet werden, hängt allerdings von dem jeweiligen Warensortiment ab, so dass folgende Differenzierung vorzunehmen ist:

α) Sortimente mit Waren unterschiedlicher Unternehmen

Eine Hörmarke kann an Orten wiedergegeben werden, an denen Erzeugnisse verschiedener Hersteller verkauft oder ausgestellt werden (z.B. Kaufhaus). Durch die großflächige und damit undifferenzierte Beschallung ist eine klare Zuordnung zu bestimmten Waren allerdings nicht möglich. Der Verkehr wird die Hörmarke vielmehr auf das gesamte Angebot beziehen und in ihr vornehmlich einen Hinweis auf den Vertreiber sehen.

Die bisher zu Wort- und Bildmarken geltende Regelung[712], nach der die Anbringung einer Handelsmarke am Ladengeschäft keine rechtserhaltende Benutzung darstellt, da es an der funktionellen Verbindung mit der Ware fehlt, sollte bei Hörmarken nicht entsprechend zur Anwendung kommen. Sie würde dazu führen, dass die großflächige Verbreitung des Hörzeichens eines Händlers nicht als zulässige Benutzungsform anerkannt werden könnte. Wort- und Bildmarken unterscheiden sich von akustischen Zeichen vor allem darin, dass mit jenen die Waren auf relativ einfache Weise versehen werden können. Dementsprechend hat die Forderung nach der körperlichen Verbindung der Wort- oder Bildmarke eines Händlers mit der Ware ihre Berechtigung. Hörmarken weisen diesen Vorteil jedoch nicht auf, so dass die großflächige Verbreitung als weitere Möglichkeit der Kennzeichnung zugelassen werden sollte. Ausschließlich diese Betrachtungsweise wird den hörmarkenrechtlichen Besonderheiten gerecht. Letztlich kommt es wiederum darauf an, dass der Verkehr eine Verknüpfung zwischen akustischem Kennzeichen und Ware herstellt. Dies ist bei der großflächigen Verbreitung der Hörmarke des Vertreibers der ausgestellten Erzeugnisse möglich. Insofern kann in diesem Fall ein Hörzeichen zwar nicht als Hersteller-, jedoch als Handelsmarke rechtserhaltend benutzt werden.

β) Sortimente mit Waren eines Unternehmens

Sofern eine Hörmarke großflächig an Orten erklingt, an denen nur die Waren eines Herstellers präsentiert werden, ist eine eindeutige Zuordnung zu seinen Erzeugnissen ohne Weiteres möglich. Aus den äußeren Umständen wird für den

---

[712] Vgl. Ströbele in Ströbele/Hacker, § 26 Rdnr. 55.

Verkehr ihre Herkunft deutlich, so dass in diesem Fall das Hörzeichen auch als Herstellermarke rechtserhaltend benutzt werden kann.

(b) In Bezug auf Dienstleistungen

Auch bei Dienstleistungen kommt eine großflächige Verbreitung in Betracht. Zu denken wäre in diesem Zusammenhang beispielsweise an Leistungsschauen bestimmter Berufe (z.B. Friseurhandwerk) oder Messeveranstaltungen (z.B. Handwerksmesse). Erklingt eine Hörmarke an diesen Orten, wo Dienstleistungen verschiedener Unternehmen angeboten werden, über den gesamten Bereich, kann kein Bezug zu Tätigkeiten einzelner Aussteller hergestellt werden. Aus diesem Grund liegt auch hier nur eine rechtserhaltende Benutzung für eine übergreifende Dienstleistung (z.B. Veranstaltung von Messen) vor.

Eine großflächige Verbreitung bietet sich somit wie bei Waren nur dann an, wenn an einem Ort lediglich von einem Unternehmer Dienstleistungen erbracht werden. Den klassischen Fall stellt das eigene Geschäftslokal dar, wobei eine klare Abgrenzung zur kleinflächigen Verbreitung nicht immer möglich, aber auch nicht erforderlich ist.

b) In Verbindung mit der Abbildung der Waren oder Dienstleistungen

Für die rechtserhaltende Benutzung muss im Kopf des Verkehrsteilnehmers eine Verknüpfung zwischen Ware und Hörmarke entstehen. Hierfür eignet sich in besonderer Weise die visuelle Wahrnehmung der Produkte. Ob diese auf dem Betrachten der körperlich anwesenden Ware oder ihrer Abbildung beruht, spielt keine ausschlaggebende Rolle. Auch durch die zweidimensionale Wiedergabe der Ware in gedruckter (z.B. Litfaßsäule) oder in elektronischer Form (z.B. Kino, Fernsehen) ist der Verbraucher in der Lage, eine Beziehung zwischen Ton/Geräusch und Gegenstand herzustellen. Insofern wird für ihn die markenmäßige Verwendung der Hörmarke deutlich.

Gerade die Wiedergabe einer Hörmarke gemeinsam mit der Warenabbildung stellt aus wirtschaftlicher Sicht eine besonders attraktive Form der Kennzeichnung dar, da der Aufwand für die körperliche Anwesenheit der Waren entfällt. Insofern wird es sich mit um die häufigste Art der rechtserhaltenden Benutzung handeln.

Auch eine Dienstleistung kann in einem Bild dargestellt werden. Hierbei kann es sich entweder um eine Grafik mit den wesentlichen Elementen der Dienstleistung[713] oder um ein während der Ausübung der Tätigkeit entstandenes Foto handeln. Allerdings muss sich die Abbildung nicht auf jede einzelne im Waren-/Dienstleistungsverzeichnis enthaltene Tätigkeit beziehen. Maßgeblich kommt es darauf an, dass generell die Art der Dienstleistung für den Verkehrsteilnehmer deutlich erkennbar wird. Ist dies der Fall, spricht nichts gegen die Anerkennung der rechtserhaltenden Benutzung. Eine solche wäre beispielsweise dann gegeben, wenn ein den Dienstleister während der Ausübung seiner Tätigkeit zeigendes Foto zusammen mit der Hörmarke im Rahmen einer Videoprojektion[714] präsentiert werden würde.

c) In Verbindung mit der Benennung der Waren oder Dienstleistungen

Die klangliche Wiedergabe der Hörmarke unter Nennung der Waren stellt zwar die kostengünstigste Benutzungsform dar, da ausschließlich akustische Wiedergabemedien erforderlich sind.[715] Dennoch wird sie in der Praxis nur selten in Betracht kommen. Zwecks besserer Identifizierung werden Hörmarkenwiedergabe und Warenbenennung nicht immer gleichzeitig erfolgen können, so dass für die Präsentation mehr Zeit aufgewendet werden muss. Des Weiteren dürfte das Interesse des besonders an optische Reize gewöhnten Verkehrs nur bedingt geweckt werden. Nichtsdestotrotz wird auch durch die Nennung der Waren eine gedankliche Beziehung zwischen ihnen und der Hörmarke hergestellt. Insofern stellt beispielsweise das Abspielen der Hörmarke verbunden mit der mündlichen Beschreibung der Waren im Rundfunk eine Form der rechtserhaltenden Benutzung dar.

Bei Dienstleistungen bietet sich in besonderer Weise ihre Benennung in den elektronischen Werbemedien an, da sie nicht so eindeutig abgebildet werden können wie Waren.[716] So kann im Fernsehen ein Bild gezeigt werden, das nur mittelbar auf die Dienstleistungen hinweist (z.B. Besuch von einem Versicherungsvertreter). Wenn daneben jedoch die zu kennzeichnenden Tätigkeiten erwähnt werden und die Hörmarke abgespielt wird, reicht dies für die rechtserhaltende Benutzung aus.

---

713 Solche Symbole für bestimmte Tätigkeiten sind beispielsweise häufig an Maibäumen zu finden.

714 Solche elektronischen Präsentationen werden im Übrigen immer häufiger auf Bahnhöfen eingesetzt.

715 S. hierzu oben § 6 I. 3..

716 Allgemein kommt der Werbung in Zusammenhang mit der Benutzung von Dienstleistungsmarken eine besondere Bedeutung zu (s. hierzu Ströbele in Ströbele/ Hacker, § 26 Rdnr. 47).

2. Optische Wiedergabe

Die grafische Darstellung eines akustischen Signals kann zwar direkt auf der Ware angebracht werden, wodurch wie bei einer Wort- oder Bildmarke eine körperliche Verbindung entsteht. Hierbei ist jedoch zu beachten, dass zum einen nicht unerhebliche Teile des Verkehrs selbst Notenschriften - zumindest in der Kürze der häufig im Verkaufslokal nur zur Verfügung stehenden Zeit - akustisch nicht umsetzen werden können. Zum anderen zeichnet sich eine Hörmarke gerade durch ihre Wahrnehmung über die Ohren aus. Gegenstand des Schutzrechts „Hörmarke“ sind allein die akustischen Elemente. Die grafischen Darstellungsformen stellen demgegenüber lediglich Hilfsmittel dar, etwas Hörbares in etwas Visuelles umzuwandeln.[717] Sie machen jedoch nicht das Wesen einer Hörmarke aus. Noten und Sonagramme unterliegen damit auch nicht dem Kennzeichenschutz.[718] Dies bedeutet, dass eine Hörmarke nur dann rechtserhaltend benutzt werden kann, wenn sie klanglich wiedergegeben wird. Aus diesem Grund müssen optische Wiedergabeformen für die rechtserhaltende Benutzung außer Betracht bleiben.[719] Dies gilt unabhängig von der Frage, wie die grafische Darstellung in Beziehung zu der Tätigkeit gesetzt werden kann, auch für Dienstleistungen.

III. Dauer und Umfang der Benutzung

Die unter II. dargestellten Benutzungshandlungen müssen zwar nicht über den gesamten Zeitraum von fünf Jahren vorliegen. Allerdings ist es erforderlich, dass sie - auch ohne absolute zeitliche Festlegung - unter Berücksichtigung der Wechselwirkung von Dauer und Umfang der Benutzung die Annahme einer wirtschaftlich sinnvollen und nicht nur aus Gründen des Rechtserhalts erfolgten Markenverwendung rechtfertigen.[720] In diesem Zusammenhang sind die Besonderheiten bei der praktischen Verwendung einer Hörmarke von Bedeutung:

Die Wiedergabe akustischer Zeichen ist, wie bereits dargelegt, im Vergleich zu Wort- und Bildmarken mit einem höheren Kennzeichnungsaufwand verbunden. Aus diesem Grund entscheiden sich nicht nur sehr viel weniger Unternehmen für eine Hörmarke, darüber hinaus wird - sofern die Entscheidung doch zu ihren Gunsten ausgefallen ist - eine eingetragene Hörmarke tatsächlich auch nicht so häufig im Geschäftsleben eingesetzt. Dies betrifft sowohl den zeitlichen als auch den mengenmäßigen Aspekt, also die Anzahl der Waren oder Dienstleistungen, die mit einer Hörmarke versehen sind. So tritt beispielsweise der berühmte

---

[717] Vgl. oben § 18 I..

[718] Im Ergebnis genauso Becker in WRP 1/2000, 65.

[719] So auch Ströbele in Ströbele/Hacker, § 26 Rdnrn. 58 und 69.

[720] S. hierzu BGH in GRUR 1999, 995 („HONKA“).

„Haribo macht Kinder froh"-Jingle sehr viel seltener im Verkehr in Erscheinung als die Wortmarke „Haribo" selbst. Allein durch das relativ einfache Aufdrucken auf die Verpackungen wird letztgenannte dem Verbraucher bei jedem Kontakt mit der Ware ins Gedächtnis gerufen. Unter Berücksichtigung des erhöhten Kennzeichnungsaufwands für Hörmarken scheint es im Ergebnis sachgerecht, die Anforderungen an Dauer und Umfang ihrer Benutzung herabzusetzen. Demzufolge sollte bei akustischen Zeichen eine im Vergleich zu Wort- und Bildmarken geringere Häufigkeit der Verwendung im Verkehr für eine rechtserhaltende Benutzung ausreichen.

IV. Zusammenfassung

Die Schwierigkeiten bei der Kennzeichnung und insbesondere der Verbindung mit der betreffenden Ware oder Dienstleistung rechtfertigen eine Modifizierung der bisher zu Wort- und Bildmarken entwickelten Grundsätze zur rechtserhaltenden Benutzung. Dies gilt insbesondere für das Anbringen der Hörmarke an der Ware als auch für die Häufigkeit, mit der sie im Verkehr eingesetzt werden muss. Gerade bei einer Hörmarke kommt es in besonderer Weise auf die gedankliche Beziehung zwischen ihr und dem jeweiligen Produkt an. Nur auf diese Weise kann den Belangen des Verwenders auf der einen und den Bedürfnissen des Verkehrs auf der anderen Seite ausreichend Rechnung getragen werden.

§ 34 Abgewandelte Formen der Benutzung von Hörmarken

I. Grundlagen der rechtlichen Bewertung

Auch bei Hörmarken besteht die Möglichkeit, dass sie in einer von der Eintragung abweichenden Form benutzt werden. Gründe hierfür können die Anpassung an aktuelle Musikströmungen, der Einbau von Rhythmuselementen zwecks stärkerer emotionaler Einbindung des Zuhörers oder die Konzentration auf zentrale Elemente der Hörmarke sein. Vor Inkrafttreten des Markengesetzes wurde bei der Frage der rechtserhaltenden Benutzung darauf abgestellt, ob die Abwandlung eine bestimmungsgemäße und verkehrsübliche oder durch den praktischen Gebrauch gebotene Art der Benutzung darstellt.[721] Heutzutage sind demgegenüber Abweichungen gemäß § 26 Abs. 3 MarkenG dann als unschädlich anzusehen, wenn sie den kennzeichnenden Charakter der Hörmarke nicht verändern. Diese Regelung entspricht Art. 10 Abs. 2 Buchstabe a) der MarkenRichtl und Art. 5 C Abs. 2 PVÜ.[722]

Bei Hörmarken ist nach Ströbele[723] in der Anerkennung abgeänderter Benutzungsformen Zurückhaltung angezeigt, da der Schutzgegenstand einer Hörmarke im registerrechtlichen Verfahren ohnehin nur annähernd zu bestimmen sei, so dass zwangsläufig ein größerer Spielraum bestehe als bei sonstigen Markenkategorien. Dieser könne nicht durch eine weite Auslegung des § 26 Abs. 3 MarkenG noch weiter ausgedehnt werden. Demgegenüber vertritt Fezer[724] die Meinung, bei der Feststellung rechtserhaltender Markenabweichungen wie etwa in der Tonart oder in dem musikalischen Arrangement sei eine großzügige Handhabung sachgerecht.

Nach der hier vertretenen Auffassung kommt es entscheidend auf die Sichtweise des Verkehrs an. Von einer rechtserhaltenden Benutzungsform ist demzufolge dann auszugehen, wenn ein Großteil der beteiligten Verkehrskreise das abgewandelte Hörzeichen als Unterfall der eingetragenen Marke und damit als zu ihr gehörend ansieht. Hierbei ist zu berücksichtigen, dass die Konsumenten aufgrund der im Musikbereich häufig vorkommenden Interpretationen und der Fülle an Geräuschvariationen an eine gewisse Bandbreite von Möglichkeiten der akustischen Wiedergabe gewöhnt sind. Die Grenze zur nicht rechtserhaltenden Benutzung wird somit erst dann überschritten, wenn die tatsächlich eingesetzte Hörmarke einen neuen Klangcharakter aufweist und der Verkehr sie nicht mit dem eingetragenen Zeichen gleichsetzt. Hiervon ist insbesondere dann auszuge-

---

721 Vgl. BGH in GRUR 81, 53 („Arthrexforte“).

722 Vgl. hierzu auch die amtliche Begründung zu § 26 MarkenG in Sonderheft BlfPMZ 1994, 77.

723 Vgl. Ströbele in Festschrift für Willi Erdmann, Seite 499.

724 Vgl. Fezer, § 26 Rdnr. 118.

hen, wenn die ursprüngliche Tonfolge nicht mehr herausgehört werden kann. Dies spricht letztendlich dafür, den Begriff der rechtserhaltenden Benutzung weit auszulegen.[725]

II. Zu einzelnen Formen der Abwandlung

Es gibt sehr viele denkbare Fälle von Abwandlungen, die in der Literatur jedoch bisher kaum diskutiert wurden. Um einen Überblick zu gewinnen, werden nachfolgend die wichtigsten Fallgestaltungen daraufhin untersucht, ob sie den Anforderungen an eine rechtserhaltende Benutzung genügen:

1. Benutzung zusammen mit anderen Markenformen

Häufig werden Hörmarken im Verkehr nicht alleine, sondern mit anderen Markenformen verwendet. In Betracht kommen hierbei insbesondere Wortmarken, die auch in akustischer Form beispielsweise im Fernsehen oder Rundfunk wiedergegeben werden können, aber auch andere visuell wahrzunehmende Marken wie Bilder oder dreidimensionale Gestaltungen. Denkbar ist zwar auch die Benutzung zusammen mit Geruchsmarken, doch sind diese (bisher) als eigenständige Markenform kaum in Erscheinung getreten.

Die Mehrfachkennzeichnung dient zum einen der gegenseitigen Verstärkung der Wirkung von akustischem und zweidimensionalem Zeichen.[726] Darüber hinaus kann eine Markenform als Erstmarke eingesetzt werden, mit dem jedes Produkt eines Unternehmens gekennzeichnet wird, während mit der anderen Markenform als Zweitmarke nur eine bestimmte Ware oder Dienstleistung versehen wird. So könnte beispielsweise die „Hier ist Dea, hier tanken Sie auf"-Melodie quasi als Universalmarke immer einer individuellen Wortmarke vorangestellt werden.

Die Anerkennung der rechtserhaltenden Benutzung einer Hörmarke im Falle der Mehrfachkennzeichnung setzt voraus, dass ihr selbständiger Markencharakter erkennbar bleibt. Es kommt somit darauf an, ob die Tonfolge als eigenständiger Herkunftshinweis für das Publikum weiterhin in Erscheinung tritt.[727] Hierbei sind folgende, aufgrund ihrer Fülle nicht abschließend darstellbare Kriterien von besonderer Bedeutung:

---

[725] Ähnlich Giefers in Festschrift für Vieregge, Seite 285.

[726] S. hierzu ergänzend § 4 VI..

[727] So Ströbele in Ströbele/Hacker, § 26 Rdnr. 141.

a) Verhältnis von akustischer und visueller Marke

Inwieweit eine Hörmarke noch eigenständig hervortritt, hängt davon ab, in welchem klanglichen oder begrifflichen Verhältnis akustisches und zweidimensionales Zeichen zueinander stehen. Es kommt somit auf Form und Inhalt der Beziehung der beiden Marken zueinander an. Hierbei können abhängig von der Art der Hörmarke folgende Fallgruppen unterschieden werden:

(1) Hörmarken mit Tönen/Geräuschen ohne Text

(a) Aufeinanderbezogensein von akustischem und zweidimensionalem Zeichen

α) Klanglicher Bezug

Die Besonderheit einer Wortmarke besteht darin, dass sie nicht nur grafisch, sondern auch akustisch wiedergegeben werden kann. Im letzten Fall können Hör- und Wortmarke einen klanglichen Bezug zueinander aufweisen. Diese Möglichkeit besteht vor allem dann, wenn die Hörmarke keinen Text, sondern nur Töne oder Klänge enthält. Ein entsprechendes Beispiel ist nachfolgend abgebildet:

Abbildung 49: *Beispiel für eine Hörmarke ohne Text.*

Sofern eine eigenständige Wortmarke hierzu passend akustisch wiedergegeben wird, entsteht daraus ein Lied. So ergibt sich im obigen Beispiel durch Hinzufügen des markenmäßig geschützten Textes „Otto Versand Hamburg“ folgendes Klanggebilde:

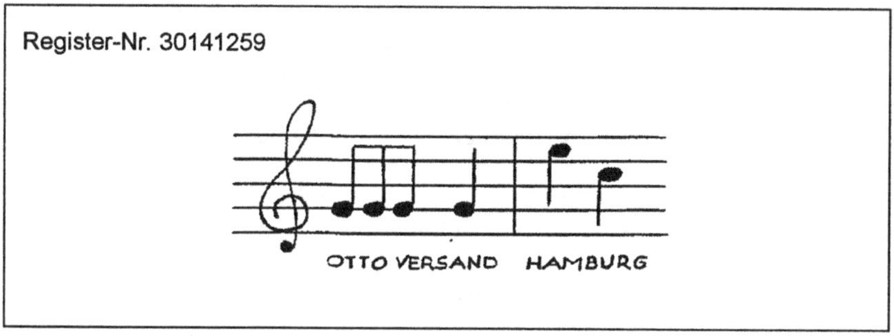

Abbildung 50: *Beispiel für eine Hörmarke mit Text.*

In diesem Beispiel hat zwar der Inhaber den akustischen und textlichen Teil gleich in einer Marke zusammengefasst. Doch spielt dies für den klanglichen Gesamteindruck keine Rolle. Dieser wäre vollkommen identisch, wenn beide Teile erst im Rahmen der praktischen Verwendung zusammengeführt werden würden. Für die Frage der rechtserhaltenden Benutzung kommt es wesentlich darauf an, ob jedes Element noch eigenständig in Erscheinung tritt. Hierbei können die zur Verwechslungsgefahr von Hörmarken, die aus mehreren Bestandteilen bestehen, aufgestellten Grundsätze entsprechend herangezogen werden.[728] Sowohl im Fall des Widerspruchs aus einer bzw. gegen eine Verbundmarke als auch im Fall der Benutzung einer Hör- zusammen mit einer Wortmarke kommt es auf den Gesamteindruck an, der von dem Zusammenspiel der visuellen und akustischen Reize abhängt.

Wie bereits ausgeführt, kommt bei dem Zusammentreffen von Text- und Klangelementen den Worten als einfachste und kürzeste Bezeichnungsform die bestimmende Wirkung zu.[729] Gerade die Verbindung von Wort und Ton bzw. Geräusch birgt immer die Gefahr, dass letztgenannte nur als Untermalung aufgefasst werden. Dies gilt umso mehr, wenn Wort- und Hörmarke aufeinander bezogen sind. Auch eine gesungene Wortmarke wird im Regelfall nicht in einen akustischen und einen textlichen Teil zerlegt, da der Verkehr an verschiedene Wiedergabeformen von Worten gewöhnt ist.[730] Insofern ist davon auszugehen, dass von einem Großteil des Verkehrs die Melodie nicht mehr als eigenständiger Herkunftshinweis angesehen wird.[731]

---

728 S. hierzu § 30 IV. 1..

729 S. oben § 27 II. 2. b).

730 Zu denken ist hierbei zum Beispiel an die dialektgefärbte Aussprache.

731 Vgl. hierzu in Zusammenhang mit der Verwechslungsgefahr von aus Klang- und Bildelementen bestehenden Marken auch Ströbele in Ströbele/Hacker, § 9 Rdnr. 443.

Demzufolge ist die rechtserhaltende Benutzung einer Hörmarke, deren Melodie von einer gleichzeitig wiedergegebenen Wortmarke übernommen wird, regelmäßig zu verneinen. Andererseits ist das auf der Melodie der Hörmarke aufbauende Singen der Wortmarke nicht als so außergewöhnlich anzusehen, um von einer Benutzung der Wortmarke außerhalb des Bereichs der Rechtserhaltung ausgehen zu müssen.
Falls somit beabsichtigt ist, einen Text passend zu der Melodie wiederzugeben, sollten beide Teile - wie in dem obigen Beispiel (Abbildung 50) - gemeinsam als eine Hörmarke geschützt werden. Durch die Verknüpfung in einer Marke werden sowohl Melodie als auch Text rechtserhaltend benutzt.

β) Inhaltlicher Bezug

Eine Hörmarke kann auch zusammen mit einer gedruckten bzw. geschriebenen Wortmarke oder einer nur in grafischer Form darstellbaren Bildmarke[732] wiedergegeben werden. In diesem Fall können die beiden Markenformen begrifflich aufeinander bezogen sein. So wäre es beispielsweise denkbar, dass die Wortmarke „Grashüpfer" gemeinsam mit dem Zirpen von Heuschrecken in der Fernsehwerbung grafisch und/oder klanglich wiedergegeben wird. Ein inhaltlicher Bezug zu einer Bildmarke käme in diesem Zusammenhang dann in Betracht, wenn in ihr ein Grashüpfer abgebildet wäre. Die Gefahr, dass die Hörmarke nur als Verzierung aufgefasst wird, besteht bei dem Zusammentreffen mit einer zweidimensionalen Marke ohnehin. Nimmt das akustische Zeichen dann noch die inhaltliche Aussage der anderen Marke auf, so wird der Verkehr ihm erst recht nur eine unterstützende bzw. verstärkende Funktion beimessen. Der selbständige Charakter der Hörmarke wird somit durch die darauf bezogene zweidimensionale Marke „verwässert". Insofern kann auch in diesem Fall grundsätzlich nicht von einer rechtserhaltenden Benutzung der Hörmarke ausgegangen werden.

(b) Beziehungsloses Nebeneinander von akustischem und zweidimensionalem Zeichen

Die unter (a) dargestellten Konstellationen sind neu zu bewerten, wenn die neben der Hörmarke akustisch oder grafisch wiedergegebene Marke klanglich oder inhaltlich keinen Bezug zu ihr aufweist. So kann die Wortmarke „Otto Versand Hamburg" normal ausgesprochen werden, während gleichzeitig oder anschließend die Töne erklingen, aus denen die bekannte Melodie gebildet ist.

---

[732] Auch eine Verwendung zusammen mit dreidimensionalen Marken kommt theoretisch in Betracht. Da diese jedoch kaum Bedeutung haben dürfte, wird sie nicht gesondert behandelt. Im Übrigen würden jedoch die Ausführungen zu Bildmarken entsprechend gelten.

Im Beispiel der die Abbildung eines Grashüpfers enthaltenen Bildmarke kann daneben Kindergeschrei zu vernehmen sein. Grundsätzlich wird zwar die Hörmarke in diesen Fällen gegenüber der zweidimensionalen Marke etwas zurücktreten, da der Verkehr an akustische Signale als Marke noch nicht ausreichend gewöhnt ist und die emotionale, unterhaltende Komponente „überwunden" werden muss. Die beiden Markenformen bilden jedoch in diesem Fall keine neue Einheit, sondern üben ihre Kennzeichnungsfunktion weiterhin getrennt voneinander aus. Demzufolge stellt die Hörmarke immer noch einen eigenständigen Herkunftshinweis dar, so dass die Voraussetzungen für eine rechtserhaltende Benutzung bei ihr grundsätzlich erfüllt sein dürften. Etwas anderes gilt nur dann, wenn der Verkehr tatsächlich das akustische Signal vornehmlich als Mittel zur Hintergrundgestaltung auffasst. Insbesondere bei kennzeichnungsschwachen Hörmarken, die beispielsweise nur aus wenigen Tönen oder einfachen Geräuschen bestehen, liegt diese Möglichkeit nahe. In diesem Fall läge ausnahmsweise keine rechtserhaltende Benutzung vor

(2) Hörmarken mit Tönen/Geräuschen und Text

Sofern eine Hörmarke neben Tönen/Geräuschen auch Text enthält[733], kommt eine gleichzeitige klangliche Wiedergabe mit einer Wortmarke nicht in Betracht, da die Texte sich ansonsten überlagern würden und somit nicht mehr verständlich wären. Denkbar wäre allenfalls die grafische Darstellung einer zweidimensionalen Marke neben der klanglichen Wiedergabe der Verbundmarke. Der häufigste Fall wird auch hier das Zusammentreffen von Firmen- und Produktmarke sein. So könnte in einem Fernsehspot die Hörmarke „GRUNDIG made for you" erklingen, während ein bestimmtes Gerät mit einer eigenen Bezeichnung zu sehen ist (z.B. „CD 7500" für einen CD-Player). Der kennzeichnende Charakter der beiden Marken wird hierbei nicht verändert.

Bei einer aus Tönen/Geräuschen und Text bestehenden Hörmarke gilt dies auch dann, wenn begriffliche Überschneidungen vorhanden sind. So könnte neben dem aus dem Zirpen einer Heuschrecke und dem gesprochenen Wort „Grashüpfer" sich zusammensetzenden akustischen Zeichen die Wortmarke „Insekt" oder eine Bildmarke mit der Abbildung einer Heuschrecke erscheinen.[734] Das in der Hörmarke enthaltene Wort tritt in dem Gesamteindruck am stärksten hervor, da ihm von Hause aus eine prägende Funktion zukommt, die durch die akustische Wiedergabe noch verstärkt wird. Die melodische oder geräuschhafte Komponente in der Hörmarke tritt zwar etwas in den Hintergrund. Da jedoch Ton/Geräusch und Text Bestandteile der Hörmarke sind, kommt eine Trennung

733 S. das Beispiel oben in Abbildung 50.

734 Die Frage der Schutzfähigkeit der genannten Bezeichnungen soll hier außer Betracht bleiben.

nicht in Betracht. Demzufolge wird unabhängig von inhaltlichen Assoziationen zwischen den beiden Marken die Worte enthaltene Hörmarke rechtserhaltend benutzt.

Beim Einsatz einer aus Tönen/Geräuschen und Text bestehenden Hörmarke zusammen mit einer visuellen Marke werden dem Verkehrsteilnehmer genau genommen drei Botschaften vermittelt: Zwei akustische (die Melodie und der Text der Hörmarke) und eine visuelle (der Inhalt der Wort- oder Bildmarke). Dies scheint auch das Höchstmaß an markenrechtlichen Informationen zu sein, die einem Verbraucher gleichzeitig zugemutet werden sollten.

(3) Hörmarken nur mit Text

Letztendlich besteht noch die Möglichkeit, dass eine Hörmarke, die nur aus gesprochenem Text besteht, zusammen mit einer anderen Marke verwendet wird. Eine solche Konstellation wird jedoch kaum vorkommen, da eine Hörmarke in diesem Fall gegenüber einer reinen Wortmarke keine klanglichen Vorteile bieten würde. Im Übrigen würde das unter (2) zu Hörmarken, die Töne/Geräusche und Text enthalten, Gesagte entsprechend gelten.

b) Lautstärke

Ein weiteres wichtiges Kriterium für die Eigenständigkeit der jeweiligen Marke ist die Lautstärke, mit der sie wiedergegeben wird. Die Frage ist dann von Bedeutung, wenn Wort- und Hörmarke keine klangliche Einheit bilden, sondern nebeneinander erklingen. Zu denken wäre hierbei beispielsweise an den Erdinger-Weißbier-Walzer, neben dem die Wortmarke „Erdinger Weißbier" ausgesprochen wird. Sofern eine der beiden Marken sehr viel leiser als die andere wiedergegeben wird, kann sie nicht mehr richtig vom Verkehr wahrgenommen werden. Diese Marke würde somit nicht mehr eigenständig hervortreten und wäre damit nicht rechtserhaltend benutzt.

2. Benutzung mit zusätzlichen akustischen Elementen

Neben der Mehrfachkennzeichnung kommen weitere problematische Abwandlungen wie die Benutzung mit zusätzlichen akustischen Elementen in Betracht. Diskussionswürdig scheinen vor allem:

a) Hinzufügen von Wortelementen zu Hörzeichen

Ein eingetragenes Hörzeichen ohne Worte kann in der Praxis akustisch mit einem Text versehen werden, der nicht markenmäßig geschützt ist. Dieser Fall ist vergleichbar mit der bereits dargestellten Mehrfachkennzeichnung[735], so dass die dortigen Ausführungen auch hier sinngemäß gelten. Es macht für den maßgeblichen Gesamteindruck keinen Unterschied, ob die hinzugefügten Worte als Marke geschützt sind oder nicht. Für die rechtserhaltende Benutzung kommt es allein darauf an, ob Hörzeichen und Wort in einer klanglichen oder inhaltlichen Beziehung zueinander stehen und somit eine neue Einheit bilden.

b) Hinzufügen von Klangelementen

In der praktischen Verwendung können weitere Töne oder Geräusche einem eingetragenen Hörzeichen hinzugefügt werden. Eine solche Ergänzung kann insbesondere die Folge einer akustischen Modernisierung sein. Ob solche Zusätze die rechtserhaltende Benutzung des eingetragenen Hörzeichens ausschließen, hängt davon ab, inwieweit sie selbst kennzeichnungskräftig sind und damit das Gesamtzeichen in seinem akustischen Aussagegehalt beeinflussen.

Eine unschädliche Form der Benutzung liegt dann vor, wenn das ergänzte Klangelement eine markenmäßig bedeutungslose, austauschbare Zutat darstellt, dem der Verkehr keine eigene maßgebende kennzeichnende Wirkung beimisst. Dies wird vor allem dann der Fall sein, wenn es sich bei dem Zusatz um eine erkennbar beschreibende oder nicht unterscheidungskräftige Angabe handelt.[736]

Aufgrund der vielfältigen Möglichkeiten kann nachfolgend nur ein Überblick über die wichtigsten Fallgruppen gegeben werden, wobei eine getrennte Betrachtung von aus Tönen/Klängen und aus Geräuschen bestehenden Hörmarken angezeigt ist:

---

[735] S. oben 1. a) (1).

[736] Die Fragestellung ist die gleiche wie bei den übrigen Markenformen, so dass auf die allgemeinen Grundsätze zurückgegriffen werden kann (vgl. hierzu Ströbele in Ströbele/Hacker, § 26 Rdnr. 144).

(1) Hörmarken mit Tönen/Klängen

(a) Ergänzung um einzelne Töne

Eine Hörmarke kann in der praktischen Verwendung zusätzliche Töne aufweisen. Für die rechtserhaltende Benutzung kommt es hierbei vor allem darauf an, wie sich die Töne harmonisch in das Klanggebilde einfügen.

Wird zu einem Ton oder einem Akkord in einer Hörmarke ein weiterer Ton hinzugefügt, der harmonisch dazu passt, wird der klangliche und damit kennzeichnende Charakter der Hörmarke nicht berührt.[737] Als harmonisch sind in diesem Zusammenhang Töne oder Klänge anzusehen, die vom Hörer als zusammengehörig bewertet werden. Hierbei sind neben subjektiven Komponenten auch akustisch-physikalische Gegebenheiten zu berücksichtigen. So werden mehrere gleichzeitig erklingende Töne umso stärker als konsonant empfunden, je einfacher ihre Schwingungsverhältnisse sind. Diese sind bei Oktaven (1:2), Quinten (2:3), Quarten (3:4), großen Terzen (4:5) oder kleinen Terzen (5:6) besonders günstig, so dass der klangliche Verschmelzungsgrad bei ihnen sehr hoch ist. Demgegenüber klingen Intervalle mit komplizierten Schwingungszahlverhältnissen wie beispielsweise kleine Sekunden (15:16) oder übermäßige Quarten (32:45) dissonant.[738]

Als ein Beispiel für eine unschädliche Ergänzung um eine Note kann nachfolgend dargestellte Hörmarke dienen. So wäre es denkbar, zusammen mit dem letzten Ton (c^2) in der obersten Stimme eine Oktave tiefer ebenfalls ein „c“ (c^1) erklingen zu lassen. Der klangliche Gesamteindruck würde sich hierdurch nicht verändern.

---

[737] Zu beachten ist hierbei allerdings, dass der höchste und tiefste Ton eines Akkords dessen Klangbild mit am stärksten beeinflussen. Insofern ist bei der Ergänzung eines Akkords um einen noch tieferen oder höheren Ton Vorsicht geboten.

[738] Vgl. hierzu auch Dachs/Söhner, Harmonielehre 1. Teil, Seiten 148 f..

Abbildung 51: *Beispiel für eine mehrstimmige Hörmarke mit Akkorden.*

Es würde allerdings zu weit führen, auf alle Möglichkeiten des harmonischen Hinzufügens von Tönen zu einer Hörmarke einzugehen. Maßgeblich kommt es darauf an, dass die Melodie nicht beeinträchtigt wird und der ergänzte Ton nicht auffällt. Er darf somit von seiner Lautstärke her nicht hervortreten und muss zusammen mit den bereits als Marke geschützten Tönen eine Konsonanz ergeben. Umgekehrt führen neue dissonante Töne[739] im Regelfall zu einer deutlichen Veränderung des Klangeindrucks und damit der Kennzeichnungskraft, so dass die rechtserhaltende Benutzung nicht mehr gegeben wäre.

(b) Ergänzung um einzelne Stimmen

Eine weitere Form der abgewandelten Benutzung einer Hörmarke liegt darin, der Hörmarke weitere Stimmen hinzuzufügen. Da hierbei auch Töne zusätzlich erklingen, kann auf die Ausführungen unter (a) zurückgegriffen werden. Der Unterschied besteht jedoch darin, dass eine zusätzliche Begleitstimme sehr viel stärker auffällt als in eine bestehende Stimme eingefügte Töne.

---

739 Beispiele für Dissonanzen sind in Dachs/Söhner, Harmonielehre 2. Teil, Seiten 1 ff., dargestellt.

Maßgeblich wird es zum einen darauf ankommen, wie viele Stimmen die Hörmarke bereits von Hause aus aufweist. Handelt es sich beispielsweise um ein Stück für mehrere Instrumente oder gar ein ganzes Orchester, kommt eine weitere Stimme weniger zur Geltung. Zum anderen spielt es eine wesentliche Rolle, ob die Melodie als Hauptstimme weiterhin hervortritt und von der zusätzlichen Stimme lediglich begleitet wird. Entsteht durch die Ergänzung ein homophones[740] Stück, ist im Regelfall die Kennzeichnungskraft der eingetragenen Hörmarke nicht berührt, so dass weiterhin von einer rechtserhaltenden Benutzung ausgegangen werden kann.

(2) Hörmarken mit Geräuschen

Die eben dargestellten Grundsätze greifen nicht bei Hörmarken, die aus Geräuschen bestehen. Hierzu werden allgemeine Aussagen kaum getroffen werden können, da die Bandbreite an möglichen Variationen einfach zu groß ist. Generell kommt es auch hier darauf an, ob die Ergänzung die Kennzeichnungskraft der Geräuschmarke beeinflusst. Hiervon wird grundsätzlich auszugehen sein, da aus Geräuschen bestehende Hörmarken relativ kurz sind und es keine harmonischen Geräusche gibt. Demzufolge fällt ein zusätzliches Klangereignis deutlich auf und verändert den akustischen Gesamteindruck. Vorstellbar sind allenfalls Zusätze, die aufgrund ihrer geringen Lautstärke kaum wahrgenommen werden können. Solche Fälle dürften jedoch kaum vorkommen, so dass die Hörmarke regelmäßig nicht mehr rechtserhaltend benutzt wird.

3. Benutzung unter Weglassung eingetragener Elemente

Eine Hörmarke kann im Verkehr auch so benutzt werden, dass sie gegenüber der eingetragenen Form weniger klangliche Elemente aufweist. Analog zu den unter 2. dargestellten Fallgestaltungen können nachfolgende Varianten unterschieden werden, wobei die oben aufgestellten Grundsätze auch hier Gültigkeit haben:

a) Weglassen der Wortelemente

Eine Hörmarke, die ohne die mit eingetragenen Worte benutzt wird, verliert ein wesentliches klangliches und begriffliches Element. Hierbei spielt es keine Rolle, ob der Text gesungen oder gesprochen wird und mit den sonstigen akustischen Bestandteilen eine Einheit eingeht. Auch kommt es nicht darauf an,

---

[740] Zur Definition s. oben § 8 II. 1. c).

ob die Wortmarke in dem Text enthalten ist.[741] Entscheidend ist, dass die Worte den markenmäßigen Schwerpunkt bilden.[742] Erklingt nur noch die reine Melodie, fehlt ein wesentliches Element der eingetragenen Marke. Dadurch verändert sich in entscheidender Weise die Kennzeichnungskraft und damit die Hinweisfunktion des akustischen Zeichens. Dementsprechend liegt keine rechtserhaltende Benutzung mehr vor.

b) Weglassen von Klangelementen

Sofern sonstige Klangelemente in der Hörmarke entfallen, kommt es darauf an, ob sie selbst kennzeichnungskräftig sind und damit wesentlich zum akustischen Gesamteindruck beitragen.[743] Bei schutzunfähigen Bestandteilen wird dies nicht der Fall sein. Demzufolge wäre es beispielsweise unschädlich, wenn ein in der Hörmarke enthaltenes Benutzungsgeräusch entfiele.

Folgende Fallgruppen sind von besonderer Bedeutung, so dass sie nachfolgend näher untersucht werden sollen:

(1) Hörmarken mit Tönen/Klängen

(a) Wegfall einzelner Töne

Das Weglassen eines Tones berührt den Klangeindruck des Hörzeichens dann nicht, wenn in einem Akkord zwischen der tiefsten und höchsten Stufe ein Ton nicht mehr erklingt oder der Ton nicht Teil der Melodie ist. Der Wegfall darf ebenso wie das Hinzufügen einzelner Töne in keinem Fall zu einer gravierenden Veränderung der Melodie führen. Für die Frage, ob die „Restmarke" noch als Ursprungsmarke aufgefasst wird, kommt es in besonderer Weise auf die Länge und Komplexität des Hörzeichens an. Je kürzer und einfacher der Melodieverlauf, desto eher kommt der Wegfall eines einzelnen Tons zur Geltung und schließt damit die rechtserhaltende Benutzung aus. Letztlich kommt es für die Frage der rechtserhaltenden Benutzung somit darauf an, ob der Verkehr in den tatsächlich nicht mehr erklingenden Tönen nur ein unbeachtliches klangliches Beiwerk sieht.

---

741 So wird beispielsweise die Wortmarke in dem Hörzeichen „Bitte bleiben Sie gesund" nicht genannt.

742 So bereits oben § 27 II. 2. b) (vgl. auch Ströbele in Ströbele/Hacker, § 9 Rdnr. 443).

743 Es handelt sich hierbei zwar um den umgekehrten Fall, doch können die Ausführungen unter 2. b) (Hinzufügen von Klangelementen) entsprechend herangezogen werden, da es auch hier um die Auswirkungen auf die Kennzeichnungskraft geht.

(b) Wegfall einzelner Stimmen

Falls im praktischen Gebrauch eine ganze Stimme entfällt, so ist für die rechtserhaltende Benutzung danach zu differenzieren, wie viele und welche (homophone, polyphone) Stimmen die eingetragene Hörmarke aufweist. Bei vielen, insbesondere homophonen Stimmen wird der Wegfall einer einzelnen kaum ins Gewicht fallen. So könnte bei der nachfolgenden Hörmarke die oberste, nur wenige Töne enthaltene Stimme weggelassen werden, ohne dass das Gesamtklangbild stark beeinträchtigt wäre:

Abbildung 52: *Beispiel für eine fünfstimmige Hörmarke.*

Auch hier kommt es darauf an, dass die maßgebliche Melodiestimme erkennbar bleibt.

(2) Hörmarken mit Geräuschen

Sofern eine aus Geräuschen bestehende Hörmarke nicht mehr vollständig in der Praxis verwendet wird, berührt dies grundsätzlich ihre Kennzeichnungskraft. Wäre zum Beispiel in einer Hörmarke der Vorgang des Startens eines PKW's akustisch wiedergegeben, so würde sich ihr Klangcharakter deutlich verändern, wenn das Geräusch des Umdrehens des Zündschlüssels entfiele. Von einer rechtserhaltenden Benutzung kann somit in diesen Fällen nicht mehr ausgegangen werden. Etwas anderes würde lediglich dann gelten, wenn ein gleich bleibendes Geräusch (z.B. das Summen eines Rasenmähers) zeitlich verkürzt würde, da für die Aussagekraft eines Hörzeichens die Dauer der Wiedergabe des monotonen Geräuschs ohne Belang ist.[744]

4. Veränderung von Klangeigenschaften einer eingetragenen Hörmarke

Die rechtserhaltende Benutzung kann darüber hinaus in den Fällen kritisch sein, in denen bestimmte Klangeigenschaften der eingetragenen Hörmarke verändert werden. Neben dem bereits angesprochenen Hinzufügen oder Weglassen von Elementen kann es noch weitere gewichtige Abweichungen geben. Auch in diesem Zusammenhang kommt es maßgeblich darauf an, ob der Verkehr die eingetragene und benutzte Markenform als ein und dieselbe wieder erkennt.[745] Grundlage für diese Feststellung ist in jedem Fall der klangliche Gesamteindruck der eingetragenen Hörmarke. Teilweise wird dies in der Literatur noch etwas zurückhaltender gesehen.[746] Diese Sichtweise vermag allerdings nicht zu überzeugen, da eine Hörmarke sich gerade durch die Möglichkeit der akustischen Wahrnehmung auszeichnet und dadurch entscheidend von anderen Markenformen unterscheidet. Nicht auf die akustische Wirkung abzustellen, würde dem Sinn und Zweck einer Hörmarke zuwiderlaufen.

Insbesondere folgende Fallkonstellationen können mit Problemen verbunden sein:

a) Veränderung der Toneigenschaften und der Stilelemente

Bezüglich der Frage, inwieweit Änderungen der Toneigenschaften und der Stilelemente Einfluss auf die rechtserhaltende Benutzung haben, gelten die Aussagen zur Abwandlung schutzunfähiger Hörzeichen entsprechend.[747] Nicht nur bei der Schutzfähigkeit, sondern auch bei der Zeichenähnlichkeit[748] und

---

[744] Umgekehrt hätte es keine Auswirkungen auf die rechtserhaltende Benutzung, wenn das gleichbleibende Geräusch einfach verlängert werden würde.

[745] S. Frommeyer, Rdnr. 410.

[746] S. in Zusammenhang mit abweichenden Benutzungsformen bei Hörmarken Frommeyer, Rdnr. 410 („Insoweit dürfte dann vor allem die Eigenart des klanglichen Eindrucks auf die angesprochenen Verkehrskreise den kennzeichnenden Charakter der Hörmarke ausmachen.“).

[747] S. hierzu oben § 26.

[748] S. hierzu Becker in WRP 1/2000, 67.

insbesondere bei der rechtserhaltenden Benutzung geht es letztlich immer wieder um die Kennzeichnungskraft. Sofern folglich eine bestimmte Abwandlung nicht zu einem schutzfähigen Hörzeichen führt, hat sie umgekehrt auch keine negativen Auswirkungen auf die rechtserhaltende Benutzung.

b) Veränderung der Wiedergabe der Wortbestandteile

Werden die in einer Hörmarke enthaltenen Worte im praktischen Gebrauch nicht mehr gesungen, sondern gesprochen, so ist dies als unschädlich anzusehen, solange die prägende Melodie daneben weiterhin erklingt.[749] Für die rechtserhaltende Benutzung kommt es nicht darauf an, dass die Melodie gerade durch die Worte, sondern dass sie überhaupt wiedergegeben wird. Sollte sie jedoch nicht mehr wie ursprünglich durch die Worte zum Ausdruck gekommen vorhanden sein, wird die Hörmarke nicht mehr rechtserhaltend benutzt.

Der umgekehrte Fall des Singens statt Sprechens des Textes ist dann unproblematisch, wenn die geschützte Melodie von den Worten übernommen wird. Die normale Aussprache stellt kein eigenständiges kennzeichnungskräftiges Klangelement einer Hörmarke dar, so dass sie ersetzt werden kann. Falls die Worte allerdings in einer neuen Melodie gesungen werden, liegt eine schädliche Änderung vor.

Eine veränderte, beispielsweise dialektgefärbte Aussprache der Worte berührt den Klangcharakter im Regelfall nicht. Anders stellt sich die Situation allerdings dar, wenn die Worte in der eingetragenen Hörmarke besonders eigenartig ausgesprochen wurden. Dies ist zum Beispiel bei dem bereits erwähnten Milka-Werbespruch „It's Cool Man" der Fall. Sofern er nicht mehr mit der Stimme des alten Mannes wiedergegeben werden würde, wäre ein charakteristisches Klangelement entfallen. Insofern liegt eine rechtserhaltende Benutzung nicht mehr vor, wenn eine außergewöhnliche Aussprache durch eine normale oder eine solche durch eine besonders eigenartige ersetzt werden würde.

Sollten die in einer Hörmarke enthaltenen Worte unverständlich ausgesprochen oder gesungen werden, so ist dieser Fall genauso zu behandeln, wie wenn die Worte weggelassen worden wären.[750] Der Verkehr kann ihren Bedeutungsgehalt dann nicht mehr erfassen und muss sich somit ausschließlich an den klanglichen Komponenten orientieren. Weil der Inhalt der Worte allerdings für den Gesamteindruck einen wesentlichen Beitrag leistet, verhindert ihre Unverständlichkeit die rechtserhaltende Benutzung der Hörmarke.

---

[749] Die Melodiestimme müsste dann von einem oder mehreren Instrumenten gespielt werden.

[750] S. hierzu oben 3. a).

5. Optische Wiedergabe der Hörmarke

Die Verwendung der grafischen Darstellung, also insbesondere Notenschrift und Sonagramm, auf der Ware oder in Bezug auf die Dienstleistung stellt keine Form der rechtserhaltenden Benutzung dar. Bei Hörmarken kommt es zur Bestimmung des kennzeichnenden Charakters im Sinne des § 26 Abs. 3 Satz 1 MarkenG maßgeblich auf die eingereichte klangliche Wiedergabe an.[751] Wie bereits in Zusammenhang mit dem Schutzgegenstand[752] ausgeführt, macht die akustische und nicht die visuelle Wirkung den Gegenstand einer Hörmarke aus. Ansonsten hätte es neben der Bildmarke keiner neuen Markenform bedurft. Zudem vermittelt die grafische Wiedergabe keinen naturgetreuen Eindruck von der Hörmarke. Auch wird ein Großteil des Verkehrs sie eher als Bild-, denn als Hörmarke auffassen, da die Art der Wahrnehmung wesentlich für die Einordnung einer Markenform ist. Damit kann allein die klangliche Wiedergabe Grundlage für die rechtserhaltende Benutzung einer Hörmarke sein.

---

[751] So Ströbele in Ströbele/Hacker, § 26 Rdnr. 181, und wohl auch Fezer, § 26 Rdnr. 118. Zustimmend Frommeyer, Rdnr. 410, der allerdings in nicht nachvollziehbarer Weise darauf hinweist, dass bei bestimmten Klangfarben und ungebräuchlichen Geräuschen im Regelfall das Sonagramm zur Bestimmung des kennzeichnenden Charakters maßgeblich heranzuziehen sei. Es bleibt hierbei völlig unklar, wie aus dieser Form der grafischen Darstellung konkrete Aussagen zum klanglichen Inhalt der genannten akustischen Signale abgeleitet werden können.

[752] S. hierzu oben § 18 III. 2..

Siebtes Kapitel. Das Verletzungsverfahren

Obwohl Hörmarken in der Praxis seltener eingesetzt werden, so können sie doch durch Konkurrenten verletzt werden. Gerade bei melodischen Hörmarken[753] besteht wie bei bekannten Musikstücken die Gefahr, dass sie nachgeahmt werden, da sie gut ins Ohr gehen. Daraus können Kennzeichenstreitsachen gemäß § 140 Abs. 1 i.V.m. §§ 14 ff. MarkenG resultieren, in denen auf die hörmarkenrechtlichen Besonderheiten Rücksicht zu nehmen ist. In der Rechtsprechung und in der Literatur ist auch die Thematik der Verletzung von Hörmarken noch nicht näher erörtert worden. Aus diesem Grund soll nachfolgend auf besondere Problemstellungen in diesem Zusammenhang eingegangen werden. Auf die Darstellung der allgemeinen Grundlagen zum Verletzungsverfahren wird hierbei bewusst verzichtet, da sie anderweitig abgehandelt werden.[754]

§ 35 Problemstellungen in Zusammenhang mit den Voraussetzungen der Verletzung einer Hörmarke

Die grundlegende Vorschrift zur Verletzung auch von Hörmarken stellt § 14 Abs. 2 MarkenG dar. Ausgangspunkt ist hierbei die Identität oder Ähnlichkeit der sich gegenüberstehenden Zeichen und die Identität oder Ähnlichkeit bzw. Unähnlichkeit (im Falle einer bekannten Marke) der Waren und Dienstleistungen. Die Fragestellung entspricht derjenigen im Kollisionsverfahren (vgl. § 9 Abs. 1 MarkenG), so dass auf die diesbezüglichen Ausführungen[755] Bezug genommen werden kann.[756] Die folgende Darstellung kann sich somit auf spezifische Probleme in Zusammenhang mit den Voraussetzungen der Verletzung einer Hörmarke beschränken:

I. Geschäftlicher Verkehr

Auch bei Hörmarken greift § 14 MarkenG nur dann ein, wenn ein fremdes Zeichen im geschäftlichen Verkehr benutzt wird. Hierunter ist jede wirtschaftliche Betätigung, mit der in Wahrung oder Förderung eigener oder fremder Geschäftsinteressen am Erwerbsleben teilgenommen wird, zu verstehen. Auf eine Gewinnerzielungsabsicht, die Entgeltlichkeit oder das Bestehen eines

---

753 Zum Begriff s. oben § 7 II. 2..

754 Vgl. beispielsweise die umfassenden Ausführungen in Fezer zu § 14 MarkenG.

755 Vgl. oben § 32 (§ 14 Abs. 2 Nr. 3 MarkenG, vergleichbar mit § 9 Abs. 1 Nr. 3 MarkenG, wird in dieser Arbeit nicht näher behandelt, da mit dieser Vorschrift keine speziellen Fragestellungen im Hinblick auf Hörmarken verbunden sind.).

756 S. auch Erdmann in GRUR 2001, 613/614.

Wettbewerbsverhältnisses kommt es nicht an.[757] Bedeutung kann die Frage des geschäftlichen Verkehrs im Hinblick auf die Nutzung einer Hörmarke im privaten Bereich haben. Bekannte und eingängige akustische Kennzeichen besitzen unabhängig von ihrer Kennzeichnungsfunktion eine gewisse Attraktivität, so dass sie wie Hits im Musikbereich als Mittel zur Hebung der Stimmung oder zur Unterhaltung in Betracht kommen.[758] So könnten sie beispielsweise auch auf Geburtstagen oder zu Jubiläumsfeiern abgespielt werden. Eine Verletzungshandlung liegt dann nicht vor, wenn es sich hierbei nicht um eine gewerbliche Veranstaltung handelt. Von einer solchen wird insbesondere dann auszugehen sein, wenn Eintritt verlangt wird oder es sich nicht um einen abgeschlossenen Personenkreis handelt.

Die Verwendung einer Hörmarke im Internet wird regelmäßig dem geschäftlichen Verkehr zuzuordnen sein. Zu denken wäre hierbei zum Beispiel an den Fall des Erklingens der Hörmarke nach Aufruf der Homepage eines Gewerbetreibenden. Eine andere Sichtweise kann dann geboten sein, wenn die Hörmarke eindeutig nicht mit dem Vertrieb, der Werbung oder der sonstigen Präsentation von Waren oder Dienstleistungen in Zusammenhang steht.[759] Beim Einsatz einer Hörmarke in Verkaufslokalen, auf Jahrmärkten oder Messen ist das Tatbestandsmerkmal „Geschäftlicher Verkehr" grundsätzlich erfüllt.

II. Markenmäßiger Gebrauch

Unter Geltung des Warenzeichengesetzes wurde nahezu einhellig unter Bezugnahme auf § 16 WZG die Meinung vertreten, ein Warenzeichen könne nur durch warenzeichenmäßigen Gebrauch verletzt werden. Hierunter ist die Verwendung einer Bezeichnung zur Markierung einer Ware oder Dienstleistung in einer Weise zu verstehen, dass der Durchschnittsbetrachter annehmen kann, die Bezeichnung diene zur Unterscheidung des so gekennzeichneten Produkts von gleichen oder gleichartigen Waren bzw. Dienstleistungen anderer Herkunft.[760] Im Hinblick auf Hörmarken ist natürlich nicht auf den Durchschnittsbetrachter, sondern auf den Durchschnitts<u>hörer</u> bzw. allgemein auf die Verkehrsteilnehmer abzustellen. Nach Inkrafttreten des Markengesetzes wurde die Notwendigkeit eines markenmäßigen Gebrauchs in Frage gestellt, so dass nunmehr verschiede-

---

[757] S. Hacker in Ströbele/Hacker, § 14 Rdnr. 29.

[758] Als Hit wird beispielsweise das Stück „I Try" von Frameless auch außerhalb der Werbung für den „Skoda Octavia" vermarktet.

[759] Beispielsweise wenn die Hörmarke als Untermalung für die Homepage einer Privatperson verwendet wird.

[760] S. hierzu BGH in GRUR 1985, 41 („REHAB") und in GRUR 1981, 362 („Aus der Kurfürst-Quelle").

ne Auffassungen vertreten werden.[761] Als herrschend dürfte (derzeit) wohl die Meinung anzusehen sein, nach der auch § 14 MarkenG einen markenmäßigen Gebrauch voraussetzt.[762] Folgende Punkte können hierbei zu Fragen Anlass geben:

1. Beschreibender oder nicht unterscheidungskräftiger Gebrauch einer Hörmarke

Handelt es sich bei dem benutzten Zeichen ausschließlich um eine freihaltungsbedürftige beschreibende Angabe oder fehlt dem Zeichen jede Unterscheidungskraft, gehört es also für die betreffenden Waren oder Dienstleistungen zum Gemeingut, kann ein markenmäßiger Gebrauch grundsätzlich nicht angenommen werden.[763] Etwas anderes gilt nur dann, wenn die beschreibende bzw. nicht unterscheidungskräftige Angabe nach Art einer Marke isoliert in den Vordergrund gerückt wird.[764] Auch eine Hörmarke wird vom Verkehr aufgrund ihres Inhalts oder ihrer Präsentation nicht immer als Mittel zur Produktunterscheidung aufgefasst. Vielmehr kann sie unter bestimmten Voraussetzungen den Eindruck einer beschreibenden bzw. nicht unterscheidungskräftigen Angabe erwecken. Gerade bei Hörmarken besteht immer die Gefahr, dass sie nur als klangliche Ausschmückung interpretiert werden. So können sie in Verkaufslokalen im Hintergrund oder im Internet zur Untermalung einer Homepage erklingen. Ihre Funktion als Unterscheidungsmerkmal für Waren oder Dienstleistungen tritt hierbei zurück. Entsprechend den zu den klassischen Markenformen entwickelten Grundsätzen wird jedoch auch bei Hörmarken nur in eindeutigen Fällen von einem ornamentalen Gebrauch auszugehen sein.[765]

Die Annahme einer nicht markenmäßigen Verwendung kann insbesondere in nachfolgenden Fällen nahe liegen. Aufgrund der vielfältigen Möglichkeiten handelt es sich hierbei nicht um eine abschließende Aufzählung, sie kann jedoch weitere Anhaltspunkte für eine beschreibende bzw. nicht unterscheidungskräftige Verwendung liefern:

---

[761] Vgl. hierzu Hacker in Ströbele/Hacker, § 14 Rdnrn. 44 und 46 ff., wo die Meinungen sehr übersichtlich zusammengestellt sind, so dass auf diese im Einzelnen nicht mehr eingegangen wird.

[762] So beispielsweise BGH in GRUR 2002, 809 („Frühstücks-Drink I"), und in GRUR 2002, 814 („Festspielhaus"), sowie EuGH in WRP 2002, 1415 („Arsenal Football Club"); anders Berlit in GRUR 1998, 425/426.

[763] Vgl. Hacker in Ströbele/Hacker, § 14 Rdnr. 69.

[764] S. BGH in GRUR 1988, 542 („ROYALE").

[765] Vgl. hierzu beispielsweise OLG Dresden in NJW 2001, 615 („Johann Sebastian Bach").

- Besondere Länge der Hörmarke
  Sofern ein akustisches Kennzeichen nicht prägnant und kurz ist, kommt es von seiner Dauer normalen Liedern und Musikstücken sehr nahe. Der Verkehr kann dementsprechend annehmen, es handele sich um eine verkürzte Version.

- Bekannte Tonfolgen oder Geräusche
  Eine aus geläufigen Melodien oder Geräuschen bestehende Hörmarke wird eher als Unterhaltungs-, denn als Unterscheidungsmittel aufgefasst werden. Dies gilt auch für Hörmarken, die sich an bekannte akustische Signale erkennbar anlehnen.

- Herabsetzung der Lautstärke
  Wird die Hörmarke gegenüber den übrigen Schallereignissen nur sehr leise wiedergegeben, kann sie nicht als Waren- oder Dienstleistungsname erkannt werden.[766] Wie jede Marke so muss auch ein Hörzeichen gut wahrnehmbar sein.

- Wiederholung der Hörmarke
  Das nahtlose Aneinanderhängen derselben Hörmarke hat die Beeinträchtigung bzw. Aufhebung ihres eigenständigen Charakters zur Folge. Vielmehr drängt sich die Vermutung auf, es handele sich um ein Endlosstück zur musikalischen Ausgestaltung.

- Veränderung der Hörmarke
  Wenn die Tonfolge oder das Geräusch modifiziert wird, kann darunter die Identifizierung der Hörmarke leiden. So kann die Wiedergabe allein der Melodie unter Weglassen der eingetragenen Stilelemente oder Klangeigenschaften so ungewohnt für den Verkehr sein[767], dass er damit nicht das bekannte akustische Kennzeichen verbindet. Sollte die Hörmarke dadurch ihre charakteristischen Bestandteile verloren haben, wirkt sie nur noch wie eine austauschbare Zutat.

- Kennzeichnungsschwäche
  Falls das Hörzeichen von Hause aus sehr kennzeichnungsschwach ist, werden viele Verkehrsteilnehmer in ihm eher einen beschreibenden Hinweis sehen. Dieser Gefahr unterliegen beispielsweise Benutzungs- oder Betriebsgeräusche, die zwar noch eine gewisse Eigenart aufweisen und damit schutzfähig sein können[768], doch nur in sehr geringem Umfang zur Unterscheidbarkeit

[766] Vgl. hierzu auch den umgekehrten Fall, dass eine beschreibende Angabe wie eine Marke in den Vordergrund gerückt wird: BGH in GRUR 1990, 274 („Klettverschluss").

[767] Dies kann beispielsweise der Fall sein, wenn die Hörmarke nur noch gesummt oder geklopft wird.

[768] S. oben § 20 II. 2..

von Waren bzw. Dienstleistungen beitragen können.[769] Allerdings müssen hier noch weitere Umstände hinzutreten, um den markenmäßigen Gebrauch zu verneinen. Ansonsten wären kennzeichnungsschwache Marken generell nicht vor der Benutzung durch Dritte geschützt.

2. Verwendung einer Hörmarke in einem anderen Werk

Gerade bei prägnanten und bekannten Melodien (z.B. „Oh Donna Clara"[770] oder „Schau mich bitte nicht so an"[771]) besteht immer die Gefahr, dass sie von Dritten genutzt und in andere musikalische Werke[772] eingebaut werden. So werden sie gelegentlich als Grundlage für Improvisationen, als Teil von Potpourris oder als überraschende Einlage innerhalb eines Musikstücks bzw. Liedes genutzt. Auch bestimmte Hörmarken wie beispielsweise die Haribo-Melodie oder der Telekom-Jingle sind weit verbreitet und gehen gut ins Ohr. Insofern besteht auch bei ihnen das Risiko einer Verwendung im Rahmen eines anderen Werkes. Hierbei kann es sich um ein Mittel zur Steigerung der Attraktivität des Stückes des Dritten oder um eine akustische Markenparodie[773] handeln.

Ein markenmäßiger Gebrauch des Hörzeichens liegt in diesen Fällen nur dann vor, wenn der Verkehr das Gesamtwerk als Zeichen zur Unterscheidung von Waren bzw. Dienstleistungen anderer Unternehmen ansieht. Hieran dürfte es im Normalfall scheitern, da Improvisationen, Medleys oder sonstige die Hörmarke enthaltenen Musikstücke bzw. Lieder meist nicht als Kennzeichen, sondern eher als Mittel zur Unterhaltung und Entspannung aufgefasst werden. Hierfür sprechen insbesondere ihre für Marken unübliche Länge und die fehlende Beschränkung auf eine einzige charakteristische Tonfolge.

Dennoch sind Fallkonstellationen denkbar, in denen ein auf dem Hörzeichen aufbauendes Werk insbesondere aufgrund der Kürze und eines direkten Waren- oder Dienstleistungsbezugs als Kennzeichen angesehen wird. Eine Verletzung des Markenrechts kann allerdings nur dann angenommen werden, wenn der überwiegende Teil des Verkehrs die Hörmarke in dem Gesamtwerk noch lokalisieren und identifizieren kann. Hierfür ist nicht erforderlich, dass das geschützte akustische Zeichen quasi eins zu eins übernommen wurde und nur von anderen unbedeutenden Klangelementen umgeben ist. Es kommt vielmehr

---

[769] Vgl. hierzu auch BGH in GRUR 2002, 814 („Festspielhaus").

[770] Tango von Jerzy Petersburski.

[771] „La vie en rose" von Louigny.

[772] Der Begriff ist hierbei nicht im Sinne von § 2 Abs. 1 Nr. 2 UrhG zu verstehen.

[773] Insbesondere bekannte Hörmarken unterliegen der Gefahr einer Verballhornung, so dass auch § 14 Abs. 2 Nr. 3 MarkenG oder Ansprüche aus dem UWG zu prüfen sein werden (vgl. hierzu auch Hacker in Ströbele/Hacker, § 14 Rdnr. 114).

darauf an, ob und in welchem Umfang den Verkehrsteilnehmern die Hörmarke in Erinnerung gerufen wird. Ist sie stark verfremdet oder völlig versteckt in das neue Gesamtwerk integriert worden, wird sie nur ausnahmsweise bemerkt werden.[774] Zwar scheidet damit eine Markenrechtsverletzung aus, dennoch ist es möglich, dass - sofern die Hörmarke ein urheberrechtlich geschütztes Werk im Sinne des § 2 Abs. 1 Nr. 2 UrhG darstellt - eine Urheberrechtsverletzung gemäß §§ 23 und 24 Abs. 2 UrhG vorliegt.

3. Produktbezug

Der markenmäßige Gebrauch einer Hörmarke setzt voraus, dass sie als Mittel zur Unterscheidung verstanden wird. Dies ist jedoch nur dann der Fall, wenn der Durchschnittshörer erkennen kann, welche Waren oder Dienstleistungen mit der Hörmarke gekennzeichnet werden sollen. Die markenmäßige Verwendung ist dementsprechend zu verneinen, wenn der Verkehr keinerlei Möglichkeiten hat, einen Zusammenhang zwischen der Hörmarke und bestimmten Produkten herzustellen. Werden beispielsweise Waren oder Dienstleistungen während der Wiedergabe nicht genannt bzw. abgebildet oder wird die Hörmarke nicht in ihrer Nähe abgespielt, so spricht dies gegen eine markenmäßige Verwendung. Allerdings wird hiervon nur sehr selten auszugehen sein.

III. Art der Wiedergabe

Fraglich ist, ob die Verwendung der grafischen Darstellung als Verletzung der Hörmarke anzusehen ist. So käme es beispielsweise in Betracht, dass ein Dritter die Notenschrift auf seinen eigenen Waren oder Geschäftspapieren anbringt.[775] Dieser Fall wird zwar kaum vorkommen, da auch Konkurrenten regelmäßig davon ausgehen müssen, dass der Großteil des Verkehrs die grafische Darstellung vornehmlich als Bildmarke auffassen wird. Dennoch ist der Einsatz von Hörmarken mit Text denkbar, anhand dessen den Verbrauchern und Händlern die Einordnung als Hörmarke erleichtert wird. Relativ eindeutig sind noch die Konstellationen, in denen eine Wortmarke Teil des akustischen Zeichens ist. Hier gelten die allgemeinen zu visuell wahrnehmbaren Marken entwickelten Grundsätze mit der Folge, dass eine Verletzung zumindest der Wortmarke gegeben wäre.

---

[774] Die zur Abwandlung einer Hörmarke entwickelten Grundsätze können in diesem Zusammenhang entsprechend herangezogen werden. Insbesondere die Ausführungen zu § 34 II. 2. (Benutzung mit zusätzlichen akustischen Elementen) und 4. (Veränderung von Klangeigenschaften einer eingetragenen Hörmarke) können hier von Bedeutung sein.

[775] Dieser Fall ist vergleichbar, wenn Fotos einer dreidimensionalen Marke verwendet werden.

Schwieriger stellt sich die Situation jedoch dann dar, wenn die Hörmarke keinen Text enthält und nur Noten[776] auf Waren, Verpackungen oder Aufmachungen aufgedruckt werden. In diesem Zusammenhang könnte argumentiert werden, viele Verkehrsteilnehmer werden die Notenschrift ohnehin nicht als Hör-, sondern als Bildmarke interpretieren, so dass Verwechslungen mit dem akustischen Inhalt in relevantem Umfang nicht zu befürchten sind. Dieser rechtstatsächliche Ansatz scheint jedoch für das stark von Rechtsgrundsätzen geprägte Verletzungsverfahren nicht geeignet. Insofern ist vielmehr danach zu fragen, ob auch durch die grafische Wiedergabe die Hinweis-, Werbe- und Garantiefunktion der Hörmarke als solcher beeinträchtigt werden kann. Diese Gefahr besteht, da die klangliche Umsetzung zumindest der charakteristischen Motive und Melodien im Geiste möglich ist. Dadurch besteht das Risiko, dass ein Dritter - sei es auch nur in geringem Umfang - den guten Ruf des akustischen Zeichens ausbeutet. Demzufolge ist auch die Verwendung der grafischen Darstellung im Verkehr als Verletzung der Hörmarke anzusehen. Eine Erweiterung des Schutzgegenstands einer Hörmarke ist damit nicht verbunden. Er bestimmt sich weiterhin nach ihrem klanglichen Gehalt. Die grafische Wiedergabe ersetzt oder ergänzt diesen nicht. Es geht ausschließlich darum, - ähnlich wie bei der mittelbaren Markenverletzung gemäß § 14 Abs. 4 MarkenG - bereits im Vorfeld die Möglichkeit des Ausnutzens der Hörmarke auszuschließen.

IV. Benutzung für Waren oder Dienstleistungen

Gemäß § 14 Abs. 2 Nrn. 1 und 2 MarkenG ist es Dritten untersagt, die Hörmarke für Waren oder Dienstleistungen zu benutzen, die mit den geschützten identisch oder ihnen ähnlich sind. Bei der Bestimmung der Identität oder Ähnlichkeit ist von den Produkten auszugehen, die der Dritte tatsächlich im Verkehr mit der Hörmarke gekennzeichnet hat. Akustische Zeichen weisen allerdings die besondere Eigenschaft auf, dass sie undifferenziert verbreitet werden können und somit ein eindeutiger Bezug zu bestimmten Waren oder Dienstleistungen nicht immer hergestellt werden kann.

Für die Frage, ob und für welche Waren bzw. Dienstleistungen der Dritte die Hörmarke benutzt hat, sollte darauf abgestellt werden, welche Rückschlüsse der Verkehr aus der praktischen Verwendung des akustischen Kennzeichens ziehen kann. Aufgrund der Umstände des Einzelfalls ist zu prüfen, ob die konkrete Verwendung der Hörmarke bei den Verkehrsteilnehmern Vorstellungen zu bestimmten Waren oder Dienstleistungen wachruft. Folgende, nicht abschließend aufgezählte Kriterien können hierfür maßgebend sein:

---

[776] Sonagramme dürften aufgrund ihres unzureichenden Aussagehalts für Laien wohl kaum als Darstellungsform im Geschäftsverkehr in Betracht kommen.

- Firmenbezeichnung
  Wird die Hörmarke lediglich in Verbindung mit der Firmenbezeichnung des Dritten wiedergegeben, enthält dieser jedoch einen Hinweis auf die von ihm hergestellten Erzeugnisse, so kann damit ein Produktbezug hergestellt werden.

- Art der Präsentation
  Durch die Art und Weise der Wiedergabe der Hörmarke wird in erster Linie die Verbindung zu den Waren und Dienstleistungen bestimmt.[777] Ein klare Abgrenzung wird allerdings insbesondere in den Fällen der groß- oder kleinflächigen Beschallung von Ausstellungsbereichen meist nicht möglich sein. Demzufolge sollten alle Waren und Dienstleistungen in die Prüfung der Identität und Ähnlichkeit mit einbezogen werden, in deren Nähe die Hörmarke noch ausreichend hörbar ist.[778]

- Geläufige Hörmarke
  Sofern ein Hörzeichen üblicherweise in Verbindung mit bestimmten Produkten erklingt und der Verkehr daran gewöhnt ist, sind ggf. keine weiteren Anhaltspunkte für einen Waren-/Dienstleistungsbezug erforderlich. Gemeint ist in diesem Zusammenhang allerdings nicht die bekannte Marke, bei der es gemäß § 14 Abs. 2 Nr. 3 MarkenG nicht auf die Identität oder Ähnlichkeit der Waren und Dienstleistungen ankommt.

- Inhalt der Hörmarke
  Denkbar ist es auch, dass in dem zu einer Hörmarke gehörenden Text bestimmte Waren oder Dienstleistungen direkt genannt werden. Diese können der Prüfung der Identität und Ähnlichkeit direkt zugrunde gelegt werden.

Nach der hier vertretenen Auffassung reichen bereits geringfügige Anhaltspunkte für die Bestimmung des Kreises der gekennzeichneten Waren und Dienstleistungen aus. Auf diese Weise kann den Anforderungen der Unternehmen an die praktische Verwendung von Hörzeichen am ehesten Rechnung getragen werden. Sie werden meist groß- und kleinflächig verbreitet. Nur in Ausnahmefällen sind sie direkt mit der Ware oder Dienstleistung verbunden. Insofern sollte anders als beispielsweise bei Wort- oder Bildmarken kein unmittelbarer Bezug zwischen Hörmarke und Produkt verlangt werden.

---

[777] Insoweit wird auf die oben in § 6 dargestellten Möglichkeiten der Kennzeichnung durch Hörzeichen verwiesen.

[778] Als Mindestlautstärke dürften hierbei 20 - 30 dBA anzusetzen sein, vgl. § 11 I. 1. a).

Diese Überlegungen gelten auch für bekannte Marken gemäß § 14 Abs. 2 Nr. 3 MarkenG. Da bei ihnen nicht auf die Identität oder Ähnlichkeit der Waren oder Dienstleistungen abzustellen ist, muss der Kreis der gekennzeichneten Produkte allerdings nicht eindeutig bestimmt werden. Bei ihnen reicht es aus, dass überhaupt ein Waren-/Dienstleistungsbezug besteht.

§ 36 Die Bedeutung der einzelnen Verletzungshandlungen für Hörmarken

I. Hintergrund

Die in § 14 Abs. 3 und 4 MarkenG gesetzlich geregelten Verletzungshandlungen berücksichtigen in besonderer Weise die klassischen Markenformen wie Wort- und Bildmarken, die unmittelbar mit der Ware, der Aufmachung oder der Verpackung vor allem durch Einprägen, Aufdrucken, Einweben, Einbrennen oder Aufkleben[779] verbunden werden können. Diese Möglichkeit besteht bei Hörmarken zum einen dann, wenn sie grafisch wiedergegeben werden. Diese Form der Präsentation stellt zwar nach der hier vertretenen Auffassung eine Verletzungshandlung dar,[780] doch wird sie aufgrund der bereits erwähnten Schwierigkeiten bei der Interpretation als Hörmarke in der Praxis kaum vorkommen. Zudem können im Falle der grafischen Darstellung einer Hörmarke die gleichen Grundsätze wie bei der Wiedergabe einer Bildmarke herangezogen werden. Insofern bedarf die Verletzung einer Hörmarke durch visuelle Präsentationsformen keiner weiteren Erörterung.
Eine Verbindung der Hörmarke mit dem Produkt oder mit den dieses umgebenden Gegenständen kommt zum anderen auch dann in Betracht, wenn sie auf einem leicht zu installierenden und unauffälligen Speichermedium mit Wiedergabefunktion abgelegt ist.[781] Diese Form der lokalen Verbreitung kommt jedoch nach den bisherigen Erkenntnissen in der Praxis nur selten zur Anwendung. Vielmehr werden Hörmarken - wie bereits ausgeführt - regelmäßig groß- und kleinflächig in Verbindung mit den präsenten Waren oder Dienstleistungen bzw. in elektronischer Form in Kombination mit deren Abbildung oder Benennung wiedergegeben. Unter Berücksichtigung dieser Überlegungen stellt sich die Bedeutung der einzelnen Verletzungshandlungen für Hörmarken wie folgt dar:

II. Bewertung einzelner Verletzungshandlungen

1. Verletzungshandlungen von primärer Bedeutung

Das Anbieten, Inverkehrbringen und Erbringen von Waren bzw. Dienstleistungen unter einem Hörzeichen (§ 14 Abs. 3 Nr. 2, 1. und 2. Alt., und Nr. 3 MarkenG) setzen nicht die oben angesprochene unmittelbare körperliche Verbindung voraus. Durch das Beschallen der Flächen, auf denen Waren oder Dienstleistungen ausgestellt bzw. erbracht werden, wird dem Verkehr der Zusammenhang zwischen ihnen und dem akustischen Kennzeichen deutlich gemacht.

---

[779] Vgl. Hacker in Ströbele/Hacker, § 14 Rdnr. 82.

[780] S. oben § 35 III..

[781] Hierfür bieten sich insbesondere die bereits erwähnten Musikchips mit integriertem Lautsprecher an.

Die wohl größte Bedeutung für Hörmarken wird das in § 14 Abs. 3 Nr. 5, 2. Alt., MarkenG angesprochene Benutzen eines Zeichens in der Werbung haben. Fernseh- und Radiospots sind ideale Medien, in denen Hörmarken abgespielt werden können, während die Waren oder Dienstleistungen visuell oder akustisch präsentiert werden.

2. Verletzungshandlungen von sekundärer Bedeutung

a) Benutzungshandlungen

Das in § 14 Abs. 3 Nr. 1, Nr. 2, 3. Alt, und Nr. 4 MarkenG genannte Anbringen, Besitzen bzw. Ein- und Ausführen setzt die körperliche Verbindung des Zeichens mit der Ware, Aufmachung oder der Verpackung voraus.[782] Dementsprechend werden diese Benutzungshandlungen vor allem bei der eher selten anzutreffenden lokalen Verbreitung eine Rolle spielen. Das in § 14 Abs. 3 Nr. 5, 1. Alt., MarkenG angesprochene Benutzen in Geschäftspapieren bedingt das Aufdrucken der grafischen Darstellung der Hörmarke. Demzufolge wird auch dieser Form der Benutzung keine große praktische Relevanz zukommen.

Neben den in § 14 Abs. 3 und 4 MarkenG aufgeführten gibt es zudem nicht gesetzlich geregelte Benutzungshandlungen (z.B. Verwendung als geschäftliche Bezeichnung, Verzierung, Markenparodie, Benutzung im Internet).[783] Sie haben jedoch für Hörmarken nur untergeordnete Bedeutung oder wurden bereits angesprochen, so dass sie hier nicht weiter behandelt werden.

b) Vorbereitungshandlungen

Während § 14 Abs. 3 MarkenG die unmittelbare Markenverletzung betrifft, bezieht sich § 14 Abs. 4 MarkenG auf Handlungen zur Vorbereitung einer solchen (sog. mittelbare Markenverletzung). Die dort genannten Tatbestände haben Aufmachungen, Verpackungen oder Kennzeichnungsmittel zum Gegenstand, die mit einem identischen oder ähnlichen Zeichen versehen oder danach verwendet werden. Unter Kennzeichnungsmittel sind hierbei Gegenstände zu verstehen, deren primäre Funktion darin besteht, Kennzeichenträger zu sein, und die erst nachträglich mit der Ware verbunden werden.[784] Sinn und Zweck des Kennzeichnungsmittels ist die Wiedergabe der Marke direkt an der Ware. Dies bedeutet, dass Speichermedien, auf denen die Hörmarke abgelegt ist, die jedoch nicht auf der oder durch die jeweilige Ware abgespielt werden können, nicht

---

782 Vgl. allgemein zum Anbringen auch Hacker in Ströbele/Hacker, § 14 Rdnr. 82.

783 S. hierzu Hacker in Ströbele/Hacker, § 14 Rdnrn. 103 ff..

784 Vgl. Hacker in Ströbele/Hacker, § 14 Rdnr. 126.

darunter fallen. So kann beispielsweise der Inhalt von Kassetten, CDs oder Festplatten nur in elektronischen Geräten wie Stereoanlagen oder Computern ausgelesen werden. Insofern können sie nur im Hinblick auf diese Produkte als Kennzeichnungsmittel angesehen werden. Demgegenüber sind die Hörmarke enthaltene Musikchips mit integriertem Lautsprecher universell einsetzbar, so dass sie grundsätzlich Kennzeichnungsmittel darstellen.

Die in § 14 Abs. 4 MarkenG genannten Vorbereitungshandlungen (Anbringen, Anbieten, Inverkehrbringen, Besitzen, Ein- und Ausfuhr) sind im Übrigen mit den bereits unter a) erwähnten Benutzungshandlungen vergleichbar. Insofern werden auch sie für Hörmarken voraussichtlich keine maßgebliche Bedeutung haben.

Achtes Kapitel. Abschluss

§ 37 Zusammenfassung und Ausblick

I. Zusammenfassung

Mit vorliegender Arbeit wird ein Beitrag zu der erst am Anfang stehenden Diskussion des markenrechtlichen Schutzes von Hörzeichen geleistet. Gegenstand waren Probleme in Zusammenhang mit der praktischen Verwendung, der Schutzfähigkeit und des Widerspruchs- sowie Verletzungsverfahrens. Ergänzt wurden die rechtlichen Ausführungen durch rechtstatsächliche und rechtsvergleichende Untersuchungen.

Es konnte festgestellt werden, dass akustische Signale und insbesondere Musik in der (elektronischen) Werbung zwar eine sehr große Bedeutung haben. Dennoch werden sie nur sehr selten - auch im Ausland - dem markenrechtlichen Schutz zugeführt. Dies hängt vermutlich einmal damit zusammen, dass sich Hörzeichen in den Unternehmen noch weiter als eigenständige Markenform etablieren müssen. Eventuell ist auch noch nicht in ausreichendem Umfang bekannt, dass akustische Signale als Hörmarken geschützt werden können. Darüber hinaus darf der technische Aufwand für ihre Wiedergabe nicht unterschätzt werden. Während Wort- und Bildmarken auf relativ einfache Weise mit der Ware oder Dienstleistung in Verbindung gebracht werden können, bedarf es hierfür bei Hörmarken eines nicht geringen technischen Aufwands. Damit verbunden ist der Nachteil, dass akustische Zeichen nicht überall eingesetzt und verbreitet werden können. Unabhängig davon werden jedoch die bestehenden Möglichkeiten zur Verwendung von Hörmarken in der Praxis noch nicht umfassend ausgeschöpft.

Auch in der Literatur und der Rechtsprechung sind Hörmarken bisher relativ selten eingehender behandelt worden. Oft beschränkt sich die Diskussion auf ausgewählte klassische Fragestellungen wie ihre grafische Darstellbarkeit. Andere Problemfelder wie die Schutzfähigkeit oder die Ähnlichkeit wurden hingegen erst ansatzweise besprochen. Aus diesem Grund lag der Schwerpunkt dieser Arbeit weniger auf der Erörterung bereits geäußerter Ansichten, als vielmehr auf dem Aufzeigen bedeutsamer Fragestellungen und dem Unterbreiten von Lösungsvorschlägen. Darüber hinaus fiel das weitgehende Fehlen von einschlägigen empirischen Untersuchungen auf. Demzufolge musste vielfach auf eigene Erfahrungswerte zurückgegriffen werden. Insbesondere mit Blick auf die sich wandelnden Einschätzungen des Verkehrs müssen diese jedoch laufend aktualisiert und verifiziert werden.

Hörzeichen können die rechtlichen Funktionen einer Marke erfüllen und weisen gegenüber den klassischen Markenformen vielfältige Vorteile auf. Zu nennen ist hierbei vor allem ihre Auffälligkeit, ihre Fähigkeit Gefühle hervorzurufen und ihr nicht an eine bestimmte Sprache gebundener Einsatz. Insbesondere in Verbindung mit Wort- und Bildmarken ergeben sich zudem wertvolle Synergieeffekte, die zu einer Verstärkung der von beiden Markenformen ausgehenden Botschaften führen. Im Gegensatz dazu stehen die Probleme ihrer Wiedergabe und Speicherung, die eine Anpassung der zu visuell wahrnehmbaren Marken entwickelten Grundsätze bedingen. Dies betrifft vor allem die Notwendigkeit einer grafischen Wiedergabe, um den Schutz durch Eintragung zu erlangen. Jede Markenform sollte so registriert werden, wie sie auch im Verkehr verwendet wird. Zudem gibt es in der Bundesrepublik Deutschland derzeit keine Möglichkeit, Geräusche mit Hilfe einer grafischen Darstellung als akustisches Kennzeichen anzumelden. Insofern ist es sachgerecht, zukünftig nur noch eine klangliche Wiedergabe der Hörmarke zu fordern. Dies bedingt eine Änderung des Artikels 2 MarkenRichtl, des § 8 Abs. 1 MarkenG und des § 11 MarkenV. Kurzfristig scheint in Zusammenhang mit der grafischen Wiedergabe eine Ergänzung der Markenverordnung um Bestimmungen zur Konkretisierung des in § 11 Abs. 2 MarkenV verwendeten Begriffs einer üblichen Notenschrift notwendig, um auf die Vielfalt der im Register anzutreffenden Varianten reagieren zu können.

Im Rahmen der Prüfung der Unterscheidungskraft und des beschreibenden Sinngehalt eines akustischen Signals stellte sich die Frage der Abgrenzung zwischen ornamentalem und kennzeichnendem Gebrauch. Im Vergleich zu Wort- und Bildmarken besteht bei Hörzeichen eine größere Gefahr, dass ihnen keine Hinweis-, sondern eine Unterhaltungsfunktion beigemessen wird. Ihr kann durch eine besondere Prägnanz, Lautstärke und Eigenart begegnet werden. Bei musikalischen Hörmarken kommt den Stilelementen im Gegensatz zum Motiv oder zur Melodie keine überragende Rolle bei der Frage der Schutzfähigkeit zu. Schwierigkeiten bereitet die Bewertung von Geräuschen. Da sie im praktischen Leben laufend vorkommen, müssen sie sich deutlich von der Masse der Alltagsgeräusche abheben, um vom Verkehr als unterscheidungskräftig angesehen zu werden.

Der markenrechtliche Schutz eines Hörzeichens wird vor allem daran scheitern, weil es zu einfach oder sehr berühmt ist bzw. als Beschaffenheits- oder Bestimmungsangabe aufgefasst wird. Demgegenüber werden sie seltener als Hinweis auf die geographische Herkunft, als täuschend oder ordnungs- bzw. sittenwidrig angesehen werden. Im Rahmen der für die Schutzfähigkeit relevanten Verkehrsdurchsetzung sollte dem erhöhten Kennzeichnungsaufwand dadurch Rechnung getragen werden, dass die Anforderungen an den Zuordnungsgrad im Vergleich zu Wort- und Bildmarken herabgesetzt werden. Aus den gleichen Überlegungen heraus scheint auch eine Modifizierung der Bedingungen für die rechtserhaltende Benutzung zweckmäßig. Der Schutz von Hörmarken mit Wortelementen sollte sich nicht allein auf den akustischen Teil, sondern auch auf den textlichen gründen. Dieser Umstand ist bei der Bestimmung des Schutzumfangs einer Verbundmarke zu beachten.

Die Verwechselbarkeit von Hörmarken ist bisher in noch geringerem Umfang als das absolute Verfahren Gegenstand der wissenschaftlichen Diskussion gewesen. Insbesondere die Bewertung der Ähnlichkeit von akustischen Zeichen bereitet in diesem Zusammenhang große Probleme. Ausgangspunkt der diesbezüglichen Überlegungen ist die Kennzeichnungskraft der sich jeweils gegenüberstehenden Hörmarken. Darin sind die bisher außerhalb des Markenrechts aufgestellten Maßstäbe zur Ähnlichkeit akustischer Signale mit einzubeziehen. Es wurde allerdings deutlich, dass der technische, der musikwissenschaftliche und der urheberrechtliche Ansatz nicht ohne Weiteres übernommen werden können. Vielmehr sind die Ähnlichkeitskriterien mit Blick auf die Hinweisfunktion einer Hörmarke an der Auffassung der beteiligten Verkehrskreise auszurichten. Neben der klanglichen kann auch die begriffliche, die mittelbare und die Verwechslungsgefahr im weiteren Sinn bei akustischen Kennzeichen einschlägig sein. Im Rahmen der rechtserhaltenden Benutzung sind die Möglichkeiten der Abwandlungen sehr vielfältig. Ohne Anspruch auf Vollständigkeit wurde auf einzelne relevante Formen eingegangen. Dabei stellte sich heraus, dass der Frage des Wiedererkennens eine zentrale Rolle zukommt.

II. Ausblick

Von der Verabschiedung des Gesetzes zum Schutze der Waarenbezeichnungen am 12. Mai 1894 bis zum Inkrafttreten des Markengesetzes am 1. Januar 1995 hat es über hundert Jahre gedauert, bis Hörzeichen als eigenständige Markenform in Deutschland zugelassen wurden. Dies spricht dafür, dass zumindest in der Vergangenheit kein großer Bedarf nach Hörmarken bestand. Auch in Zukunft werden Hörmarken bei weitem nicht die Bedeutung wie Wort- oder Bildmarken erlangen. Dies gilt wahrscheinlich auch für den gesamteuropäischen und internationalen Bereich. Allerdings werden die technischen Möglichkeiten zur Reproduktion akustischer Signale - zu nennen ist in diesem Zusammenhang beispielsweise die fortschreitende Verbreitung von MP3 oder des digitalen Fernsehens - weiter ausgebaut. Insofern ist davon auszugehen, dass Hörzeichen zukünftig kostengünstiger und flexibler wiedergegeben werden können. Auch scheint es nicht unwahrscheinlich, dass mehr Unternehmen als bisher im Rahmen ihres Marketings die einzelnen Markenformen stärker auf ihre einzelnen Produktgruppen ausrichten und wie ein Baukastensystem nutzen werden.

Daneben dürfte die Akzeptanz von Hörmarken bei den Verbrauchern weiter zunehmen. Sie heben sich in wohltuender Weise von der Masse der Wort- und Bildmarken ab und bleiben sehr viel länger als diese in Erinnerung. Des Weiteren stellen sie häufig ein Mittel zur Stimmungshebung und Unterhaltung dar. Insgesamt kann somit mit einer Zunahme der Attraktivität von Hörmarken gerechnet werden. Demzufolge können einige der in dieser Arbeit noch eher auf theoretischer Grundlage erörterten Fragestellungen auch praktische Relevanz erhalten. Es ist abzusehen, dass auch in der Rechtsprechung hierzu entsprechende Entscheidungen ergehen werden.

Die Entwicklungen in der Wirtschaft und die Bedürfnisse der beteiligten Verkehrskreise waren Grund für die Fortschreibung des Markenrechts und die Anerkennung von Hörmarken. Daher ist zu erwarten, dass sich der Gesetzgeber von den bisherigen Vorstellungen zu den klassischen Markenformen noch stärker lösen und neue pragmatischere Lösungen für akustische Kennzeichen vorsehen wird. Dies betrifft hauptsächlich markenrechtliche Vorschriften zum formellen Verfahren, die noch nicht ausreichend auf die hörmarkenrechtlichen Besonderheiten Rücksicht nehmen.

Abschließend ist festzuhalten, dass Hörmarken eine gewinnbringende und zeitgemäße Markenform darstellen. Allerdings müssen sie ihre Stellung im System der Marken noch festigen und weiter ausbauen.

Anhang

Anlage 1

Häufigkeit der Verwendung von Hörzeichen in der Fernsehwerbung am Beispiel des Senders „SAT 1"
(Auswertung der am 28. Juli 2004 zwischen 0.00 Uhr und 24.00 Uhr gesendeten Werbespots)

Lfd. Nr.	Marke	Beworbene Waren oder Dienstleistungen	Art des akustischen Signals	Kenn-zeichnender-Charakter	Wieder-holung
1	01030	Telekommunikation	Musik	nein	
2	01058	Telekommunikation	Musik/Gesang	nein/ja	
3	01805 744.722	Telefondienstleistungen	Musik	nein	
4	01805 772.773	Telefondienstleistungen	Geräuschhafte Tonfolge	nein	
5	01805 822.722	Telefondienstleistungen	Musik	nein	
6	0190 422.422	Telefondienstleistungen	Gesang	ja	zweimal
7	0190 433.433	Telefondienstleistungen	Gesang	ja	
8	0190 666.666	Telefondienstleistungen	Gesang	ja	zweimal
9	Acé	Fleckenmittel	Musik	nein	
10	Actimel	Molkeprodukt	Gesang/ Melodie	nein/ja	zweimal
11	Actimel	Molkeprodukt	Musik/Melodie	nein/ja	zweimal
12	Ahoj-Brause	Brause-Pulver	Gesang	ja	dreimal
13	AIDA	Schiffsreisen	Musik	nein	zweimal
14	Alldays	Damenbinden	Musik	nein	fünfmal
15	Alluna	Einschlaf-Dragees	Hintergrund-klänge	nein	viermal
16	AmbiPur flush	Toilettenhygienemittel	Musik	nein	viermal
17	Antistax	Venenkapseln	Akkordeon-musik	nein	dreimal
18	Aqua di Roma	Parfum	Musik/ Geräusche	nein/nein	
19	Arcor	Telekommunikation	Geräusche/ einzelner Ton/ Tonfolge/ zwei Töne	nein/nein/ja/ nein	dreimal

20	Ariel	Waschmittel	Musik	nein	viermal
21	Ariel color	Colorwaschmittel	Musik/ Geräusche	nein	zweimal
22	Aspirin	Schmerzmittel	Geräusch	nein	zweimal
23	Aspirin Plus C	Kopfschmerzmittel	Geräusche	nein	dreimal
24	Astor Prismatic	Lippenstift	Musik	nein	dreimal
25	AXE24-7	Deodorant	Musik	nein	
26	B! my fun	Handy-Spiele	Geräusch (u.a. Telefon-geräusch)	nein	sechsmal
27	Bahlsen Saltletts	Laugensnacks	Musik	nein	zweimal
28	Baldriparan	Schlafmittel	Musik	nein	zweimal
29	Becel pro-activ	Margarine/Milch/Joghurt	Gesang	nicht eindeutig	zweimal
30	Beck's	Bier	Gesang („Sail-Away")	ja	dreimal
31	Bepanthen	Wund-Schaumspray	Klaviermusik	nein	zweimal
32	Berentzen	Alkoholische Getränke	Gesang	ja	zweimal
33	BHW	Lebensversicherung	Musik/Tonfolge	nein/ nicht eindeutig	zweimal
34	Bitburger	Pils	Musik mit prägnanter Melodie	ja	dreimal
35	Blend-a-med	Zahncreme	Musik	nein	zweimal
36	Blend-a-med Whitestrips	Zahnaufhellungsstreifen	Musik	nein	
37	Bonaqa	Mineralwasser	Geräusche	nein	zweimal
38	Bounty	Küchenpapier	Musik	nein	zweimal
39	C&A	Bekleidung	Geräusche/ Tonfolge	nein/nein	dreimal
40	Calgon	Spülmaschinen-Tabs	Musik/Gesang (Calgon-Jingle)	nein/ja	siebenmal
41	Campari	Drink	Musik	nein	neunmal
42	Canesten extra	Fußpilzmittel	./.	./.	dreimal
43	Carefree	Damenbinden	Musik	nein	dreimal

44	Carlsberg	Bier	Musik/ Glockengeläut	nein/ja	sechsmal
45	Centrixx Magnum	Staubsauger	Musik	nein	sechsmal
46	Centrum	Vitaminpillen	Musik	nein	zweimal
47	Charmin	Toilettenpapier	Musik/ Gesungene Marke	nein/ nicht eindeutig	zweimal
48	Cillit Bang	Reinigungsmittel	Musik	nein	viermal
49	Colgate sensitive	Zahncreme	Musik	nein	zweimal
50	Contact	Telefondienstleistungen	Telefongeräusch	nicht eindeutig	
51	Crunchips	Knabbergebäck	Musik	nein	
52	Dallmayr prodomo	Kaffee	Klaviermusik	ja	zweimal
53	Danone Fresh	Fruchtdrink	Geräusch	nein	zweimal
54	DB	Bahn	Geräusch/ Hintergrund-klänge	nein/nein	zweimal
55	Dextro Energy	Power Drink/ Power Riegel	Gesang	ja	
56	Direct Line	Autoversicherung	Musik/ Fanfare/ Geräusch	nein/ja/nein	sechsmal
57	Direct Line	Autoversicherung	Fanfare/ Geräusch	ja/nein	
58	Dove	Deodorant	Musik	nein	fünfmal
59	Dr.Oetker Culinaria	Pizza	Türkische Musik	nein	zweimal
60	Driv3r	Spiel-Software	Geräusche	nein	sechsmal
61	Dulcolax	Abführmittel	Klaviermusik	nein	dreimal
62	Duplo	Schokoriegel	Gesang	nein	
63	Dusch das	Körperreinigungs- und pflegemittel	Musik	nein	zweimal
64	e plus	Telekommunikation	Gesang	ja	dreimal
65	Easy Credit	Kreditvergabe	Gesang	nicht eindeutig	zweimal
66	Ebay	Internet-Versteigerung	Gesang	ja	zweimal

67	Ehrmann Almighurt	Trinkjoghurt	Musik	nein	dreimal
68	Ellen Betrix MaxFactor EverLites	Lippenstift	Musik	nein	dreimal
69	Elmex sensitive	Zahnspülung	Vivaldi's „Vier Jahreszeiten"/ Musik	nicht eindeutig/ nein	
70	Elvital	Anti-Haarbruchmittel	Musik	nein	zweimal
71	Eucerin	Gesichtscreme	Musik	nein	fünfmal
72	Febreze	Anti-Geruchsmittel	Musik	nein	dreimal
73	Fenjal	Körperpflegemittel	Musik	nein	zweimal
74	Ford Fusion	Auto	Musik	nicht eindeutig	dreimal
75	Formaline L112	Gewichtsreduzierungs-mittel	Sphärenklänge	nein	viermal
76	Frosch	Waschmittel	Musik	nein	dreimal
77	Fruchtzwerge Frumix	Molkegetränk	Musik	nein	fünfmal
78	Garnier Ambre Solaire	Sonnenmilch	Musik	nein	
79	Garnier Fructis	Haarpflegemittel	Musik	nein	dreimal
80	Garnier Jade bodytonic	Bodylotion	Gesang/Musik	nein/nein	zweimal
81	Gerolsteiner	Mineralwasser	Geräusch/Musik	nein	zweimal
82	Giotto	Gebäckkugeln	Musik	nicht eindeutig	zweimal
83	Günther	Lotterie	Musik	nein	zweimal
84	Hakle	Papiertücher	Musik	nein	dreimal
85	Hansaplast Insect	Insektenschutzmittel	Geräusch/Musik	nein	achtmal
86	Haribo Color-Rado	Süßigkeiten	Haribo-Jingle	ja	
87	Haribo Goldbären	Süßigkeiten	Haribo-Jingle	ja	
88	head & shoulders	Haarshampoo	Musik	nein	fünfmal
89	Hexal Gingium	Gedächtnistabletten	Musik/ Gehauchtes „Hexal"	nein/ nicht eindeutig	zweimal

90	Hidro Fugal	Deo-Stick	Musik	nein	zweimal
91	Hochland	Käsescheiben	Musik	nein	viermal
92	hp	Computer	Gesang	ja	zweimal
93	hp/Porsche	Computer	Geigenmusik/ Geräusch	nein/nein	
94	Hugo	Parfum	Musik	nein	zweimal
95	Ils	Fernlehrgänge	Musik	nein	
96	Intel centrino	Mikroprozessoren	Musik/Melodie	nein/ja	zweimal
97	Jacobs Krönung	Kaffee	Gesang	ja	zweimal
98	Jade Maybelline Volum' express	Wimperntusche	Musik	nein	dreimal
99	Jules Mumm	Schaumwein	Geräusche/ Musik	nein/nein	
100	K-fee	Kaffee	Musik/Geräusch	nein/nein	zweimal
101	Kinder friends	Süßigkeiten	Musik	nein	
102	Kindernothilfe	Kinderhilfsdienst	Musik	nein	
103	Kinderschokolade	Süßigkeiten	Musik	nein	
104	Knorr	Salat-Dressing	Musik	nein	dreimal
105	Knorr Snack Bar	Fertiggerichte	Musik (teilweise mit Gesang)	nein	dreimal
106	Kontakt-Club	Telefondienstleistungen	Musik	nein	
107	Krombacher	Pils	Musik mit prägnanter Melodie	ja	
108	Kühne Salatfix	Salatdressing	Musik	nein	zweimal
109	L'Oréal Couleur Experte	Haarfärbemittel	Musik	nein	fünfmal
110	L'Oréal NUTRI SOFT	Feuchtigkeitscreme	Musik	nein	viermal
111	L'Oréal Revita Lift	Anti-Faltenpflegemittel	Musik/Gesang	nein/nein	zehnnmal
112	Lacoste	Damen-Parfum	Musik mit sich wiederholender Melodie	ja	zweimal
113	Lacoste	Herren-Parfum	Geräuschhafte Musik	nein	dreimal

114	Lamisil	Fußpilzmittel	Musik	nein	zweimal
115	Landliebe	Fruchtjoghurt/ Fruchtmolke	Melodie	ja	drei-zehnmal
116	Leibniz Butter-keks/Landkeks	Keks	Beißgeräusch/ Musik	nicht eindeutig/ nein	zweimal
117	Leibniz Pick Up	Schoko-Keks-Riegel	Musik	nein	
118	Lübzer Pils	Bier	Musik	nein	viermal
119	Maggi	Suppen	Musik/ Klopfgeräusch	nein/ nicht eindeutig	achtmal
120	Makromarkt	Elektrogeräte	Gesang („Es lebe billig!")	ja	
121	Mc Donald's	Schnellrestaurant	Musik/Gesang („Ich liebe es")	nein/ja	dreimal
122	Mc Donald's	Schnellrestaurant	Musik/Gesang („Ich liebe es")	nein/ja	zweimal
123	McDonald's	Schnellrestaurant	Musik/Gesang („Ich liebe es")	nein/ja	
124	Meggle Fruchtdrink	Fruchtmolke	Musik/Pfeifen	nein/ja	
125	Meica Deutschländer	Würste	Musik	nein	dreimal
126	Meister Proper	Schmutzradierer	Musik/ Fanfare/Gesang (Meister-Proper-Jingle)	nein/ja/ja	viermal
127	Meister Proper	Color-Waschmittel	Musik/Tonfolge (Meister-Proper-Melodie)	nein/ja	dreimal
128	Melitta	Filtertüten	Klaviermusik/ Gesang	nein/ja	dreimal
129	Mexx waterlove	Parfum	Musik	nein	zweimal
130	Mezzo mix	Erfrischungsgetränk	Musik	nein	

131	Mitsubishi Motors	Auto	Musik (Planet Funk - The Switch)	ja	zweimal
132	Mix & Fruit	Fruchtsirup	Musik	nein	siebenmal
133	Müller	Joghurt	Geräusch/ Gesang (Müller-Song)	nein/ja	zweimal
134	Müller Froop Fruchtwolke	Fruchtquark	Geräusche	nein	zweimal
135	Neckermann	Versandhandel	Musik	nein	neunmal
136	Neckermann	Versandhandel	Musik	nein	
137	Nestea	Eistee	Musik	nein	zweimal
138	Neue Post	Zeitschrift	Musik	nein	zweimal
139	Neutrogena	Handcreme	Gesang	nicht eindeutig	zweimal
140	Nivea	Gesichtspflegemittel	Musik	nein	zweimal
141	Nivea	Haarpflegemittel	Musik	nein	dreimal
142	Nivea	Gesichtscreme	Musik	nein	zweimal
143	Nivea	Deodorant	Musik	nein	
144	Nivea	Duschmittel	Gesang	nein	
145	NKL	Lotterie	Musik	nein	siebenmal
146	Nockalm Quintett	Musikgruppe	Gesang (Ausschnitte aus der CD „Prinz Rosenherz")	nein	dreimal
147	o.b.	Tampons	Musik	nein	zweimal
148	O_2	Telekommunikation	Musik	nein	
149	Odol-med3	Zahncreme	Musik	nein	zweimal
150	Oil of Olaz	Gesichtscreme	Musik	nein	fünfmal
151	Oil of Olaz total effects	Gesichtspflege	Musik	nein	
152	Opel Astra	Auto	Musik	nein	zweimal
153	Otto	Versandhandel	Gesang	nein	achtmal
154	Panasonic	Batterien	Musik	nein	
155	Pantene Pro-V	Haarpflegemittel	Musik/Tonfolge	nein/nein	
156	Penaten Sanft-wie-Öl	Baby-Pflegespray	Musik	nein	

157	Pepcid dual	Mittel gegen Sodbrennen	Musik	nein	zweimal
158	Persil	Waschmittel	Musik	nein	dreimal
159	Perwoll Color Magic	Waschmittel	Musik	nein	
160	Peugeot	Auto	Musik/Geräusch	nein/nein	dreimal
161	Philadelphia	Frischkäse	Gesungene Wortmarke/ Musik	ja/nein	viermal
162	Playstation 2	Spiel-Software	Geräusche/ Musik	nein/nein	
163	Plus	Lebensmittel	Geräusche	nein	dreimal
164	Plus	Lebensmittel	Geräusche	nein	zweimal
165	Postbank	Bankdienstleistungen	Musik mit charakteristi-scher Tonfolge	ja	sechsmal
166	Premiere	Abo-Fernsehen	Musik/Gesang	nicht eindeutig/ nein	neunmal
167	Premiere	Abo-Fernsehen	Geräusch	nein	
168	Premiere	Abo-Fernsehen	Geräusch	nein	dreimal
169	Punica	Fruchtsaftgetränk	Musik	nein	dreimal
170	Raffaello	Süßigkeit	Gesang	nein	zweimal
171	Rama Cremefine	Fettreduzierte Sahne	Musik (Melodie von "Aber bitte mit Sahne")	ja	
172	Ratiopharm	Arzneimittel	Musik	nein	viermal
173	Rei F_3	Waschmittel	Musik/Geräusch	nein/nein	fünfmal
174	Renault	Auto	Geräusche/ Musik	nein/nicht eindeutig	zweimal
175	Rimmel Lycra Wear	Nagellack	Musik	nein	dreimal
176	Robomop	Reinigungsautomat	Musik	nein	
177	Rügenwalder	Fleischwaren	Musik	nicht eindeutig	

178	Rügenwalder	Teewurst	Musik/Gesang (Rügenwalder-Song)	nein/ja	fünfmal
179	Sagrotan	WC-Reiniger	Musik	nein	fünfmal
180	Saupiquet	Fertigsalate	Musik/Geräusch	nein/nicht eindeutig	
181	Schöfferhofer Weizen	Weißbier	Gesang	nicht eindeutig	viermal
182	Schwäbisch Hall	Bausparen	Musik/Tonfolge (Schwäbisch-Hall-Jingle)	nein/ja	
183	Schwartau Wellness	Marmelade	Gesang	nicht eindeutig	zweimal
184	Schwarzkopf Poly Diadem	Haarpflegemittel	Musik	nein	dreimal
185	Schwarzkopf Vision	Haarfärbemittel	Klaviermusik	nein	
186	SEAT Altea	Auto	Musik	nein	dreimal
187	Sensodyne	Zahncreme	Musik	nein	viermal
188	Sheba	Katzenfutter	Musik	nicht eindeutig	
189	Skoda Octavia	Auto	Gesang („I Try" von FRAMELESS)/ Tonfolge	nicht eindeutig/ ja	siebenmal
190	Soda Club	Kohlensäuregeräte	Musik	nein	dreimal
191	Soventol	Sonnenbrandsalbe	Musik	nein	dreimal
192	Stern	Zeitschrift	Musik	nein	zweimal
193	swirl	Müllbeutel	Musik/Gesang	nein/ja	sechsmal
194	Tchibo	Küchenbedarf	Südländische Musik/Tonfolge	nein/ja	zweimal
195	T-Com	Telekommunikation	Musik/ Telekom-Jingle	nein/ja	dreimal
196	T-Com	Telekommunikation	Musik/ Telekom-Jingle	nein/ja	dreimal
197	TELE2	Telekommunikation	Geräusch/ Tonfolge	nein/nein	siebenmal

198	Tempo	Taschentücher	Musik	nein	
199	TENA pants	Inkontinenzhosen	Gesang	nein	
200	The Royal Bank of Scotland	Kreditvergabe	Geräusch	nein	zweimal
201	Thomapyrin	Kopfschmerzmittel	Gesang	nein	viermal
202	Thomy	Snack-Crème	Musik/ Gesang/Pfeifen (Wiederholung der Melodie „Thomy - Verwöhnen mit Genuss")	ja/ja/ja	sechsmal
203	tic tac	Frischer-Atem-Bonbons	Musik	nein	
204	Tina	Zeitschrift	Musik	nein	sechsmal
205	T-mobile	Telekommunikation	Musik/ Gesummter Telekom-Jingle	nein/ja	zweimal
206	Toppits	Gefrierbeutel	Musik/Gesang (Toppits-Jingle)	nein/ja	zweimal
207	Travelchannel.de	Reisen	Geräusche/ Musik	nein/nein	dreimal
208	Vanish max	Waschmittel	Musik	nein	dreimal
209	Vanish Oxi action	Reinigungsmittel	Musik	nein	viermal
210	Velux	Fenster/Rolläden	Musik	nein	viermal
211	Venus Divine	Damenrasierer	Gesang	nicht eindeutig	
212	Vichy Liftactiv	Gesichtscreme	Geräuschhafte Musik	nein	dreimal
213	Viss	Reinigungsmittel	Gesang/Musik	ja/nein	neunmal
214	Vodafone	Telekommunikation	Gesang	ja	zweimal
215	Volkswagen	Auto	./.	./.	zweimal
216	Voltaren Dolo	Schmerztabletten	Musik	nein	zweimal
217	Warsteiner	Bier	Musik (hymnenartig)	ja	zweimal
218	Warsteiner	Bier	Musik (hymnenartig)	ja	
219	WC frisch	Toilettenreiniger	Musik	nein	

220	Weihenstephan	Buttermilch	Musik/ Glockengeläut	nein/nein	zweimal
221	Weißer Riese	Waschmittel	Musik	nein	dreimal
222	Wellaflex Hydro Style	Haarstyling-Mittel	Musik	nein	dreimal
223	Wiesenhof	Geflügelfleisch	Musik	nein	dreimal
224	Wilkinson Intuition	Damennassrasierer	Musik	nein	zweimal
225	Woolworth	Kaufhaus	Folge von drei Tönen	nicht eindeutig	viermal
226	Wrigley's	Zahnpflegedrops	Musik	nein	zweimal
227	Württembergi-sche	Altersvorsorge	Geräusche/ Klaviermusik	nein/nein	dreimal
228	Zewa wisch & weg	Papiertücher	Musik	nein	fünfmal
229	Zott Jogolé	Molke-Drink	Musik/ Gesummte Tonfolge	nein/ja	zweimal

Anlage 2

Fragebogen zu Hörmarken
(Adressat: Deutsches Patent- und Markenamt)

1. Schutz von Hörmarken

1.1 Nationale Hörmarken

1.1.1 Gesamtzahl der Hörmarkenanmeldungen?

1.1.2 Gesamtzahl der Hörmarkeneintragungen?

1.1.3 Gesamtzahl der Zurückweisungen von Anmeldungen schutzunfähiger Hörmarken (auch teilweise)?

1.1.4 Die wichtigsten Gründe für die Zurückweisung von Hörmarkenanmeldungen (formell/materiell)?

1.2 Gemeinschaftshörmarken

Gesamtzahl der Anmeldungen von Gemeinschaftshörmarken beim Deutschen Patent- und Markenamt?

1.3 International registrierte Hörmarken

1.3.1 Gesamtzahl der Anträge auf internationale Registrierung einer angemeldeten oder eingetragenen Hörmarke?

1.3.2 Gesamtzahl der Anträge auf Schutzerstreckung einer international registrierten Hörmarke auf das Gebiet der Bundesrepublik Deutschland?

1.3.3 Gesamtzahl der Gewährungen des Schutzes für international registrierte Hörmarken?

1.3.4 Gesamtzahl der Versagungen des Schutzes (auch teilweise) für international registrierte Hörmarken?

1.3.5 Die wichtigsten Gründe für die Versagung des Schutzes für international registrierte Hörmarken?

2. Widersprüche

2.1 Gesamtzahl der Widersprüche aus Hörmarken?

2.2 Gesamtzahl der Widersprüche gegen Hörmarken?

2.3 Gesamtzahl der (auch teilweise) erfolgreichen Widersprüche aus Hörmarken?

2.4 Gesamtzahl der erfolglosen Widersprüche aus Hörmarken?

3. Löschungsverfahren

3.1 Gesamtzahl der Verfahren zur Löschung von eingetragenen Hörmarken?

3.2 Gesamtzahl der (auch teilweisen) Löschungen von Hörmarken?

3.3 Die wichtigsten Gründe für die Löschung von Hörmarken?

3.4 Gesamtzahl der erfolglosen Verfahren zur Löschung von Hörmarken?

Anlage 3

Fragebogen zu Hörmarken
(Adressat: Nationales ausländisches Amt)

1. General

1.1 How long has it been possible to protect sound marks in your country?

1.2 Which special laws or articles in your country apply for the national protection of sound marks? (Could you please provide the corresponding law extracts or supply the Internet address where the extracts can be found?)

1.3 What possibilities exist for the protection of sound marks in your country?

2. Protection of Sound Marks by Registration

2.1 National Trademarks

2.1.1 Please list the total number of applications for the national protection of sound marks filed with your office.

2.1.2 What special conditions are required for the registration of sound marks?

2.1.2.1 Formal (e.g. tonal or graphic reproduction of the sound mark, description):

2.1.2.2 Content (e.g. limiting of the length of a sound mark, special distinctiveness):

2.1.3 Please list the total number of sound marks protected through registration in your office.

2.1.4 Please list the total number of (including partial) refusals of national protection of sound marks, which result from absolute grounds.

2.1.5 Please list the most important absolute grounds for the refusal of national protection of sound marks.

2.2 European Trademarks

Please list the total number of applications for a Community sound mark filed with your office.

2.3 International Trademarks

2.3.1 Please list the total number of requests for protection of a national sound mark through international registration.

2.3.2 Please list the total number of requests for protection of internationally registered sound marks in your country.

2.3.3 Please list the total number of internationally registered sound marks granted protection by your office.

2.3.4 Please list the total number of (including partial) refusals of protection of internationally registered sound marks by your office.

2.3.5 Please list the most important grounds for the (including partial) refusal of protection of internationally registered sound marks by your office.

3. Oppositions

3.1 Please list the total number of oppositions based on sound marks.

3.2 Please list the total number of oppositions against sound marks.

3.3 Please list the total number of (including partially) successful oppositions based on or against sound marks.

3.4 Please list the total number of unsuccessful oppositions based on or against sound marks.

4. Procedures for the Cancellation of Sound Marks

4.1 Please list the total number of procedures for the cancellation of the protection of sound marks (based on e.g. surrender, revocation or invalidity).

4.2 Please list the total number of (including partial) cancellations of the protection of sound marks.

4.3 Please list the most important grounds for the cancellation of the protection of sound marks.

4.4 Please list the total number of unsuccessful procedures for the cancellation of the protection of sound marks.

Anlage 4

Fragebogen zu Hörmarken
(Adressat: Harmonisierungsamt für den Binnenmarkt)

1. General

1.1 How long has your office received applications for protection of Community sound marks?

1.2 Which special laws or articles apply for the protection of Community sound marks through registration? (Could you please provide the corresponding law extracts or supply the Internet address where the extracts can be found?)

2. Protection of Sound Marks

2.1 Please list the total number of applications for the protection of Community sound marks filed with your office.

2.2 What special conditions are required for the registration of a Community sound mark?

2.2.1 Formal (e.g. tonal or graphic reproduction of the sound mark, description):

2.2.2 Content (e.g. limiting of the length of a sound mark, special distinctiveness):

2.3 Please list the total number of Community sound marks protected by registration in your office.

2.4 Please list the total number of (including partial) refusals of protection of Community sound marks, which result from absolute grounds.

2.5 Please list the most important absolute grounds for the refusal of protection of Community sound marks.

3. Oppositions

3.1 Please list the total number of oppositions based on sound marks.

3.2 Please list the total number of oppositions against Community sound marks.

3.3 Please list the total number of (including partially) successful oppositions based on or against a sound mark.

3.4 Please list the total number of unsuccessful oppositions based on or against a sound mark.

4. Procedures for the Cancellation of Community Sound Marks

4.1 Please list the total number of procedures for the cancellation of the protection of a Community sound mark (based on e.g. surrender, revocation or invalidity).

4.2 Please list the total number of (including partial) cancellations of the protection of a Community sound mark.

4.3 Please list the most important grounds for the cancellation of the protection of a Community sound mark.

4.4 Please list the total number of unsuccessful procedures for the cancellation of the protection of a Community sound mark.

Anlage 5

Fragebogen zu Hörmarken
(Adressat: Weltorganisation für geistiges Eigentum)

1. General

1.1 How long has it been possible to protect sound marks through international registration?

1.2 Which special laws or articles apply for the protection of sound marks through international registration? (Could you please provide the corresponding law extracts or supply the Internet address where the extracts can be found?)

2. International Registration

2.1 Please list the number of internationally registered sound marks.

2.1.1 Total:

2.1.2 Divided into Contracting Parties:

2.2 What special conditions are required for the international registration of a sound mark?

2.2.1 Formal (e.g. tonal or graphic reproduction of the sound mark, description):

2.2.2 Content (e.g. limiting of the length of a sound mark, special distinctiveness):

3. Refusals

3.1 Please list the number of (including partial) refusals of protection of sound marks through international registration.

3.1.1 Total:

3.1.2 Divided into Contracting Parties:

3.2 Please list the most important (absolute/relative) grounds for the (including partial) refusal of protection of sound marks through international registration.

4. Invalidation

4.1 Please list the number of (including partial) invalidations of effects of the international registration of a sound mark.

4.1.1 Total:

4.1.2 Divided into Contracting Parties:

4.2 Please list the most important grounds for the (including partial) invalidation of effects of the international registration of a sound mark.

Stichwortverzeichnis

A

Ä

A

B

C

D

E

Peter Lang · Europäischer Verlag der Wissenschaften

Joachim Hofmann

Die Schutzfähigkeit von Zeichen nach dem neuen Markengesetz

Frankfurt am Main, Berlin, Bern, Bruxelles, New York, Oxford, Wien, 2004. 268 S.
Europäische Hochschulschriften: Reihe 2, Rechtswissenschaft. Bd. 4024
ISBN 3-631-52738-1 · br. € 45.50*

Anhand des 1995 in Kraft getretenen Markengesetzes, der entsprechenden europäischen Regelungen und der Rechtsvergleichung wird die Schutzfähigkeit insbesondere von neuen Markenformen bestimmt. Behandelt werden neben traditionellen Markenarten u. a. die Farb-, Form-, Hör-, Geruchs-, Tast-, Geschmacks- und Bewegungsmarke. Im Zusammenhang mit der Formmarke werden auch deren Schutzausschlüsse ausführlich analysiert. Dabei wird auch die dynamische europäische Rechtsentwicklung und Spruchpraxis der letzten Monate berücksichtigt. Insgesamt führte die Neuregelung zu einer deutlichen Erweiterung der durch eine Marke schutzfähigen Zeichen, die jedoch ihre Grenzen in Freihaltebedürfnissen und der grafischen Darstellbarkeit hat.

Aus dem Inhalt: Marken- und Eintragungsfähigkeit neuer Markenformen · Schutzausschlüsse für dreidimensionale Marken · Farb-, Hör-, Geruchs-, Form-, Geschmacks- und Tastmarke · Richtlinien- und gemeinschaftskonforme Auslegung · Grafische Darstellbarkeit · Freihaltebedürfnisse · Amerikanisches, schweizerisches und Benelux-Markenrecht

Frankfurt am Main · Berlin · Bern · Bruxelles · New York · Oxford · Wien
Auslieferung: Verlag Peter Lang AG
Moosstr. 1, CH-2542 Pieterlen
Telefax 00 41 (0) 32 / 376 17 27

*inklusive der in Deutschland gültigen Mehrwertsteuer
Preisänderungen vorbehalten

Homepage http://www.peterlang.de

FSC
www.fsc.org
MIX
Papier | Fördert
gute Waldnutzung
FSC® C083411

Kolibri 360 GmbH
Ferdinand-Jühlke-Straße 7
99095 Erfurt, Deutschland
produktsicherheit@kolibri360.de

Druck:
CPI Druckdienstleistungen GmbH
im Auftrag der
Kolibri 360 GmbH
Ferdinand-Jühlke-Str. 7
99095 Erfurt